Über die Autorin:

Von Karin Jäckel sind außerdem bei BASTEI-LÜBBE lieferbar:

60435 Alles Ehe oder was
61335 Monika B.
61386 (mit Thomas Forster) ... weil mein Vater Priester ist

KARIN JÄCKEL

FURCHT VOR DEM LEBEN

Wenn Jugendliche den Tod als einzigen Ausweg sehen

BASTEI-LÜBBE-TASCHENBUCH
Band 60 452

Originalausgabe
© 1998 by Bastei-Verlag Gustav H. Lübbe GmbH & Co.,
Bergisch Gladbach
Printed in Germany, April 1998
Einbandgestaltung: Manfred Peters
Titelbild: Bavaria, Gauting
Satz: hanseatenSatz-bremen, Bremen
Druck und Bindung: Elsnerdruck, Berlin
ISBN 3-404-60452-0

Inhalt

Einführung

»Tot sein wollte ich eigentlich nicht!« sagt Nena, die mit vierzehn Jahren ihren bisher und hoffentlich letzten Selbstmordversuch unternahm.

Sie hatte ihren Plan monatelang vorbereitet. Sie hatte sich darüber informiert, wie man sich die Pulsadern aufschneidet, um wirklich auszubluten. Um ganz sicher zu gehen, daß es klappen würde, hatte sie sich mehrere Päckchen Rasierklingen besorgt. Außerdem hatte sie einige Rollen Küchentücher gehortet, mit denen sie das austretende Blut auffangen wollte, damit nichts frühzeitig durch die Zimmerdecke rinnen und womöglich die Aufmerksamkeit der unter Nena wohnenden Familie erregen sollte.

Von ihrer Großmutter, die seit Jahren ohne Schlaftabletten nicht einschlafen kann, hatte sie nach und nach Pillen geklaut und gehamstert. Einmal war es ihr gelungen, ein volles Röhrchen zu unterschlagen, als die Großmutter sie mit einem Rezept in die Apotheke geschickt hatte. Der schon ein wenig vergeßlichen alten Dame war nichts aufgefallen.

Da ihr die homöopathischen Mittelchen der Großmutter nicht »sicher« genug schienen, hatte Nena sich eine zusätzliche Bezugsquelle bei den Eltern ihrer Freundinnen erschlossen. Mehrmals hatte sie Kopfschmerzdragées und fiebersenkende Mittel entwendet. Die Beschaffung war relativ einfach gewesen: Nena hatte vorgegeben, zur Toilette zu müssen, und in der Zeit die

Badezimmerschränke durchsucht. Bei fast allen Leuten lagen die Medikamente offen herum oder wurden in einem Medizinschränkchen aufbewahrt. Der Schlüssel dazu war meist in einer der Schubladen des Spiegelschränkchens über dem Waschbecken zu finden. Da Nena jeweils nur kleinste Mengen mitnahm, blieben die Diebstähle unentdeckt.

Zu Hause kam Nena ebenfalls leicht an Medikamente heran. Sie machte ihrer Mutter mindestens einmal alle vierzehn Tage vor, daß sie starke Kopfschmerzen habe. Da diese selbst häufig unter Migräneattacken litt, glaubte sie die von Nena vorgetragenen Beschwerden sofort. Einen Arzt zu konsultieren, schien ihr nicht notwendig, und sie gab ihr einfach von den nur auf Rezept erhältlichen Kapseln. Nena tat so, als ob sie die Medikamente einnähme, und spielte nach ein paar Minuten, daß es ihr bereits bessergehe. In Wirklichkeit schob sie die Kapsel nur in die Wangentasche oder unter die Zunge und spuckte sie sofort wieder aus, sobald die Mutter nicht mehr hinsah.

Als Nena ihrer Meinung nach genügend Tabletten gesammelt hatte, nutzte sie einen der Nachmittage, an denen ihre Mutter für mindestens zwei Stunden bei ihrer Kosmetikerin war und sich anschließend bei ihrem Frisör eine Dauerwelle legen lassen wollte. Nena konnte also sicher sein, daß die Mutter mindestens sechs Stunden außer Haus bleiben würde.

Um völlig ungestört zu bleiben, stellte Nena sogar die Wohnungsglocke ab. Dann wickelte sie das Küchenpapier ab und breitete es in dicken Lagen auf den Fußboden vor dem Bett. Anschließend legte sie ihre Lieblings-CD auf, stellte den Player auf »Repeat« und zündete im ganzen Zimmer Kerzen an.

Ursprünglich hatte Nena ihren Dackel Minou »mitnehmen« wollen. Zu diesem Zweck hatte sie eine große Menge Tabletten in Wasser aufgelöst, die sie dem Tier mit einer Spritze ins Maul verabreichen wollte. In letzter Sekunde besann Nena sich jedoch anders. Sie schaffte es nicht, Minou zu töten. Ihre Mutter liebte Minou. Sie würde sich freuen, Nena los zu sein, aber um Minou würde sie weinen. Sie würde nie verstehen, daß Nena ihren Liebling bei sich haben wollte – später. Wahrscheinlich würde sie nur wieder toben: »Typisch Nena, egoistisch bis auf die Knochen!« Genau diese Art Vorwurf konnte Nena nicht mehr ertragen.

Statt die Spritze für Minou aufzuziehen, streichelte und fütterte sie den Dackel ein letztes Mal und sperrte ihn dann in die Küche.

Um die Tabletten nicht zu erbrechen, hatte Nena sich mehrere Portionen zurechtgelegt, die sie nach und nach zu sich nehmen wollte. Zuerst schluckte sie eine erste Handvoll und einige Minuten später nochmals so viele, wie sie noch hinunterwürgen konnte. Da sie gehört hatte, daß sich der Wirkstoff schneller im Blut verteile, wenn man sich bewege, lief sie in ihrem Zimmer auf und ab. Bald schon merkte sie ein Brennen und Rumoren in ihrem Magen und bekam Angst, sie müsse alles ausspucken. Vorsichtshalber aß sie eine halbe Scheibe trockenes Brot, ehe sie eine dritte Portion Tabletten einnahm. Sie wurde nun sehr schnell müde. Sie legte sich auf ihrem mit allen Kuscheltieren ausstaffierten Bett und schnitt sich die Pulsadern auf. Wenig später verlor sie das Bewußtsein.

Ohne Minou wäre Nena heute tot. Obwohl der Hund nicht im Zimmer war, spürte er wohl, was vor sich ging. Er begann, laut zu heulen und zu bellen und hörte trotz Nenas anfänglichem »Ruhe«-Befehl so lange nicht auf, bis die entnervten Nachbarn, die immer wieder vergeblich versucht hatten zu läuten, den Hausmeister holten. Dieser schloß die Wohnungstür auf. Gemeinsam mit den Nachbarn entdeckte er Nena bewußtlos auf ihrem Bett.

Es war Rettung in letzter Sekunde.

Nena ist kein Einzelfall. Die Zahl der Selbstmordversuche unter Kindern und Jugendlichen steigt weltweit. Allein in Deutschland sprechen Experten von mindestens 14.000 bis 20.000 erfolglosen Versuchen pro Jahr. Eine Statistik, die gescheiterte Suizidversuche von Jugendlichen im Alter zwischen 15 und 19 Jahren erfaßt, wurde von der Universitätsklinik Würzburg erstellt und zeigt die Entwicklung für die alten Bundesländer ab 1989 bis 1993 in rasant ansteigenden Zahlen auf. Lag die Rate vergeblicher Selbsttötungsversuche 1991 noch bei etwas mehr als 100 Jungen und etwa 250 Mädchen pro 100.000 Jugendliche, mußte 1993 bereits von ca. 250 gescheiterten Selbstmordversuchen von Jungen und etwas über 500 bei Mädchen ausgegangen werden.

Meines Wissens weist bislang keine gesamtdeutsche Statistik mißlungene Suizidversuche aus. Erfaßt werden nur die erfolgreichen. Diese werden in zwei Kategorien unterschieden. Erstens Tod in unmittelbarer Folge eines Selbstmordversuchs, also Selbstmord. Zweitens Tod in mehr oder minder langfristiger Folge einer lebensgefährlichen Selbstbeschädigung, die durch einen Selbstmordversuch ausgelöst wurde.

Die Todesursachenstatistik, welche das Statistische Bundesamt in Wiesbaden für 1995 ermittelte, weist für Kinder unter zehn Jahren keinen Selbstmord aus. Im allgemeinen gehen Fachleute davon aus, daß so junge Kinder außerstande sind, Selbstmord zu begehen, da ihnen das Verständnis für die Tragweite des Todes fehle.

Bei 10- bis 15jährigen verstarben insgesamt 38 an den Folgen eines Selbstmordversuches und weitere 14 an den Folgen einer lebensgefährlichen Selbstbeschädigung. Die meisten von ihnen brachten sich durch Erhängen, Ersticken und Erdrosseln ums Leben. Unter den 15- bis 20jährigen starben 286 durch eigene Hand. Auch hier war das meistangewandte Mittel der Strick. Erst in großem Abstand folgt als Todesursache ein Sturz aus großer Höhe. Noch seltener wurde zu Giften und, dicht gefolgt, zu Waffen gegriffen.

Weit höher als offizielle Zahlen über vollzogenen Selbstmord im Jugendalter ist die Dunkelziffer derjenigen Kinder und Jugendlichen, deren Suizidversuch als Unfall mißverstanden und niemals irgendwo vermerkt wird, sowie die Anzahl derer, die auffällige Symptome suizidalen Verhaltens zeigen und deshalb rechtzeitig in psychiatrische oder therapeutische Behandlung gelangen.

Selbstmordversuche sind Ausdruck tiefster persönlicher Krisen. Menschen, die sich töten wollen, empfinden sich selbst als hilf- und hoffnungslos. Sie haben keine Perspektive für die Zukunft mehr. Bildlich gesprochen, empfinden sie ihr Leben als »Gordischen Knoten«, den sie nur lösen können, indem sie ihn zerstören.

»Tot sein wollte ich eigentlich nicht« geht den Fragen nach den Ursachen eines so lebensbedrohlichen Dilemmas auf den Grund. Jenseits von Neugier habe ich Lebensbilder aufgezeichnet, deren ungeschminkte Echtheit dazu angetan ist, anderen Menschen nicht nur Halt, sondern auch Einhalt zu (ge)bieten und Perspektiven gegen die Hoffnungslosigkeit zu geben.

Als wichtigste Informanten standen mir neben einer Fülle wissenschaftlicher Materialien Eltern, Freunde und Freundinnen zur Seite, die auf besondere Weise mit einem jungen Menschen verbunden sind oder waren, der versuchte, sich das Leben zu nehmen. Von ihnen erfuhr ich von dem Chaos aus Fragen, Wut, Schmerz, Hilflosigkeit, Selbstanklagen und Trauer oder auch Ignoranz, welches alle diejenigen überfällt, die zurückbleiben. Doch ich erfuhr auch, wie dieses Chaos aufgelöst werden kann, wenn es Worte und – das Wichtigste – Hörer findet, die Geduld haben, immer wieder zuzuhören.

Vor allem aber standen mir Jugendliche selbst Rede und Antwort – alle dem Tod mindestens einmal wieder entronnen, obwohl ihr Leben noch gar nicht recht begonnen hatte.

Ich habe sie nach und nach seit etwa 1980 kennengelernt. Einige von ihnen schrieben mir, nachdem sie meine Bücher gelesen oder mich anläßlich einer Autorenlesung live bzw. in einer Talk-Show bei Fernsehen und Rundfunk erlebt hatten. Meine Anschrift hatten sie entweder im Anschluß an Veranstaltungen von mir persönlich erhalten, oder ihre Briefe waren über meine Verlage an mich weitergeleitet worden. Eine Zuschrift erreichte mich dank detektivischer Spürarbeit einiger Postangestellter, die mich als Empfängerin allein aus meinem Namen, meiner Berufsbezeichnung und dem Wohnort »mittlerer Schwarzwald« ermittelten.

Andere setzten sich mit mir in Verbindung, weil sie – wie Nena – Menschen kennen, die mich kennen und von meinen Büchern wissen. Wieder andere fand ich, wenn ich auf meinen langen berufsbedingten Reisen im Zug Gelegenheit zu einem Plausch hatte. Es erstaunt mich immer wieder, wie gesprächsbereit Menschen Fremden gegenüber sind, bei denen sie die beruhigende Gewißheit haben, daß sie diesen voraussichtlich niemals mehr begegnen werden. Sich das Herz erleichtern zu können und keine Konsequenzen fürchten zu müssen, hat in unserer Zeit der Isolation und Status-Macht-kämpfe offenbar etwas Verführerisches.

Noch andere Betroffene traf ich in Jugendgruppen, die professionell betreut werden. Nicht zu vergessen all jene Menschen, die sich aufgrund meiner Suchannoncen in verschiedenen Tageszeitungen an mich wandten.

Wir trafen uns persönlich bei mir zu Hause oder an anderen Orten. Nicht jeder Erstkontakt führte zu Folgetreffen. Manche Beziehung scheiterte noch nach mehreren Gesprächen, als ich dachte, sie sei längst gefestigt. Selbst in der Endphase meiner Arbeit an diesem Skript sprangen zwei Personen ab, deren Lebensgeschichte ich bereits niedergeschrieben hatte, und entzogen mir die Abdruckgenehmigung. Die Angst, sich selbst öffentlich zu machen, vielleicht erkannt zu werden und Neugier, Kritik oder gar Repressalien ausgesetzt zu sein, ist groß.

In ausführlichen Gesprächen und teils bis heute andauernden Kontakten ließen mich all diese Menschen im Laufe der Zeit an ihrer Vergangenheit teilhaben, indem sie erzählten, und – um mir ihre tiefsten Gedanken und Empfindungen ungefiltert, ungeschönt mitzuteilen – mir Ausschnitte aus ihren Tagebüchern, Briefe, Kurzgeschichten und Gedichte anvertrauten.

Unter der Vielzahl der mir bekannt gewordenen Schicksale habe ich elf ausgewählt, die ich Ihnen ausführlich präsentiere. Es sind jeweils authentische Schicksale, deren Eckdaten ich aus Personenschutzgründen unkenntlich gemacht habe. Leider war es unumgänglich, die einzelnen Lebenserfahrungen zu straffen, Längen herauszuschneiden und Inhalte zu komprimieren. Manches Interessante und Vertiefende fiel dabei der imaginären Schere zum Opfer.

Es wurde jedoch keine der elf Geschichten aus mehreren Fallbeispielen zu einer einzigen zusammengesetzt. Jede wurde nach Fertigstellung von der tatsächlich dahinterstehenden Person autorisiert.

Die Auswahl der Fallbeispiele fiel insofern schwer, als jedes der mir anvertrauten Einzelschicksale seine Besonderheit hat, jedes in sich aussagefähig und bemerkenswert ist und erst die Vielfalt der Erfahrungen ein aussagefähiges Bild des Ganzen bietet. Entscheidend für die Endauswahl war nicht die Brisanz bzw. die Schrecklichkeit des Geschehens. Es ging mir nicht um ein Horrorszenario oder um eine Anleitung zum Selbstmord. Vielmehr sollte sich eine Art Typisierung der Auslösefaktoren ausmachen lassen, so daß das gezeigte Beispiel jeweils stellvertretend für eine möglichst große Anzahl vergleichbarer Schicksale steht. Zusätzlich orientierte ich mich daran, ob es aufschlußreiche Dokumente wie Abschiedsbriefe, Gedichte, Musikstücke oder Kurzgeschichten der Betroffenen gibt, deren Veröffentlichung dem Lesepublikum ein auf keine andere Weise nachvollziehbares Zeitcolorit der »Stunde Null« bietet.

Um mir die Auswahl unter allen publizistisch verwertbaren Fallbeispielen zu erleichtern, habe ich zehn meiner mir am längsten und besten vertrauten Informanten gebeten, die von mir fertig erfaßten und anonymisierten Kurzfassungen der gesamten Einzelschicksal-Protokolle zu lesen und eine ihnen repräsentativ erscheinende Auswahl nebst Begründung vorzuschlagen. Dies ist mir deshalb wichtig, weil gerade Betroffene eine andere Innensicht haben als Außenstehende.

Die so getroffene Auswahl verglich ich mit meinen »Favoriten« und die angeführten Begründungen mit meinen eigenen Einsichten. Aus dem verbliebenen »Fällen« wählte ich dann nochmals eine reduzierte Anzahl aus, bis die elf Fallbeispiele dieses Buches gefunden waren.

Die Dichte der Empfindungen und der Ereignisse aus diesen Dokumenten zeichnet ein eindringliches Bild der inneren Einsamkeit und Bindungsunfähigkeit oder Bindungsschwäche, der persönlichen Abhängigkeiten, Zwänge und Mißverständnisse, denen junge Menschen zunehmend unterworfen sind. Wenn der Leidensdruck eine Dimension erreicht, die ein Nichtbetroffener sich kaum ausmalen kann, scheint oft gerade den sensibelsten, mental stärksten und gescheitesten Kindern und Jugendlichen der Freitod als letzter Ausweg.

Die Frage nach den Ursachen geht tief. Das Filtrat der authentischen Berichte der Betroffenen läßt keine Scheuklappen zu. Opfern Erwachsene, um sich selbst zu »verwirklichen«, ihre Kinder? Hallt in dem immer lauter werdenden Rufen nach staatlichen Versorgungsanstalten für Kinder außerhalb der Familie das Echo der klingenden Münze wider, die unser Dasein bestimmt? Zerbricht mit dem Verlust traditioneller Werte die Liebesfähigkeit und damit das Sinngebende des Lebens? Erzeugt das immer früher, immer strammer anerzogene Leistungsprinzip so viel Druck, daß die Angst zu versagen die Lebensenergie auslöscht? Und muß immer erst das Schlimmste passieren, ehe man aufwacht?

Niemand kann sich in Sicherheit wiegen und behaupten, er habe mit diesen Fragen nichts zu tun. Die Erfahrung lehrt, daß die meisten Eltern von einem Selbstmordversuch ihres Kindes vollkommen überrascht werden. Sie hatten keine Ahnung gehabt, keinen Verdacht geschöpft, nichts beobachtet. Sie hatten selbst konkrete Hinweise übersehen, nicht ernst genommen oder schlicht ignoriert, und erst in der Rückerinnerung fiel es ihnen wie Schuppen von den Augen.

Eine Mutter erzählte mir einmal folgendes:

Mein Mann und ich, wir hatten uns oft genug über die Kinder von Kollegen oder aus dem Freundeskreis unterhalten und alle möglichen Sachen bemäkelt, die uns an ihnen nicht paßten, und uns im Vergleich dazu mit unserem Sohn total gut gefühlt. Wir hätten jeden ausgelacht, der uns gesagt hätte, daß er lebensmüde war und sich etwas antun könnte. Natürlich hatte er manchmal seine Macken. Pubertät, dachten wir. Das nervte schon hin und wieder. Aber es ging. Wir hätten nie geglaubt, daß es viel ernster war. Wir waren so sicher, daß unser Sohn mit beiden Beinen im Leben steht, daß er zu intelligent wäre, um mal in Schwanken zu geraten. Wir hätten die Hände dafür ins Feuer gelegt, daß er weiß, was er will und seinen Weg machen wird. Wir haben nicht einmal daran gedacht, daß Selbstmord im Bereich des Möglichen liegen könnte. Ja, eigentlich haben wir nicht mal daran gedacht, daß es das gibt. Selbstmord begingen doch immer nur die anderen. Das schien uns nichts anzugehen. Und wenn man dann doch mal was hörte, dann war das ungefähr so real wie ein Krimi im Fernsehen. Wir kamen nicht im geringsten auf die Idee, daß unser Sohn einen bestimmten Hintergrund dafür hatte, wenn er zum Beispiel sagte, er wollte sein Bett gegen einen Sarg umtauschen und im Sarg schliefe es sich am besten. Wir hielten das für Spinnerei. Mehr nicht. Wenn es überhaupt eine Bedeutung für uns hatte, dann die, daß es uns wütend machte.

Wir hätten wirklich jeden Eid geschworen, daß Selbstmord uns nichts angeht. Und jetzt ist er tot. Er hat sich erhängt. Bei uns auf dem Dachboden. Mein Mann hat ihn gefunden. Es war grauenvoll.

»Warum hat er es getan?« wollte ich wissen. »Was war geschehen?«

Wir wissen es nicht. Nicht genau. Wir haben uns dies und das zusammengereimt. Es muß etwas mit einem Satanskult gewesen sein. Er war da durch ein Mädchen in etwas reingerutscht. Sie trafen sich und machten solche Sachen wie Gläserrücken und Pendeln. Sie haben dann wohl auch angefangen, Tote zu beschwören. Unser Sohn soll das Medium gewesen sein. Er hat in Trance Sachen geschrieben, die ihm angeblich von einem Geist diktiert wurden. Er sei ›besetzt‹ worden, sagte seine Freundin. Der Geist eines jungen Soldaten aus dem Ersten Weltkrieg habe durch unseren Sohn aus dem Jenseits Botschaften gesandt. Sie hatte ein paar Seiten aufbewahrt, die angeblich bei solchen Treffen entstanden sein sollen. Wir haben sie uns angesehen. Es geht da wirklich um Kriegsvorgänge. Es ist in etwa auch die Schrift unseres Sohnes. Wissen Sie, er war immer sehr gut in Geschichte. Wir denken, er hat das Mädchen beeindrucken wollen und ein bißchen herumgesponnen. Und dann ist ihm alles wahrscheinlich irgendwie über den Kopf gewachsen. Er hat sich da in etwas verstrickt und kam nicht wieder raus.

Wenn er nur mit uns geredet hätte! Wenn er sich uns nur anvertraut hätte! Und wir, ja, wenn wir ihn nur ernster genommen hätten! Wenn wir die Sache mit dem Sarg doch nur nicht so einfach abgetan hätten! Wenn wir gefragt hätten, hätte er uns bestimmt etwas gesagt. Ich meine, ernsthafter gefragt, echter eben, nicht so, wie wir das gemacht haben, indem wir ihn mehr verjuxt haben und aufgebracht waren über seine Blödheit. Wenn ich so darüber nachgrüble – ich komme da immer wieder zu dem Schluß, daß wir jeden mit so was ernstgenommen hätten, bloß aus unserer Familie keinen.

In der Familie, da traut man sich einfach, den anderen zu

verlachen. Da ist man sich so selbstverständlich, so irgendwie ohne Haut dazwischen. Da gibt man sich selbst ohne Selbstschutz hin und verlernt dabei irgendwann, daß man trotzdem weiterhin Rücksichten zu nehmen hat. Ich glaube, da geht irgendwann der Respekt vor dem anderen einfach bloß ein paar Millimeter tief. Da hat man keine Hemmungen und irgendwie auch nicht dieses Bewußtsein, daß jeder grundsätzlich erstmal ernstzunehmen ist. Das geht irgendwie unbemerkt. Auf einmal ist es so. Das spürt man am schnellsten, wenn man sich streitet. Früher, als man noch nicht so vertraut war, hat man sich nie getraut, den anderen vulgär zu beschimpfen. Da hatte man ja immer irgendwie auch noch Angst, ihn zu verletzen und dann zu verlieren. Aber je öfter man sich gestritten hat, desto rücksichtsloser und gemeiner läuft das ab.

Mit Freunden zum Beispiel läuft das anders. Wenn zum Beispiel ein Freund von meinem Mann plötzlich hätte im Sarg schlafen wollen, ja, da hätten wir auch gelacht und uns an die Stirn getippt, aber eben heimlich. Wir hätten vielleicht sogar ihm ins Gesicht hinein irgend etwas Blödes dazu gesagt. Aber wir hätten trotz allem keine Zornanfälle bekommen, uns nicht allein durch so eine doofe Idee persönlich beleidigt gefühlt oder versucht, unsere Meinung durchzusetzen. Wir hätten den anderen als eigene Person respektiert, die eigene Entscheidungen treffen kann, auch wenn sie mir nicht passen, und dabei wäre es geblieben.

Aber bei unserem Sohn, ja, da hatten wir diesen Respekt nicht. Da haben wir uns hemmungslos abreagiert und sind ihm mit radikalen Parolen gekommen und haben erst gar nicht wissen wollen, was denn eigentlich mit ihm los war, daß er so einen verdrehten Wunsch hatte. Deshalb denke ich heute, wenn wir ihn ernster genommen hätten, wäre alles nicht geschehen.

Wenn, wenn, wenn – das Schlimmste ist, daß nichts zu-

rückzudrehen ist, daß er uns keine Fragen mehr beantworten wird, daß alles so unfaßlich ist, und er uns mit allem so unendlich allein zurückgelassen hat. Wenn Sie fragen, warum er das getan hat, ja, dann kann ich nur sagen, daß es das ist, was ich ihn auch fragen möchte. Ich kann nicht aufhören, nach dem Warum zu fragen. Manchmal wache ich nachts auf, weil ich geträumt habe, er ist da und sagt etwas, und ich versuche, ihn zu hören, und spitze die Ohren und strenge mich an und werde wach, weil ich vor Anstrengung mit den Zähnen mahle und die Daumen in den Fäusten fast abgedrückt habe und mit den Füßen stoße – und doch nichts hören kann. Und dann, wenn ich wach liege, denke ich, daß ich davon träume, weil ich meinen Jungen einfach nicht richtig gehört habe, auch dann schon nicht, als er noch bei uns war. Oder schon gehört, aber irgendwie nicht verstanden. Er hat etwas gesagt, das wollte nicht in meinen Kopf, und dann hat er eben nichts mehr gesagt. Und dann ist es passiert. Und wenn ich nicht so oft abgewunken und gespöttelt hätte, wenn ich ihn vielleicht mehr gefragt hätte, mehr Zeit zum Reden gewesen wäre – aber es hat ja doch keiner von uns daran gedacht, daß der Bub sich das Leben nehmen könnte. Das war gar nicht in unseren Köpfen drinnen.

Tatsache ist, daß Selbstmord bei Kindern und Jugendlichen uns alle angeht. Gerade in der Hektik unserer Zeit, der Jagd nach Ansehen, Macht und Geld, der immer stärker spürbaren Einsamkeit des Individuums, dem Verlust von Traditionen und Werten und der Angst vor dem Morgen könnte jeder von uns schon morgen selbst betroffen sein.

Nena

Als ich Nena kennenlernte, war sie 17 Jahre alt. Sie litt gerade an einer schweren Depression, in die sie gefallen war, nachdem ihr Freund mit ihr Schluß gemacht hatte, als sie sich an mich wandte. Sie sei ihm zu zickig, hatte er gemeint, zu kompliziert. Er brauche eher ein Mädel zum Spaßhaben.

Nenas Lebensgeschichte haben wir zu diesem Beitrag zusammengefaßt, als wir uns einander fünf Jahre lang kannten und gegenseitiges Vertrauen entstanden war. »Ich hoffe, daß jetzt alles abgehakt ist«, meinte Nena abschließend. »Ich habe das gebraucht, das nochmals Hingucken. Jetzt will ich vorwärts schauen. Es ist Zeit.«

Wenn du etwas verändern willst, mußt du zuerst dich selbst ändern

Nach ihrem »14er«, wie sie ihren letzten Selbstmordversuch bei sich selbst nennt, hatte Nena sich geschworen, es künftig »packen« zu wollen.

Die Initialzündung zu diesem Entschluß war von einer jungen Ärztin ausgegangen, die Nena in der Klinik betreute, in der man ihr den Magen ausgepumpt und die schweren Schnitte an den Handgelenken versorgt hatte. Fünf Tage lang hatte Nena im Koma gelegen. Als sie endlich wieder erwachte, war die junge Ärztin bei ihr gewesen. In den Gesprächen, die die beiden wäh-

23

rend der beiden Wochen bis zur Entlassung führten, war Nena vieles klargeworden – vor allem ihr Motiv. Mit dem Versuch zu sterben hatte sie nicht sich selbst, sondern ihre Mutter verändern wollen. Dieses Ziel hatte sie jedoch nicht erreicht, diesmal nicht und auch alle die Male zuvor nicht. Die Mutter hatte nicht begonnen, Nena mehr zu lieben als früher. Sie war höchstens geschockt gewesen.

Vor allem ein Gedanke hatte Nena sehr zu denken gegeben. »Jeder lebt sein eigenes Leben«, hatte die Ärztin gesagt. »Wenn du etwas an deinem Leben verändern willst, weil es dir nicht gefällt, mußt du nicht die anderen verändern, sondern dich selbst. Und wenn du dein Leben wegwirfst, kannst du nichts mehr verändern.«

Immer wieder hatte Nena darüber nachgedacht. Dann war sie zu einem Entschluß gekommen. Die Mutter hatte schon seit zwei Jahren von einem internationalen Internat gesprochen, in dem sie Nena am liebsten untergebracht hätte. Nena hatte nie gewollt. Die Vorstellung, die Mutter zu verlassen, war zu sehr mit der Angst verbunden gewesen, sie dann ganz zu verlieren. Jetzt plötzlich konnte sie es sich vorstellen, freiwillig dorthin zu gehen. »Wenn ich tot wäre, wäre ich auch von ihr weg gewesen«, meinte sie.

Als Nena die Klinik verlassen konnte, stand fest, daß sie künftig Internatsschülerin sein und nur in den Ferien nach Hause kommen würde. Die Mutter hatte sie bereits angemeldet.

Ihren Freund hatte Nena etwas länger als ein halbes Jahr vor unserer Bekanntschaft in einer Disko kennengelernt, die ihrer Internatsschule angeschlossen war. Sie hatte sich sehr in ihn verliebt, doch er hatte sie zu stürmisch bedrängt. Das Ergebnis ihrer Verweigerung war der Bruch und eine nachfolgende Depression. So nah an einer Kurzschlußhandlung wie in den ersten Tagen ihres Liebeskummers war Nena lange nicht mehr gewesen. Sie spürte, daß sie Hilfe brauchte. Aber Therapie?

Bloß weil ich nicht mehr leben wollte, bin ich doch nicht krank

Nie wieder! Ich habe genug davon, mich behandeln zu lassen, als ob ich plemplem wäre, bloß weil ich Kummer und keine Freude an dieser Art Leben habe. Ich bin nicht krank, nur weil ich etwas erlebt habe, was andere nicht erlebt haben, und mir deshalb mein Leben nicht gefällt. Man muß mich auch nicht passend machen, damit ich funktioniere wie alle anderen. Ich finde, dazu hat keiner ein Recht. Es gibt da so einen indianischen Spruch, daß jemand nur wissen kann, wie es einem anderen geht, wenn er in den Mokassins des anderen gelaufen ist. Ich glaube, das soll heißen, daß man einen anderen nur kennt, wenn man so lebt wie er und dann auch dasselbe erlebt und erfährt. Aber in einer Therapie, da lebt keiner mit mir oder fühlt so wie ich. Da wird nur von außen drauf geguckt und Distanz gehalten. Ja, bin ich denn aussätzig oder sonstwie ansteckend?

Es bringt mir absolut nichts, zu einer sogenannten Fachfrau zu gehen und bei ihr in ihrem geschützten Raum zu sitzen und meine privatesten Sachen vor ihr auszubreiten, wenn ich weiß, daß sie mir doch bloß zuhört, weil sie dafür bezahlt wird. Ich finde es ätzend, wenn ich weiß, so, jetzt Achtung, fertig, los, reden. Ich bring das nicht, so auf Kommando.

Ich hatte mal einige Zeit nach dem »14er«, als ich gerade ins Internat gekommen war, Therapie bei einer, die hatte ihre Praxis unten in ihrem Haus, im Souterrain. Die Therapie war so eine Art Bedingung gewesen, daß ich ins Internat konnte.

Meine Mutter hatte sich damals mit der Ärztin aus der Klinik abgesprochen, daß das sein müßte. Klar hieß es, daß es freiwillig wäre. Aber ich hatte trotzdem keine Wahl.

Die Therapeutin war geschieden und hatte drei Kinder. Die waren noch ziemlich jung und wurden von einer Kinderfrau betreut. Manchmal konnte man das Toben von den Kindern in der Wohnung oben oder im Garten hören. Dann mußte die Sprechstundenhilfe im Vorzimmer oben anrufen, daß mehr Ruhe herrschen sollte. Einmal, als ich da war, ging ein Wahnsinnsgeschrei im Treppenhaus los. Da hatten zwei Kinder gespielt, und eins war im obersten Stock über das Treppengeländer in den untersten gekracht und hatte sich wohl verletzt. Jedenfalls schrien die Kinder wie am Spieß, und dann kam eine Frau dazu und schrie auch. Und ganz kurz darauf rannte die Kinderfrau mit einem Kind auf dem Arm zu einem Auto und raste weg. Das konnte ich aus dem Fenster des Gesprächszimmers beobachten.

Die Therapeutin war die Mutter, ja. Und die saß wie angeklebt auf ihrem Thronsessel und tat, als hätte sie nichts gehört und nichts gemerkt. Die zuckte nicht mal besonders zusammen. Die Frau war total cool. Oder wenigstens tat sie so. Also ich, wenn ich die Mutter gewesen wäre, ich wäre aufgesprungen und hätte nach meinem Kind geschaut. Da wäre mir doch mein Job und alles egal gewesen. Aber die, die saß wirklich da und grinste zu mir hin und meinte: »Die Kinderfrau kümmert sich darum. Es ist alles in Ordnung. Hier unten ist absolut geschützter Raum. Hier hat die Welt von draußen keine Chance.«

Und der Frau sollte ich sagen, daß meine Mutter so eine ist wie sie. Ja? Und die sollte mir helfen, ja? Pfff! In der Therapie bei ihr hätte ich doch wohl nur »visualisiert«, wie schwer es alleinerziehende Mütter haben und daß Kinder Rücksicht nehmen müssen und nicht so egoistisch sein dürfen und die Mutter ein Recht auf ihr eigenes Leben hat und nicht nur für ihre Kinder da ist und so weiter. Dafür brauchte ich keine Therapie. Wenn es um solche Sprüche geht, ist meine Mutter besser als jede Therapeutin.

Ich ging dann zu dieser Frau nicht mehr hin. Aber es gibt ja andere.

Und du hast ja keine Chance, nicht zu gehen, wenn deine Mutter es will und der Arzt es will und alle sagen, du mußt, weil du ja nicht ganz sauber tickst, weil du einen Selbstmordversuch gemacht hast. Denn eine, die so was macht, kann ja nicht sauber ticken, wo doch alles so toll ist und man so eine Supermutter hat, die sich ein Bein für dich ausreißt und alles für dich geopfert hat und jetzt so was von dir erleben muß. Eine, die normal ist, tut doch so was ihrer Mutter nicht an. Und eine, die eben nicht ganz normal ist, muß in Behandlung. Logo!

Und wenn du kommst, da sitzt die Frau dann in ihrem schönen Schleiflackzimmer mit Blumen auf dem Tisch und alles ganz ordentlich und macht ein nettes Gesicht und sagt nichts und wartet auf das, was du sagen sollst. Und dir fällt nichts ein, und du wirst immer unsicherer und nervöser und fühlst dich immer beschissener, und irgendwann sagst du dann: »Ja, das Wetter ist heute ziemlich blöd.« Und sie sagt: »Ja.« Und lächelt und wartet und die Zeit läuft, und du weißt, die Stunde ist gleich vorbei. Und das war's. Und du kannst einfach nicht reden. Was denn auch, was sollst du der denn sagen?

Oder wenn du es doch schaffst und bringst endlich etwas raus und sagst: »Meine Mutter liebt mich nicht!«, dann lächelt sie immer noch und sagt: »Wie kommst du darauf?« Und wartet weiter. Und wenn du dann innerlich fast platzt, weil du ja hergekommen bist, um etwas zu sagen und ja irgendwie auch was sagen willst und dann endlich sagst: »Sie wollte mich nicht haben, von Anfang an nicht. Sie wäre viel glücklicher ohne mich.«, dann lächelt diese fantastische Superfrau auf ihrem Schreibtischsesselthron genauso weiter und hört dir zu und sagt nur: »Und weiter? Und weiter?« Und ordnet alles, was du sagst, in ihre Job-Schubladen ein, und hält sich aus allem fein raus, weil sie ja aus Berufsgründen auf Distanz gehen muß, damit nur ja keine Übertragungen passieren. Vielleicht muß sie später ja sogar eine Supervision haben, damit sie schön cool bleiben kann.

Was mit dir los ist, sollst du dir ja schließlich selbst klarmachen und dein eigenes Aha-Erlebnis kriegen und deine Lösungen auch allein herausfinden. Die Frau ist ja nur dafür da, daß du arme, einsame Wurst überhaupt einen hast, der dir zuhören muß und nachher nichts weitererzählen darf. Und dann sitzt sie da und schielt auf die Uhr und macht pünktlichst Schluß, weil draußen schon der nächste wartet.

Und wenn du ausgerechnet in dem Moment erst richtig reden könntest oder Vertrauen gefaßt hättest, wäre es völlig egal, weil die Zeit ja um ist. Da steht sie dann auf mit diesem netten Lächeln und vielleicht gibt sie dir ja sogar die Hand zum Abschied, obwohl die ja den Suizid-Bazillus haben könnte, und sagt, daß wir beim nächsten Termin an diesem Punkt wieder anknüpfen. Und dann stehst du draußen und kannst sehen, wie du das, was in dir hochgekommen ist, wieder schluckst und runterdrückst.

Inzwischen hasse ich dieses ganze Psycho-Gelaber und das ganze Distanzgetue und diese Fachausdrücke, mit denen sie mich – mein Ganz-in-mir-drinnen – auf ein Problem reduziert. Es tut mir auch weh. Weil – als Mensch mit einem ganz besonderen Problem, mit meinem eigenen eben, das für mich ja verdammt wichtig ist und deshalb auch ernstgenommen werden soll. Ja, da fühl ich mich einfach nicht ernstgenommen. Ich kriege jedesmal den Eindruck, daß alles darauf hinausläuft, daß ich ja bekloppt bin oder bekloppt sein muß. Und das kommt eben, weil diese Psycho-Tante immer wieder mit ihren Fachausdrücken an dich hinschwallt und dich in ja irgendwie auch einordnet. Ich will aber nicht eingeordnet werden. Ich will ICH sein.

Und das, genau das war ich bei meiner Mutter auch nicht und bei keinem bisher. Das ist ja das, was mir gerade weh tut. Ich war ja immer die, die so und so zu sein hat oder so und so nicht sein darf oder wenn sie nicht so und so ist, dann so und so. In jedem Fall aber immer falsch oder für die Schublade zu klein oder zu groß oder sonstwie verkehrt. Und darum muß ich das jetzt nicht von so einer Psycho-Tante noch mal haben. Ich finde, mir hat schon viel genug was weh getan, verdammt weh getan sogar.

Nein, ich kann einfach in keine Therapie mehr gehen. Ich halte das nicht mehr aus. Ich hatte schon genug Distanz und diesen ganzen Scheiß. Ich brauche jemanden, der mich sieht, mich – verstehen Sie, was ich meine? Ich kann das vielleicht nicht so gut rüberbringen, aber ich brauche jemanden, der sich für mich interessiert und mich will.

Wenn ich in die Therapie gehe, dann bin das nicht ich, die wirklich wichtig ist. Die Therapeutin, die wartet nicht auf mich, weil sie mich gut findet oder mich so gern hat. Die wartet höchstens, weil ich nun mal einen Termin in ihrem Kalender habe. Die freut sich nicht auf mich. Oder wenn sie sich freut, dann vielleicht, weil es jetzt wieder in der Kasse klingelt, wenn sie ›meinen Fall‹ bearbeitet hat. Ich bin für die Frau doch kein wichtiges Individuum.

Ich, ganz allein ich bin ihr doch Wurst. Ich bin da doch nur, weil die Frau hinter ihrem Schreibtisch oder in ihrer Kissenecke ein Profi ist und ihren Job tut, indem sie mir ihr Ohr verkauft oder so. Ich als Mensch, ich bin bei ihr doch bloß ein wandelndes Problem, ein Fachbegriff auf zwei Beinen, ein »Fall« aus der Schublade für »Suizidale«. Vielleicht bin ich als »Fall« sogar interessant. Aber wenn die Therapiestunde um ist und ich weg bin, dann vergißt sie mich möglichst schnell. Ich kriege nicht einmal ihre private Telefonnummer. Ich bin

*ja keine, die sie privat kennen oder um sich haben will. Ich
bin ja nur ihr Job. Klar, daß man sich damit nicht auch noch
nach Feierabend belasten und womöglich auch noch rum-
ärgern will.*

Wenn du sterben willst, probierst du's
nicht nur einmal

Nena hatte mich zu ihrer Vertrauten ausgewählt, weil
sie durch eine ihrer besten Freundinnen von mir erfahren hatte.

»Ich weiß nicht, ob Sie richtig sind für mich«, schrieb
Nena mir. »Ich weiß nur, daß Sie für meine Freundin
richtig waren. Also würde ich das jetzt gern ausprobie-
ren, wenn Sie einverstanden sind.«

Unter der Bedingung, daß Nena nicht regelmäßig
lange Antwortbriefe oder stundenlange Telefonate von
mir erwartete, sondern sich vorstellen konnte, manchmal mehrere Wochen warten zu müssen, bis ich Zeit
hätte, mich auf sie einzulassen, bzw. daß ich nur in
Ausnahmefällen sofort Zeit für sie hätte, war ich einverstanden.

Nena hatte nicht nur einen Suizidversuch unternommen. Dies erfuhr ich bereits aus den ersten Briefseiten.
Doch obwohl sie jeden einzelnen Versuch genau geplant und durchgeführt hatte – sterben wollte sie im
Grunde nicht. Sie wollte sich nicht umbringen, weil sie
es haßte zu leben oder weil ihr das Lebendigsein nichts
geben konnte. Nein, sie wollte sich töten, weil sie die
»Dinge« ihres Lebens nicht mehr ertrug und keine Chance
sah, eine radikale Änderung dieser »Dinge« herbeizu-
führen.

Nach außen hin war Nena immer ein hübsches, aufgewecktes Mädchen, das von der alleinerziehenden Mutter nach Strich und Faden verwöhnt wurde. Als top ausgebildete fremdsprachliche Europasekretärin war diese eine gut verdienende Angestellte einer international operierenden Anwaltskanzlei. Sie konnte es sich leisten, ein luxuriöses Leben zu führen. Und sie wollte, daß die Welt dies auf den ersten Blick an Mutter und Tochter erkannte.

In ihrem Innersten aber war Nena verzweifelt. Von klein auf war sie fest davon überzeugt gewesen, daß sie ihrer Mutter zur Last fiel. Es gehörte zu ihren Alltagserfahrungen, zu hören, daß sie ein ungewolltes Kind sei, ein »Wechselbalg«, ein »Tro-Pi-Kind«, das bei einem One-Night-Stand trotz Pille entstanden war und der Mutter »das Leben versaut« hatte.

Es wäre für die Mutter kein Problem gewesen, den unerwünschten Embryo abzutreiben, hätte sie die Schwangerschaft rechtzeitig vor dem legalen Abbruchstermin erkannt. Der Gedanke, schwanger zu sein, kam ihr jedoch erst im vierten Monat. Jetzt hatte die Angst vor dem lebensgefährlichen Pfusch einer »Engelmacherin« die Mutter von einer Abtreibung abgehalten. Statt dessen hatte sie immer wieder auf eigene Faust versucht, eine Fehlgeburt auszulösen, indem sie zum Beispiel von Treppen sprang, brühheiß badete, Gewaltmärsche unternahm und sich einen Tee beschaffte, den angeblich Indianerinnen als Abtreibungsmittel verwenden. Doch trotz allem blieb sie weiter schwanger.

Ohne Nena hätte die Mutter Jura studiert. Sie war davon überzeugt, dann Star-Anwältin sowie berühmt und steinreich geworden zu sein. Sie hätte eine eigene Kanzlei eröffnet, hätte jeden Mann und jeden Luxus haben können. Aber da war ja Nena ...

Mit jedem ihrer Selbstmordversuche hatte Nena bis

zum Äußersten, buchstäblich bis zur Selbstaufgabe, um die Liebe und Aufmerksamkeit ihrer Mutter gekämpft. Sie hatte ihr immer wieder zu beweisen versucht, daß sie alles zu tun bereit war, um die Mutter glücklich zu machen. Doch die Mutter hatte es – zumindest scheinbar – nie verstanden, nie ernstgenommen.

Seit Nena acht Jahre alt war, hatte sie mehrmals versucht, sich das Leben zu nehmen. Sie hatte sich vor ein Auto geworfen. Sie hatte sich von einem Baum fallen lassen. Sie hatte sich auf dem Spielplatz in voller Fahrt aus einem Karussell schleudern lassen. Sie war in einen reißenden Bach gesprungen, obwohl sie nicht schwimmen konnte. Nena hatte sich eine Gehirnerschütterung, Knochenbrüche und eine Erkältung zugezogen. Aber jedesmal war sie davongekommen. Und jedesmal hatten die Leute und auch die Mutter geglaubt, es sei ein unglücklicher Zufall, ein Spielunfall, gewesen.

Einmal, mit zehn Jahren, ehe sie in den Bach gesprungen war, hatte sie der Mutter einen Abschiedsbrief geschrieben.

> *Liebe Mutti,*
> *ich habe ziemlich Angst. Ich glaube, es wird schrecklich sein. Aber ich weiß, Du wirst Dich freuen, wenn ich weg bin ...*
> *Deine liebe Nena*

Nena liebte den Wildbach, der am Rande ihres Heimatortes durch ein felsiges Waldgebiet sprudelte. Alle Kinder spielten gern an den Flachstellen. Auch Nena. An jenem bewußten Tag war sie bis zu einer Holzbrücke geklettert, die den Bach an einer romantischen Felsenge überspannte. Dort hatte Nena sich einfach zwischen den Pfosten des Brückengeländers hindurchrutschen und

in das tiefe, wild strudelnde Wasser eines ausgewasche-
nen Beckens fallen lassen. Ein Mann, der zufällig vorbeikam, hatte sie gerettet und ihr zum Trost einen jungen Hund versprochen. Nena sollte ihn aus einem Wurf
siebenwöchiger Welpen aussuchen, der bei ihm zu Hause
war. Nena hatte sich von ihrem Retter widerstandslos
mitnehmen, trockenreiben und an den warmen Ofen
setzen lassen. Als er mit zwei jungen Hunden auf dem
Arm zu ihr kam, war sie erstmals wieder glücklich, noch
zu leben. Das weibliche Hundekind gefiel ihr am besten. Sie taufte es Minou.

Als der nette Mann Nena in seinem Auto nach Hause
gebracht hatte, war die Mutter freundlich und dankbar
gewesen. Sie hatte keine Bemerkung darüber gemacht,
daß Nena absichtlich ins Wasser gesprungen sein könnte.
Doch als er gegangen war, hatte sie den Abschiedsbrief
hervorgeholt und ihn vor Nenas Augen in Schnipsel
zerrissen und gesagt, wenn Nena glaube, daß sie einen
solchen Unsinn ernst nehmen werde, hätte sie sich geschnitten. Wenn jemand sich umbringen wolle, müsse
er es schon richtig machen. Aber selbst dazu sei Nena
nun einmal zu blöd.

Nenas einziger Trost an diesem Tag war der junge
Hund, denn die Mutter hatte es nicht gewagt, ihn Nenas Retter zurückzugeben. »Minou hat die ganze Zeit
gewußt, daß sie zu mir gehört«, teilte Nena mir mit.
»Jedenfalls hatte ich das Gefühl, sie wußte es. Und das
war da so gut für mich. Ich hab' gedacht, sie kann zwar
nicht sprechen, aber sie hat mich lieb. Und ich hatte sie
auch sofort lieb. Ich glaube, wenn meine Mutter sie mir
weggenommen hätte, hätte ich das wirklich nicht ausgehalten.«

Trotz Minou wuchsen Nenas Verzweiflung und Hoffnungslosigkeit weiter. Sie hatte schon seit einiger Zeit

immer schlechtere Noten in der Schule. Die Lehrerin fand die Schrift zu unsauber und Nena zu unkonzentriert. Oft waren auch so viele Fehler in den Hausaufgaben, daß mehr Rotstriche als blaue Tinte zu sehen waren. Wenn Nena mit einem solchen Heft nach Hause kam und die Mutter es sah, sprach sie stundenlang kein Wort mehr mit Nena. »Einem Versagertyp, wie du einer bist, habe ich nichts mehr zu sagen!« Dieser Satz brannte sich fest in Nenas Erinnerung ein.

Am Ende aller Hoffnungen

Mit 14 Jahren war Nena am Ende aller Hoffnung auf Änderung. Sie fühlte sich von ihrer Mutter nicht geliebt, sondern gehaßt. Außerdem hatten die Klassenkameradinnen alle schon Busen und ihre Monatsregel. Nena hingegen sah aus »wie ein Bügelbrett« und menstruierte nicht einmal ein paar Minuten im Monat, geschweige denn Tage. Die Jungen, in die sie sich verliebte, machten blöde Bemerkungen über »Spargelbeine« und ein »Brett mit Warzen« und verknallten sich in andere Mädchen.

Der einzige Ausweg, der Nena zu bleiben schien, war eine Flucht ohne Wiederkehr. »Ich werde mich umbringen. Ich werde es tun. Sie sollen merken, wie das ist, wenn ich weg bin«, schrieb sie in ihr Tagebuch. »Dann sollen sie ruhig weinen und heulen und alles bereuen. Dann wird es zu spät sein. Dann bin ich nämlich längst weg und endlich alle, alle, alle *los*. Das ist gut.«

Das Wort »los« hatte sie dick umrandet und in breit über die ganze Zeile gezogenen Buchstaben ausgeschrieben.

Wie gesagt, ohne Minou wäre Nena heute nicht mehr am Leben.

»Komisch«, sagt sie heute. »Erst rettet mich der Herr und dann der Hund. Da kann man sich schon etwas dabei denken. Oder?«

Trotz aller Planung drückte Nenas Fluchtversuch in den Tod keine echte Todessehnsucht aus, sondern vielmehr die hoffnungslose Sehnsucht nach dem Leben – allerdings einem anderen Leben. An ein immerwährendes Aus hatte Nena letztlich nicht gedacht.

Anna

Anna ist heute 24 Jahre alt und arbeitet als Journalistin bei einer großen Boulevardzeitung. Den nachfolgenden Text verfaßte sie mit 13 Jahren. Er steht in einem einfach linierten Schulheft mit schwarzem Papierumschlag. An manchen Stellen ist die Tinte der eng gedrängten, erstaunlich ausgereiften Jungmädchenschrift verschmiert. Anna ist Linkshänderin. Wenn sie nicht sorgfältig auf ihre Stiftführung achtet, verwischt sie noch heute die Buchstaben mit der über die Schriftzeichen ziehenden Hand.

»Ich hatte viele solcher Hefte«, sagt Anna heute. »Leider sind die meisten im Laufe der Jahre irgendwie weggekommen. Alte Schulhefte fallen ja immer irgendwelchen Aufräumaktionen zum Opfer. Einige habe ich mit 16, 17 ganz bewußt zerrissen und im Kachelofen verbrannt. Damals hatte ich so eine Phase, daß von mir und meinem Leben nichts für die Nachwelt überdauern sollte. Das war die Zeit der Biographien. Die verschlang ich damals. Klar kommt man dann auf die Idee, daß auch mal jemand über einen selbst was schreiben will. Und das wollte ich nicht. Ich hatte eher die Vorstellung, ich würde die geheimnisvolle Unbekannte bleiben, deren Gedichte einst weltberühmt werden und Millionen Menschen dazu hinreißen würden, sich auf die vergebliche Suche nach den Spuren meiner Asche zu machen. Heute bereue ich es. Ich hätte die Hefte jetzt wirklich gern.

Sie enthalten mein Innerstes. Der Text, den ich Ihnen für Ihr Buch schenke, ist mir der liebste von allen.«

Todesahnen

Welche Farbe sich wohl der Himmel als Trauerflor zulegt? Manchmal scheint es, als trüge er sich ganz, wie es zu dem Verstorbenen paßt, als wüßte er jedem eine eigene Mischung, weil ein Jeder ein Unwiederholbares ist. Diesmal wölbt er sich in glasig-fahlem Blau, in dem federleichte graue Wolken schwimmen, scheinbar schwerelos. Die Luft ist kalt, als wehe der Atem aus tausend lang verschlossenen Grüften in ihr, deren kein Lebender mehr gedenkt, und der Wind lacht unwissend, unbefangen, seltsam eingesponnen in die Traurigkeit.

Buchen schweigen, und alle stummen Schläfer unter ihren weiten, winterlich entlaubten Kronen wissen beredtere Worte von Leben und Vergänglichkeit als der Pastor, der unbewegt einem Unbekannten Gebete spricht und Segenswünsche murmelt, einstudiert in nie wechselndem Ritus, der aller Feuerlichkeit entbehrt.

Über schmaler Graböffnung steht ein Sarg – mein Sarg. Das Eschenholz ist so matt, so zart, ein sanfter, tröstlicher Duft geht von ihm aus, der sich mit dem eindringlichen Tiefschwarz eines unbeschriebenen Seidentuches achtungsgebietend verbindet, das sich von Kopf- bis Fußende erstreckt.

Trauergäste. Altgewohnte Mitläufer, selten mitfühlend, noch weniger bis ins Herz betroffen. Und die Leid um ein im Leben verachtetes Liebes tragen, sie sehen sie nicht, achten auf niemanden, versunken in letzte stumme Zwiesprache mit dem, was von mir jetzt ruht und ausruht und nimmermehr

Antwort gibt, oder ringen mit Gott um Antwort auf ein verzweifeltes Warum.

Der Pastor ist fertig; geistesabwesend nimmt die Erstbetroffene seine Beileidsformel entgegen, die sich ebenso wenig ändert wie der Aufbau seiner traditionellen Gebete. Ob sie ihr den Arm abschütteln wollen, die, deren Mitgefühl sich auf neugierige Blicke auf Gesicht und Kleidung beschränkt, und ob sie auch ja bemerkt, wie reichhaltig die letzte Gabe an mich ist, der sie alle im Leben nur kalt und fremd gegenüberstanden?

Die Erstbetroffene ist gefaßt, steinern, und ihre Dankesworte werden nicht minder geleiert, ohne Gefühl, als die gebotenen Bestätigungen des Mittrauerns. Und dann kommen ihr doch die Tränen. Sie quellen wie ein Sturzbach unter den müden, geschwollenen Lidern hervor, rinnen über ihre Wangen bis an den dunklen Mantelkragen. Sie wehrt ihnen nicht. Ihr Blick ist dumpf, und als sie den Sarg senken, fallen ihre Schultern langsam nach vorn. Niemand, der ihr hilft, sie hält? Nein.

Sie haben mich in die Erde gelegt. Unnatürlich weit steht der Sarg dort unten, grell gegen den brandroten Lehmboden. Eine Amsel ... Ich hatte sie gern, freute mich, wenn ich denn wüßte, daß eine jetzt an meinem Grabe sitzt, scheu, mit runden Beerenaugen.

Wie süß und lastend der Geruch der Totenblumen ist, wie überladen der Hügel, über den soeben ein dünner Schatten gleitet – ein Buchenzweig, den die farblose Sonne begrüßt. Mein Ruheplatz, der letzte, allerletzte, dem ich nie entsteigen werde, schlaftrunken und doch bereits heiter, mit lachendem Blick.

Die Erstbetroffene schlingt die Hände ineinander, um nicht zu schreien: »Komm, ich brauche dich!« Es friert sie auf einmal, obwohl sie noch Hitze verspürt hatte, vor einem Augenblick.

Winterszeit. Die Buchen sind kahl, und bunt leuchten einzig die Blüten auf meinem Grab, das rote Lämpchen in der kleinen Ampel, dessen Kerzenlicht so tieffarben ist, so unendlich vollglühend durch die grünliche Milchglasscheibe wie die Liebe sein sollte. Ich aber habe die Liebe nie gekannt.

Anna, mein Sohn, komm zu Papa!

Anna ist die älteste von insgesamt sieben Töchtern einer Familie, in der jedes Kind der ersehnte Sohn sein sollte.

Mein Vater fühlte sich in seiner Männlichkeit beschämt, weil er keinen Stammhalter zeugen konnte. Er war erst sechzehn, knapp siebzehn, als er mich zeugte. Er ging noch zur Schule, hatte noch nicht einmal Abitur. Meine Mutter war neun Jahre älter als er und seine Französischlehrerin. Das alles war schlimm. Vor allem, weil lange nicht klar war, ob meine Großeltern sie wegen Verführung Minderjähriger anzeigen würden und sie dann mit ein paar Jahren Haft hätte rechnen müssen. Ich kenne mich in diesen Rechtsfragen wenig aus; aber da war auch immer die Rede von Schutzbefohlenen und Abhängigkeiten und daß meine Mutter hundertprozentig sicher ihr Leben ruiniert hätte, wenn es zur Anzeige gekommen wäre.

Es kam nicht dazu. Mein Vater war sehr verliebt in meine Mutter. Er sei ihr hörig gewesen, nannte meine Oma das immer. Er sei hinter ihr hergelaufen wie ein Hündchen und hätte sich das Leben genommen, wenn man ihn von ihr getrennt hätte. Erst recht, als ich dann unterwegs war. Außerdem hätte meine Mutter ihm gegenüber auf der Ehe bestanden.

Ich kann mir von meiner Mutter kaum vorstellen, daß sie meinen Vater jemals zu etwas hätte zwingen können. Dazu war sie eigentlich gar nicht der Typ. Aber sie muß meinen Vater damals wirklich sehr geliebt haben. Einmal sagte sie zu mir, daß sie immer Angst gehabt hätte, ihn zu verlieren, wenn sie mit der Ehe gewartet hätte, bis er volljährig gewesen wäre. Außerdem wußte meine Mutter, was passieren konnte, wenn sie sich mit einem Schüler einläßt. Das war ja auch keine große Kunst. Trotzdem hat sie aus lauter Liebe alles riskiert.

Die Schwangerschaft war ungewollt. Meine Mutter meint, sie hätte sich verrechnet, und mein Vater habe Kondome abgelehnt. Als die Schwangerschaft bekannt wurde, verlor meine Mutter zuerst ihre Eltern. Sie sagten sich wegen der Schande von ihr los und haben nie wieder mit ihr oder uns Kontakt aufgenommen. Bis zu ihrem Tod nicht. Das hat meine Mutter ihnen nie verziehen. Kurze Zeit später verlor meine Mutter dann ihre Stelle wegen sexueller Beziehungen zu einem Schüler. Mein Vater muß sich ihr auch deswegen schrecklich verpflichtet gefühlt haben. Außerdem war er ihr sexuell wohl auch tatsächlich irgendwie hörig. Sie war seine erste Geliebte gewesen.

Schließlich willigten meine Großeltern in die Ehe ein und erteilten ihm eine Heiratserlaubnis. Die besagte, daß er vorzeitig für volljährig erklärt wurde oder so ähnlich. Ich weiß es auch nicht genau.

Meine Großeltern räumten das Oberstockwerk in ihrem Haus aus. Dort zogen meine Eltern ein. Meiner Mutter gefiel das eigentlich nie. Aber sie konnte ja nichts machen, weil sie arbeitslos war und auch keine Chance hatte, eine neue Stelle zu bekommen. Sie hat mir aber erzählt, daß sie nach der ersten Entbindung hatte umschulen und dann als Altenpflegerin arbeiten wollen, weil das ein sicherer Beruf ist, der immer gebraucht wird.

Die Ehe ging dann auch schnell schief. Mein Vater wurde von seiner Mutter furchtbar verwöhnt. Sie mischte sich auch in alles ein und zog immer über meine Mutter her. Da konnte es ja nicht lange gutgehen.

Mein Vater wollte eigentlich während der Ehe noch Abitur machen, brach dann aber vorzeitig ab und begann eine Lehre als Maschinenschlosser. Er hatte es an der Schule nicht mehr ausgehalten, weil jeder über ihn und meine Mutter herzog. Oder weil er sich zumindest einbildete, daß alle es taten. Heute sehe ich das jedenfalls so.

Wenn meine Mutter noch Geld verdient hätte, hätten sie aus dem Ort wegziehen können. Dann wäre mein Vater eben anderswo zur Schule gegangen, wo keiner etwas gewußt hätte. Aber das ging nicht, weil meine Großeltern ihm die Schule nur dann bezahlen wollten, wenn er entweder am Ort blieb oder ganz weit weg ins Internat ginge. Und das wollte er eben nicht, weil er mit meiner Mutter leben wollte.

In der Lehre kam mein Vater mit jungen Burschen zusammen, die ihm geistig wahrscheinlich unterlegen waren und noch blöder über ihn herzogen als die an der Schule. Meine Oma erzählte mir jedenfalls mal, daß sie meinen Vater immer verhöhnt hätten, weil er »es einmal probiert« hätte, und gleich hätte »die Flinte gestreut«. So blöd könne ja auch bloß er sein, meinten sie, und garantiert sei dabei doch bloß »eine Möse« rausgekommen. Mein Vater wettete schließlich auf einen Stammhalter. Und dann kam ich.

Mein Vater hat sich angeblich eine ganze Woche lang besoffen, ehe er meine Mutter zum ersten Mal im Krankenhaus besuchte. Mich wollte er anscheinend nicht einmal sehen.

Als ich älter war, kann ich mich sehr gut daran erinnern, daß er meine Mutter immer, immer als unfähig beschimpfte, ihm einen Stammhalter zu gebären. Die Mutter selbst litt unter seiner Verachtung. Sie hatte aber keine Kraft, etwas dagegen zu machen. Ich glaube, sie hatte irgendwie einen Knacks weg wegen dieser unglücklichen Liebesgeschichte und der Schwangerschaft und dann der Ehe. Zuerst war sie ja wohl wirklich rasend verliebt in meinen Vater gewesen. Er sah ja auch toll aus, ein sportlicher, drahtiger Typ, mit so einer Locke über den Augen und einem verschmitzten Lachen. Ich kann mir das heute schon vorstellen, daß sie ihn haben wollte. Aber später hat sie sich wohl auch geschämt und das alles ziemlich bereut. Sie hat nie mit mir darüber geredet. Ich vermute es einfach mal.

Jedenfalls wollte sie meinen Vater mit aller Gewalt glücklich machen. Sie tat einfach alles für ihn. Und sie wurde ja auch kurz nach mir gleich schon wieder schwanger, nur damit er den Sohn haben sollte, den er sich so sehr wünschte. Sie wurde dann jedes Jahr mindestens einmal schwanger. Mindestens, weil sie immer wieder mal eine Fehlgeburt hatte. Bei jeder Schwangerschaft hoffte sie irgendwie auf eine Rehabilitation. Ein Sohn wäre für sie wahrscheinlich wie eine Art Freispruch gewesen, oder vielleicht dachte sie auch, daß mein Vater sie dann endlich ehren würde und sehen müßte, daß sie eben doch eine wertvolle Frau sei, die ihm auch einen Sohn gebären könne. Oder sie glaubte, daß er sie dann wieder richtig lieben würde und sie endlich eine gute Ehe hätten und endlich der Beweis da wäre, daß der Sex mit ihr gut wäre. Was weiß ich?

Meine Mutter war wirklich gebildet. Die wußte doch, daß sie keine Schuld hatte, daß da immer bloß Mädchen kamen. Die wußte ganz genau, daß der Samen des Mannes das Geschlecht des Kindes bestimmt. Aber sie war einfach nicht fähig, meinem Vater das beizubringen. Er wollte das nicht begreifen. Ich weiß ja auch nicht.

Anna wurde wie ein Sohn erzogen. Sie trug stoppel-
kurzes Haar, lief während der warmen Jahreszeit in
kurzen Lederhosen und Wadensocken herum. Sie spielte und sprach laut und derb. Besonders gern warf sie
mit anzüglichen Witzen um sich, die der Vater ihr erzählt hatte, obwohl sie den Inhalt nicht verstand. Wenn
der sich dann lachend auf die Schenkel schlug und Anna
gegen die Schulter boxte, war sie glücklich. Kein Junge
konnte schneller laufen und furchtloser klettern als sie.
Sie prügelte sich und kam nie ohne Schrammen heim.
Vom Vater wurde sie dafür gelobt, von der Mutter verachtet.

Wenn mein Vater gut drauf war oder wenn er mich manch-
mal zum Wandern mitgenommen hatte und da andere Män-
ner waren, hat er meistens immer nur nach mir gepfiffen,
weil dann jeder hat denken können, daß ich ein Bub wäre.
Oder manchmal, da hat er auch gesagt: »Anna, mein Sohn,
komm zu Papa!« Wenn dann die anderen Männer gelacht
haben, wieso sein Sohn einen Mädelsnamen hat, hat er ge-
sagt, daß es der heiligen Jungfrau zu Ehren und ein Gelübde
sei. Dann waren alle still. Ich habe mich aber oft geschämt,
weil er über die heilige Jungfrau gelogen hatte. Ich war ja
auch noch ein Kind.

Während der Vater stolz war, wenn Anna einem Jungen ein blaues Auge geschlagen hatte, sagte die Mutter
verächtlich, Anna solle sich nur anschauen mit ihren
häßlichen dicken Knien und Fußballerwaden; und Arm-
muskeln bekäme sie wie ein Mann.

In Anna herrschte ein ständiger Zwiespalt. Sie wollte
dem Vater gefallen und bemühte sich, der beste Sohn
für ihn zu sein. Wenn sie in den Spiegel sah und sich
als Mädchen wahrnahm, haßte sie sich selbst. Zugleich

wollte sie der Mutter gefallen und ein richtiges Mädchen sein. Ein richtiges Mädchen hatte aber keine dik-
ken Knie und blaue, zerschrammte Schienbeine oder
starke Muskeln. Es hatte auch keinen Stoppelhaarschnitt,
sondern Locken und trug keine Krachledernen, sondern
Kleidchen und Blüschen und Lackschuhe.

Ganz gleich, wie sehr Anna sich bemühte, sie konnte
niemals Vater *und* Mutter gefallen. Für sie entstand ein
ständig schmerzhafter, spürbarer Konflikt, der nicht zu
lösen war.

Zum ersten Mal umbringen wollte ich mich, als ich sieben
war. Damals sprang ich aus dem Fenster im dritten Stock.
Ich überlebte und hatte nur beide Beine gebrochen. Ich
traute mich nicht zu sagen, daß ich absichtlich rausge-
sprungen war. Es war auch nicht nötig. Alle behaupteten,
ich hätte mal wieder zu wild herumgetobt und dabei wäre
es dann passiert. Von diesem Zeitpunkt an war ich für den
Vater nicht mehr »bloß ein Mädchen«, sondern auch noch
»zu blöd zum Luftholen«. Er blamierte mich ständig. Wenn
ich nur den Mund aufmachte, sagte er gleich: »Du lügst doch
bloß rum.« Oder wenn ich eine gute Arbeit aus der Schule
heimbrachte, grinste er und behauptete, daß ich ja doch
bloß wieder abgeschrieben hätte. Ich hab' ihn damals oft
so gehaßt, und dann war ich so verzweifelt deswegen, weil
eine Tochter doch ihren eigenen Vater nicht hassen darf.
Da bin ich oft heimlich hinten in der Kirche, in der Neben-
kapelle vor dem Altar der Muttergottes, gelegen und hab'
Abbitte geleistet. Und wenn ich dann heim bin und er war
wieder so schlimm, hab' ich ihn doch wieder gehaßt und
mich selbst noch viel mehr.

Der Gedanke an den Tod begleitete Anna permanent.
Sie visualisierte ihn als großen »dunklen« Bruder, der

schützend seinen Umhang um sie legen und sie mit sich nehmen würde, um mit ihr in einem Land zu leben, in dem Ruhe sein würde. Sie sehnte sich danach, von diesem »großen dunklen Bruder« abgeholt zu werden. Sie erwartete ihn jeden Abend ab Einbruch der Dämmerung.

Ich hatte mir ein Kalenderblatt aufbewahrt, auf dem ein Spruch stand, daß man jeden Tag leben solle, als ob es der letzte wäre. Das tat ich. Ich war wirklich jeden Abend bereit zu sterben. Wenn die Sonne unterging und der Himmel rot wurde, stellte ich mir vor, daß es mein Blut wäre, das da jetzt auslief. Und sobald es dunkel wurde, wartete ich, daß mein »Bruder« plötzlich vor meinem Bett stehen würde. Ich wußte, wie es sein müßte. Er würde seinen großen schwarzen Radmantel um mich legen, mich küssen und dabei meine Seele trinken. Und dann würde ich mich unter mir in meinem Bett liegen sehen, und meine Eltern und meine Schwestern würden herbeirennen und an mir herumschütteln und mich zurückhaben wollen. Aber ich würde nicht zurückkehren. Ich würde mit meinem Bruder davonschweben, und alles wäre ganz leicht in mir und ganz still, und ich würde mich gut fühlen, weil ich jetzt endlich dort sein würde, wo man mich haben wollte.

Ich sehnte mich so zu sterben, daß es mir oft weh tat, wenn ich nur daran dachte. Und wenn ich nur gewußt hätte, wie ich es anfangen sollte, hätte ich mir ganz sicher das Leben genommen.

Ich habe es bis zu meinem 15. Lebensjahr noch zweimal versucht. Jedesmal auf dieselbe Art: Ich bin auf die Balkonbrüstung gestiegen, habe die Arme ausgebreitet und mich fallen lassen. Und jedesmal habe ich gehofft, daß mein dunkler Bruder mich auffangen und mit sich forttragen würde.

Wenn Anna von ihrer Todessehnsucht erzählt, glitzern ihre Augen noch heute feucht. Es fällt ihr sichtlich schwer, die depressive Stimmung abzuschütteln, die durch die Erinnerungen ausgelöst werden. Es gelingt ihr, indem sie ihre Geschichte weitererzählt.

Das Blöde war, daß der Balkon nicht hoch genug war. Ich habe mir jedesmal ein paar Knochen gebrochen, mehr nicht. Und jedesmal haben sie es mir als Schlafwandeln ausgelegt. Ich sei mondsüchtig, hieß es. Daß ich todessüchtig war, hart keiner geahnt. Meine Mutter vielleicht. Sie guckte mich manchmal auf so eine Weise an, daß ich dachte, sie weiß etwas. Aber sie hat nie etwas dazu gesagt. Sie hatte wohl auch genug mit ihren eigenen Problemen zu tun.

Nach dem dritten Selbstmordversuch mußte Anna lange im Krankenhaus liegen. Sie hatte sich einen komplizierten Beckenbruch zugezogen.

Damals hatte ich viel Zeit nachzudenken. Ich war nie der Typ, der viel redet. Aber damals mußte ich mit irgendwem reden. Und weil keiner da war, mit dem ich reden wollte, fing ich an, Selbstgespräche zu führen. Das heißt, ich fing an, Selbstgespräche mit mir zu schreiben. Beim Schreiben sah ich vieles klar, was ich beim Nur-Darüber-Nachdenken nie begriffen hatte. Es war oft so, daß ich das Gefühl hatte, als würde jemand durch mich hindurch schreiben, als wäre da jemand – nicht ich – der mit meiner Hand das schreibt, was ich wissen soll. Das war schon so eine Art Gespräch. Und damals, da habe ich dann so ganz allmählich tief in mir drinnen verstanden, daß »mein Bruder Tod« mich eines Tages holen wird, aber nicht jetzt, und daß er den Zeitpunkt bestimmt, nicht ich – weil er nämlich auch ernstgenommen und nicht innerlich umgekrempelt und vergewaltigt werden will – und daß ich bis dahin einiges im Leben zu tun hätte.

Von diesem Zeitpunkt an unternahm Anna keinen Versuch mehr, sich das Leben zu nehmen. Heute, in der Rückschau, kann sie es sich erklären.

Es hat lange gedauert, bis ich das Leben lieb hatte. Ich mußte erst mal lernen, mich selbst lieb zu haben. Das war verdammt schwer, gelingt mir bis heute noch nicht so ganz. Zum Beispiel habe ich immer noch Probleme beim Anziehen. Ich möchte wirklich gern mal ein schönes langes, schulterfreies Kleid anziehen und mich schminken und richtig ausstaffiert ins Theater gehen oder zum Essen, einfach so. Aber ich schaffe es nicht. Ich komme mir absolut blöd in einem Kleid vor. Fehl am Platz. Ich habe ständig das Gefühl, alle starren auf meine dicken Männermuskeln oder sehen meine breiten Knie. Dabei habe ich das alles objektiv gesehen gar nicht. Es ist nur diese innere Stimme von meiner Mutter.

Oder die Haare. Ich finde langes Haar bei Frauen sehr, sehr schön. Aber ich kann mich nicht ausstehen, wenn die Haare länger als Bleistiftlänge sind. In mir drinnen, da ist so eine Fehlfunktion. Da bin ich total darauf programmiert, daß Frauen Frauen in Frauenklamotten sexy finden und Männer Frauen in Männerklamotten. Ich will ja aber nicht Frauen gefallen, sondern Männern, also sagt mein inneres Programm, ich soll Männersachen tragen. Als ob Männer sich bloß in Männer verlieben und ausgetrickst werden müssen, damit sie auch eine Frau super finden.

Oder Lob; das ist auch so etwas. Ich kann mich immer noch besser runtermachen, als mir ein Lob gönnen, und immer noch besser etwas für andere tun als für mich selbst. Wenn ich von mir selbst denke, das hast du gut gemacht, schäme ich mich total. Dieser bekloppte Spruch »Eigenlob stinkt«, den hat meine Mutter mir so eingetrichtert, den werde ich nie wieder los. Ich bin wirklich froh, daß ich mich wenigstens manchmal anerkennen kann. Aber immerhin, ich kann es schon. Und ich kann lachen. Das ist das Schönste.

Mein Freund sagte neulich, er hätte sich zuerst in mein Lachen verliebt und zwar am Telefon. Als ich mal in einer Telefonvermittlungszentrale gejobbt habe. Da rief er an und war so ulkig. Ich mußte einfach lachen. Und da hat er so lange geschwatzt, daß ich hinterher sechs Anrufer in der Warteschleife hatte. Und am nächsten Tag hat er wieder angerufen und so weiter.

Wer mich von früher kennt, kann das kaum glauben. Ich meine, daß er sich in mein Lachen verliebt hat. Ich war immer so ernst, so wahnsinnig ernst. Ich hatte schon Mühe, überhaupt mal zu lächeln. Irgendwie hatte ich ja auch nichts zu lachen. Ich fühlte mich ständig wie in die Erde gerammt. So völlig niedergedrückt, als ob ein Riesengewicht auf mir liegen würde und mich nach unten drückte. Und jetzt sagt mein Freund, er liebt mein Lachen. Ich könnte ihn jedesmal küssen, wenn er das sagt. Aber das ist auch so etwas, was ich nicht spontan hinkriege. Ich kann ihm einfach nicht die Arme um den Hals legen und ihn küssen. Da ist so eine Angst in mir, wenn ich es tu, ist es aus, dann zerbricht etwas, dann hab' ich irgendeinen Zauber kaputt gemacht. Ich weiß, das ist dumm und Spinnerei. Trotzdem kann und kann ich es nicht ablegen. Vermutlich hängt es damit zusammen, daß mein Vater immer gesagt hat, daß einer, der dauernd schmusen will, ein Weichei sei. Wenn ich mit ihm schmusen wollte, mußte ich ihn boxen. Das war so ein Ritual. Er hat die Muskeln hart gemacht und gesagt, ich solle doch mal so fest hauen, wie ich könne. Und dann hat er gelacht und gesagt, das wäre nur ein Mückenstich. Dann, wenn er an der Reihe bei mir war, hat er so fest zugeboxt, daß ich geheult habe. Dann hat er mich ausgelacht, weil ich ja doch bloß ein Mädchen wäre und daß ich zu Mama an den Rockzipfel gehen soll, da könne ich heulen. Ich weiß noch gut, wie ich da immer die Zähne zusammengebissen habe, nur damit ich nicht heulte, und wenn's noch so weh getan hat. Und dann hat er manchmal gesagt, »ein Indianer kennt keinen Schmerz« und daß der liebe Gott ja vielleicht doch noch ein Wunder tut und mich morgens mit einem Schwänzlein zwischen den Beinen aufwachen läßt. Jeden Morgen habe ich nachgeschaut und hatte Angst, daß es da wäre und war enttäuscht, daß es nicht da war. Es war einfach nicht auszuhalten.

Wie gesagt, ich muß immer noch lernen, mich selbst zu lieben, damit ich das Leben liebe. An den Tod denke ich immer noch oft. Ich habe auch immer noch keine Angst davor. Er ist immer noch mein »Bruder«, und ich weiß, es wird gut bei ihm sein. Trotzdem denke ich anders an ihn als früher. Ich warte nicht mehr so dringend auf ihn. Jetzt soll lieber er warten. Seit ich verliebt bin, wünsche ich mir, daß er nicht so schnell kommt. Da bin ich jetzt schon sehr anders geworden.

Die tödliche Sehnsucht nach Liebe

Für jeden Menschen ist »das Prinzip Hoffnung« die Quelle der Lebenskraft. So lange man hofft, hat die Zukunft etwas zu bieten. Und so lange die Zukunft etwas zu bieten hat, bleibt die Kraft, die Durststrecke des Heute zu überwinden.

Als Anna sich das Leben nehmen wollte, hatte sie keine Hoffnung mehr. Vom Tage der Geburt an hatte sie einen ebenso heldinnenhaften wie vergeblichen Kampf um die Liebe ihrer Eltern geführt.

Drei schwere Hypotheken lasteten auf ihr: Sie war ein ungewolltes Kind, sie hatte das falsche Geschlecht und sie war schuld an der Ehe ihrer Eltern.

Wie jedes Kind sehnte Anna sich nach der Liebe und Fürsorge der beiden Menschen, die am Anfang des Lebens die wichtigsten sind. Von dem Urinstinkt geleitet, daß Wohlverhalten Wohlgefallen erzeugt, spiegelte Anna die Erwartungen ihrer Eltern wider. Da der Vater sich einen Sohn ersehnte, verhielt Anna sich entsprechend dem väterlichen Vor- und Wunschbild. Um der Mutter zu gefallen, mußte sie die dem Vater angepaßten Verhaltensmuster aufgeben und gegen weibliche austauschen. Doch der Preis für die Liebe des einen Elternteils war jeweils der verächtliche Spott des anderen.

Keine der beiden ihr abverlangten Rollen vermochte Anna überzeugend zu spielen. Immer wieder brachen mädchenhafte Züge in ihr durch, wenn sie ein handfester Bursche sein sollte und umgekehrt. Beide Rollen derselben tragisch-komischen Komödie hoben einander gegenseitig auf, so daß Anna letztlich weder die Anforderungen ihrer Eltern erfüllen konnte noch ihre eigenen. Über allem Rollenspielen hatte sie ihre Identität verloren bzw. nie entwickeln können. Sie wußte nicht, wer sie war, und konnte gleichzeitig das nicht sein, was sie sein sollte.

Anna wurde zu einem Kind zwischen zwei Welten, dessen inneres Gleichgewicht vollkommen aus den Angeln gehoben war. Erschwerend kam hinzu, daß sie im Laufe der Zeit durch Berichte der Großmutter und Mutter immer stärker in eine unbestimmte Verantwortung gegenüber den Eltern gedrängt wurde. Es wurde ihr nämlich vermittelt, daß sie allen Grund habe, ihren Eltern dankbar zu sein. Welche Opfer hatten sie gebracht, um ihr eine Familie zu bieten! Gegen alle Widerstände hatten sie geheiratet und eine Fülle bedrückender Konsequenzen auf sich genommen. Annas Mutter hatte ihre eigenen Eltern und ihren wunderbaren Beruf aufgegeben. Sogar ins Gefängnis wäre sie für ihre Liebe gegangen. Nicht weniger aufopfernd hatte sich der Vater verhalten. Er hatte auf Abitur und Studium und ein bequemes Leben in Ansehen und Wohlstand verzichtet.

Es schien nur recht und billig, daß Anna etwas an den Eltern wieder gutzumachen hatte. Nicht ihre Schwestern, nein, sie allein war dazu da, Mutter und Vater glücklich zu machen.

Wäre sie als Sohn zur Welt gekommen, hätte sich der Aufwand quasi gelohnt. Doch da sie »nur« ein Mädchen war, dem partout nicht das vom Vater ersehnte »Schwänzlein« wachsen wollte, hatten die Eltern vergebliche Opfer gebracht. Anna litt schwer unter diesem Wissen.

Obwohl sie mit zunehmendem Alter klar erkannte, daß Kinder nicht danach schreien, gezeugt und geboren werden zu wollen, sondern ohne eigenes Zutun auf die Welt kommen und sich weder ihre Eltern aussuchen können, noch ob sie ein Junge oder ein Mädchen sein wollen, behielt sie den Eltern gegenüber ein schlechtes Gewissen. Das unablässige Gefühl, zur falschen Zeit im falschen Körper zu stecken und deshalb von den Eltern innerlich verstoßen zu werden, bewirkte Entfremdung. Anna fühlte sich mißverstanden und enttäuscht.

Als Konsequenz begann sie, sich immer tiefer in sich selbst zurückzuziehen. Sie mochte mit keinem mehr so recht sprechen. Es fiel ihr schwer zu lächeln. Am liebsten wollte sie nur noch schlafen.

Als Anna letztlich kaum noch wußte, welcher Körper auf der Bühne des Lebens ihr eigener und somit der richtige ist, hatte sie auch zu sich selbst den Bezug verloren. Sie nahm sich als wertlos, nutzlos und »immer irgendwie falsch« wahr. Sich selbst aus der Welt zu schaffen und damit den Stein des Anstoßes zu entfernen, wurde zur letzten Hoffnung auf Erlösung.

Anna begann, sich einen namenlosen Menschen als Helfer auszudenken, ihren »dunklen Bruder«. Sie stattete ihn mit Eigenschaften aus, nach denen sie sich bei den Menschen ihrer Umgebung vergeblich sehnte. Er stellte keine Fragen nach Annas Identität. Für ihn war Anna weiter nichts als Anna. Er war nicht grob fordernd, nicht hämisch spottend, sondern still und sanft. Er wollte Anna so sehr bei sich haben und so gern in den Arm nehmen, daß er keine Mühe scheuen würde, um sie holen zu kommen. Er beschützte sie, indem er sie mit seinem Mantel umhüllte und jede Gefahr von ihr fernhielt. Sie mußte keine Anstrengung mehr auf sich nehmen, denn er trug sie, indem er schwerelos mit ihr fortschwebte. Das gemeinsame Ziel sollte ein Ort sein, an dem Anna geliebt und angenommen wurde, wie sie ist. Ein Ort der Ruhe und des Friedens, ein Ort der Liebe. Ein Ort, an dem Anna keine Schuldgefühle haben mußte, keine Verantwortung aufgebürdet bekäme. Ein Ort, an dem sie »richtig« wäre.

In demselben Maße, wie die realen Zustände ihres Lebens unerträglich wurden, schuf Anna sich in der Illusion eine neue Welt. Immer öfter träumte sie von ihrem wunderbaren Bruder. Immer sehnsüchtiger dachte sie an ihn und wünschte ihn herbei. Immer herrlicher malte sie sich die Reise mit ihm aus. Zwar verband sie mit dieser anderen Welt Gedanken an Sterben, Tod und

Grab. Es war jedoch ganz eindeutig nicht im Sinne eines endgültigen Endes. Vielmehr träumte Anna sich in ein anderes Leben hinein. Sie wollte mit ihrem sie beschützenden Bruder in eine neue Welt fliegen und dort ein schöneres Leben beginnen.

Immer wieder versuchte Anna, ihre Umwelt darauf aufmerksam zu machen, daß sie sich ein anderes Leben wünschte. Jeder ihrer Selbstmordversuche ist ein Zeichen dafür, ein stummer Schrei.

Aussprechen konnte Anna dies alles nicht. Als kleines Kind hatte sie keine Worte dafür. Später stand die Erfahrung dagegen, daß weder Vater noch Mutter sie ernstgenommen hätten.

»Wenn es gegen mich ging, waren sich meine Eltern ziemlich einig«, meint Anna. »Da hatten sie doch jemanden, auf den sie beide losgehen konnten und mußten ausnahmsweise einmal nicht gegeneinander antreten. Das hat ihnen schon gutgetan, daß es so eine Einigkeit zwischen ihnen noch gab.«

Ihre Mutter hat nie etwas von diesem Zwiespalt geahnt. Sie erzählte mir folgendes:

Wir haben uns Sorgen um sie gemacht. So wild und wüst wie sie oft war als Kind, daß sie alle Buben in die Tasche stecken konnte und vor gar nichts Angst hatte, so ernst und still war sie später, wie sie ein Mädel war. Wie oft ist sie früher von irgendwo heruntergestürzt und hat sich etwas gebrochen. Immer hat man in Angst sein müssen, daß sie es überlebt, so wild war sie. Aber dann, wie sie älter war, hat sie immer nur in ihrem Zimmer gesessen und gelesen, bis sie eine Brille bekommen hat. Sie ist nie mit den anderen weg ins Kino oder in die Disko. Ihre Schwestern, die sind eher fort als sie, obwohl sie doch die Älteste ist. Sie hat auch keinen Freund mitgebracht. Das war gerade, als hätte es keine netten Bur-

schen gegeben. Da haben wir uns schon gewundert, ihr Vater und ich. Und haben uns Sorgen gemacht, was wohl mit ihr ist, ob sie vielleicht keine Freude an Burschen hat oder so. Man weiß es ja nicht.

Nach einer Zeit habe ich in ihrem Schreibtisch ein paar alte Schulhefte gefunden. Da hinein hat sie Aufsätze und Gedichte geschrieben. Ich weiß natürlich schon, daß sich das nicht gehört, aber die habe ich gelesen und dem Vater gezeigt. Es war alles vom Tod, aber sehr gut geschrieben. Als Lehrerin hat man für so etwas ein Gespür, eine Nase. Und ich habe damals schon gemerkt, daß in der Anna eine steckt, die mal schreiben kann. Mein Mann hat das nicht so geglaubt. Er hat die Texte gelesen und die Hefte gleich wieder aus der Hand gelegt. In seinen Augen war das alles Blödsinn und Zeitverschwendung. Er hat gemeint, daß er seiner Tochter eigentlich etwas mehr zugetraut hätte, nicht so blutleeres Geschwafel.

Daß unsere Anna suizidal ist – auf den Gedanken wäre ich trotzdem nie im Leben gekommen. Ich hatte als Lehrerin ja auch eine Ausbildung und im Schuldienst Erfahrung. Von daher kenne ich junge Leute, die lebensmüde sind. Glauben Sie mir, so war Anna nie.

Für Anna war die Tatsache, daß ihre noch zaghaften Selbstmordversuche nicht verstanden wurden, nur der Beweis ihrer Wertlosigkeit. »Meine Eltern machten sich nicht die Mühe, genau hinzuschauen«, glaubt sie noch heute. »Sie hätten erkennen können, was mit mir los war. Wenn sie mich geliebt hätten, hätten sie es auch gemerkt.«

Der Eindruck, nicht geliebt zu werden, wirkt zerstörerisch. Erwachsene neigen in solchen Situationen dazu, eine bestehende Lebenspartnerschaft hinzuschmeißen. Sie lassen sich scheiden und verlieben sich bestenfalls neu. Kinder haben diese Chance nicht. Für sie wirkt der elterliche Liebesentzug lebensbedrohlich. Wie Ertrinkende kämpfen sie um diese Liebe. Sie schreien um Hilfe, indem sie Verhaltensauffälligkeiten zeigen. Sie klammern sich an die Eltern, indem sie zum Beispiel Bedürfnisse zeigen, die die Versorgungspflicht der Eltern ankurbeln. Sie mimen »Toter Mann« und scheinen jedem Zugriff zu entgleiten, nur um dadurch öfter und besorgter berührt zu werden. Sie geraten in Panik und voller Verzweiflung so außer sich, daß sie wie ein in die Enge getriebenes Jungtier aggressiv werden und diese Aggressionen selbstzerstörerisch nach innen oder gegen andere nach außen richten. Und irgendwann, wenn alle Bemühungen um die Liebe und Aufmerksamkeit der Eltern immer wieder vergeblich waren und die dadurch erzeugten Gefühle von Wertlosigkeit, Versagensangst, Verzweiflung und Enttäuschung in Hoffnungslosigkeit umschlagen, geben Kinder auf.

Die Erfahrung, daß jeder Versuch einer Problemlösung neue Probleme erzeugt hat und für jeden abgeschlagenen Drachenkopf zwei neue wachsen, entmutigt Kinder bis zur seelischen Totenstarre. Wie Anna, die letztendlich zu geschriebenen Monologen Zuflucht nahm und sich nur noch mit sich selbst aussprechen konnte, ziehen sich auch die meisten anderen selbstmordgefährdeten Jugendlichen in sich selbst zurück und verweigern den Kontakt zur Außenwelt.

Bei mir ging es so weit, daß ich teilweise die Leute wie durch Watte reden hörte und alles auch völlig unscharf sah. In der Schule ging das so weit, daß die Lehrer zu mir sagten, ich sollte mir eine Brille verschreiben lassen. Die bekam ich dann ja auch. Dadurch, daß ich nie so genau hinhörte, was gere-

det wurde, bekam ich im Unterricht ziemlich wenig mit und schrieb dann auch immer schlechtere Arbeiten. Ich konnte mir auch nichts merken, wenn meine Mutter mir sagte, was ich einkaufen sollte. Sie mußte mir jedesmal einen Zettel schreiben, und selbst dann hatte ich meist irgend etwas vergessen oder übersehen. Was in meinem Kopf ablief, das hörte ich dafür um so besser. Da hatte ich oft das Gefühl, da sitzt tatsächlich ein kleiner Mann in meinem Ohr und sagt mir, daß ich endlich Schluß machen solle, daß er keine Lust mehr habe, daß alles Scheiße sei, daß ich jetzt vom Balkon springen solle und die Leute dann schon sähen, was sie davon hätten.

Wenn die Isolation von der Außenwelt und die Hoffnungslosigkeit, jemals wieder aus der unendlich scheinenden Einsamkeit und Verlassenheit herauszukommen, keinen Ausweg mehr läßt, wird der Tod zum allerletzten Schlupfloch.

Als ich mich umbringen wollte, war für mich endlich alles klar. Ich hatte damit die Lösung. Ich tat meinen Eltern einen Gefallen, weil sie mich endlich los waren. Mein Vater brauchte sich nicht mehr zu ärgern, daß ich kein echter Junge war. Meine Mutter brauchte sich nicht mehr zu ärgern, daß ich kein echtes Mädchen war. Ich brauchte mich nicht mehr zu ärgern, daß ich für alles zu blöd und zu nichts zu brauchen war und jeder mich dauernd bloß anstänkerte. Ich war sicher, daß mein Tod das Beste für alle war. Vor allem, weil dann endlich Ruhe wäre und keiner mehr an mir rumzerren würde. Ich hatte alles ganz einfach satt. Ich wollte nur noch meine Ruhe.

Das geheime Familienproblem

In der Mehrheit aller Selbstmordfälle ist das vordergründig als zum Tode führende Motiv nur der letzte Tropfen in ein übervolles Faß. Fast immer steckt als eigentlicher Auslöser ein Familienkonflikt dahinter.

In Annas Fall wurde die Unzufriedenheit des Vaters sowie die Verlust- und Versagensangst der Mutter auf Anna als vielleicht sensibelste unter den Töchtern des Ehepaares übertragen.

Der Vater litt unter seiner »verkrachten Existenz«. Sein Selbstwertgefühl hatte durch das Scheitern seiner schulischen und beruflichen Pläne sowie die unerwünschte Schwangerschaft einen empfindlichen Knacks bekommen. Der Spott seiner Umwelt setzte ihm vor allem deshalb heftig zu, weil er insgeheim der Meinung war, diesen Spott verdient zu haben. Eine vielleicht kleine, aber immerhin vorzeigbare Rechtfertigung wäre es in seinen Augen gewesen, als Erstgeborenen einen »Stammhalter« gezeugt zu haben. Hätte Anna das erwünschte und damit richtige Geschlecht gehabt, hätte der Vater sich damit brüsten können, daß sich für einen Sohn der ganze Aufwand gelohnt habe. Daß dies eine antiquierte und geradezu lächerliche innere Einstellung ist, mag hier dahingestellt sein, für ihren Vater war es eine entscheidende Frage der Lebensqualität und seines männlichen Wertes. Daß Anna nicht der erwünschte Stammhalter war, verzieh er sich selbst nie. Ebenso wenig aber verzieh er es Anna, deren Anblick ihn permanent an sein eigenes Versagen gemahnte.

Annas Mutter litt zeitlebens schwer darunter, sich ihren Ehemann quasi ertrotzt und gegen alle Vernunft erstritten zu haben, um am Ende doch einsehen zu müssen, daß sie sich statt eines Goldschatzes Falschgeld eingehandelt hatte. Sie tat alles, um diese Einsicht zu verdrängen und sich selbst immer wieder zu verdummen, blind zu machen. Ein Mittel der Verdrängung war es, Anna die Schuld am Scheitern ihrer Ehe zu geben.

Wenn Anna der ersehnte Stammhalter ihres Mannes gewesen wäre, hätte ihre Ehe glücklicher verlaufen können. Niemals hätte sich ihr Mann von ihr abgewandt. Niemals hätte er sie gescholten, daß sie ihm nur Mädchen gebären könne und als Frau nichts tauge.

Ihr unterdrückter und uneingestandener Haß gegen Anna als Verursacherin allen Leidens äußerte sich in den Schikanen gegen das Kind. Ohne daß es jemals offen gesagt worden wäre, sprach die Mutter Anna jede geschlechtliche Qualität ab. Anna war kein Junge, nach den Äußerungen der Mutter taugte sie aber auch als Mädchen nichts. Mit ihren dicken Knien und muskulösen Armen war sie häßlich.

Die unausgesprochene Botschaft dieser Aussage lautete, Anna sei weder Junge noch Mädchen. In Wahrheit sei sie ein Niemand, ein Neutrum, jemand ohne festen Platz im Leben. Jemand, der am besten in der Versenkung verschwinden sollte.

Die Gespräche zwischen Anna und ihrer Großmutter trugen erheblich dazu bei, Annas existentielle Verunsicherung zu bestärken. Der alten Dame mag es gut getan haben, mit der wißbegierigen Enkelin über alte Zeiten zu reden und ihren lange gehegten Frust gegenüber der ungeliebten Schwiegertochter abzureagieren. Aber Anna trug aus diesen Offenbarungen nur Schaden davon. Hatte sie durch das Verhalten der Eltern die unausgesprochene Botschaft erhalten, daß sie der falsche

Mensch im falschen Körper sei, so erfuhr sie nun ganz konkret, daß sie überdies von Anfang an ein unerwünschtes Kind war und nicht zuletzt auch der wahre Auslösefaktor für die Ehe ihrer Eltern. Unter der Summe dieser Negativmeldungen mußte das Kind innerlich zerbrechen. Nur sehr viel Liebe hätte Annas Lebenskraft heilen können. Gerade diese Liebe erhielt sie aber nicht.

Benjamin

Benjamin ist heute 22 Jahre. Er ist das einzige Kind und alleiniger Erbe seiner Eltern. Sein Vater ist Unternehmer in einem eigenen Betrieb, den er von der Pike an aufbaute und unter Einsatz aller Lebenskraft zu wirtschaftlichem Erfolg brachte. Benjamin soll das Lebenswerk des Vaters fortführen. Seine Zeugung verdankt er ausschließlich diesem Plan des Vaters.

Benjamins Mutter ist eine hübsche Frau, die mit über 15 Jahren Altersunterschied sehr viel jünger ist als der Vater und bei Benjamins Geburt nur wenig älter war als dieser heute.

Seit dem Abitur studiert Benjamin Betriebswirtschaft in Berlin. Von Kind auf war es sein größter Wunsch, Medizin zu studieren. Er konnte sich aber gegen den Vater nicht durchsetzen. Für das Unternehmen wird schließlich ein Betriebswirt gebraucht, kein Arzt.

»Wenn ich nicht spure, enterbt er mich«, meint Benjamin. »Ich kenne meinen Vater. Da kennt er nichts. Und was soll das dann alles? Wofür wäre dann alles gewesen? Und bei Medizin, da weiß man ja heute auch nie, ob man überhaupt noch Arbeit kriegt. Ich habe nachgegeben. Ich bin ein Feigling, ein Arsch. So ist es halt eben. Ein Arsch von Vater kriegt einen Arsch von Sohn. Muß ich mit leben oder auch nicht. Zeigt sich. Warten wir's ab.«

Weil ich nicht aus Liebe, sondern aus Berechnung gezeugt wurde

Die Mutter ist für Benjamin der zentrale Angelpunkt der Familie. Er analysiert die Beziehung der Eltern so:

Sie hat meinen Vater geheiratet, weil sie selbst keinen Vater hatte und eine Vaterfigur gesucht hat. Sie hat zu ihm aufgeschaut, ihn bewundert und sich alles von ihm bieten lassen – bis hin zu Schlägen, wenn ihm danach war. Dabei hätte sie sich überhaupt nichts von ihm bieten lassen müssen. Sie ist clever. Sie hätte jederzeit ihr eigenes Geld verdienen können. Sie hätte ihn nicht gebraucht. Aber sie hat es nie gepackt. Ich habe sie oft auf Knien angefleht – na ja, wenigstens im übertragenen Sinn –, daß sie mit mir verschwinden soll, einfach abhauen. Daß wir beide neu anfangen und es ganz allein schaffen würden. Aber es ging nicht. Sie hat uns beiden immer wieder blauen Dunst vorgemacht. Sie hat zum Beispiel heute gesagt, daß wir es tun, daß sie jetzt endgültig weggeht von ihm. – Sie hat sich einmal sogar schon eine Wohnung gesucht gehabt und eine Stelle als Betreuerin bei einem alten Herrn, der sich selbst nicht mehr ganz helfen konnte. Das wäre super gewesen. Wir hätten bei diesem Mann wohnen können und alles. – Und morgen, praktisch im letzten Moment vor dem Start, hat sie wieder einen Rückzieher gemacht.

Das war wie Wechselbäder, mal heiß, mal kalt. Nie hab' ich gewußt, wo ich dran war. Immer diese irre Hoffnung und dann Absturz. Ich bin dabei fast vor die Hunde gegangen. Ich hätte es so gebraucht, daß sie mal stark war.

Doch die Kraft der Mutter reichte nicht aus, den Vater tatsächlich zu verlassen. Obwohl bildungsmäßig ihrem Mann überlegen und von Haus aus nicht unvermögend, wurde sie von ihm ständig darauf hingewiesen, daß sie alles ihm verdanke: Luxus, Prestige, Sicherheit und ein wohlgefülltes Konto, ja, selbst das Glück der Mutterschaft. Mittlerweile sieht Benjamin es so:

Ich denke, es war tatsächlich genau das alles, weshalb sie nicht von ihm loskam. Sie war schon auch ein Luxusweibchen, wenn ich das so sagen kann. Sie hat immer alles schön haben müssen, viel Schmuck und Klamöttchen und piekfeine Lokale, Urlaub im Fünfsternehotel. Drunter ging da schon nichts. Das stimmt. Und mein Vater – ja, Kohle hat er, und er ist nicht kleinlich. Das kann man ihm nicht nachsagen. Er hat uns immer alles angedeihen lassen. Wenn er bloß nicht so ein Autoritätsschwein gewesen wäre! Bei dem war alles Drill und Druck und auf Anpfiff. Da gab's keinen Sonntag im Bett und kein Rumgammeln im Schlafanzug. Da war alles Zack-Zack! Und Superleistung, Leistungswille, Leistungsbereitschaft, Leistungszwang. Ich glaube, mein Alter, der leistet selbst im Bett noch was.

Ja, und dann so ein Weichei wie mich als Sohn. Einer, der's einfach nicht bringt. Der plärrt, wenn er hinfällt, der sich von den Mädchen vermöbeln läßt, der Angst vor jeder Kreischziege hat und beim Anblick von Hunden in die Hosen pinkelt, der mit dem Papa schmusen möchte und heult, wenn er reiten und boxen lernen soll. Das Einzige, wo ich ihm imponiert habe, war in der Schule. Und da habe ich eben alles aus mir rausgeholt, was zu holen war. Streber, hieß das dann, Schleimer. Oh, Mann!

Während die Mutter Benjamin wie ihren Abgott liebte und ihn für wert hielt, mit ihr zusammen das für sie oft demütigende Leben an der Seite ihres Mannes zu ertragen, stand der Vater seinem Sohn höchst zwiespältig gegenüber. Er ließ Benjamin von klein auf nie darüber im Zweifel, daß er als sein Nachfolger geboren wurde und eine Pflicht zu erfüllen habe. Und Benjamin nahm seine Aufgabe an. Bis heute.

Bereits als kleiner Junge war er sich darüber im klaren, daß nur er seine Eltern glücklich machen könne und glücklich machen müsse. »Ich war der reinste Musterknabe«, stellt er heute über sich selbst fest, als wir die Fotoalben der Familie wälzen.

Ich verhielt mich so mustergültig brav, daß alle Bekannten, die ebenfalls Kinder hatten, staunten und meine Eltern für ihre Erziehungskunst bewunderten. Am meisten bestaunten sie, daß meine Eltern mich überallhin mitnehmen konnten, ohne daß ich je unliebsam auffiel. Ich weiß, daß ich oft zwei Stunden und mehr an der Seite meiner Mutter lehnte oder ihr zu Füßen saß, kein Wort sprach und nur mit einer Glasmurmel spielte, während sie mit den anderen Frauen aus ihrem Handarbeitskränzchen stickte. In der Schule entwickelte ich den Ehrgeiz, nur Einsen im Zeugnis zu bekommen. Es war eine Scheißzeit.

Doch hinter Benjamins Kulisse aus Angepaßtheit, Gehorsam und Weichheit revoltiert es. Wenn es niemand bemerken konnte, quälte er Kleintiere grausam. Er riß Fliegen die Flügel und Käfern die Beine aus, spießte Frösche auf und schnitt ihnen bei lebendigem Leibe die Schenkel ab.

Als Benjamin in die Pubertät kam, richtete sich seine Aggressivität vor allem gegen kleine Kinder. Als er einmal einen zweijährigen Jungen schlug, kam dessen Mutter dazu und drohte Benjamin an, sie werde seine Eltern informieren.

In seiner Angst, die Eltern würden ihn hassen, weil sie nun bemerken müßten, daß er ein Totalversager ist, rannte Benjamin in den nahe bei seinem Elternhaus gelegenen Stadtwald. Obwohl er mit seinen zwölf Jahren ein unsportlicher Junge war, gelang es ihm, in einen Baum zu klettern. Dort oben versuchte er, sich mit Hilfe seines in Streifen gerissenen und zusammengeknoteten T-Shirts zu erhängen. Glücklicherweise riß der Stoff.

An diesem Abend wagte Benjamin sich erst spät nach Hause. Zufällig war der Vater an diesem Abend außer Haus und hatte nicht bemerkt, daß Benjamin ausgeblieben war. Die Mutter sorgte sich zwar schon, als er endlich kam, schimpfte aber nicht. Es zeigte sich, daß die Mutter des kleinen Jungen, den Benjamin geschlagen hatte, sich nicht beschwert hatte. Benjamins Doppelleben hätte weitergehen können wie bisher, doch das Erlebnis hat etwas in ihm verändert.

Ich kann nicht sagen, was es war. Ich merkte es nur in mir selbst. Etwas stimmte nicht. Ich ging wie schaumgebremst herum. Die Eltern schoben es auf die Pubertät. Jeden Tag ging jetzt das Gezeter los, wie störrisch, ungenießbar, unberechenbar und faul ich sei. Schließlich wurde ich als Sitzenbleiber jemand, für den sich ordentliche Eltern in Grund und Boden schämen mußten. Mir ging das irgendwie am Arsch vorbei, wie man so sagt.

Ich war seit damals total auf Konfrontationskurs. Ich ließ mir die Haare stoppelkurz rasieren und die Kopfhaut mit Tattoos tätowieren. Ich pierce mir Ringe in die Augenbrauen und die Nasenflügel und ließ mir die Zunge durchstechen. Ich fand, es sah geil aus. Meine Eltern routierten. Aber was sollten sie machen? Wenn ich mit den Löchern im Pelz heim kam, waren sie ja schließlich schon vorhanden. Da war nichts mehr zu machen. Und einsperren ließ ich mich nicht. Außerdem ging ich oft ein, zwei Wochen lang nicht unter die Dusche. Ich war echt ätzend. Aber ich hab's auch nicht anders hingekriegt. Ich war wie ein Seil, das kurz vor dem Reißen steht, oder wie mit zwei Fingern in der Steckdose. Ohne das hielt ich diesen Druck bei uns nicht mehr aus.

Aber irgendwie war das nicht ich, der das machte. Ich fand mich manchmal so eklig, daß ich mich nicht anfassen konnte. Und dann kam jener Tag. Das war das Letzte. Der Alte sperrte mir das Taschengeld. Wenn ich wieder Vernunft anzunehmen bereit wäre, ließe sich darüber reden, ließ er mich wissen. Bis dahin wünsche er mir im Haus nicht mehr zu begegnen.

An dem Tag war's dann aus. Da habe ich förmlich gemerkt, wie das in mir »Kloink!« machte. Da war einfach ein Riß in mir, daß ich bloß noch lachen konnte. Ich lag da auf dem Boden und rollte mich ab vor Lachen. Und meine Mutter, die stand da rum und rang die Hände und jammerte, und ich lachte bloß noch mehr. Und dann bin ich auf und weg. Und das war's.

Damals war Benjamin 16. Er hatte häßlichere Szenen mit seinem Vater erlebt als diese, doch die Taschengeldepisode war für ihn der eine Tropfen, der das Faß zum Überlaufen brachte. Er schnappte sich sein Motocrossrad und raste damit frontal in einen Betonpfeiler.

Wie durch ein Wunder kam Benjamin nicht um. Ein entgegenkommender Autofahrer, ein ausgebildeter Rettungssanitäter, hatte sofort Benjamin Erste Hilfe geleistet und rief über sein Autotelefon einen Notarztwagen herbei. Vermutlich hat Benjamin ihm sein Leben zu verdanken.

Monate in der Klinik, weitere in einem Rehabilitationszentrum folgten. Lange waren sich nicht einmal die Ärzte sicher, ob Benjamin jemals wieder würde laufen können. Doch es glückte. Die Wirbelsäulenfraktur heilte, die gequetschten Nerven beruhigten sich. Das Gefühl kehrte in die gelähmten Beine zurück.

»Damals habe ich zum ersten Mal wirklich leben wollen«, meint Benjamin, als er mir die Fotos von sich zeigt. »Ich hatte einen irrsinnigen Ehrgeiz, wieder laufen zu können. Ich habe geübt und geübt. Da habe ich manchmal selbst drüber gestaunt. Aber ich wollte das schaffen, absolut. Ich wollte eine neue Chance. Und die bekam ich schließlich auch.«

»Mein Vater faselt bis heute von einem Unfall«, erzählt Benjamin. »Und dabei habe ich ihm gesagt, daß ich keine Lust mehr hatte, daß ich mich umbringen wollte. Er hat's verdrängt. Meiner Mutter habe ich es auch gesagt. Sie hat's wohl auch begriffen. Aber sie redet nie mit mir darüber. Sie tut so, als wäre das bei ihr wie in einen tiefen Brunnen gefallen. Sie hat ja immer alles perfekt getarnt. Und ich, ich tu das wohl auch. Alles Scheiße, deine Ellie. Vielleicht pack ich's ja irgendwann noch mal und werde ein Mensch oder eben nicht.«

Als ich frage, was Benjamin damit meint, zieht er die Schultern hoch. »Was schon? Suchen Sie es sich aus.« Erst knapp ein Jahr später ist er bereit, mir zu sagen, was er sich bei dieser Äußerung gedacht hatte.

Ich war damals mit meinem Leben eigentlich wieder total in der Krise. Ich hatte den Absprung nicht wirklich geschafft. Ich meine, ich hatte immer noch diesen Druck, daß ich für meine Eltern da wäre oder so, daß ich für sie etwas tun müß-

te. *Ich kann das immer noch nicht ganz erklären. Aber ich hatte immer – solange ich denken kann, hatte ich das – das Gefühl, daß ich dazu da wäre, die beiden glücklich zu machen. Und natürlich bekam ich mit, daß sie es nicht waren. Ich war ja nicht blöd. Also mußte ich ja irgendwas falsch machen. Ich strengte mich dauernd wahnsinnig an. Ich wußte, sie wollten, daß ich brav sei. Also war ich brav. Sie wollten, ich solle immer Superzeugnisse haben. Also paukte ich. Meine Mutter wollte, daß ich sie tröste und abliebe und sage, daß mein Vater Scheiße ist. Also machte ich das. Mein Vater wollte, daß ich ein Kerl sei und meine Mutter verachte. Also machte ich das auch. Und trotzdem war es nichts.*

Erst als ich dann ausgeflippt bin und alles auf den Kopf stellte, fingen die beiden an, sich zu unterhalten und standen zusammen gegen mich. Auf einmal waren wir so was wie eine Familie. Und das, weil ich nicht funktionierte. Das soll einer kapieren! Aber wenn es sie glücklich machte und es das war, was sie von mir brauchten, machte ich das eben. Es war nicht wirklich mein Ding. Aber ich hatte auch nicht wirklich etwas dagegen. Meistens fand ich mich ganz cool, vor allem, wenn ich damit 'ne heiße Braut aufreißen konnte. Das war ja nicht schlecht.

Und dann kam dieser Scheiß mit dem Taschengeld und daß ich mich ändern sollte. Der Alte wollte, daß ich wieder so wie früher funktionieren sollte. Aber in meinem Gehirn waren ein paar Bindungen defekt – da setzte der Computer aus, Blackout im Programm, Absturz.

Wenn ich das machte, was der Alte wollte, wäre wieder alles wie früher gewesen, verstehen Sie? Ich hatte alles gemacht, alles, und jetzt war er immer noch nicht zufrieden. Ich war damals am Ende, komplett aus. Da ging nichts mehr. Ich konnte nur noch vor die Wand knallen.

Dann nachher in der Klinik, da kam wieder so ein Stück

Gemeinsamkeit zwischen den Eltern auf. Und ich hatte ja immer noch dieses Scheißgefühl, daß ich ihnen etwas schuldig sei, weil sie doch meine Eltern sind und ich sie lieben und ehren muß. Wahrscheinlich hatte ich deshalb so lange nicht den richtigen Biß, wieder gehen zu lernen. Ich hatte mir unterbewußt wohl eingebildet, daß ich meine Alten zusammenbringen könnte, wenn ich im Rollstuhl bliebe.

Und dann kam da so ein Gespräch mit einem Mitpatienten. Und der sagte dann was. Der sagte, daß seine Mutter ihn immer als Partnerersatz gebraucht hätte, weil sein Vater sich nicht so um sie kümmerte, wie sie wollte, und daß er das jetzt satt hätte. Der sagte auch, daß Eltern erwachsen sind und ihr Leben selbst leben und ihre Probleme selbst lösen müssen und Kinder kein Ersatzteillager für Eltern sind. Wenn ich nicht laufen wollte, dann würde ich damit meinen Eltern ja vielleicht einen Gefallen tun, aber mir selbst nicht. Und ich müßte endlich begreifen, daß es mein Leben ist, um das es geht. Ich hätte nämlich nur das eine. Und wenn ich das versaue, dann ist es weg.

Das hat bei mir dieses »Kloink!« ausgelöst, daß ich dann Ehrgeiz bekam und wirklich leben und laufen wollte, und es dann ja auch gepackt habe. Damals habe ich fast nicht mehr an meine Eltern gedacht. Ich war ja auch in der Reha, nicht zu Hause. Aber als ich dann zu Hause war, fing der ganze Scheiß von vorne an. Meine Mutter hatte Zoff mit meinem Vater und jammerte mir die Ohren voll. Mein Vater hatte Zoff mit meiner Mutter und jammerte mir die Ohren voll. Für jeden sollte ich Partei ergreifen, bei jedem sagen, der Vater ist doof, die Mutter ist doof. Und mir ging es beschissen. Alles wie gehabt. Ich kam damit nicht klar. Und das war zu dem Zeitpunkt, als wir das erste Gespräch miteinander hatten.

Irgendwie hatte ich mir vorgestellt, daß dieses Interview

und der Abdruck dann in Ihrem Buch so eine Art Abschieds-
brief von mir sein sollte. Abschiedsbrief an die ganze Welt.
So, hello world! Total mit Volldampf ab in die Kiste. Durch
das Buch dachte ich, könnte ich das besser, als wenn ich mich
hinsetze und irgendwas aufs Papier kritzele. Ich wollte das
meinen Eltern und ein paar anderen Leuten schon erklären,
was das alles mit mir gemacht hatte und warum ich Schluß
gemacht hatte. Danach sollte dann Schluß sein. Ich wollte
damals Schluß machen. Ich hatte sogar einen Plan, einen
ziemlich guten.

»Den ich ihm aber durchkreuzt habe«, stellt Barbara,
Benjamins Freundin, klar, die vor etwas über einem
halben Jahr in sein Leben getreten war. »Damals wußte
ich das alles zwar nicht. Aber es war so.«

»Stimmt«, gibt Benjamin zu. »Sie hat mich buchstäblich im letzten Moment überredet, es nicht zu tun.«

»Das war schon makaber«, erzählt Barbara. »Ich lag
im Bett. Plötzlich ging das Telefon und ein wildfremder
Typ erzählt mir, daß er sich jetzt das Leben nimmt und
bloß noch einmal ein paar Takte mit irgendjemand quat-
schen will, ehe er den Revolver in den Mund steckt und
abdrückt. Das war der Horror. Ich habe geredet, als ob
es um mein Leben ginge.«

»Na ja, es war zwar bloß meins, aber wir haben uns
dann verabredet«, meint Benjamin. »Und das war's dann
für mich.«

Ich fand einen Hund

Den nachfolgenden Text schrieb Benjamin drei Tage vor
seinem Selbstmordversuch. Da die Mutter morgens immer länger schlief und ihn nicht zur Schule verabschie-

dete, legte er ihr den Text kommentarlos auf den Frühstücksteller.

Benjamins Text bezieht sich auf einen Straßenköter, der ihm über den Weg gelaufen war. Benjamin hatte versucht, ihn zu streicheln und zu füttern, doch der Hund hatte sich nicht berühren lassen.

Einen Text für die Mutter zu schreiben, war nichts Ungewöhnliches für Benjamin. Sie schrieben sich öfter gegenseitig Briefchen mit mehr oder weniger wichtigen Nachrichten, wenn sie im Laufe des Tages vergessen hatten, diese persönlich weiterzugeben. Im allgemeinen waren es Belanglosigkeiten. Es war wie ein Spiel, das sie beide gut fanden. Diesmal war es Ernst.

Den ganzen Schulvormittag über stellte Benjamin sich vor, wie die Mutter den zusammengefalteten Bogen glätten und lesen würde.

Ich fand einen Hund. Oder etwas, was mal einer war. Absolut blöde Töle! Dreckig, verlaust, Riß im Ohr und kaum noch Schwanz. Feiger Blick. Kam mir irgendwie ähnlich vor. Hatte ich ein Gefühl für. Streckte die Hand aus.

Und dann das mir! Zieht die Lippe hoch und zeigt die Zähne und nimmt nicht mal ein Stück Käsebrot von mir. Blöder Hund!

Verdammt! Es stört, Quatsch, beleidigt mich, daß er mein Mitleid nicht wollte. Warum? Weil das alles ist, was es bei mir noch zu holen gibt. Ich habe nichts mehr zu vergeben, seit ich überzeugt worden bin, Liebe ist nichts als Illusion und Selbstbetrug.

Wahrscheinlich spürte die blöde Töle das. Instinkt oder was. Wußte die, daß ich mal der Köterschreck war? Kann ja sein, die kannte mich von irgendwann früher. Ich kannte sie nicht, aber Viecher erinnern sich besser. Ah, fuck, merde!

> *In meinem Leben ist doch sowieso alles daneben. Was krieg ich denn schon auf die Reihe? Nicht mal, daß so 'n räudiges Vieh was von mir will. Find dich damit ab, Benjamin, du Jüngster, Kleinster, Jämmerlichster, Waschlappigster! Schreib dir das ins Testament oder sonst wohin. Warum dankst du nicht ab, Alter? Warum haust du nicht in den Sack und startest neu durch? Endzeit, Eiszeit, Todzeit, Ruhzeit, höchste Zeit. Kapier das doch endlich, feiger Hund! Und was, wenn?*
>
> *Wenn ich das schwülstig für meinen noblen Herrn von und zu Vater schreiben soll, dann muß ich mich jetzt und der besten Feder befleißigen und schreiben: Vielleicht zerbrach mir mein Leben aus diesem Grund so gänzlich, ohne einen brauchbaren Rest zu hinterlassen, weil nun einmal Leere ist, wo Leere aus Leere gezeugt ward und die goldene Sonnenfreudigkeit der Liebe von mir wich, ehe ich es noch ahnte, und selbst die Nacht mir keinen Stern in der Tristesse meiner selbstischen Leere belassen will.*

»Ich dachte, sie liest das und kapiert was und spricht mich nach der Schule darauf an«, gibt Benjamin zu. »Es war schon so ein Testballon. Aber sie sagte nichts, und ich war dann zu stolz und sagte auch nichts. Dabei denke ich, daß sie schon hätte merken können, was mit mir los war, wenn sie gewollt hätte. Also wenn mir mein Sohn so was auf den Teller legen würde, dann würde ich was dazu sagen. Sie sagte nichts. Und dann ging die Sache eben ihren Gang.«

Wenn der Tod der letzte Ausweg
zu sein scheint

Sich das Leben zu nehmen, wirft auf Anhieb keine Verständnisschwierigkeiten auf. Die mit dieser Formulierung verbundene bildliche Vorstellung ist eindeutig. Man weiß, was gemeint ist.

Für Philosophen und Psychologen ist die Definition weniger offenkundig. Sie werfen Fragen auf, etwa ob Selbstmord mit Selbstmordversuch gleichzusetzen sei, ob nur der vollendete Selbstmord oder auch die zur Tat führenden Umstände zu berücksichtigen seien und ob der Schweregrad der Folgen eines Selbstmordversuches über die Ernsthaftigkeit des Versuches etwas aussage. Für den Laien mögen diese und andere Fragen Haarspalterei bedeuten. Für den Betroffenen werfen sie zahlreiche Konsequenzen auf.

Ein befreundeter Psychotherapeut versuchte, mir die Bedeutung der verschiedenen Blickwinkel zu verdeutlichen. Einige seiner Beispiele leuchteten mir spontan ein. So berichtete er von einem Patienten, der nach einem mehrtägigen Klinikaufenthalt zu ihm kam. Ich nenne ihn Franz. Dieser Franz war nach einem Unfall in die Klinik eingeliefert worden. Er war von einer Leiter gestürzt und hatte sich einen Oberschenkelhalsbruch zugezogen. Meinem Freund gestand er, daß seine Frau ihn zwei Tage zuvor völlig überraschend mit den gemeinsamen Kindern verlassen und die Scheidung eingereicht hatte. Er sei sehr verzweifelt gewesen, habe sich aber nicht bewußt etwas antun wollen. Er habe nur dringend irgend etwas tun müssen, um sich von der Grübelei abzulenken. Obwohl er nicht schwindelfrei sei, habe er die lange Leiter, die der Schornsteinfeger sonst immer benutzt, bestiegen, um in der Dachrinne wachsendes Kraut zu entfernen. Erst jetzt wisse er, daß dies ein Selbstmordversuch gewesen sei.

Für meinen Freund warf Franzens Geschichte die Fragen auf, wie er diesen Fall einzustufen habe. Um eindeutig von Selbstmordabsicht sprechen zu können, fehlte der bewußte Wille zur Tat. Trotzdem hatte der unbewußte Selbstzerstörungsdrang zu einem schweren Unfall geführt und hätte durchaus tödlich enden können. Was lag nun vor? Tatsächlich ein Selbstmordversuch? Leichtsinn? Dummheit? Womit war dem Mann wirklich geholfen, mit einer Therapie oder eher doch mit einer ernsthaften Kopfwäsche? Eine Fehlentscheidung des behandelnden Fachmanns könnte fatale Folgen haben.

Ich gewann den Eindruck, eine Ahnung von der Problematik zu bekommen. Um meinem Freund zu zeigen, daß ich mitdachte und um zugleich eine vertiefende Antwort zu erhalten, stellte ich ihm nun eine Episode mit einem Studienkollegen meiner Jugendzeit vor, den ich hier G. nennen möchte.

G. war ein etwas klein gewachsener, schnell und leidenschaftlich zu begeisternder Kommilitone meines Kunstgeschichtesemesters, den ich wegen seiner Belesenheit schätzte. Er war sehr in ein Mädchen namens L. verliebt, das seine Liebe jedoch nicht erwiderte. Um L. dazu zu bewegen, ihn doch zu erhören, drohte er an, er werde auf einen hohen Turm des Universitätsgeländes steigen und sich in die Tiefe stürzen. Mit dieser Drohung ängstigte er L. wochenlang, ohne jedoch zu dem gewünschten Erfolg zu gelangen.

Eines Morgens erschien er nicht zur Vorlesung. In größter Sorge rief L. in allen Krankenhäusern der Stadt an, ob ein Notfallpatient mit so und so beschriebenem Äußeren und diesem Namen eingeliefert worden sei. Als ob L. den siebten Sinn gehabt hätte, fand sie G. tatsächlich in einer der Kliniken. Er hatte einen Fahrradunfall gehabt und war auf dem Weg zur Universität von einem Auto angefahren worden. Seine Verletzungen waren schwerwiegend, aber nicht lebensgefährlich. Alles schien böser Zufall.

L. war insofern erleichtert, als G. keinen Selbstmordversuch begangen hatte. Sie besuchte ihn mehrmals am Krankenhausbett, wollte jedoch auch jetzt nichts von seiner Liebe wissen. Als es G. besserging, teilte sie ihm mit, daß sie nun nicht mehr kommen werde, da sie ihre Studien nicht länger vernachlässigen wolle. G. schien einsichtig und machte keine Szene. L. ging beruhigt in ihre Studentenbude.

Noch am Abend desselben Tages erhielt sie telefonisch Nachricht aus dem Krankenhaus, daß G. sich die Pulsadern aufgeschnitten habe, aber gerettet worden und inzwischen außer Lebensgefahr sei. Er habe in einem Abschiedsbrief zugegeben, auch den Fahrradunfall bewußt herbeigeführt zu haben, und wünschte jetzt dringend, L. sofort zu sehen. Obwohl L. fassungslos und entsetzt war und gegen ihr schlechtes Gewissen ankämpfen mußte, verweigerte sie diesen Besuch. Sie hatte mir damals anvertraut, daß sie es nicht länger aushalte, von G. erpreßt zu werden. Wenn er sich das Leben nehmen wolle, dann müsse er dies eben tun.

Knapp zwei Wochen später erhielt sie eine Hochzeitsanzeige. G. hatte sich völlig überraschend mit einer Studentin verehelicht, die ihn seit langem anbetete, die er selbst aber stets leidenschaftlich verabscheut hatte. Gemeinsam mit seiner Braut war er zu einer dreimonatigen Hochzeitsreise aufgebrochen.

Das Besondere dieser Hochzeitsanzeige war, daß L. darauf handschriftlich äußerst rüde von ihrem ehemaligen Verehrer beleidigt wurde. Am nächsten und den folgenden Tagen mußte sie an der Uni die Erfahrung machen, daß G. in den Tagen vor seiner Hochzeit bei mehreren Studentinnen und Studenten übelste Nachreden über sie ausgestreut hatte. Da diese Gerüchte L. unter anderem eine sexuelle Beziehung mit ihrem Professor andichteten und dies dem Professor zu Ohren gekommen war, hatte nur wenig gefehlt, um L.s Examen zu verhindern.

Als ich meinem Freund alles mir Bekannte über diese Geschichte berichtet hatte, definierte er sie als musterhaft für die Gefahr, die in der Unterschätzung einer Selbstmordhandlung liegt. Da man im Krankenhaus nicht auf den Gedanken gekommen war, in G. einen potentiellen Selbstmörder zu vermuten, hatte diese Unterschätzung zu einer unbeabsichtigten Nachlässigkeit gegenüber G. als Person sowie seiner Haltung gegenüber Leben und Tod geführt. Diese Nachlässigkeit hatte den zweiten Selbstmordversuch begünstigt. Als eine Art dritten Selbstmordversuch sah mein Freund die überstürzte Hochzeit mit einer ungeliebten Frau an. Hier war der Versuch unternommen worden, für L. den Nachweis zu erbringen, daß ihre Zurückweisung G. dazu getrieben habe, sein Leben an eine nicht nur x-beliebige, sondern sogar verhaßte Frau wegzuwerfen. L. sollte dadurch zutiefst beschämt werden, daß G. zeitlebens unglücklich sein wolle, wenn er die geliebte Frau seiner Träume nicht haben könne.

Mit diesem doppelten Strafakt, der L. zeitlebens Gewissensbisse verursachen sollte, nicht genug, hatte G. gleichzeitig versucht, sich an L. für die ihm erteilte Abfuhr zu rächen, indem er durch üble Nachreden versuchte, dafür zu sorgen, auch ihr Leben zu zerstören und sie ebenfalls zeitlebens unglücklich zu machen. Es sollte erreicht und bewiesen werden, daß G. und L. lebenslang verbunden waren; wenn nicht im Glück, dann doch im Unglück.

Es liegt auf der Hand, was diese Beispiele mit Benjamin zu tun haben. Auch seine Umgebung hatte die selbstverleugnerischen, selbstzerstörerischen Tendenzen seines Verhaltens nicht registriert bzw. ernstgenommen. In seiner Opferbereitschaft für das Glück und die Liebe der Eltern war zur Entfaltung seines eigenen Lebensglücks kaum noch Platz geblieben. Was immer er unternahm, um dem Anspruch zu genügen, Garant für das Glück seiner Eltern zu sein, entsprang einzig seinem Wunsch, zu gefallen und geliebt zu werden.

Selbst die Verwandlung des perfekt angepaßten Vorzeigesohnes in einen Anti-Helden in Punkergestalt bewies keineswegs Auflehnung gegen die elterliche Ausbeutung. Im Gegenteil! Zwar war Benjamin aus einer augenblicklichen Trotzlaune heraus erstmals mit Punk-Frisur nach Hause gekommen, doch erst die Reaktion seiner Eltern hatte sein Punk-Bleiben provoziert. Erstmals seit langem hatte das Ehepaar wieder ein gemeinsames Ziel, gemeinsamen Redestoff, gemeinsame Sorgen. Erstmals seit langem verschwanden beide abends wieder in demselben Schlafzimmer. Dies alles schien Benjamin der beste Beweis dafür, daß seine Eltern keinen Prachtsohn, sondern einen Punk brauchten, um glücklich zu sein. Daß er selbst sich als Punk nicht sonderlich attraktiv fand, fiel dabei unter den Tisch.

Zum Eklat kam es erst, als Benjamin erkennen mußte, daß keines seiner Opfer wirklich bleibenden Erfolg hatte. Die Siegessicherheit seiner Punk-Nummer bröckelte, als der Vater sie radikal verbot und dieses Verbot durch Strafmaßnahmen zu sanktionieren versprach. Für

Benjamin war dies der aus heiterem Himmel herabzuk-kende Erkenntnisblitz, daß er in seiner Aufgabe als Glücksbringer wieder einmal versagt hatte und auch weiterhin versagen würde.

Sein panikartiger, in höchster Agonie vollzogene Selbstmordversuch resultierte fast zwangsläufig aus der Konfrontation mit einem Leben, in dem ihn alles hoff-nungslos überforderte. Man ist versucht, ein Sinnbild darin zu erkennen, daß Benjamin mit seinem Motocross-rad ausgerechnet gegen einen Betonpfeiler raste. Man könnte meinen, er wollte einen der starren, unbeugsa-men Prinzipien-Pfeiler im Leben seines Vaters zum Ein-sturz bringen. Letztendlich scheiterte jedoch wieder ein-mal nur er selbst daran. Was Wunder also, daß seine Verzweiflung anhielt und er auf neue Wege sann, doch noch zum Ziel zu gelangen?

Ohne einschneidende Veränderungen aller Eckdaten seines Lebens wäre Benjamin heute vermutlich tot. Vor allem die neue Komponente, die durch seine Freundin Barbara hineingetragen wurde, läßt hoffen. Mit ihr hat Benjamin erstmals eine eigene, von seinen Eltern los-gelöste Zukunftsperspektive.

Seit nunmehr zwei Jahren lebt Benjamin nicht mehr bei seinen Eltern. Den Studienort Berlin wählte er trotz einer latenten Angst vor der dortigen Gewaltszene, um möglichst eine Deutschlandbreite von den Eltern ent-fernt zu sein. Durch die Beziehung zu seiner Freundin Barbara hat er sich auch innerlich von ihnen abgena-belt. So ganz zu Hause fühlt er sich in seinem eigenen Leben trotzdem noch immer nicht. Vor allem im Hin-blick auf Barbara. Das während der Kindheit verinner-lichte Bewußtsein der eigenen Unzulänglichkeit und Schwäche wirkt sich aus.

»Ich liebe Barbara«, sagte Benjamin in einem unserer

letzten Gespräche. »Aber wenn ich sie nicht glücklich machen könnte, wenn das mit uns nicht geht – ich weiß nicht, was ich dann mache. Ob dann nicht alles wieder hochkommt.«

»So ein bißchen Bauchweh bleibt schon«, fügte auch Barbara leise hinzu. »Es macht mir schon angst, was wäre, wenn die Beziehung nicht hält oder so. Kann ja auch sein, wir lieben uns mal nicht mehr. Die Vorstellung, daß er sich dann etwas antut, ist schon kraß. Manchmal komme ich mir damit ziemlich eingesperrt vor. So, als ob ich nicht mehr frei entscheiden könnte. Wenn der Eindruck in mir zu stark wird, geht es einfach nicht mit uns. Ja, davor habe ich schon Bammel.«

»Ach, hör schon auf!« winkte Benjamin ab und versuchte, ein unbeschwertes Lächeln aufzusetzen. »Darüber denke ich jetzt nicht groß nach. Ist doch Blödsinn, kommt doch sowieso anders, als du denkst. Ich glaube, ich habe schon so viel über die Zukunft nachgedacht, daß es für die nächsten hundert Jahre reicht. Jetzt will ich erst mal bloß leben und zwar mit dir und jetzt. Und was dann kommt – *forget it!*«

Ein langer Kuß, Hand in Hand aufstehen, ein Grinsen zu mir herüber. Ein lockeres: »Das war's dann wohl. Hat Spaß gemacht. *Ciao*, bis die Tage!« Er hatte den Arm um ihre Schultern, sie ihren um seine Hüfte gelegt. Die Silberbeschläge an seinen Cowboystiefeln klirrten, während sie auf Plateausohlen neben ihm herstakte. Ein Pärchen wie viele.

Wenn Eltern das Leben ihrer Kinder vereinnahmen

Wie schon in den Fallbeispielen von Nena und Anna zeigt sich bei eingehender Beschäftigung mit Benjamins Schicksal, daß eine Einzelszene, so beklemmend sie sein mag, nicht der wahre Auslöser für seinen Selbstmordversuch war.

Obwohl bei Benjamin der Entschluß, das Leben wegzuwerfen, wie bei einem Amoklauf scheinbar unkontrollierbar herausbrach und sofort in leidenschaftlicher Verzweiflung in die Tat umgesetzt wurde, baute sich die Großwetterlage dazu während der gesamten Lebenszeit auf. Hochbedeutsam ist die Eltern-Kind-Beziehung und die seelische Prägung, die Benjamin dadurch bekam.

Der Vater ist ein strenger, von Prinzipien und traditionellen gesellschaftlichen Werten bestimmter Mann. In seiner sozialen Position als solide dastehender Unternehmer mit Expansionsaussichten bewertet er sich als nahezu omnipotent, allmächtig. Diese Einstellung umfaßt auch seinen privaten Bereich.

Als er heiratete, wählte er sehr bewußt eine deutlich jüngere, durchaus gescheite, aber dennoch zu Gehorsam gegenüber einer väterlichen Autorität erzogene Frau aus gutem Hause, die ihm willfährig war. Der Maxime getreu, daß ein jeder Mann aus einem Mädchen erst eine Frau macht und diese nach seinem Bilde formt wie einst Gott Vater seine Geschöpfe, stieg Benjamins Vater in den Olymp des Ehelebens auf.

Die materiellen und sozialen Sicherheitsbedürfnisse seines »Frauchens« deckte er nonchalant ab. Ihre geistigen Ansprüche wurden durch Frauenkränzchen, den Besuch kultureller Veranstaltungen und kostspielige

Reisen abgedeckt. Im übrigen zeigte er sich als Ehemann gern großzügig von der spendablen Seite und erfüllte »dem lieben Kind« gern den einen oder anderen Herzenswunsch. Ob dies alles wahrer Liebe oder eher einem freundlichen Kalkül entsprach, konnte vermutlich nicht einmal Benjamins Mutter ergründen.

Eine der Voraussetzungen der Eheschließung war die Absprache zwischen den Eheleuten, daß die junge Frau möglichst früh Mutter werden solle. Da Benjamins Vater deutlich älter war als seine Frau, begründete er seine Eile damit, daß er seinen Sohn nicht erst im Großvateralter zeugen wolle und überdies kein Interesse an einem behinderten Nachkommen habe. Die Zeugung selbst erfolgte ausschließlich zu dem Zwekke, einen Erben für sein eigenes Lebenswerk großzuziehen.

Wie die Mutter mir berichtete, wurde der Zeugungstermin penibel berechnet, um möglichst keine Tochter zu bekommen. Der Vater wünschte sich einen Sohn, der den Betrieb mit ähnlich straffer Führung leiten würde wie er selbst. Nur für den Fall, daß wider Erwarten doch eine Tochter erstgeboren werden sollte, war eine zweite Schwangerschaft vorgesehen. Im übrigen stand fest, daß die junge Mutter selbstverständlich ihren Mutterpflichten nachkommen werde und keine Ambitionen auf eine eigene Erwerbstätigkeit hatte.

Benjamins Mutter entsprach den Erwartungen ihres Mannes vollkommen. Mit Ausnahme eines Punktes: Sie war unzufrieden in ihrem goldenen Käfig. Von Hause aus verwöhnt und verzärtelt, fand sie in Benjamins Vater nicht den Anlehnpartner, nach dem sie sich sehnte. Ihr Bedürfnis, sich in langen Klagemonologen über diese oder jene Lebenslage, diese oder jene Bekannte, hier ein Wehwehchen und dort einen Schmerz auszulassen, stieß ihn eher ab. Hörte er in den ersten Ehejahren noch geduldig zu und versuchte Abhilfe zu schaffen, indem er entweder selbst etwas unternahm oder seiner Frau einen Rat gab, was sie tun könnte, wurde er im Lauf der Zeit immer unduldsamer und schroffer. Zu dieser Haltung trug die Einsicht bei, daß Benjamins Mutter im Grunde nicht daran gelegen war, die beklagte Situation zu ändern. Sie jammerte einfach gern und las an der Tröstung, die sie erfuhr, den Grad der Liebe ab, die man ihr schenkte.

Leider geriet das, was für Benjamins Mutter ein Seelenbedürfnis war, dem Vater zum Zeitverlust. Und Zeit war etwas, was er als Geschäftsmann nicht zu verschenken hatte. Also mied er die »Klagemauer«, wie er das elterliche Schlafzimmer oft zu nennen pflegte, und ließ in seinem Herrenzimmer ein bequemes Bett aufstellen. Als Benjamins Mutter in Tränen ausbrach, beruhigte er sie damit, daß er alles aus reiner Liebe und Fürsorge mache. Er müsse abends und nachts oftmals noch lange arbeiten oder stehe gelegentlich auch wieder auf, um eine Geschäftsidee festzuhalten. Diese Störung wolle er seiner Frau nicht zumuten. Sie habe ja ihr Recht auf Schlaf.

Benjamins Mutter litt jahrelang unter dieser Entscheidung, weil mit dem getrennten Schlafzimmer auch die sexuelle Gemeinsamkeit auf ein Minimum begrenzt wurde. Ihre unzeitgemäße konservative Erziehung hinderte sie jedoch daran, ihr Bedauern auszusprechen.

»Ich hätte mich in den Boden geschämt«, gestand sie mir in einem unserer Gespräche, die wir ohne Wissen ihres Mannes führten. »Niemals hätte ich ihm sagen können, daß ich mir diesbezüglich mehr wünschte. Ich hätte viel zuviel Angst gehabt, er würde mir sagen, ich sei schamlos oder etwas in dieser Art. Eine Zurückweisung hätte ich in diesem sensiblen Bereich niemals verkraftet. Ich hätte ihm ja nie mehr in die Augen schauen können.«

Natürlich war Benjamins Mutter auch damals klar, daß sie mit dieser Erziehung fern jeder Realität war:

Im Kopf weiß ich ja, daß das alles Unsinn ist. Schließlich bin ich nicht im vorigen Jahrhundert aufgewachsen, sondern auf eine ganz normale Schule gegangen. Wir Mädchen haben untereinander auch über Liebe und Sex geredet. Und natürlich habe ich mich auch für Jungen interessiert. Sehr heftig sogar. Aber wenn die anderen auch schon mal intimer wurden, war bei mir immer die Alarmglocke eingeschaltet. Ich weiß nicht, ab wann meine Mutter mir einen Satz einprägte, der für alle anständigen Mädchen zu gelten hatte. Der hieß »Angucken, aber nicht anfassen, und gucken tut man mit den Augen, nicht mit den Fingern«. Ich hatte diese schrecklich altmodische Einstellung zur Sexualität wirklich satt. Aber ich brachte es nicht fertig, mich anders zu verhalten. Es ging einfach nicht. Ich wäre mir dabei abgrundtief schlecht vorgekommen und hätte mich niemals entspannen können. Ich kann das Wissen, daß Sexualität etwas ganz Natürliches und Schönes ist, einfach nicht verinnerlichen.

Ich bin diesbezüglich leider Gottes völlig unfrei erzogen worden. Sexualität war in meinem Elternhaus tabu. Darüber sprach man nicht, und »das« tat man auch nur geheim. Als Kind durfte ich mich nur waschen, wenn ich ein Höschen trug. Und meine Eltern habe ich zu keiner Zeit unbekleidet gesehen. Das schickte sich einfach nicht.

Wissen Sie, ich war schon froh, daß ich mich bei Benjamin wenigstens so weit von dieser Erziehung befreien konnte, daß ich keine Scheu hatte, ihn zu berühren, und ihm wohl auch das Gefühl vermitteln konnte, daß er so wie er ist gut ist. Mit allem, was zu ihm gehört, meine ich. Auch mit seiner Sexualität.

Der Rückzug der Gefühle, den Benjamins Mutter von seiten ihres Mannes zu spüren glaubte, führte dazu, daß sie ihren Sohn allmählich immer häufiger mit ihren so geliebten Jammertiraden überzog. Sie klagte auch über den Vater und stellte Benjamins Loyalität immer wieder auf die Probe. Gleichzeitig erzählte sie ihm auch, daß der Vater nur wegen seines Unternehmens ein Kind gewollt habe.

Mit dieser Überforderung des Kindes als Partnerersatz belastete sie Benjamins Seele schwer und legte den Grundstein dafür, daß er seine Lebensaufgabe darin sehen mußte, seine Eltern glücklich zu machen.

Der Vater, den Benjamin relativ selten erlebte, versuchte ebenfalls, seine Position bei seinem einzigen Sohn und Erben auszubauen. Von klein an bezog er ihn in das Firmenleben mit ein, nahm ihn in den Betrieb mit, zeigte ihm dort geschäftliche Abläufe und erklärte ihm, daß von diesen wichtigen Männerdingen die Mutter keine Ahnung habe. Das sei nur etwas zwischen Vater und Sohn. Bei diesen Hinweisen vermittelte er Benjamin den Eindruck, die Mutter sei zu dumm oder zu schlecht für gewisse Dinge. Folglich brachte auch er das Kind in Loyalitätskonflikte und steigerte Benjamins beginnende seelische Zerrissenheit.

Je älter Benjamin wurde, desto klarer spürte er, daß etwas zwischen den Eltern nicht stimmte und beide von ihm Unterstützung erwarteten. Da ihm die nötige Lebenserfahrung fehlte, hatte er für die Dinge hinter diesem Gefühl keine Worte oder Erklärungen. Er konnte sich auch keine Lösungsvorschläge überlegen und den Eltern mitteilen. Er hatte nur sich selbst als die kleine

Kindpersönlichkeit, die er war, um sich hinzugeben. Daß dies nicht ausreiche, um die sexuell unbefriedigte, an innerer und äußerer Einsamkeit und Sinnleere leidende Mutter zufriedenzustellen, spürte er ebenso wie seine Unzulänglichkeit im Hinblick auf die Männerdinge des Vaters. Die zerstörerischen Keime der Versagensängste, der eigenen Wertlosigkeit und schließlich der immer resignierenderen Erkenntnis, daß es keine Hoffnung auf ein Ende der vergeblichen Mühen gäbe als nur im Tod, fielen in seiner Kinderseele auf fruchtbaren Boden. Die Taschengeldepisode war nur die eine letzte Erfahrung, die diese überbelastete Seele zum Zerspringen brachte.

Symptomatisch ist, daß Benjamins Eltern sich keiner Schuld bewußt sind. Mit seinem Vater konnte ich nicht sprechen. Seine Mutter erklärte mir jedoch ganz entschieden, daß sie und ihr Mann Benjamin niemals Anlaß gegeben hätten, sein Leben wegwerfen zu müssen. Sie hätten ihm alles geboten, was das Herz begehrte. Sie hätte seinetwegen sogar auf einen Beruf verzichtet. Stets wären sie beide für ihn da gewesen.

Auf meinen Einwand hin, ob es nicht sein könne, daß sie mit der Verplanung von Benjamins Leben sein Lebensrecht beschnitten hätten, meinte seine Mutter zwischen Lachen und Empörung, daß dies ja wohl kaum mein Ernst sein könne. Niemand könne als Eltern aufopfernder und fürsorglicher sein als sie. Ja, daß sie Benjamin ganz besonders auch als Gesprächspartner geliebt und gebraucht habe und mit ihm alle ihre Alltagsprobleme besprochen und sich auch über den Vater ausgetauscht hätte, ja, sicher, das stimme. Das sei aber für Benjamin immer eher eine Bereicherung auch seiner eigenen Lebenserfahrungen gewesen als eine Belastung. Es müsse einem Sohn doch schmeicheln, wenn er der beste Vertraute der Mutter sei. Daraus müsse er doch ableiten, daß er ein ganzer Mann sei. Wenn sie allerdings geahnt habe, daß Benjamin für einen solchen gleichwertigen Gedankenaustausch ungeeignet gewesen sei und deshalb allen Lebensmut habe fahren lassen, ja, dann sei doch wohl selbstverständlich, daß sie darauf jede Rücksicht genommen hätte. Und ihr Mann übrigens auch.

Erst als ich seiner Mutter auf Benjamins ausdrücklichen Wunsch hin die fertig transkribierten Gesprächsnotizen überließ und ihr auch den über ihren Sohn verfaßten Bericht aushändigte, kam es Wochen später zu einem bisher letzten Anruf zwischen uns. Benjamins Mutter war während des Gesprächs merklich aufgewühlt. Sie habe das, was Benjamin mir anvertraut hat, nie gewußt oder geahnt, meinte sie. Es treffe sie tief, daß er zu einer fremden Person das Vertrauen habe, das er ihr und seinem Vater gegenüber nicht aufbringen könne. Ja, sie sei mit einer Veröffentlichung dessen, was zwischen ihr und mir besprochen worden sei, einverstanden. Sie wolle das fertige Buch mit ihrem Mann besprechen und hoffe, daß sie beide dann irgendwann einen neuen Weg zu ihrem Sohn fänden. Ob dies allerdings in Zukunft gelinge, hänge wesentlich von Benjamins Bereitschaft ab, ihnen als Familie eine echte Chance geben zu wollen und anzuerkennen, daß sie stets nur das Beste gewollt hätten.

Da ich mit diesen Gesprächen von hüben nach drüben quasi zum Mittler zwischen Benjamin und seiner Mutter geworden war, sandte ich ihm die Gesprächsnotiz zu. Ich erhielt lange keine Antwort. Als sie kam, bestand sie nur aus einer Spruchkarte. Darauf stand als Sinnspruch ein Zitat von Harald Pinter: »Die Zukunft ist die Ausrede derer, die in der Gegenwart nichts tun wollen.« Benjamin hatte dazu geschrieben: »In einem hat meine Mutter mit dem, was Sie Ihnen gesagt hat, ohne jeden Zweifel recht. Sie und mein Vater wollten immer nur mein Bestes. Mittlerweile will ich das auch, aber für mich selbst.«

Agnes

Agnes ist heute 21 Jahre. Sie hat insgesamt mindestens siebenmal versucht, sich das Leben zu nehmen. So genau erinnert sie sich nicht mehr. Ihre Eltern weigern sich bis heute, die vielen ernsten »Unfälle«, die Agnes erlitt, als Selbstmordversuche wahrzunehmen. Selbst den letzten Versuch, als sie mit 17 Jahren versuchte, aus einem fahrenden Zug zu springen, haben die Eltern in der wahren Tragweite ignoriert.

Ich bekam deshalb auch niemals Therapie. Ich hatte einen Unfall, und das war's. Daß ich danach nie mehr probiert habe, Schluß zu machen, lag wohl daran, daß ich anfing, mich in Texten mit mir selbst und meiner Situation auseinanderzusetzen.

Mit der Zeit, als ich aus dem Haus ging und Distanz zu meinen Eltern bekam, merkte ich immer mehr, daß ich mich mit allem, was war, ernsthaft auseinandersetzen muß, wenn ich es überleben wollte. Ich hatte eigentlich keine Ahnung, wie ich das anstellen sollte. Zuerst wollte ich es mit Meditation oder autogenem Training probieren. Ich hatte auch gehört, daß Yoga helfen könnte. Aber irgendwie war das dann alles nicht das, was ich brauchte.

An Therapie hatte ich auch gedacht. Man hört jetzt so viel davon, liest auch mal was, redet mal mit jemanden, der damit schon Erfahrungen gemacht hat. Trotzdem hatte ich lange wahnsinnige Hemmungen. Ich dachte, wenn du jetzt schon einen Psychiater brauchst, ist es nicht mehr weit bis in die Klapse. Das war so ein Vorurteil. Bei uns zu Hause war jeder bekloppt, der mit Psychologen zu schaffen hatte. Vor einem Jahr habe ich mich aber endlich doch überwunden. Seitdem bin ich aus eigenem Entschluß und auf eigene Kasse zweimal wöchentlich bei einer Therapeutin und mache Gestalttherapie.

Schon bald nach Beginn der Therapie zeigte ich meiner Therapeutin meine Texte und fragte, ob sie diese nicht einmal lesen wollte. Sie war sofort einverstanden und sagte mir dann, daß sie meine Schreiberei für ein Notventil hält, das ich mir selbst geschaffen hatte. Ohne das Schreiben wäre ich wahrscheinlich schon tot. Sie hat mich darin bestärkt, weiter zu schreiben und aktuelle Texte mit meiner Selbsthilfegruppe zu bearbeiten. Diese wurde von meiner Therapeutin gegründet und wird noch immer von ihr betreut. Zusätzlich zu den offiziellen Gruppentreffen kommen einige von uns regelmäßig zum Theaterspielen zusammen. Zweimal haben wir da schon auf Stücke von mir zurückgegriffen. Das tat gut.

Meine Therapeutin und ich arbeiten vor allem meine Texte von früher gemeinsam durch. Da staune ich dann oft selbst, wieviel man darin hätte sehen können, wenn einer das gewollt hätte. Aber bei mir daheim wollte wohl keiner. Ich habe die Texte ja meinem Vater gezeigt. Wir haben auch oft darüber geredet. Aber immer so auf der intellektuellen, philosophischen Ebene. Er hat gar nicht kapiert, daß ich nicht über Tod philosophiert habe, sondern daß mein Leben Tod war.

Woher

Eine Flut von Tönen, rasende Klänge, die wie Wasser über steile Hänge gischten, stürzen, tausend Schleier stiebend im brausenden Wind zerflattern lassen. Dem Ohr überdeutlich, dem Herzen magisch in unwiderstehlicher Anziehungskraft. Und Stärke wird verschwindend klein.

Wessen Hände schaffen Melodien, die keine sind? Die überhaupt nichts sind als zerfetzte Aufschreie, zusammengerafft zu nie abreißendem Strom von Lauten, wimmernden, schmerzheiseren Stimmen? Steilende Säulen, die sich bäumen und unterwerfen, zersprühen, sich sammeln zu stürmischem Fall. Finger, der an die kristallene Kugel Ewigkeit pochen will – und doch nur Minarett, an dem sich kein Himmel verfängt.

Wer, Instrument, gab dir Saiten, voll Klang wie Donner grollt, wenn Blitze zucken, schwefelgelb über schwarz, Bäume erhellend, die Äste in gellendem Schweigen emporrecken, Halt suchen im Nirgendwo?

Wer gab dir Saiten, deren Anschlag Totengesang ist, schluchzendes Lachen, in dem die Seele sich selbst zerfleischt, tränenlos mit verzerrtem Mund, und aus leeren Augenhöhlen kreischend feurige Lohe leckt, deren Brand nichts mehr entzündet, weil Sturm in ihm verkohlt?

Sag, Flut, hat du eine Ebbe?

Für mich war in diesem Leben kein Platz

Agnes ist das einzige leibliche Kind ihrer Eltern. Sie hat drei sieben, neun und elf Jahre ältere Adoptivbrüder. Als Agnes geboren wurde, hatten ihre Eltern schon über zehn Jahre jede Hoffnung auf eigene Kinder aufgegeben. Beweis dafür war, daß sie sich nach langem innerem Kampf zur Adoption entschlossen hatten. Da sie aufgrund ihres Alters bei deutschen Vermittlungsbehörden keine Aussicht auf Erfüllung ihres Herzenswunsches hatten, adoptierten sie nach und nach mit Hilfe eines seriös und legal arbeitenden Vermittlers drei Säuglinge aus Mexiko.

Als die Mutter mit Anges schwanger wurde, war sie

bereits 48 und der Vater 55 Jahre alt. Beide hatten keine Verhütungsmittel benutzt, weil sicher zu sein schien, daß Agnes' Mutter unfruchtbar sei. So sehr diese sich früher ein leibliches Kind ersehnt hatte, so vehement lehnte sie jetzt die Schwangerschaft ab. Sie fühlte sich zwar nicht zu alt, ein Kind zu gebären, hatte aber Angst, dieses Kind aufgrund ihres Alters nicht mehr großziehen zu können. Auch quälten sie große Sorgen im Hinblick auf eine eventuelle Behinderung des Kindes, denn dieses Risiko steigt ja bekanntlich mit zunehmendem Alter der Eltern rapide an. Nicht zuletzt konnte sie sich nicht vorstellen, wie ihre Adoptivkinder auf ein leibliches Kind reagieren würden.

Sie hatte innerlich bereits mit einer möglichen Schwangerschaft abgeschlossen und bekam jetzt Angst vor den emotionalen und praktischen Problemen, die auf sie einstürmen würden. Nicht zuletzt hegte sie Befürchtungen, das Kind im Verlauf der Schwangerschaft wegen auftretender Komplikationen zu verlieren und diesen Verlust emotional nicht zu überstehen.

Angesichts all dieser Unsicherheiten, Ängste und schlechten Vorahnungen verschloß die Mutter sich vor dem in ihr heranreifenden Kind. Am liebsten hätte sie eine Abtreibung durchführen lassen, doch der Vater verbot es entschieden. Er wollte sein Kind haben.

»Mein Vater erklärte mir mal, daß meine Mutter befürchtet hätte, daß sie und mein Vater mich als ihr leibliches Kind stärker lieben würden als die adoptierten Kinder und dies die Familie zerstören würde«, berichtete Agnes mir in einer unserer Gespräche. »Ich konnte mit der Mutter nie darüber reden. Zwischen uns liegt ein zu großer Berg. Aber meinen Vater habe ich schon gefragt, warum die Mutter so hart ist, und er hat auch immer versucht, mir so zu antworten, daß er Verständnis bei mir für sie weckte. Auf die Art hat er mir erklärt, daß die Mutter mich irgendwo ganz tief innen wirklich mehr liebt als meine Brüder, daß sie sich aber selbst verboten hat, mir dies jemals zu zeigen, weil sie meinen Brüdern nicht weh tun will. Ich sei doch sein großes Mädchen, sagte er immer. Ich müsse das doch verstehen. Und ich bemühte mich dann, ihn und die Mutter und die Brüder und alle zu verstehen, weil ich ja sein großes Mädchen sein wollte. Ich merkte aber eben doch ständig, daß ich ein kleines Mädchen war und das alles nicht verstand. Diese Kluft in mir war unerträglich. Ich wußte nicht, wie ich damit fertig werden sollte. Das war zuviel für mich.«

Als Agnes geboren wurde, war sie so klein und schmächtig, daß sie wochenlang im Brutkasten aufgepäppelt werden mußte. Die Eltern besuchten sie in der Klinik. Der Vater war entzückt von ihr. Die Gefühle der Mutter blieben zwiespältig; sie konnte erst ganz allmählich eine Bindung zu ihrem Kind aufbauen, nachdem Agnes nach Hause entlassen worden war.

Ich glaube, sie wäre nicht besonders unglücklich gewesen, wenn ich gestorben wäre. Ich war immer ein Papa-Kind. Die Mutter nahm mich nur dann in den Arm, wenn es sein mußte. Mit meinem Vater konnte ich schmusen und mich ankuscheln. Er las mir Geschichten vor und tröstete mich. Er nahm mich schon als kleines Ding auf seine Bergwanderungen mit. Da kam ich in den Tragesitz und los ging es. Aber er war beruflich viel unterwegs und eigentlich nur an den Wochenenden zu Hause. Der Mutter war ich immer irgendwie zuviel.

Ich kann nicht behaupten, daß sie schlecht zu mir war. Sie schlug mich nie. Oft brachte sie mir Geschenke, vor allem, als ich älter wurde und Spaß an Klamotten bekam. Meistens waren es ziemlich teure Sachen. Aber da war nie diese inne-

re Wärme, die ich von meinem Vater her kannte. Meine Mutter war ständig mit meinen Brüdern befaßt. Mit ihnen redete sie und übte mit ihnen für die Schule. Sie fuhr mit ihnen ständig überall herum und brachte sie zum Sport und zum Musizieren und zu Freunden oder ins Kino. Wenn ich etwas wollte, dann tat sie das auch für mich, aber ich mußte immer zuerst betteln, und dann gab sie mit so einem leidenden Ausdruck nach, daß ich genau wußte, daß es ihr zuviel war. Ich habe mir sicher manchmal auch nur eingebildet, daß sie mich ablehnte. Aber das konnte ich als Kind nicht erkennen. Wenn sie ärgerlich über mich war, konnte sie schreien, ich solle ihr aus den Augen gehen, sie wolle mich nicht mehr sehen. Wieso Gott sie nur dadurch gestraft habe, ein so penetrant lästiges Kind zu bekommen?

Ich weiß, daß ich schon ganz früh versuchte, nicht in ihre Nähe zu kommen. Ich sehnte mich schon danach, aber ich bildete mir wahrscheinlich ein, daß sie mich mehr liebte, wenn ich weg war. Ich versuchte, mich unsichtbar zu machen, ihr aus den Augen zu gehen. Ich versteckte mich oft unter den langen Tischdecken, so daß ich mich darunter wie in einer Höhle fühlte. Oder in dunklen Zimmern, wo es ganz still war. Da stellte ich mich am liebsten hinter die langen Vorhänge, so daß mich keiner sah.

Ich stellte mir vor, daß es so sein müßte, wenn man tot ist: dunkel, still, ruhig und ein bißchen aufregend, weil es so geheimnisvoll ist. Das gefiel mir. Der Mutter war es recht, wenn ich brav war und niemandem groß auffiel. Andere Leute wunderten sich oft, wieso ich so lange allein in meinem Zimmer spielte.

Überhaupt mein Zimmer. Meine Brüder hatten alle schöne große Zimmer in unserem Haus. Ich hatte das kleinste, die frühere Abstellkammer. Es paßten gerade ein Bett, ein schmaler Tisch und ein Stuhl hinein. Einen Schrank für mich ließen meine Eltern im Flur einbauen. Für mich war einfach *kein Zimmer mehr frei gewesen, als ich auf die Welt kam. Ich war eben zuviel, ein Störenfried. Und außerdem war ich ganz anders als alle anderen in der Familie. Meine Eltern sind beiden schwarzhaarig, meine Brüder auch. Ich bin blond. Meine Eltern und meine Brüder haben braune Augen. Ich habe blaue. Meine Eltern und meine Brüder sind eher klein und ein bißchen kompakt. Ich bin größer als mein Vater und überschlank.*

Als ich von Mitschülern hörte, daß es in unserer Familie adoptierte Kinder gibt, dachte ich sofort, ich wäre adoptiert. Ich habe meinen Vater danach gefragt. Er antwortete auch ehrlich und versuchte, mir alles zu erklären. Ich habe aber jahrelang nur zum Schein geglaubt, daß meine Brüder adoptiert sind und nicht ich. Eigentlich habe ich es erst geglaubt, als mein Vater ein Foto von meiner Urgroßmutter mütterlicherseits ausgrub, die Schwedin war und der ich ganz unglaublich ähnlich sehe. Da war ich 14.

Obwohl die Eltern keine Ausgaben scheuten und die besten Ärzte konsultierten, war Agnes von Geburt an ein schwächliches und oft kränkelndes Kind. Sie blieb im Vergleich zu Gleichaltrigen zunächst zu klein und zu dünn und wurde trotz ihrer geistigen Reife ein Jahr vom Schulbesuch zurückgestellt.

»Zum Ausgleich dafür durfte ich Geige spielen lernen«, erzählte Agnes. »Es gab bei uns von der Musikschule so einen Schnupperkurs für Vorschulkinder. Der war kostenlos und unverbindlich und sollte nach einem halben Jahr zeigen, ob ein Kind Begabung und Ausdauer zum Geigenspielen hätte. Zuerst wollten sie mich in dem Kurs nicht nehmen, weil ich so winzige Finger hatte, daß die kleinste Geige zu groß war. Aber dann haben sie mich doch genommen. Und seitdem hatte ich dann Unterricht. Ich war auch ziemlich begabt, aber ein Professor, bei dem mein Vater mich anschließend zur Frühförderung anmelden wollte, lehnte mich ab, weil ich eben so klein war. Und danach wollte ich dann nie mehr wieder vorspielen. Ich bin sicher, wenn ich einer meiner Brüder gewesen wäre, hätte meine Mutter alle Hebel in Bewegung gesetzt, um diese Musikalität zu fördern. Bei mir beließ sie es dabei. Sie wolle mich nur schonen, sagte mein Vater. Aber das habe ich schon damals nicht geglaubt.«

Agnes war immer ein eher schüchternes, abwartendes und beobachtendes Kind. Es gelang ihr nicht, spontan auf andere zuzugehen. Auch konnte sie sich nicht dazu überwinden, sich einer Gruppe von bereits spielenden Kindern anzuschließen. »Ich hatte ständig Angst, daß mich keiner haben wollte und ich abgewiesen werden würde«, analysiert Agnes ihr Kindheitsverhalten. »Und weil mir das so weh getan hätte, habe ich lieber erst gar nichts riskiert und mich schon vorher abgekapselt. Ich weiß noch, wie die Erzieherinnen dauernd versuchten, mir die Angst zu nehmen und mich mit den anderen Kindern zusammenzubringen. Sie hatten sogar meine Eltern aktiviert und ihnen empfohlen, Kinder für mich nach Hause einzuladen, damit ich Freundschaften schließen könnte. Aber das klappte nicht. Konnte es ja auch nicht. Die Kinder waren es doch gar nicht. Vor denen hatte ich ja keine Angst. Ich hatte Angst vor den Gefühlen. Ich konnte es nur keinem zeigen. Mir wurde es ja selbst nicht so richtig bewußt. Das kam alles so aus dem Bauch. Trotzdem hätten sie im Kindergarten schon merken können, was mit mir los war. Ich habe ja ständig mit meinen Puppen ›Tot sein‹ gespielt und am liebsten Bilder mit Schneewittchen gemalt oder mit Kreuzen. Aber da haben sie alle bloß gedacht, daß ich eine lebhafte Phantasie hätte und sensibel wäre und das Märchen nicht verkraftet hätte. Deshalb durfte ich dann keine Märchenkassetten mehr vor dem Einschlafen hören.«

Signale, die keiner sehen will

Als sie erstmals einen Unfall bewußt herbeiführte, war Agnes neun Jahre alt. Sie sprang damals zwischen parkenden Fahrzeugen hervor auf die Straße, obwohl sie sah, daß ein Auto heranbrauste. Ohne die Umsicht des Fahrers, der mit spielenden Kindern gerechnet hatte und geistesgegenwärtig reagierte, wäre Agnes voll erfaßt und vermutlich lebensgefährlich verletzt worden. So kam sie mit einem gebrochenen Bein und Prellungen davon.

»Mein Vater war außer sich vor Sorge um mich«, erinnert sie sich. »Als ich wieder laufen konnte, hat er monatelang jedes Wochenende mit mir Verkehrsunterricht gemacht, damit so etwas nicht mehr vorkommen sollte. Meine Mutter war nur sauer. Sie sagte so etwas, wie, wenn ich unbedingt unter ein Auto kommen wollte, sollte ich nur so weitermachen. Ich bräuchte mir aber nicht einzubilden, daß sie um mich weinen würde. Wenn jemand so dumm wäre, vor ein Auto zu laufen, wäre er selbst schuld.«

Agnes lief nie wieder vor ein Auto. Sie sprang statt dessen im Schwimmbad vom Zehnmeterturm, obwohl sie nicht schwimmen konnte. Sie wurden nur deshalb gerettet, weil der Bademeister ihren Sprung beobachtet hatte.

Ein anderes Mal aß sie absichtlich eingelegten Fisch, obwohl sie an dem aufgeblähten Deckel und dem längst abgelaufenen Verfallsdatum erkannte, daß der Inhalt schlecht geworden sein mußte. Die Folgen nach Verzehr von verdorbenem Fisch waren ihr bekannt. Daß sie nicht an Fischvergiftung starb, war ein Wunder.

Bei einem weiteren Selbstmordversuch fuhr Agnes trotz des Wissens um die Gefahr mit ihrem Fahrrad in den Spurrillen der Straßenbahn. Mit etwas Anstrengung wäre es leicht möglich gewesen, aus der Spur auszuscheren. Agnes gab sich keine Mühe. Glücklicherweise gelang es dem Fahrer der entgegenkommenden Bahn zu stoppen, ehe das Mädchen erfaßt wurde.

An einem frostigen Wintertag wagte Agnes sich auf das noch nicht zum Betreten freigegebene Eis des Flusses hinaus, der ihre Heimatstadt durchströmt. Da sie bereits bei den ersten Schritten in Ufernähe einbrach, gelang es einem Spaziergänger, sie aus dem Wasser zu ziehen und sie sofort ins Krankenhaus zu fahren.

Bei einem weiteren Versuch, sich das Leben zu nehmen, legte Agnes sich mitten im Winter mit nassem Haar und unbekleidet vor die weit geöffnete Balkontür. Ihre Eltern waren mit Freunden zusammen für ein paar Stunden außer Haus. Als sie zurückkamen und Agnes fanden, war sie bereits schwer unterkühlt und lag anschließend Wochen mit einer Lungenentzündung zu Bett. Der Vater gab dem Arzt gegenüber an, Agnes habe sich körperlich abhärten wollen, weil sie ständig kränkelte und widerstandsfähiger werden wollte.

»Das hat er selbst auch geglaubt«, meint Agnes. »Ich habe ja auch nicht widersprochen. Ich habe zwar jedesmal etwas gemacht, weil ich das alles nicht mehr aushielt und auch wirklich sterben wollte. Aber ich hatte nie den Mut, dazu zu stehen, wenn es wieder schiefgegangen war. Ich hätte überhaupt nicht gewußt, wie ich das meinem Vater erklären sollte. Und die Mutter, ja, bei der war ich doch sowieso nur die Chaotin, wegen der ständig Zirkus angesagt war.«

Der Auslöser für Agnes' letzten Selbstmordversuch war verschmähte Liebe.

Ich hatte mich in einen zwei Jahre älteren Jungen verliebt. Er war der Schwarm meiner ganzen Klasse, und ausgerechnet mich wollte er. Ich wußte gar nicht, wieso ich so viel Glück haben sollte. Ich wollte auch gar nicht erst darüber nachdenken. Er lud mich ein, mit ihm in die Disko zu gehen. Er hatte schon den Führerschein, lieh sich das Auto von seinem Freund und holte mich an einer Bushaltestelle in der Nähe unseres Hauses ab. In der Disko war er sehr nett und zärtlich. Auf dem Heimweg schliefen wir miteinander. Für mich war es das erste Mal.

Ich hatte ziemlich viel Angst. Aber ich wollte schon, obwohl es nicht so schön war, wie ich gedacht hatte. Es tat ziemlich weh, und außerdem war er schnell fertig, und ich hatte noch nichts. Aber ich dachte, das muß so sein beim ersten Mal. Wir machten es eine Weile später noch mal. Da war es dann schon besser, weil ich meins jetzt nachholen konnte. Das war schon schön. Auch, weil er so zärtlich war.

Und dann, am nächsten Morgen hörte ich dann von einem aus seiner Clique, daß er sich gar nichts aus mir machte, sondern bloß mit ein paar anderen gewettet hatte, er könne mich sofort »umgelegen«, wenn er wollte. Für mich war das so das Ende von allem. Ich kam mir so verachtet vor, so benutzt, ja – und das paßte so zu allem. Ich hatte so das Scheißgefühl, daß es immer so in meinem Leben bleiben würde, daß mich eigentlich keiner so richtig wolle und es besser für alle wäre, ich wäre einfach weg.

Agnes faßte einen genauen Plan. Sie mußte damals mit dem Zug zur Schule fahren. Dieser war immer ziemlich überfüllt, so daß sich meistens ein paar Schüler direkt an den Türen drängelten.

»Ich wollte es wieder wie einen Unfall aussehen lassen«, gesteht Agnes. »Ich wollte, daß es für mich vorbei war, aber ich wollte meinem Vater nicht unnötig weh tun. Deshalb sollte es so aussehen, als wäre ich zufällig aus dem Zug gefallen, weil es auf der Plattform so voll und die Tür noch nicht richtig eingeklinkt war.«

Agnes verbrachte ihren vermeintlich letzten Tag mit Lesen und Musik. Sie bespannte ihre Geige nochmals neu und ölte sie sorgfältig. Vor dem Zubettgehen ordnete sie ihre Kuscheltiere und sortierte ihre CDs.

Ich hatte damit gerechnet, daß ich nicht schlafen könnte. Aber ich schlief fast sofort ein. Ich träumte auch nichts. Morgens war es dann ein bißchen komisch, weil ich ja wußte, daß ich keinen mehr wiedersehen würde. Ich hatte den Eindruck, daß ich wie durch eine Lupe sehe, alles so scharf. Meine Brüder waren zu der Zeit schon ein paar Jahre aus dem Haus. Meine Eltern waren ja schon ziemlich alt. Wir frühstückten zusammen. Ich weiß noch, daß ich dachte, wenn mein Vater vor Schreck einen Infarkt bekommt, dann sind wir gleich wieder zusammen. Es war eine seltsame Vorstellung. Ich habe mich dann kurz verabschiedet und bin mit dem Rad zum Bahnhof gefahren. Der Zug war schon da. Ich stieg ein und blieb dicht an der Tür stehen. Da war mir schon ein bißchen schlecht. Ich dachte, daß ich erst raus will, wenn wir den Bahnsteig hinter uns hatten, weil ich auf einmal Angst bekam, daß es zu doll schmerzen würde, wenn ich mit dem Körper auf die Bahnsteigkante fiele.

Jemand aus der Parallelklasse kam vorbei, der ließ so eine dumme Bemerkung ab, daß ich aussehen würde, als wäre mir Dracula im Mondschein begegnet. Und dann fuhr der Zug an.

Ich stand da an der Tür und hielt die Klinke, daß es von den anderen auf der Plattform keiner sehen konnte. Die standen alle mit dem Rücken zu mir und qualmten. Und dann waren wir hinter dem Bahnhof, und der Zug legte Tempo zu. Ja, und dann hab' ich's gemacht.

Agnes erinnert sich nicht mehr im Detail, was geschah. Sie hatte die Türklinke des Zuges heruntergedrückt und war augenblicklich aus dem Waggon gerissen worden. Sie schlug neben den Schienen auf und rollte in ein Brombeerdickicht. Später erfuhr sie, daß ein paar Mitschülerinnen die Notbremse gezogen hatten.

Als Agnes erwachte, hatte sie zwei Tage im Koma gelegen. Sie hatte einen Schädelbruch, verschiedene leichtere Knochenbrüche und einen Trümmerbruch des rechten Beines. Mehrere Operationen mußten durchgeführt werden.

Von den Verletzungen am Kopf habe ich eine unangenehme Wetterfühligkeit und von dem zertrümmerten Bein ein steifes Knie zurückbehalten. Ich hatte Glück, trotz allem. Heute weiß ich, daß ich damals eigentlich nicht sterben wollte. Wenn ich das wirklich gewollt hätte, hätte ich gewartet, bis der Zug volle Fahrt drauf hatte. Natürlich, das war schon ein Selbstmordversuch. Er war auch ziemlich ernst. Es hätte schon schiefgehen können. Das habe ich damals auch in Kauf genommen. Das will ich alles gar nicht abstreiten. Aber so richtig gewollt hatte ich eigentlich nur, daß das Leben, das ich führte, ein Ende hätte.

Wenn das Leben aufhört, ist man tot – klar. Ich wußte natürlich, was das heißt, wenn man sich umbringt. Aber ich hatte das trotz allem nicht so gemeint. Ich wollte nur, daß alles aufhört und danach anders wird. Und ich weiß noch ganz genau, wie ich immer überlegt habe, wie das Leben nach dem Tod ist, ob man da auch einen Körper hat, oder ob man dann durchsichtig herumflattert und ob man die Leute wiedererkennt, die vor einem gestorben sind. Ich hatte immer an meine Urgroßmutter gedacht, an die Schwedin. Ich weiß noch, wie ich mir überlegt hatte, ob die mich denn kennen würde, wenn ich käme. Ich hatte mal gelesen, daß man durch einen langen Tunnel muß, wenn man stirbt, und daß am Ende lauter Menschen auf einen warten, die zu einem gehören, und daß sie sich freuen, daß wieder wer zu ihnen zurückkommt. Und so hatte ich das bei mir auch gedacht, daß ich in den Tod zurückkommen würde. Der Tod, das war für mich kein Aus. Das war nicht, als ob dann gar nichts mehr wäre. Das war schon auch Leben, nur eben anders, eine andere Stufe eben.

Da wäre dann Gott Vater, hatte ich gedacht, und der würde dann vielleicht ein ernstes Wörtchen mit einem reden, weil man sich ja nicht umbringen soll. Aber ich dachte, daß er mich schon verstehen könnte. Und dann würde er sagen, daß er sich freut, mich wiederzusehen, und daß ich mich bei meinen Leuten ausruhen soll, bis ich Lust habe, es nochmals zu versuchen, und nochmals auf die Erde will. Ich hatte da eine sehr kindliche Vorstellung. Aber mit 17 ist man ja noch längst nicht erwachsen, auch wenn man selbst das glaubt.

Nach diesem letzten Selbstmordversuch mochte Agnes nicht mehr an die Schule zurückkehren. Sie hatte ein Jahr zuvor die Mittlere Reife abgeschlossen. Diese nutzte sie nun, um eine Ausbildung als Erzieherin in einem integrativ arbeitenden Kindergarten zu absolvieren. Die Arbeit mit den Kindern bereitete ihr Freude.

Ich hatte zum ersten Mal das Gefühl, wirklich geliebt zu werden. Die Kinder freuten sich immer so riesig, wenn ich da war und mit ihnen spielte oder Musik machte. Die Mu-

sik, die hatten sie so gern. Und ich hatte so viel Freude, wenn ich sah, wie die Kids durch die Musik aus sich rausgingen und Spaß an sich selbst hatten. Damals faßte ich den Entschluß, nach der Ausbildung zu studieren. Ich will Musiktherapeutin werden und später mit behinderten oder seelisch belasteten Kindern arbeiten. Da ich seit dem zehnten Lebensjahr musikalisch geschult wurde, schaffte ich glücklicherweise die Aufnahmeprüfung. In ein paar Jahren bin ich fertig.

Insofern – ich will meinen Selbstmordversuch nicht verherrlichen. Absolut nicht. Ich denke, er war keine Lösung. Selbstmord ist nie eine Lösung. Aber insofern hat das alles doch etwas Gutes für mich bewirkt. Es hat bewirkt, daß ich gelernt habe, von mir weg- und zu anderen hinzuschauen. Ich habe gelernt, die Lösung nicht im Weglaufen zu suchen, sondern im Stehenbleiben und etwas tun. Irgendwie ist das jetzt wirklich wie ein anderes Leben.

Perspektiven

Auf meine Frage, wie Agnes ihr Leben heute einschätzte, erntete ich nachdenkliches Schweigen. Endlich meinte sie und unterbrach ihren Redefluß immer wieder, um nach passenderen Formulierungen zu suchen: »Meine Kindheit trage ich wohl immer wie einen Zentnersack mit mir herum. Obwohl ich an mir arbeite, bin ich immer noch schnell verletzlich und habe oft den völlig unsinnigen Eindruck, irgendwo überflüssig zu sein. Ich neige auch zu Eifersucht und teste meinen Freund immer wieder mit Szenen, die ich herbeiführe, weil ich einen Beweis brauche, daß er mich wirklich liebt. Das ist für uns beide belastend. Ein paarmal ist auch schon eine Beziehung daran kaputt gegangen. In solchen Phasen bin ich immer noch gefährdet, mir etwas anzutun. Ich falle dann in so ein tiefes Loch. Da ist alles einfach nur noch schwarz und aussichtslos für mich. Und dann ist der Sack über mir wieder da, den ich aus der Kinderzeit so kenne. Es ist jedesmal schwer, ihn aufzuschnüren und ans Licht rauszusteigen und mir zu sagen, daß ich liebenswert bin, obwohl meine Mutter mich nicht geliebt hat.«

Vor knapp einem Jahr hat Agnes eine Gesprächstherapie begonnen. Dort spürt sie ihrer eigenen Kindheit nach. Gern würde Agnes sich öfter auf diese Spuren setzen, doch da sie die Therapie aus eigener Tasche bezahlen muß, kann sie es sich nicht leisten. Trotz der knappen Zeit sieht Agnes einen ersten Erfolg. Die Therapeutin habe ihr beigebracht, sich jeden Tag mehrmals entweder im Spiegel oder mit den inneren Augen zu betrachten und dazu ganz klar zu sagen: »Ich mag mich.« Dies fällt ihr bis heute schwer.

Monatelang konnte ich es überhaupt nicht. Ich mochte mich einfach nicht. Aber dann fingen wir in der Therapie an, Kleinigkeiten an mir anzuschauen und zu bewerten. Als erstes mochte ich meine Augenfarbe. Das konnte ich dann auch zu mir selbst sagen. Als zweites fand ich meine Ohren gut, weil sie erstens scharf hören und zweitens so dünn und rosig und fast durchsichtig wie Kaninchenohrmuscheln sind. Und Kaninchen mag ich. Wir haben ganz langsam weitergemacht. Heute kann ich mich schon fast ganz selbst anschauen und mich immer öfter gut finden. Und wenn mein Freund sagt, daß er mich schön findet, dann kann ich das schon beinahe glauben. Jedenfalls habe ich nicht mehr dieses beklemmende Gefühl, mich schämen und sofort wegrennen und mich verstecken zu müssen. Oder diese Angst, daß er bloß was Nettes sagt, weil er mich verspotten will und sich über mich lustig macht. Oder noch schlimmer, daß er es bloß sagt, weil er mich damit kaufen will.

Fast wichtiger und schöner finde ich aber, daß ich ihm sagen kann, daß ich ihn gut finde. Immer öfter bringe ich es fertig, die Angst zu überwinden, er würde mich dann sofort abschütteln und dumm und lästig finden. Es gelingt auch schon mal, ihn zu bitten, mich in den Arm zu nehmen oder ihn von mir aus einfach so ganz spontan mal zu umarmen. Das ist alles so wahnsinnig schwer für mich. Kostet eine irre Überwindung, weil es ja auch immer sein könnte, daß er nicht will. Und dann würde ich mich so verletzt fühlen. Ich kenne mich ja. Ich würde vielleicht total in mein Schneckenhaus zurückkriechen.

Wenn ich sehe, wie ich mich durch die Therapie verändert habe, dann glaube ich schon, daß meine jetzige Beziehung vielleicht zum ersten Mal eine echte Chance hat.

Obwohl Agnes einen Studienplatz an der Universität ihres Heimatortes bekommen hatte, war sie kurz nach der Immatrikulation aus dem Elternhaus ausgezogen. Sie hatte ein erschwingliches Zimmer in einem Altbau gefunden und sich mit preiswerten Holzmöbeln eingerichtet.

Die Eltern verstanden das nicht, vor allem mein Vater. Es stimmt ja auch, sie haben ein absolut schönes Haus mitten in einem tollen Garten mit alten Bäumen. Meine Kommilitoninnen faßten sich auch bloß an den Kopf, als sie das irgendwann rausfanden. Aber ich kann da nicht mehr leben. Mir fallen die Wände auf den Kopf. Da engt mich alles ein. Ich kriege da wirklich oft Platzangst, weil ich immer wieder mit dem kleinen Mädchen konfrontiert werde, das ich dort mal war. Außerdem werde ich das Gefühl einfach nicht los, dort noch immer keinen Platz zu haben, der wirklich mir gehört. Da meine Brüder aus dem Haus sind, habe ich das größte

Zimmer, das von meinem ältesten Bruder, geerbt. Es stehen aber immer noch seine Möbel darin. Sie sind ja nicht kaputt. Sogar seine Kleider sind zum Teil im Schrank, weil er immer wieder mal nach Hause kommt und dann nicht ständig einen Riesenkoffer mitbringen muß. Ach, ich bin diesbezüglich einfach verdreht. Ich kann es nicht aushalten in diesem Raum. Aber auch in keinem anderen. Eigentlich im ganzen Haus nicht. Deshalb mußte ich da weg, mir ein eigenes Zuhause suchen. Und jetzt geht es. Ich kann meine Eltern gut dort besuchen. Ich übernachte auch mal. Ich weiß ja, daß ich gehen kann, wenn ich will.

Auch mit ihrem Freund will Agnes vorerst nicht zusammenziehen. Sie befürchtet, nicht stark genug für die Wahrung gleichberechtigter Interessen zu sein.

Daß ich mich selbst mit Rechten und Ansprüchen wahrnehme, ist ja noch ganz neu. Auch wenn mein Freund das bewußt gar nicht will, würde mein Verhalten wahrscheinlich unterschwellig Signale aussenden, mich zu unterdrücken und zu bevormunden, und irgendwann würde er es auch tun. Ich würde vermutlich in Verhaltensmuster meiner Kindheit zurückfallen und mich verdrängen lassen und in mich reinleiden. Irgendwann wäre ich dann wieder vor einem Zug oder so. Das will ich einfach nicht mehr. Und deshalb ist es besser, wir haben jeder unsere eigene Wohnung, und wir treffen uns, wenn wir Lust haben, und gehen wieder, wenn uns danach ist. Mein Freund findet das alles ziemlich beschissen. Er hätte am liebsten sofort eine Wohnung mit mir zusammen. Er quält sich wirklich ab, mich so richtig zu verstehen. Aber ich bin total schwierig. Ich bin süchtig nach Liebe und kann sie vor lauter Angst nicht aushalten. So ist das eben mit mir.

Das ungewollte Kind –
der Instinkt spürt es doch

Nach geraumem Zögern erklärten sich Agnes' Eltern damit einverstanden, mit mir über ihre Tochter und ihre Familienbeziehung zu sprechen. Die drei Brüder wurden auf Wunsch der Mutter nicht miteinbezogen. Sie argumentierte, daß es ihr wichtig sei, die Bindung an ihre Söhne unversehrt und jenseits von Kritik zu erhalten. Diesen Anspruch sah sie gefährdet, falls die Brüder sich in die Belange ihrer Schwester einmischten und Partei ergreifen würden.

Auf Befragen gab sie zu, daß sie befürchtete, durch eventuelle Kritik verletzt zu werden. Nach einer mehrtägigen Bedenkpause entschied sich die Mutter auch gegen Agnes' Anwesenheit.

Wir trafen uns daher zu dem einzigen stattgefundenen Gedankenaustausch nur zu dritt in Agnes' Elternhaus. Es war ein heißer Sommertag. Die Luft stand zwischen den Häuserzeilen der Großstadt. Als ich den Garten rings um das im Stil der volkstümlich »weißer Riese« genannten Quaderbauten mit Walmdach betrat, schien ich eine Zeitreise zu beginnen. Der hohe alte Baumbestand mit seinem Unterholz aus Blütenstauden und Ziergehölzen lud geradezu zum Betreten einer sanft geschwungenen Rasenfläche ein.

Als passionierte Barfußläuferin ertrugen meine Füße die Schuhe kaum, so heftig verlangte es mich danach, die bloßen Zehen in den weichen Flor des Rasens zu vergraben. Ehe ich der Versuchung nachgeben konnte, trat Agnes' Mutter aus der weit geöffneten Doppelglastür ihres Wintergartens auf die ebenerdig vorgelagerte Terrasse hinaus und bat mich, näher und hereinzukommen.

Obwohl ich die *grande dame* der Familie nicht kannte, wußte ich sofort, daß nur sie es sein konnte. Agnes hatte sie zutreffend beschrieben: eine elegant gekleidete, eher kleine, etwas füllige Frau mit silbergrauer Pagenfrisur und durchdringend blickenden, fast schwarzen Augen. Während wir beide einander schweigend einer eingehenden Prüfung unterzogen, kam der Vater dazu. Freundlich streckte er mir die Hand zur Begrüßung entgegen. »Kommen Sie. Meine Frau hat soeben Kaffee frisch aufgebrüht.«

Ich gab mir Mühe, meinen Widerwillen gegen Kaffee zu verbergen und nippte tapfer an dem schwarzen Gebräu. Der herb-bittere Geschmack füllte meinen Mund aus. Er schien meine Zunge zu lähmen. Tagelang hatte ich mich auf das vereinbarte Gespräch vorbereitet. Plötzlich hatte ich keine Idee, wie ich beginnen sollte.

Die Mutter nahm mir den Einstieg ab. Sie sei noch immer zutiefst verwirrt und könne kaum darüber sprechen, daß ihre Tochter sich selbst und nun auch anderen einrede, jemals an eine »Selbstentleibung« gedacht zu haben. Sie als Mutter, die ihre Tochter ja schließlich am besten von allen Menschen kenne, könne sich dieses Verhalten nur dadurch erklären, daß Agnes derlei Gedanken suggeriert worden seien. Vermutlich habe die Therapeutin, bei der Agnes seit einiger Zeit in Behandlung sei, ihr dies alles eingeredet. Man lese und höre ja häufig, daß derlei in Therapien praktiziert werde. Wieder dieser durchdringende Blick, der mich wie in einen Abgrund zu ziehen drohte. Ob ich etwa auch Therapeutin sei?

Kopfschüttelnd verneinte ich.

Der Vater rückte unruhig auf dem Sessel. Ob seine Tochter mir konkret gesagt habe, sie habe sich jemals das Leben nehmen wollen?

Ich wußte, daß Agnes ihren Eltern in einem stundenlangen Gespräch von all den Selbstmordversuchen ihrer Kindheit berichtet hatte. Offenbar war es ihr nicht gelungen, ihre Mutter und Vater zu überzeugen.

»Wissen Sie«, begann die Mutter über den Tassenrand hinweg zu erzählen, »unsere Tochter hatte schon immer eine blühende Phantasie. Und sie war schon immer ausgesprochen eifersüchtig. Ich kann mir diese ganzen Selbstmordgeschichten wirklich nur als Ausgeburt ihrer Phantasie erklären. Vermutlich will sie sich Ihnen gegenüber ein wenig aufspielen. Aber seien Sie versichert, wenn meine Tochter je versucht hätte, sich etwas anzutun, wäre ich als ihre Mutter doch wohl die erste gewesen, der dies aufgefallen wäre. Immerhin habe ich mich für meine Kinder aufgerieben. Ich war immer für sie da, habe jahrelang nur den Taxichauffeur für sie gespielt und bin auf ihre Bedürfnisse eingegangen. Und da soll ich etwas so Einschneidendes wie einen Selbstmordversuch nicht bemerkt haben? Und davon gleich mehrere.

Nein, nein, das können Sie mir glauben, hier hat meine Tochter sich in etwas hineingesteigert. Diese Art Lebenserfahrung hat sie glücklicherweise nie nötig gehabt. Sehen Sie sich doch um. Sieht es hier aus wie in den Slums? Erwecken wir den Eindruck, als müsse man sich vor uns in den Tod flüchten? Ich sage Ihnen nochmals, das ist barer Unsinn. Ich will Ihnen aber sagen, was wahr ist. Unsere Tochter ist von Anfang an ein Sorgenkind gewesen, und das ist sie noch immer.«

Die Mutter schwieg, als warte sie auf einen Kommentar von mir. Ich ging sparsam damit um. Mit einem kleinen »Inwiefern?« stieß ich den Redefluß wieder an.

»Nun ja, sie machte mir schon Sorgen, als sie noch nicht zur Welt gekommen war«, stellte die Mutter fest.

»Die vollen neun Monate der Schwangerschaft konnte ich kaum schlafen, weil mir ständig vor Augen stand, wie dieses arme Wurm in meinem Leib womöglich zu einem schweren Schicksal heranwuchs. Ich machte mir solche Vorwürfe, überhaupt schwanger geworden zu sein. Ich begriff mich nicht mehr. Wie hatte ich nur so leichtgläubig sein können und annehmen, weil unzählige Male nichts passiert sei, werde niemals etwas passieren? Ich war böse auf mich, weil ich mich auf dieses Abenteuer eingelassen hatte, böse auf meinen Mann, weil er mich die ganze Sache letztendlich allein ausbaden ließ, obwohl er doch weiß Gott beteiligt gewesen war. Und ich war böse auf dieses Kind, das sich in mir eingenistet hatte und meinen Bauch als seine Höhle ansah.

Natürlich war das alles ungerecht. Weder mein Mann noch ich hatten leichtsinnig ein Risiko heraufbeschworen. Ich galt medizinisch als unfruchtbar. Und das Kind konnte schon gleich gar nichts dafür. Trotzdem, so war es nun einmal. Ich mußte eine Lösung für dieses Problem finden. Und so wälzte ich mich schlaflos herum, zergrübelte mir im Wachen den Kopf und sollte bei allem für meine drei Söhne die ihnen vertraute Mutter sein. Dies alles auszuhalten, fiel mir schwer.

Als Lösung schwebte mir schließlich vor, dieses Kind abzutreiben. Ich hatte mir diese Entscheidung nicht leicht gemacht. Sie war wohl durchdacht. Immerhin hatte ich Verantwortung für meine Söhne. Was sollte aus ihnen werden, wenn ich womöglich bei der Entbindung sterben sollte, oder wenn das Kind tatsächlich behindert wäre und aufwendig gepflegt werden müßte?«

Der Vater, der bisher geschwiegen hatte, unterbrach. »Ich glaube, wir sollten diesen Part abkürzen. Unser Gast hat ja sicher nicht unbegrenzt Zeit. Ich war es, ich bin der Schuldige. Auf meine Initiative wurde meine Tochter geboren. Ich habe meiner Frau die Abtreibung verboten. Ich bin Katholik. Es ist meine Überzeugung, daß Gott uns dieses Kind geschenkt hat. Wie sollte ich da die Vermessenheit aufbringen, es zu töten? Außerdem freute es mich unermeßlich, Vater zu werden.«

»Für Männer ist das alles einfacher«, wandte die Mutter ein. »Sie tragen das Kind nicht in sich. Sie müssen die Blicke der Leute nicht aushalten und die neugierigen Fragen. Sie gehen ihrer Arbeit nach, als sei nichts gewesen. Und die Frau hat die Last. Und für mich war das damals eine Last. Ich hatte ja bereits drei Kinder. Außerdem war ich nicht mehr jung. Wenn man ehrlich ist, muß man zugeben, daß ich längst aus dem Alter heraus war, in dem man ein Kind erwarten sollte. Noch dazu ein erstes. Andere Frauen werden in diesem Alter Großmutter. Da Kinder nun einmal Ergebnis eines Beischlafs sind, schämte ich mich oft vor den Blicken anderer. Es kam mir vor, als würden junge Frauen mitleidig auf meinen Bauch starren und ältere voller Spott. Ich war eine reife Frau und ungewollt schwanger, als wäre ich ein junges, unerfahrenes Ding. Es war einfach peinlich und bedrückend.«

»Als unsere Agnes dann endlich geboren und trotz ihrer ein wenig schwächlichen Konstitution sichtlich wohlauf war, wurde ich derjenige, der das Sorgenpaket aufgebürdet bekam«, fuhr der Vater fort. »Das Glück, erstmals mein eigen Fleisch und Blut erleben zu dürfen, überwältigte mich. Es war ein grandioses Erlebnis. Anders als bei meinen Adoptivsöhnen, denen ich erst nach und nach immer wärmere und echtere Vatergefühle entgegenbringen konnte, spürte ich bei meiner Tochter spontan, ihr Vater zu sein. Der Anblick ihrer winzigen Fingerchen, die sich vertrauensvoll an meinen Daumen klammerten, ließ meine Augen feucht werden. Zugleich weckte es die Sorge, meine Tochter zu verlieren. Ich hatte über diese heimtückische Sache, den ›plötzlichen Kindstod‹, gelesen. Angeblich soll er vor allem Kinder heimsuchen, die schwächlich geboren wurden. Die Sorge, unserem Kind könne dies widerfahren, raubte nun nicht meiner Frau, sondern mir den Schlaf.«

»Mein Mann wachte in jeder freien Minute am Bett der Kleinen«, griff die Mutter den Faden auf. »Es war fast ein wenig verrückt. Unsere Söhne beklagten sich auch. Der Papa hatte ja nie mehr für sie Zeit. Ich bemühte mich, ihnen zu zeigen, daß sie uns so lieb waren wie vor der Geburt ihrer Schwester. Als wir sie adoptierten, hatte ich mir geschworen, daß ich diese Kinder niemals würde spüren lassen wollen, daß sie nicht unsere leiblichen sind.«

»Als Agnes herangewachsen war, fühlte sie sich im Vergleich zu den Jungen oftmals zurückgesetzt«, meinte der Vater. »Sie litt darunter, daß meine Frau sich vermeintlich mehr um die Brüder kümmerte. Sie verstand noch nicht recht, daß die großen Jungen andere Interessen als ein kleines Mädchen hatten und deswegen oft von meiner Frau chauffiert werden mußten.«

»Mit der Musik war es am schlimmsten«, pflichtete die Mutter bei. »Agnes ist sehr musikalisch. Meine ganze Familie ist sehr musikalisch. Das hat sie von mir geerbt. Nur üben mochte meine Tochter nicht. Und da bekanntlich Können von Üben kommt, konnte sie auch nichts. Es war nicht einzusehen, warum sie teure Geigenstunden nehmen sollte, wenn sie zwar den Bogen recht nett hielt, aber die Stücke nicht einstudieren wollte. Aus diesem Grund sagte ich den Unterricht nach einer

Probezeit wieder ab. Über diese Entscheidung war Agnes äußerst wütend. Damals schrie sie laut, daß ich sie nicht liebe.«

»Ähnlich war es mit ihrem Zimmer«, ergänzte der Vater. »Sie hatte tatsächlich nur ein kleines, enges Zimmer. Meine Frau und ich haben dies auch sehr bedauert. Doch mehr Platz war nicht im Haus, weil alle Zimmer bereits vergeben waren, als Agnes kam. Wir mußten eine Notlösung in Kauf nehmen. Zum Ausgleich haben wir das Zimmer sehr hübsch eingerichtet und einen Teil des Flures zu einer Diele gestaltet. Trotzdem wurde Agnes ihre Eifersucht gegenüber den Brüdern nicht los. Sie fühlte sich immer wieder zurückgesetzt. Vor allem von meiner Frau.«

»Ja, wir beide hatten unsere Schwierigkeiten«, gab die Mutter zu. »Agnes hätte mir am liebsten den ganzen Tag an der Schürze gehangen. Sie wollte ständig beschäftigt werden und brauchte Aufmerksamkeit. Wenn sie die nicht bekam, warf sie sich auf den Boden oder strampelte mit den Füßen und schrie. Zuerst haben wir uns bemüht, sie jedesmal zu trösten. Aber als wir den Mechanismus verstanden, reagierten wir nicht mehr darauf. Das half ein wenig. Zumindest wurde das Kind etwas ruhiger.«

Auf meine Frage, ob die Eltern sich denken könnten, daß die Gefühle der Zurückweisung, die Agnes empfunden hatte, in einer Selbstmordhandlung ein Ventil gesucht hätten, schüttelte die Mutter sehr entschieden den Kopf. Der Vater sinnierte, er wisse nicht mehr, was er denken solle. Agnes habe ihm als Kind immer wieder geklagt, daß sie Angst habe, die Mutter habe sie nicht lieb. Jedesmal habe er versucht, ihr zu erklären, daß die Mutter mit vier Kindern sehr viel zu tun habe, aber ihre kleine Tochter ganz sicher ebensosehr liebe wie ihre

Söhne. »Ich hatte oft den Eindruck, daß sie mir nicht glaubte.«

»Ja«, erregte sich die Mutter, »weil sie sich etwas eingebildet hat. Sie hat nun mal eine starke Phantasie. Schon als Kind hat sie die tollsten Geschichten erzählt und später dann auch aufgeschrieben, wenn sie Zeit hatte. Sie hat da ein Problem, daß sie Wirklichkeit und Phantasie nicht unterscheiden kann. Aber Lügen werden ja nicht wahr, weil man behauptet, sie seien wahr. Es wird ja auch grün nicht rot, nur weil einer sagt, so sei es.«

»Wahr ist aber doch, daß unsere Agnes nicht immer sehr glücklich gewesen ist«, murmelte der Vater in seiner immer etwas verlegen wirkenden Art und blickte auf die Armbanduhr. Ich verstand den unausgesprochenen Hinweis. Meine Audienz war vorüber. Ohne zu hasten, räumte ich Diktiergerät und Schreibzeug in meine unergründliche Beutelhandtasche.

Die Mutter hatte nicht darauf geachtet. Sie hatte sich innerlich noch nicht aus unserem Gespräch gelöst. »Wieso unglücklich?« widersprach sie dem Vater mit einer rhetorischen Frage. »Das ist doch Unsinn. Meine Güte, Vati, jeder Mensch ist mal unglücklich. Deswegen will man sich doch nicht gleich umbringen.«

Der Vater schwieg. Er hätte vielleicht gern etwas erwidert. Einen Augenblick lang sah es aus, als suche er nach Worten. Dann blickte er auf meine inzwischen fertig eingeräumte Tasche und die brav ausgeleerte Tasse. »Wie ich sehe, wollen Sie schon gehen«, meinte er und lächelte mich an, als sei der raffinierteste Rausschmiß, den ich je erlebt habe, meine ganz persönliche Entscheidung. »Schade, liebe Frau ...« Er suchte nach meinem Namen, ließ den abgebrochenen Satz kurz in der Schwebe hängen und fuhr in liebenswürdigstem Ton fort: »Aber natürlich können wir Sie verstehen. Es war nett, Sie kennengelernt zu haben. Haben Sie Dank für den interessanten Nachmittag.« Der Redefluß schien unerschöpflich. Weil ich gehindert werden sollte, weitere Fragen zu stellen? Oder weil wir der Agnes zu nahe gekommen waren, die hinter dem Bild der Agnes steckte, das ihre Eltern sich von ihr gemacht hatten?

Ich verließ den Garten und die Oase des Friedens, in dem Agnes aufgewachsen war. Erst jetzt bemerkte ich, wie starr und akkurat die Beetkanten gegen die Rasenfläche abgestochen waren, wie staubgesaugt der Hälmchen für Hälmchen in dieselbe Richtung gestriegelte Rasen wirkte, wie kalt es aus den Tiefen des künstlichen Waldrandes herüberwehte.

Susanne

Susanne war 17 Jahre, als sie versuchte, sich wegen Nils das Leben zu nehmen. Nils war 25. Sie hatten sich in einer Disko kennengelernt. Susanne war sofort in ihn verliebt. Den ganzen Abend hatten sie zusammen getanzt, geflirtet, ein bißchen geschmust. Als Nils am nächsten Abend wie versprochen anrief, schwebte Susanne im siebten Himmel. Dieses Schweben hielt genau vier Wochen und drei Tage an. Dann kam der Absturz. Nils hatte es nicht einmal für nötig befunden, Susanne persönlich zu sagen, daß es aus wäre. Er schrieb ihr einen Brief. Darin stand, es tue ihm leid, aber er fühle sich doch zu alt für ein Teenie-Mädchen. Er hätte es eher wissen müssen, aber es sei ihm erst jetzt klargeworden. Er habe die Liebe seines Lebens gefunden, die Frau, mit der er sich vorstellen könne, Kinder zu haben und für immer zusammenzusein. »Sei mir nicht böse«, »du bist süß«, »findest schnell einen anderen« – bla-bla-bla-Worte, die jeder kennt, der schon einmal eine Beziehung beendet hat.

Mich umzubringen, war der äußerste Protest, den ich hatte

Für Susanne war es die erste große Liebe gewesen. Das Ende war ein Schock. Heute sieht sie es so:

Ohne Nils zu leben, hieß damals für mich, ohne Perspektive zu sein. Erstens wußte ich nicht, was ich den anderen sagen sollte, die das ja alles mitbekommen hatten. Nils war mein erster Freund. Und die anderen hatten sowieso gleich gesagt, daß das mit ihm nichts wird. Ich wollte einfach nicht, daß die recht hatten. Und dann, ja, ich konnte mir auch nicht vorstellen, daß ich ohne ihn jemals wieder lachen und glücklich sein könnte. Mit ihm zusammen hatte alles eine Freude, einen Glanz bekommen. Und ohne ihn war das weg. Ich hatte einfach keine Lust, das zu ertragen. Außerdem war ich schwanger. Nils wußte nichts davon. Ich war wirklich vollkommen am Ende. Nils hatte alles für mich bedeutet. Nachdem er Schluß gemacht hatte, konnte ich auch nur noch Schluß machen.

Mich umzubringen, war der äußerste Protest, den ich hatte. Ich wußte natürlich, daß ich dann tot sein würde. Aber das war es mir wert, weil ich keine andere Möglichkeit hatte, mich zu wehren.

Ich konnte ja nichts machen. Ich konnte Nils ja nicht zwingen, mich zu lieben und bei mir zu bleiben. Ich konnte ihm nur beweisen, wie sehr ich ihn geliebt hatte und daß ich nicht einverstanden war, ohne seine Liebe zu sein.

Der nachfolgende Brief mit einem Gedicht entstanden in den letzten Stunden vor Susannes Selbstmordversuch. »Ich hätte nie gedacht, daß ich überhaupt Gedichte schreiben kann«, staunt sie heute über sich selbst. »Ich habe vorher nie irgendwas in der Art geschrieben und, komisch, nachher auch nicht. Ich hab's schon versucht, danach, aber es ging nicht. Es kam bloß Blödsinn raus. Daß ich es in dem Moment damals konnte, das war wahrscheinlich, weil so ein wahnsinniger Druck auf mir lag. Ich war einfach fertig mit der Welt, am Ende. Und das, was ich da schrieb, ja – ich weiß auch nicht – aber ich denke, das war so eine Art letzte Angstreaktion. Ich denke, ich mußte das schreiben, um mir selbst darüber klarzuwerden, was los ist. Ohne diese Klarheit hätte ich nicht gehen können.

Daß ich ausgerechnet ein Gedicht schrieb – ja, warum eigentlich nicht? Ich wollte ja etwas Besonderes schreiben. So eine Art Vermächtnis eben. Ich wollte, daß Nils meine letzten Gedanken kennt und merkt, was er angerichtet hat. Das war mein Abschiedsgeschenk an ihn. Er sollte sich das wirklich zu Herzen nehmen. Am liebsten hätte ich gewollt, daß er alles über seinem Bett an die Wand hängt. Ich hatte sogar schwarzen Zeichenkarton genommen und alles mit einem silbernen Stift geschrieben.«

Liebster!

Ich lese Deinen Brief immer wieder und wieder. Du schreibst, daß es aus ist zwischen uns, weil Du eine andere liebst. Es kann nicht wahr sein!!! Bitte, sag, daß es nicht stimmt!!! Aber gut, was soll ich machen? Ich könnte nie etwas von Dir verlangen, außer dem, was Du freiwillig gibst. Und Deine Liebe kann nur freiwillig sein. Nur dumm, daß ich ohne sie nicht leben kann!!! Ich habe Dich für den liebsten Menschen auf der ganzen Welt gehalten. Ich habe Dir alles gegeben. Alles!!! Du weißt, Du warst der Erste für mich. Du wirst auch der Letzte sein. Weißt Du überhaupt, daß ich Dich so sehr liebe, daß Du mir nichts mehr gelassen hast??? Aber egal, das soll jetzt alles egal sein. Du schreibst, es ist aus. Wie soll ich das ertragen??? Aber oh nein, ich ertrage es nicht!!! Das kannst Du nicht erzwingen, das nicht!!!

Ich schreibe Dir nicht, um zu betteln. Oh nein, keine Angst, ich bettle nicht! Ich bin auch stolz. Vielleicht denkst Du, ich habe mich Dir an den Hals geschmissen. Kann

schon sein. Aber ich krieche Dir nicht hinterher. Ich schrei-
be Dir nur, weil Du der Letzte sein sollst, der in meinen
Gedanken ist. Du sollst mich nie vergessen. Ich bin nachts
in Deinen Träumen und am Tag in Deinem Kopf, und wenn
Du irgendwo bist, wo eine Kerze brennt, bin ich da. Meine
Liebe ist so heiß wie Feuer. Meine Augen sind so blau wie
das Herz der Flamme. Meine Haare sind wie der Schim-
mer um das Licht. Du wirst mich in jeder Kerze wiederse-
hen. Denn indem ich gehe, werde ich Dich niemals verlas-
sen. Und indem Du meine letzten Gedanken liest, öffnest
Du mir die Tür zu Deiner Seele. Dagegen kannst Du gar
nichts tu, Nils. Das sollst Du wissen.

Wenn Du diesen Brief liest, bin ich schon weit fort und
unerreichbar für Dich. Wenn Deine Augen meine Schrift
lesen, hat meine Hand den Stift schon für immer wegge-
legt. Du kannst mich nicht berühren, aber meine Liebe
umgibt Dich ewig. Ich gebe Dir einen Kuß unter meinen
Namen. Wenn Du willst, kannst Du ihn haben. Es ist die
letzte Spur von mir, die Du berühren kannst. Schließ die
Augen, wenn Du sie küßt. Dann wirst Du es merken.

Und dies sind meine letzten Gedanken an Nils, meinen
einzig Geliebten. Es sind die letzten Blicke, die meine Au-
gen sehen, die Dich so gern angeschaut haben. Laß uns
noch einmal gemeinsam schauen, Liebster, zum alleral-
lerletzten Mal:
Langsam wird es dunkel, der Tag legt sich zur Ruh,
es ziehen schon die Wolken das Blau des Himmels zu.
Sie weben einen Schleier mit rot besticktem Saum,
der kalte Hauch des Windes flüstert leis so wie im Traum.
Knisternd brennt die Kerze, ein Auge in der Nacht,
aus deren weitem Mantel kein einz'ger Stern heut lacht.
Es hat so manche Stunde mein Weh um Dich bewacht,
mit seinem blauen Herzen mir Todesmut gemacht.

> *Draußen ist es still nun, es schweigt die ganze Welt.*
> *Nichts tröstet mehr die Seele, in die kein Lichtschein fällt?*
>
> *Wenn Du bis hierher gelesen hast, Liebster, werde ich Dich*
> *nie mehr verlassen. Nichts kann uns mehr trennen, denn*
> *mein Geist ist in Deinem Geist.*
>
> *In Ewigkeit Deine Susanne, die Dich liebte über den Tod*
> *hinaus*

Marmor, Stein und Eisen bricht ...

Susanne ist heute 21 Jahre. Ihre Tochter Coralie ist vier.
Nils ist der Vater, aber er hat es nie erfahren. Susanne
zog nach ihrem Selbstmordversuch zu ihrer Tante mütterlicherseits in ein anderes Bundesland. Den Vater ihres Kindes gibt sie hartnäckig als unbekannt an. Sie
habe vorgehabt, ihm zu sagen, daß sie schwanger sei,
beteuerte Susanne, als wir uns nach monatelanger Korrespondenz erstmals persönlich trafen.

An dem Tag, als sein Abschiedsbrief kam, hatte ich es gerade
erfahren. Eigentlich war ich nur zum Frauenarzt gegangen,
weil ich die Pille wollte. Nach der Untersuchung sagte er
dann, daß ich die Pille derzeit nicht bräuchte, weil ich be-
reits schwanger sei. Ich war wie vor den Kopf geschlagen.
Erst 17 und schon schwanger! Ich ging ja noch zur Schule,
meine Eltern ahnten nichts und eigentlich hatte ich ja auch
ganz andere Pläne gehabt. Ich muß weiß wie ein Leintuch
aus der Praxis gewankt sein. Das verstehe ich heute noch
nicht richtig, wie der Arzt es verantworten konnte, mich ein-
fach heimgehen zu lassen.
* Auf dem Heimweg wurde ich dann immer zuversichtli-*

cher. Nils war ja kein Junge in meinem Alter. Er hatte einen guten Beruf, verdiente eigenes Geld, hatte eine Wohnung, ein Auto. Ich malte mir aus, wie er sich freuen würde, wenn ich es ihm sagte. Vielleicht wird er sich ein bißchen erschrecken, dachte ich, aber dann wird er sich freuen – und wie! – und meine Eltern um meine Hand bitten. Dann heiraten wir, ich kriege das Kind – und wenn sie nicht gestorben sind, dann leben sie noch heute. Ich hatte da wirklich kindische Träume, jedenfalls aus heutiger Sicht, würde ich mal sagen.

Es kam alles total anders. Als ich heimkam, gab meine Mutter mir einen Brief von Nils. Sie hatte ihn bereits geöffnet und auch schon gelesen. Das sah ich an ihrem Gesicht. Außerdem war das bei uns üblich. Von Briefgeheimnis hatten meine Eltern zwar gehört, aber mehr auch nicht. »Er kostete Nachporto«, sagte meine Mutter nur.

Ich riß ihr den Brief aus der Hand und lief rauf in mein Zimmer. Es war schließlich mein erster richtiger Liebesbrief. Ich wollte ihn selbst lesen und nicht von meiner Mutter hören, was drinstand. Ja, und dann las ich alles wieder und wieder. Ich merkte, wie ich das alles begriff, aber wie es irgendwie nicht bei mir ankam. Das sickerte so in mich rein. Und wie ich es dann endlich kapiert hatte, da war alles in mir so komisch taub.

Meine Mutter kam dann rauf und klopfte und wollte zu mir rein. Ich machte aber nicht auf. Ich hatte abgeschlossen. Meine Mutter probierte es noch ein paar Mal und rief, aber dann gab sie auf. Ich hatte schon als kleines Mädchen einen ziemlichen Dickkopf. Wenn ich nicht wollte, dann blieb das beim Nein. Da gab es nichts zu rütteln.

An dem Tag lag ich die ganze Zeit auf meinem Bett und starrte irgendwohin. Zuerst wollte ich Nils anrufen und ihn anbrüllen. Dann wollte ich anrufen und darum betteln, daß er den Brief und alles zurücknimmt. Ich rief ihn aber nicht an. Ich konnte nicht. Es hätte ja auch keinen Zweck gehabt. Nils war schließlich kein dummer Junge, er war ein Mann. Und wenn er als Mann sagte, daß es aus sei, dann war es aus. Das war ja nicht wie bei einem Jungen in meinem Alter. Ich hätte mir ja zugetraut, den umstimmen zu können. Aber doch nicht Nils.

Ich wußte absolut nicht, was ich jetzt machen sollte. Ich war schwanger von ihm! Und er verknallte sich in eine andere, mit der er Kinder wollte. Und mich warf er einfach weg, mich und unser Kind.

Ich hatte so eine Wut und war so verletzt. Ich heulte ziemlich viel, aber immer leise, daß es bloß keiner hörte. Ich wollte nicht, daß meine Eltern die Tür mit dem Dietrich aufsperren und reinkommen. Ich wollte bloß noch meine Ruhe. Keinen mehr sehen, keinen mehr hören, keine doofen Fragen beantworten, kein blödes Ablästern, kein Ausgelachtwerden, keine Vorwürfe – nichts mehr.

Irgendwann fing ich an, wie irre zu schreiben. Das schrieb so aus mir raus. Das war irgendwie nicht ich. Das war eher, als würde ich mir zugucken, wie ich schreibe. Das ging ziemlich lange, jedenfalls bis es dunkel wurde. Und danach, als ich den Brief und das Gedicht fertig hatte, wurde plötzlich alles total kalt und ruhig in mir.

Alles war auf einmal klar: Ich war schwanger. Ich konnte es meinen Eltern nicht sagen. Nils hatte mich sitzenlassen; ich konnte es ihm also auch nicht sagen. Mein Kind und ich waren allein, uns wollte keiner. Wenn meine Eltern es erfahren würden, würden sie mich zu einer Abtreibung zwingen. Ich würde mein eigenes Kind umbringen müssen. Also konnte ich mich auch umbringen.

Wenn ich Tabletten oder eine Pistole gehabt hätte, hätte ich die genommen. Hatte ich aber nicht. Außerdem sollte es schnell gehen. Ich hatte keine Lust mehr zu allem. Es sollte bloß noch rum sein.

Ich zog dann meinen Hosengürtel aus der Jeans und legte ihn um meinen Hals. Das war wie im Traum, irgendwie, so als wäre ich gar nicht wach. Dann nahm ich einen riesigen Zimmermannsnagel, den ich als Andenken an unseren Hausbau aufbewahrt hatte, und schlug ihn in den Dachbalken, der bei mir im Zimmer die Decke trägt. Ich hatte vor, den Gürtel mit einem Loch über den Nagelkopf zu stülpen. Ich brauchte dann nur den Stuhl umzustoßen, auf dem ich stand, und fertig. Das stellte ich mir ziemlich einfach vor. So was hatte ich im Film schon gesehen. Es schien nicht schwer zu sein. Ich dachte auch, daß es schnell gehen würde.

Meine Eltern erzählten mir später, daß mein Gehämmere ihnen auf die Nerven gegangen war. Es dauerte lange, weil der Nagel so lang war und ich keinen Hammer im Zimmer hatte, sondern einen Aschenbecher aus Metall benutzte. Mein Vater ist Lehrer. Er hat sein Studierzimmer direkt unter meinem Zimmer. Als der Krach bei mir nicht aufhörte, stürmte er hoch und donnerte gegen meine Tür.

Als ich nicht aufhörte und nicht aufsperrte, und es plötzlich laut polterte, rannte er in den Keller, kam tatsächlich mit dem Dietrich zurück und knackte das Schloß. Er stand vorne und hinter ihm meine Mutter. Wahrscheinlich fielen sie fast in mein Zimmer. Ich war gerade eben fertig und hatte den Stuhl umgestoßen und baumelte da.

Meine Mutter sagt, sie hätten mich buchstäblich in letzter Sekunde gerettet. Mein Vater hatte meinen Körper hochgehalten, damit der Druck von dem Gürtel aufhörte. Meine Mutter mußte auf den Stuhl steigen und den Gürtel vom Nagel nehmen. Danach legten sie mich aufs Bett und machten Wiederbelebungsversuche. Ja, und deshalb lebe ich also noch.

Susanne lachte, als sie mir dies alles schilderte. Ein verlegenes, unsicheres, leicht verletzliches Lachen.

Ich bekam erst viel später mit, daß meine Eltern völlig anders regierten, als ich das erwartet hatte. Ich hatte mir vorgestellt, wie sie zuerst toben und dann weinen würden. Mein Vater hatte immer zu mir gesagt, wenn ich mal bei einem Unfall oder so sterben würde, würde er mir zuerst noch den Hintern vollhauen, ehe sie mich begraben. Jetzt war gar nichts von allem wahr. Außer, daß meine Mutter den Brief an Nils gleich aufriß und meinem Vater laut vorlas, machten sie alles anders, als ich gedacht hatte. Sie waren beide überhaupt nicht kopflos. Sie waren auch beide nicht wütend. Sie waren eher unheimlich still und sanft. Das machte mir irgendwie total Angst. Ich dachte die ganze Zeit, daß das dicke Ende schon noch kommen würde.

Ich war richtiggehend froh, daß unser Hausarzt dann kam und meinte, daß ich für ein paar Tage in eine psychiatrische Klinik müßte. Er redete meinen Eltern ein, daß ich das sonst womöglich nochmal probieren könnte und Hilfe bräuchte. Ich hätte es wahrscheinlich wirklich nochmal gemacht. Es hatte sich ja nichts geändert. Und ich war auch stinksauer auf meine Eltern, daß sie mich zurückgeholt hatten.

In der Klinik, das war der Horror. Aber ich konnte der Psychologin wenigstens sagen, daß ich schwanger war, und die verklickerte es dann meinen Eltern. Als dann in der Psyche die ersten Tage überstanden waren, fingen meine Eltern von sich aus damit an, daß ich das Kind kriegen sollte. Meine Mutter sagte, daß sie mal eine Abtreibung gemacht hätte und sich das nie verziehen hätte. Das sollte ich mir ersparen. Sie würden das Kind nehmen, bis ich so weit wäre. Und den Vater, den würde ich gar nicht brauchen. Der hätte uns gar nicht verdient. Ich sollte ihn bei den Behörden nicht angeben. Wir würden das Kind schon ohne ihn groß kriegen.

Mit so einem Rat hätte ich nie gerechnet. Ich war total sicher gewesen, daß meine Mutter mich zum Gyn geschleppt hätte und unters Messer – selbst wenn sie mich an den Haaren hätte hinterherziehen müssen. Aber ich hatte mich total geirrt. In meinem Kopf ging alles durcheinander.

Es war ja nicht so, daß ich Nils jetzt plötzlich vergessen hätte. Ich war ziemlich krank und hatte eine ganz, ganz schwere Depression. Weil ich schwanger war, konnte ich auch keine richtige Medizin nehmen. Aber meine Eltern waren rührend. Und so allmählich berappelte ich mich ja auch. Ich dachte ziemlich viel an das Kind.

Als ich aus der Klinik kam, blieb ich eine Zeitlang noch zu Hause, dann kam ich zu meiner Tante. Das war zuerst ganz schön schwierig, weil ich noch nie so richtig weggewesen war. Aber ich mochte meine Tante, und es war auch nett dort. Ich konnte bis kurz vor der Geburt zur Schule gehen und hatte die Erlaubnis, anschließend gleich weiterzumachen.

Als die Kleine geboren war, mußte ich zuerst immer heulen, weil sie mich so an Nils erinnerte. Aber dann kam da auch so ein Trotz, denn er meldete sich überhaupt nie mehr bei mir, obwohl er von einer Freundin von mir erfahren hatte, daß ich ziemlich krank war.

Wenn er wenigstens mal bei meinen Eltern angerufen hätte oder sich erkundigt hätte oder so. Aber nein, er hatte ja jetzt die Traumfrau. Da brauchte er mich nun mal nicht mehr. Das tat schon unheimlich weh.

Auf dem Amt habe ich dann tatsächlich Vater unbekannt angegeben. Meine Eltern haben ihr Versprechen gehalten. Als die Coralie ein halbes Jahr alt war, haben sie sie zu sich geholt. Den Nachbarn haben sie erzählt, es wäre ein Pflegekind. Ich blieb bei meiner Tante, bis ich die Schule fertig hatte. Danach kam ich nach Hause zu meinen Eltern zurück.

Zuerst wollte ich studieren, ließ es aber schließlich doch. Ich dachte, was Reelles wäre besser. Zum Glück bekam ich einen Ausbildungsplatz bei der Bank. Dort gefällt es mir. Eine neue Beziehung habe ich nicht. Manchmal möchte ich schon, aber wenn es dann enger wird, mache ich lieber Schluß. Irgendwie habe ich da total Panik davor. Eigentlich ist es ja auch Wurst. Ich muß keinen Mann haben.

Inzwischen habe ich die dumme Selbstmordgeschichte eigentlich so gut wie vergessen. Manchmal denke ich noch daran. Vor allem, wenn die Kleine mich an Nils erinnert. Sie hat seine Augen und sein Lachen. Wenn sie lacht, sehen ihre Augen wie kleine Halbmonde aus. Das ist typisch für Nils. Oder manche Bewegungen, die hat sie auch von ihm. Das ist mehr so atmosphärisch, nichts Konkretes. Aber es erinnert mich. Sie weiß jetzt auch, daß ich ihre Mutter bin. Das war total schwierig am Anfang, weil sie immer gedacht hat, daß meine Mutter es ist. Eigentlich hat sie ja wirklich zwei Mütter.

Wenn sie älter ist, frühestens mit 15, werde ich ihr sagen, wer ihr Vater ist. Wenn sie will, kann sie ihn suchen und selbst entscheiden, ob sie mit ihm Kontakt haben will. Bis dahin haben wir noch viel Zeit zu reden. Ich hoff', daß ich offen für sie bin und auch mitkriege, was in ihr vorgeht, und daß sie auch viel Vertrauen zu mir hat. Reden ist das Wichtigste.

Wenn du redest, mit deinen Eltern und mit Freunden, überhaupt, wenn du über dich nachdenkst und nicht nur guckst, was mit dir passiert, sondern auch guckst, was passiert, weil du selbst machst, daß es so kommen muß – wenn du da auf dich schaust und den Mund aufmachst und dich wichtig nimmst und dir klarmachst, daß auch der größte Bockmist mal vorbei ist und immer wieder bessere Zeiten kommen – dann brauchst du keinen Selbstmord zu machen. Dann ist das Leben schon eine echt schöne Sache.

Jugendliche Mütter

Jedes Jahr wird laut Angaben des Statistischen Bundesamtes in Wiesbaden, des Berufsverbandes Deutscher Frauenärzte in Dachau und der Pro-Familia-Geschäftsstelle in Frankfurt bei etwa 30.000 bis 35.000 jungen Frauen im Alter zwischen 14 und 20 Jahren medizinisch eine Schwangerschaft festgestellt.

Umfrageergebnisse zeigen, daß die meisten dieser Schwangerschaften eintreten, weil Kinder zwar bereits im Kindergarten- und Grundschulalter wissen, »wie es geht«, doch selbst als Jugendliche nur ungenaue Kenntnisse über Vorgänge im Innern des Körpers sowie wirksame Verhütungsmittel haben. Nicht zuletzt darf als eine der entscheidenden Ursachen übersehen werden, daß unsere Kinder immer früher erwachsen werden, ja, werden müssen und mit diesem »Lolita-Effekt« auch immer schneller in eine Erwachsenen-Sexualität hineingedrängt werden, der sie im Vergleich zu der Gesamtentwicklung ihrer Persönlichkeit meist nicht gewachsen sind.

In diesem Zusammenhang fällt mir eine kleine Episode ein, die ich vor wenigen Wochen mit einer Klassenkameradin meines zehnjährigen Sohnes erlebte. Die Schule war seit ein, zwei Stunden aus, als es an unserer Haustür klingelte. Draußen standen zwei kleine Mädchen. Sie wollten meinen Sohn besuchen. Da mein Sohn seine Hausaufgaben noch nicht ganz erledigt hatte, nahmen die Mädchen eine Weile mit mir vorlieb. Eine der beiden war besonders herausgeputzt. Sie erklärte mir, daß die Mutter ihr die Haare gerade frisch in Kastanienrot mit einer goldenen Schläfensträhne gefärbt habe, weil sie von Natur aus eine so langweilige Haarfarbe habe. In das Ende der goldenen Strähne waren mehrere bunte Perlen eingeflochten. Die Augenlider waren mit Glimmer belegt, der Mund hochrot bemalt, passend dazu die Finger- und Zehennägel. Ein hautenger Body mit Spaghettiträgern sowie ein superkurzes Miniröckchen und Sandalen mit Absatz rundeten das Outfit der Kleinen ab. Als diese meine staunenden Blicke bemerkte, drehte sie sich auf den Zehenspitzen vor mir herum, strich sich mit lasziven Bewegungen über den Kinderleib und fragte, ob sie nicht total sexy sei. Ihre Mutter habe gesagt, sie sei richtig geil. Sie habe sie zu einem Model-Wettbewerb angemeldet, weil sie die schlankeste in der Familie sei. Sie selbst habe zwar eigentlich keine Lust, weil sie dann ja keine Zeit mehr zum Spielen haben werde. Außerdem könnte sie dann nicht mehr die Freundin meines Sohnes sein, weil Models richtige Freunde haben müßten. Da habe sie schon Angst davor, weil man mit denen dann ja ins Bett gehen müsse und alles. Die Mama habe aber gesagt, daß es schön sei und man nur ganz jung Model werden könne und sie dann ja später, wenn sie reich sei, noch alles machen könne, was sie wolle. In diesem Moment klinkte sich das zweite Mädchen ein. Sie wolle kein Model werden, aber die neue Freundin meines Sohnes, und wann der denn jetzt endlich mit den Hausaufgaben fertig sei. Wenig später stob das Dreiergrüppchen lachend davon und alle Model-Gedanken waren vergessen. Doch für wie lange?

Die Mehrheit der Eltern glaubt Kinder und Jugendliche heute perfekt aufgeklärt. Schließlich gibt es Pornos, sexuell freizügige Medien und nicht zuletzt den Aufklärungsunterricht an den Schulen. Man wiegt sich in Sicherheit, weil andere das immer noch als peinlich empfundene Thema scheinbar gut erklären. Die Fakten sehen aber anders aus.

Der in der Schule gebotene Aufklärungsunterricht nutzt Jugendlichen selten etwas, da die Lehrer/innen ihre eigenen Hemmungen oftmals nicht überwinden können und Jugendliche gerade mit »Paukern« nicht über die intimsten Belange reden wollen. Im Endeffekt wird völlig oberflächlich informiert. Auch passen nur die wenigsten auf; viele erscheinen erst gar nicht zum Unterricht.

In Pornos oder Medienbeiträgen mag zwar die sexuelle Technik dargestellt werden, nie aber eine wie immer geartete Technik der Verhütung. Filmliebespaare verhüten nicht sichtbar. Sie unterbrechen ihre leidenschaftlichen Szenen nicht, um rechtzeitig ein Kondom überzustreifen oder schaumgebremst weiter zu agieren. Wo also sollte das Vorbild herkommen?

Wer über verfrühte Schwangerschaft spricht, sollte nicht vergessen, daß Jugendliche im entscheidenden Moment nur selten Verhütungsmittel griffbereit dabei haben. »Das erste Mal« kommt fast immer ebenso überraschend wie unaufhaltsam, wobei dann die Vorstellung vorherrscht, »bei einem Mal wird schon nichts passieren«.

Ganz abgesehen davon, daß sich die meisten Jugendlichen genieren, wenn sie erstmals an einer Ladenkasse Kondome bezahlen, und glauben, »alle starren dich an«, sind Verhütungsmittel ein Kostenfaktor, der das ohnedies nicht üppige Taschengeld erheblich schmälert.

Noch immer gehen vor allem Jungen davon aus, daß Verhütung Frauensache sei. Sie setzen entweder stillschweigend voraus, daß Mädchen »die Pille« nehmen oder stellen klare Forderungen. Trotz Aids-Aufklärung ist das Kondom wenig beliebt. Hinzu kommt, daß die Sicherheit im Vergleich zur Pille geringer ist. Aber welches Mädchen geht denn schon mit Begeisterung zum

Frauenarzt? Noch dazu, wenn eine als unangenehm empfundene Untersuchung wie die auf dem gynäkologischen Stuhl ansteht, um »die Pille« verschrieben zu bekommen.

Kein Wunder also, daß Jugendliche beiderlei Geschlechts die mit Verhütung verbundenen Umstände scheuen, und zwar vor allem dann, wenn sexuelle Kontakte entweder noch gar nicht stattgefunden haben, nicht zu erwarten sind und auch nicht vorausgeplant werden. Tritt eine Schwangerschaft ein, werden die meisten jugendlichen Eltern davon völlig überrascht.

Rund 13.000 bis 14.000 von ihnen beenden diese Schwangerschaft mit einer offiziell durchgeführten Abtreibung. Die Dunkelziffer derer, die eine Schwangerschaft ohne fachärztliche Hilfe erkennen und/oder eine gesetzlich unzulässige Abtreibung durchführen lassen, wird auf das Doppelte geschätzt. Ein Großteil der Schwangerschaften wird von den jugendlichen Müttern ausgetragen. Die Entscheidung darüber fällt nahezu ausschließlich allein die werdende Mutter bzw. ihre Eltern. Der jugendliche Vater nimmt sein Mitspracherecht entweder freiwillig nicht wahr oder hat keine Chance, es auszuüben.

Die lebend geborenen Babies werden häufig zur Adoption freigegeben oder zumindest so lange bei den Großeltern oder anderen nahen Verwandten aufgezogen, bis die junge Mutter beruflich und finanziell auf eigenen Füßen stehen und ihr Leben ohne ständige Unterstützung meistern kann. In besonders glücklichen Fällen wird aus der jugendlichen Mutter und dem meist ebenso jugendlichen Vater ein Ehepaar, das der gemeinsamen Elternschaft gewachsen ist und den Anforderungen des Erwachsenseins standhält.

Nicht selten aber endet eine ungewollte Schwangerschaft tragisch. Dann lesen wir in fetten Schlagzeilen, daß ein neugeborenes Kind zum Beispiel in einem verlassenen Waldstück ausgesetzt, in einem Müllcontainer gefunden, in einer Plastiktüte erstickt oder auf andere Art verstoßen und grauenhaft »beseitigt« wurde. »Rabenmutter« heißt es dann. »Wie kann man nur?« Und selbstverständlich trifft niemand anderen die Schuld als die »schreckliche Mutter« selbst.

Oder etwa doch?

Wenn man einmal hinterfragt, wie es zu einem solchen Schicksal von Mutter und Kind kommen konnte, zeigt sich nur selten eine abartige Veranlagung der sogenannten »Rabenmutter«. Meist sind sie »ganz normale« Frauen. Auffällig an ihnen ist allenfalls, daß sie sich besonders alleingelassen gefühlt haben, Angst hatten, nicht mehr ein und aus wußten oder für sich und ihr Kind keine Zukunft erkannten, weil ihnen in unserer Leistungsgesellschaft plötzlich alle Wege zu einem erfolgreichen, glücklichen Leben versperrt schienen.

Der Schutz des ungeborenen Lebens steht im Rampenlicht des politischen und kirchlichen Interesses. Jedes deutsche Bundesland kann werdenden Müttern ein allerdings unterschiedlich ausgestattetes Unterstützungsprogramm für die Zeit der Schwangerschaft und unter gewissen Bedingungen auch für die erste Zeit nach der Entbindung anbieten. Was aber, wenn die zeitlich begrenzte Fürsorge aussetzt? Spätestens dann zeigt sich, daß das geborene Kind weit weniger geschützt ist als das ungeborene.

Ich weiß von vielen jugendlichen Müttern, die mit ihrem Kind am Existenzminimum leben und allein deshalb keine Chance auf eine hoffnungsvollere Zukunft bekommen, weil es für ihr Kind keinen Krippen- oder Kindergartenplatz gibt. Oder weil die jugendliche Mutter wegen des ständig von ihr zu beaufsichtigenden Kindes ihre aufgrund der Schwangerschaft abgebrochene Schul- oder Berufsausbildung nicht beenden oder nicht einmal einer geringen Erwerbstätigkeit in einem Aushilfsjob nachgehen kann. Oder weil sie aus rein finanziellen Erwägungen nicht mit dem Kindesvater zusammenziehen kann, der noch in einer Ausbildung steckt und darum nur einen geringen Verdienst hat. Lebte die junge Mutter mit ihm in einem eheähnlichen Verhältnis, würde sein Verdienst auf die Sozialleistungen der Mutter angerechnet. Dann aber würde das Restgeld nicht mehr ausreichen, um den Lebensunterhalt der kleinen Familie zu sichern.

Zahlreiche jugendliche Mütter, die versuchen, allein mit ihrem Kind über die Runden zu kommen, verzweifeln vielleicht nicht an der finanziellen Enge, scheitern jedoch kläglich an den seelischen Belastungen des Mutterseins. Ohne Zweifel ist Mutterschaft auch mit Freude und herzlichem Glück verbunden, doch kein Elternhaus, kein schulischer Lehrplan bereitet junge Menschen darauf vor, was es heißt, rund um die Uhr für ein Kind verantwortlich zu sein und nicht mehr vornehmlich selbst im Mittelpunkt des eigenen Interesses zu stehen.

Wo anderen Jugendlichen Jahre zur Verfügung stehen, um innerlich und äußerlich zu reifen, soll ein Mädchen, das aus der Pubertät heraus schwanger wird, innerhalb weniger Monate erwachsen werden und in der Lage sein, Mutterpflichten zu erfüllen. Dem Körper mag dies unschwer gelingen, die Seele aber bleibt auf der Strecke. Doch damit nicht genug: Die Tatsache, schwanger zu sein, anders zu sein als die anderen, führt innerhalb kürzester Zeit dazu, daß sich das Leben der jugendlichen Mutter ganz plötzlich »außen vor« abspielt – außerhalb der den Jugendlichen so wichtigen Cliquen, außerhalb von Diskos und Unbekümmertheit, außerhalb von Urlaub und Parties, nur zu oft auch außerhalb eines auffangbereiten Elternhauses. Anders als die Mädchen der eigenen Altersgruppe oder die ehemaligen Freundinnen, jobbt die jugendliche Mutter nicht stundenweise als gut bezahlter Babysitter und vergißt den kleinen Schreihals dann wieder. Jetzt ist der Schreihals das eigene Kind und läßt sich nicht nach Lust und Laune abschieben. Es will und muß versorgt sein, 24 Stunden am Tag, und zwar jeden Tag. Das ist kein Ferienjob, dessen Ende abzusehen ist. Das ist Ernst, oft bitterer Ernst. Und durchaus nicht immer nur Glück, auch dann nicht, wenn die Mutter ihr Kind liebt.

Gerade jugendliche Mütter stellen sich einer ungewollten Schwangerschaft und ihrem Baby meist mit großen Träumen und guten Vorsätzen. Sie wollen das Kleine liebhaben, wollen es verwöhnen und tadellos großziehen. Wollen beweisen, daß sie beide es gemeinsam schaffen, und mobilisieren dafür alle verfügbaren Kräfte. Aber nur zu oft scheitern die besten Absichten schon dann, wenn das Baby jede Nacht schreit und auch tagsüber immer nur Zehn-Minuten-Nickerchen hält, der Kindesvater auf einmal eine neue Freundin hat und überhaupt genau so leben kann, als wäre er nie Vater geworden. Wenn man plötzlich nicht mehr dazugehört und niemand einen zu vermissen scheint. Wenn man innerlich total aus dem Gleis geraten ist und nicht weiß, an wem man sich jetzt noch festhalten soll. Wenn man so vieles ganz einfach nicht weiß und nicht kann, niemals gelernt hat. Wenn die Verantwortung für das Baby wie Zentnersteine drückt und die Angst, etwas falsch zu machen, immer größer wird. Dann reicht zum Verzweifeln oftmals schon aus, daß kein neuer Kinderwagen gekauft werden kann, sondern ein gebrauchter etwa beim Kinderschutzbund abzuholen und eine im Secondhandshop zusammengeklaubte Baby-Erstausstattung bereits Luxus ist. Wie schnell richtet sich dann die Verzweiflung gegen den vermeintlichen Verursacher des Elends, nämlich das Kind. Aus Müttern, die ihr ungeborenes Kind geschützt und zur Welt gebracht haben, werden Mütter, die ihr lebendes Kind nicht mehr schützen können.

Und jetzt, aus diesem Blickwinkel, geht uns das natürlich wieder alle etwas an, auch oder gerade die, die zuvor diskret beiseitegeschaut und zur Rechtfertigung ihres Desinteresses von der Unantastbarkeit der Familie gesprochen haben. Wo Hilfe nicht oder unzulänglich geboten wurde, da hält der Arm des Gesetzes nun Strafe bereit – Strafe, die vielleicht einem gebrochenen Gesetz neu Gehör verschafft und Täter/innen zur Rechenschaft zieht, einem von der Mutter oder dem Vater geschädigten Kind aber niemals neue Elternliebe, niemals neues Vertrauen, neue Geborgenheit schenken kann.

Vor diesem Hintergrund und der unzählbar oft vorgelebten Erfahrung, daß die Liebe nun einmal etwas mit Leidenschaft zu tun hat und selbst die kühlsten Denker so vollkommen schachmatt setzen kann, daß der Griff zu Verhütungsmitteln in undenkbare Ferne rückt, beweist es keineswegs den der Jugend so gerne angelasteten Leichtsinn oder gar Verantwortungslosigkeit, wenn das Für und Wider einer verfrühten Mutterschaft genau bedacht wird.

Ob eine Schwangerschaft ausgetragen wird oder nicht, ob eine Adoption in Frage kommt oder die Mutterschaft aktiv angenommen werden kann – all dies sind Fragen, die jede Frau vor die wohl einsamste und schwerwiegendste Entscheidung ihres Lebens stellen.

Wie immer sie ausfällt, sie ist nicht wieder rückgängig zu machen, und sie betrifft immer mindestens drei, nämlich Mutter, Kind und Vater.

Ich hatte kein Vertrauen mehr

Auch Susanne empfand die Tatsache, schwanger zu sein, als Schock. Sie war zum ersten Mal verliebt. An Verhütung hatten weder sie selbst noch der deutlich ältere Freund in den gemeinsamen leidenschaftlichen Stunden gedacht. Nach dem ersten Schock kam spontane Angst. Wie würde der Freund reagieren? Was würden die strengen Eltern sagen? Susanne war von ihnen fast sexualfeindlich erzogen worden. Auf jeden Fall war klar, daß sexuelle Kontakte in ihrem jugendlichen Alter von ihren Eltern nicht erwünscht waren und auch nicht erwartet wurden.

Susannes einzige Hoffnung war, daß der Freund zu ihr stehen und sie heiraten würde. Für diesen Fall erwartete sie Nachsicht von den Eltern und eine glückliche Zukunft für alle Beteiligten. Zwar hatte sie kurz Zweifel an der Zuverlässigkeit des Freundes, doch das aus der Verliebtheit entsprungene Vertrauen wiegte sie in Sicherheit. Voll Ungeduld konnte sie es kaum mehr erwarten, ihm die freudige Überraschung mitzuteilen.

Die Nachricht, daß der Freund sich in eine andere verliebt hatte und unter ihrer beider Beziehung den Schlußstrich zog, traf Susanne vollkommen unerwartet. Das Konstrukt ihrer glücklichen Zukunft war mit einem Schlag vernichtet. Statt Liebe, Hochzeit, Sicherheit und soziales Ansehen für sich verbuchen zu können, stand sie vor den Trümmern ihrer Gegenwart und der erwarteten Zukunft. Ein Knäuel verwirrendster Empfindungen und panikauslösender Ängste ließ keinen vernünftigen Gedanken mehr zu.

Hätte Susanne zu ihren Eltern eine weniger auf Autorität, Angst und Gehorsam, sondern eine mehr auf Vertrauen basierende Beziehung gehabt, hätte sie sich jetzt zu ihnen flüchten können. Sie hätte die plötzlich viel zu schwer gewordene Last des Erwachsenseins wenigstens kurzzeitig abwerfen und wieder Kind sein dürfen. Verständnis und Trost der Eltern hätten Susanne gestärkt und ihr Kraft gegeben, sich ihrer Situation zu stellen.

Leider hatten die Eltern es nicht verstanden, Susanne das Bewußtsein zu vermitteln, daß sie immer geliebt würde, was immer auch geschehen möge. Im Gegenteil, ihre eng gefaßte, strikten Gehorsam fordernde Erziehung hatte das Urvertrauen der Tochter tief erschüttert. Aufgrund zahlreicher Erfahrungen rechnete Susanne nicht mehr damit, daß ihre Wünsche von den Eltern ernstgenommen und berücksichtigt würden. Sie erwartete auch kein Verständnis mehr, keine gemeinsame Entscheidungsfindung, sondern nur noch auf folgenschweren Tadel.

»Mein Vater hätte sich ja eher die Zunge abgebissen, als ein Wort über Sex mit mir zu reden«, erklärte sie mir. »Das mußte meine Mutter machen, wenn überhaupt. Als ich meine Tage bekam, war so eine Gelegenheit. Damals sagte sie, daß ich jetzt für die Männer interessant würde und ja aufpassen sollte, keinen an mich ranzulassen, sonst würde ich mit einem Kind allein dasitzen. Und dann sollte ich bloß nicht angeheult kommen. Sie würde es nicht für mich aufziehen.«

Die Mutter hatte diese Worte nie wiederholt, dennoch

hatten sie sich fest in Susannes Bewußtsein eingebrannt. So fest immerhin, daß sie im Moment ihrer allergrößten Not unverrückbar schienen und keiner weiteren Nachfrage bedurften.

Die gegenüber den Eltern nie ausgesprochene Kritik an deren Erziehungsstil und Susannes tiefe Enttäuschung über die Eltern-Kind-Beziehung fand in der strikten Verneinung einer Abtreibung ihren Ausdruck. Anders als ihre eigenen Eltern wollte Susanne ihr Kind kompromißlos annehmen. Ehe sie dieses im Stich lassen würde, war sie bereit, selbst ihr Leben in die Waagschale zu werfen bzw. ihr Kind in den Tod zu begleiten. Ein Entschluß, der sich um so zwingender aufdrängte, als der Kindesvater sich davongeschlichen hatte. Nichts würde ihn nachhaltiger beschämen als Susannes Tod. Nichts würde er je vergeblicher bereuen.

Es kam Susanne nicht in den Sinn, den Kindesvater trotz seines Abschiedsbriefes zu informieren und umstimmen zu wollen. Sie hätte um seine Liebe kämpfen können. Vielleicht wäre es ihr gelungen, ihn zurückzugewinnen.

Warum sie es nicht tat, ist Susanne selbst kaum klar. »Ich hab' darüber damals nicht mal nachgedacht. Das war gar nicht in mir drinnen. Später hab' ich gedacht, daß ich es nicht konnte, weil ich immer gewohnt war, andere über mich bestimmen zu lassen. Wer in seiner Erziehung so an der Kandare gehalten wird wie ich, so daß keine eigenen Entscheidungen möglich sind, daß man nie mal üben kann, Fehler zu machen und zu sehen, wie man damit zurecht kommt – ja, der kann dann auch später nichts dagegen sagen, wenn einer kommt und behauptet, der Mond ist blau, und die Sonne ist grün. Ich war das so gewöhnt. Mir wäre es nie in den Sinn gekommen, daß ich da was ändern könnte. Und außerdem – ja, ich denke, ich war auch beleidigt. Er hatte mich schließlich verlassen. Ich wollte ihm auch nicht nachrennen.«

Ebensowenig kam für Susanne die Möglichkeit in Betracht, daß ihre Eltern das ungeborene Enkelkind annehmen könnten. Es war schließlich die Frucht einer verbotenen Liebesbeziehung. Indem sie schwanger wurde, hatte Susanne den Beweis erbracht, daß sie sich »mit einem Kerl herumgetrieben« hatte. Noch dazu mit einem, der sie sitzengelassen hatte. Susanne war sich sicher, in den Augen der Eltern absolut versagt zu haben und deshalb mit Verachtung bestraft zu werden. Zugleich war sie fest davon überzeugt, daß ihre Eltern eine Abtreibung erzwingen würden. Und sie hielt es für ausgeschlossen, sich dagegen zur Wehr setzen zu können.

Das Ergebnis der Summe aller Erfahrungen war das doppelte Gefühl absoluten Verlassenseins, welches sich in Susannes Selbstmordversuch entlud. Niemand schien ihr geblieben zu sein, dem sie vertrauen konnte. Wie immer sie es wendete, von überall her witterte sie Gefahr für ihr Kind und die eigene Person. Ein unerträglicher Zustand. Als einziger Ausweg lockte der Tod. Ihn zu wählen und allem ein Ende zu machen, schien ihre einzige und letzte Möglichkeit, in eigener Verantwortung handeln zu können.

Seine Schrecken verlor der Gedanke an den Tod durch das mit ihm verbundene süße Gefühl der Rache an all denen, die sie auf keine andere Weise bestrafen konnte.

»Wenn ich meine Tochter anschaue«, meint Susanne heute, »hoffe ich natürlich, daß sie mal mehr Vertrauen zu mir hat als ich damals zu meinen Eltern. Ich wäre schon arg froh, wenn sie zu mir käme, wenn sie mal Kummer hat und dann auch sicher ist, daß ich für sie da bin. Trotzdem bin ich da immer unsicher. Man kann es noch so gut machen wollen, als Eltern macht man doch immer wieder Fehler. Jetzt kann ich meine Eltern ganz anders sehen und verstehen als früher, als ich Kind war. Ich denke mir nur immer, daß ich eins ganz bestimmt nicht bin: eine, die immer befehlen muß und Gehorsam verlangt. Diesen Fehler wenigstens mache ich nicht. Dafür hab' ich zu gut gespürt, wie's einem als Kind damit geht. Da baue ich schon mehr auf Miteinander und daß man sich gegenseitig aus Liebe achtet. Dafür laß ich den ganzen Respekt gern Respekt sein. Was hilft mir am Ende der Respekt, wenn mein Kind unter der Erde liegt?«

Heiko

Heiko ist 17 Jahre alt. Er ist das einzige gemeinsame Kind seiner Eltern. Sie ließen sich scheiden, als er acht Jahre alt war. Die Mutter heiratete ein Jahr später erneut und bekam Zwillingsmädchen, gegen die Heiko von Anfang an eine heftige Abneigung entwickelte.

»Ich war wohl eifersüchtig«, meint er heute. »Außerdem dachte ich immer, daß sie schuld wären, daß meine Mutter nicht zu meinem Vater zurückkehrte.«

Heiko litt schwer unter der Trennung seiner Eltern. Von Anfang an hatte er eine enge Bindung an den Vater gehabt und verstand nicht, warum die Mutter sich in einen anderen verliebt hatte. Insgeheim gab er ihr die Schuld an dem Zerbrechen der Ehe und solidarisierte sich mit dem Vater. Schon während der Trennungsphase der Eltern hatte Heiko mehrfach zu verstehen gegeben, daß er am liebsten tot wäre.

»Lieber Papi, ich hab' der Mutti gesagt, daß ich tot sein will, wenn sie dich nicht mehr kommen läßt«, sprach Heiko mit knapp acht Jahren auf eine Kassette. »Die Mutti war wütend und hat mich mit dem Teppichklopfer verprügelt. Das tat ziemlich gut weh. Aber das ist mir egal. Wenn ich tot bin, merke ich es nicht mehr.«

»Ich hatte mit diesem Kassettenbesprechen irgendwann angefangen, weil ich meinen Vater damit überraschen wollte, daß ich ihm eine eigene Aufnahme schenke«, erklärte Heiko, als er mir anläßlich unseres ersten Treffens verschiedene Bänder gab. »Ich bekam früher von ihm auch immer etwas Selbstaufgenommenes. Musik oder irgendwas, was er vorgelesen hat, Märchen oder so was in der Art. Wir hatten das früher auch zusammen gemacht. Hatte mir Spaß gemacht. Ich mochte das irgendwie. Na ja, und dann machte ich das da eben für ihn.«

»Was sagte dein Vater dazu?« wollte ich wissen.

»Nichts.« Heiko malte aus Mineralwasser, das an seinem Glas heruntergetropft war, Kringel auf den Tisch. »Er hat sie ja nie gekriegt.«

Ich staunte. »Warum nicht?«

»Es fing in der Zeit an, als meine Eltern sich getrennt hatten, aber noch nicht geschieden waren. Mein Vater wohnte damals schon nicht mehr bei uns. Er kam auch nicht mehr. Meine Mutter wollte das nicht. Sie hatte es ihm verboten. Damals war ich aber noch sicher, daß das vorbeigeht. Mein Vater hatte mir gesagt, daß er nur jetzt nicht kommt. Daß er aber bald eine Erlaubnis von einem Richter bekommen würde, und dann käme er wieder. Er hatte versprochen, daß er mich dann ganz zu sich holt. Das wollte ich ja unbedingt.

Zuerst wollte ich die Kassetten meinem Vater schikken. Aber ich hatte keine Adresse von ihm. Also war es nichts damit. Wo sollte ich die Kassetten denn hinschikken? So dumm war ich damals ja schon nicht mehr. Ich hatte schon geblickt, daß ich nicht einfach wie an den Weihnachtsmann schreiben konnte. Ich war ziemlich verzweifelt, würde ich sagen.

Die Sache mit den Kassetten war damals alles, was ich von meinem Vater noch hatte. Ich würde sagen, das war die einzige Verbindung zwischen uns, die ich irgendwie anpacken konnte, die mehr war als nur das An-ihn-Denken. Als er so lange nicht kam und meine Mutter anfing zu sagen, daß er nie mehr kommen würde, weil er nichts mehr von uns wissen will, habe ich ihr nicht geglaubt. Zuerst. Aber als es dann immer länger geworden ist – ich habe einfach mit dem Kassettenbesprechen weitergemacht. Nicht immer, nicht jeden Tag. Manchmal hab' ich ein paar Wochen überhaupt nichts gemacht. Dann wieder jeden Tag ein paar Mal. Je nachdem eben, wie mir war. Ich hätte das nicht aufgeben können. Ich brauchte das einfach.« Heiko blickte kurz auf, grinste. »Das war mein dope damals.«

»Merkte deine Mutter nichts davon?« fragte ich.

»Nee, wieso?« Heiko schüttelte den Kopf. »Für meine Kassetten hat sie sich nie interessiert. Das war ihr egal. Sie hat bloß getobt, wenn mein Zimmer nicht aufgeräumt war. Dann hat sie auch gedroht, daß sie alles aus dem Fenster oder in den Müll schmeißt oder die Bänder aus den Kassetten zieht, bis sie kaputt sind. Hat sie nie gemacht, hätte sie wahrscheinlich auch nicht. Aber so ganz sicher war ich da nicht. Manchmal konnte sie total verrückt aufdrehen, wenn sie in mein Zimmer kam und den ›Saustall‹ sah. Deshalb hab' ich die Kassetten immer weggeräumt. Da, wo sie standen, das war das einzige aufgeräumte Regal im ganzen Zimmer. Und da ging sie auch nie dran. Später hab' ich mir dann so einen Holztresor gebaut, da hatte ich die Dinger drinnen und den Schlüssel immer am Bund.«

Lieber Papi

Die nachfolgenden Textstellen sind von mir skribierte Auszüge aus Tonträgern, die Heiko für seinen Vater aufnahm. Die Zitate stammen aus verschiedenen Altersstufen. Da Heiko auf den einzelnen Bändern keine Datumsangaben vermerkte, kann er selbst die eine oder andere Aufnahme nicht mehr genau dem exakten Alter zuordnen. Sicher ist die Reihenfolge der Bänder. Wir haben daher darauf verzichtet, Altersangaben zu machen. Das erste Band wurde im Alter von acht Jahren bespielt.

Lieber Papi!

Manchmal sehe ich dich. Du kommst auf mich zu und machst die Arme auf und ich renne und wir umarmen uns. Wenn ich die Augen aufmache, bist du weg. Ich möchte die Augen nie aufmachen.

*

Wann kommst du? Mutti sagt, daß wir dir scheißegal sind. Sie sagt, du kommst nie mehr. Ich soll dich vergessen. Sie sagt, daß sie froh ist, daß wir dich los sind. Weil ich sowie schon fast so bekloppt bin wie du und bestimmt noch bekloppter werde, wenn du dich dauernd in mich einmischst. Sie ist aber selber bekloppt. Bitte, komm doch endlich!

*

Ich habe ein Foto von dir. Da staunst du, was? Ich habe es aus dem Foto ausgeschnitten, wo wir am Walchensee in Bayern waren. Weißt du noch? Wo du mit Mutti im Tretboot sitzt. Das, was ich selber gemacht habe. Dein Kopf ist da genau schön klein. Der paßt genau in mein SOS-Medaillon. Das du mir mal geschenkt hast. Das man so aufschrauben kann und innen so ein Zettel ist, auf dem meine Adresse und Blutgruppe steht und alles. Wo nichts naß wird drinnen und nichts verbrennen kann. Das so silbrig aussieht. Da bist du jetzt drinnen. Das weiß keiner. Da kann ich dich immer anschauen, wenn ich will. Mutti habe ich einfach weggeschmissen. Die habe ich ja noch.

*

Heute war ich einkaufen. Ich muß jetzt immer zu »Feinkost Mayer-Mall«, obwohl es dort doof ist, weil es stinkt. Aber Mutti will es. Heute kam mir ein Junge entgegen, den ich nicht kenne. Wie er mich sieht, will er mich gleich verkloppen. Leider tat er es auch.

So mit Treten, du weißt schon wo, und Dusche mit Elchbiß und alles. Obwohl ich ihm gar nichts getan habe. Ich konnte da gar nichts machen. Der war viel stärker. Und der hatte Riesenschuhe. Wie ich ins Feinkost kam, haben die gedacht, ich hätte einen Unfall gehabt. Na ja, hatte ich ja, so ungefähr.

Wie ich dann zurück wollte, war der Typ wieder da. Ich hab' total die Panik bekommen. »Fresse oder Kohle!« hat er gesagt. Da hab' ich ihm alles gegeben. Freiwillig. Mutti hat die Krise gekriegt, weil sie bei der Kripo ist und ihr Sohn sich auf der Straße abziehen läßt. Sie hat gesagt, daß ich meinem Vater alle Ehre mache und genau so ein Totalversager bin wie du. Und ihr Freund hat gesagt, daß ich am Samstag in der Autowerkstatt arbeiten muß, weil er das Geld zurück will. PAAAPAAAAA!

*

In der Schule hier ist es total doof. Die Lehrer, die anderen in der Klasse, alles. Ich will viel lieber bei dir sein als hier.

Unser Mathelehrer hat gesagt, daß Mutti ihr Freund bei uns Klassenelternsprecher geworden ist. Er hat gesagt, daß er das schön für mich findet, weil es nicht selbstverständlich ist, daß man so einen netten Stiefvater bekommt, der sich so um einen kümmert. Ich habe ihm gesagt, daß ich keinen Stief-

vater brauche, weil ich einen richtigen Vater habe. Da hat er gesagt, ich soll mich benehmen, weil es sich nicht gehört, daß man einen Lehrer anschreit. So ein Arschloch!

*

Kannst du mir sagen, wie ich das aushalten soll, immer die-ser Typ? Und Mutti – wie die sich abknutschen und abfum-meln und alles? Und wenn ich mal was sage, geht's gleich los. Ich hasse das. Ich hasse das! Du hast versprochen, du kommst. Du hast gesagt, versprochen ist versprochen, das muß man halten. Und was ist jetzt? Du rufst nicht mal an. Du könntest doch heimlich anrufen. Du könntest Oma sa-gen, daß sie mir sagen soll, du rufst an, dann und dann, und dann bin ich gleich dran. Aber Oma ruft auch nicht an. Mutti sagt, sie ruft nicht an, weil sie blöd ist, sie wäre ja schließlich deine Mutter.

Heute hat er mich gehauen. Aufs Ohr. Tut er immer. Und Mutti macht nichts. Sie sagt, das darf er. Aber das darf er nicht. Er ist nicht mein Vater! Ich will hier weg. Ach, Scheiße, Papa!

*

Ich glaube jetzt fast auch, daß du nicht mehr kommst. Ver-dammt, warum? Was habe ich dir getan? Was für ein Recht hast du, mich sitzenzulassen? Mutti hat immer gesagt, du bist ein Schwein. Es ist so lange her. Was soll ich jetzt glau-ben? Mensch, Papa, ich habe dich so geliebt.

*

Ich wollte nichts mehr für dich machen. Jetzt mach ich es halt doch. Mach ich es eben für mich. Ist ja sowieso egal, du

143

kriegst es ja doch nie. Oder wenn, bin ich sowieso weg. Ich seil mich ab. Für immer. Ich hau einfach in den Sack und aus der Traum. Wenn du immer der Arsch bist, immer der Depp, immer der Idi, immer der mit dem Vater und alle sind happy, bloß wenn du kommst, ticken sie aus. Ich hab's bis hier, Papa. Ich will das nicht mehr. Und du bist auch fein raus aus allem. Klasse, Papa, ehrlich Spitze. Wie du das mit mir gedreht hast, daß ich alles glaube, was du da von dir gibst, von wegen, bald holst du mich und alles. Du hast es nicht mal probiert. Und ich hab' dir so vertraut.

Warum bin ich überhaupt geboren, eh? Was sollte das mit diesem Scheißleben? Warum habt ihr mich überhaupt gekriegt, wenn mich jetzt keiner haben will? Weil der Fick so geil war? Warum habt ihr keinen Gummi genommen? Ihr hattet den Spaß, und ich hab' jetzt den Ärger. Aber ich scheiß euch was drauf. Ich mach nicht mehr mit. Ich seh da keinen Sinn mehr drin.

Papa, was kommt danach? Der Himmel und die lieben Englein und Halleluja auf Wolke Sieben? Oder der Satan und der heiße Ofen, oder was? Oder saust man für immer und drei Tage als Staubpartikel durchs All? Oder stimmt das mit der Wiedergeburt? Stell ich mir gut vor. Ist aber eher unwahrscheinlich, oder?

Ich stell mir das mal mathematisch vor. Wenn jeder Neugeborene schon mal gelebt hätte, müßte Gott schon dieselbe Menge Menschen im Paradies erschaffen haben, die es heute gibt. Oder woher sollte ein Neugeborener, der noch nie zuvor gelebt hat, eine Seele bekommen? Angeblich ist sie doch der Atem Gottes, der uns bei der Schöpfung eingehaucht wurde.

Heißt das, daß jeder Zeugungsakt ein neuer Schöpfungsakt ist, in dem Gott mitmischt? – Eh, starke Vorstellung. – Oder wird die Seele automatisch wie die Anzahl der Chromosomen aus einem Stückchen Mutterseele und einem

Stückchen Vaterseele gebildet und wächst dann zu einer neuen Seele zusammen? So als ewiger Schöpfungsauftrag, der wie Dauerhypnose wirkt und sich niemals ändert?

Wenn alle heutigen Menschen tatsächlich Wiedergeborene aus unterschiedlichen Wissensstufen wären, würde die Bibel lügen. Oder nicht? Soll die Sache mit Adam und Eva nur stellvertretend für alle anderen stehen, die Gott damals auch geschaffen hatte?

Und was, wenn wir überhaupt keine Seele hätten? Alles Gesülze, alles nur Geschwätz, weil ein paar besonders Clevere ein Märchen von einem Gott erfunden haben, um an die Macht zu kommen? Ist dann nichts mehr, bloß Schwarz? Es ist zum Kotzen. Ich hab' Angst.

*

Ich stell mir vor, wie das ist. Wenn ich es mache, wird alles ganz steif und kalt und dunkel. Vielleicht merke ich nichts mehr. Vielleicht schwebe ich als Geist über mir herum und sehe alles. Wenn sie mich in den Sarg legen, kommt der Deubel mit der Gabel und kascht mich? Ha, wird nix draus, Alter. Ich lege den Turbo ein und dann geht's ab durchs All. Da wird sich schon ein schwarzes Loch finden lassen, wo ich mich verstecken kann. Oder wenn nicht, kann ja schon sein, daß es geil wird. Kann sein, daß da tatsächlich tausend Leute einen Bierstand aufgemacht haben und die tollsten Mädels einen bedienen. Na, egal.

In der Kiste ist es jedenfalls eng und lausig. Ich hab' beim Leichenbestatter reingeschaut. Mal Särge probiert. Nee, Quatsch, nicht, bloß geguckt. Erst mal. Ziemlich hart das Ding. Mit Kissen aus Papier. Na, ich weiß ja nicht. Und dann der Deckel drauf. Ziemlich niedrig. Kriegst du ja gar keine Luft mehr, erstickst du ja. Ha, ha, Witz, komm raus! Deckel zu, Affe dod. Tack, Tack, Tack, ein paar Nägel. Fertig. Siehst nix mehr, *hörst nix mehr, spürst nix, hast deine Ruhe. Und dann? Wenn dann die Käfer kommen und die Würmer und sich durchwühlen zu dir und Mampf! – Oh, Mann, ist das eklig! Ich glaub, ich kann's nicht. Kann man bestimmen, daß man verbrannt werden will, wenn man minderjährig ist?*

*

Und ich tu's doch! Schon allein, damit der Sack eins drauf kriegt. Endlich mal! Einer muß dem doch mal zeigen, was geht. Der kann doch nicht alles mit einem machen und nichts, rein absolut nichts passiert.

Ich fühlte mich ihnen so total ausgeliefert, absolut ohne Chance

»Meine Mutter sagte immer, ihre Ehe sei ungefähr so aufregend wie eine Schlaftablette gewesen. Mein Vater war in ihren Augen ein egoitisches Ekel, außerdem borniert bis geistesschwach, ungepflegt, herrschsüchtig. Wenn Ihnen noch etwas Schlechtes einfallen sollte – das war er auch. Daß die Ehe kaputtging, war selbstverständlich nur seine Schuld. Daß meine Mutter fremdgegangen war und deshalb die Scheidung kam, war natürlich auch die Schuld meines Vaters. Bei einem so widerlichen Mann konnte meine Mutter ja nicht anders. Sie mußte sich in einen anderen verlieben. Zu mir sagte sie immer, man hat nur ein Leben. Das muß man selbst leben. Wenn man es von anderen leben läßt, hat man am Ende nichts gehabt. Das sollte ich mir auch merken.«

Die innere Unzufriedenheit, die Heikos Mutter in ihrer Ehe bedrückte, bereitete das Feld für eine neue Liebe. Von Beruf Kriminalbeamtin, erhielt sie einen Ermittlungsauftrag in Zusammenarbeit mit einem neuen Kollegen, dessen Charme sie nicht widerstehen konnte. Schon vor der Trennung von Heikos Vater kam der neue Liebhaber oftmals ins Haus. Heikos Vaters schöpfte längere Zeit keinen Verdacht.

»Wenn er meine Mutter nicht mal mit ihm im Schlafzimmer erwischt hätte, hätten sie sich vielleicht nie scheiden lassen«, meint Heiko heute. »Meine Mutter machte mal so eine Andeutung, daß sie die Situation zu dritt ganz gut ausgehalten hätte. Ich war damals, als das anfing, noch zu dämlich. Ich hatte das bloß mitgekriegt, wie mein Vater nach Hause kam und ins Schlafzimmer gerannt ist und den Typen rausgeschmissen hat. Meine Mutter sagte später mal, ein Arbeitskollege von ihr hätte sie verpfiffen. Wie gesagt, ich hatte das alles überhaupt nicht richtig begriffen. Ich hatte bloß Riesenschiß, als zwischen meinen Eltern das Geschrei losging und das Geheul. Ich konnte das nicht einordnen. Na ja, und dann kam die Trennung und alles. Das war ein Schock für mich, kann ich nur sagen, ein irrer Schock.«

Nach dem Streit zog der Vater aus der ehelichen Wohnung aus und zurück zu seinen Eltern. Er verbrachte anfangs täglich so viel Zeit wie möglich mit Heiko und versuchte vergeblich, sich wieder mit seiner Frau zu versöhnen. »Meine Mutter wollte ihn nicht mehr sehen«, weiß Heiko. »Sie verbot ihm, bei uns anzurufen. Und als er ihr mal Blumen schickte, warf sie die einfach aus dem Fenster. Mein Vater kam dann auch nicht mehr. Damals begriff ich nicht, was los war. Aber inzwischen weiß ich, daß meine Mutter ihn erpreßt hat. Sie hatte gesagt, daß sie dafür sorgt, daß er mich verliert, wenn er weiterhin käme. Mein Vater glaubte damals, daß so eine Aussage vor Gericht genügen würde, um meiner Mutter das Sorgerecht zu entziehen. Na ja, Irrtum.«

Von der definitiven Scheidung seiner Eltern erfuhr Heiko durch seine Mutter. »Sie sagte mir, daß jetzt endlich alles vorbei wäre. Wir könnten es uns jetzt schön gemütlich machen und keiner würde uns mehr reinreden, weil sie jetzt endlich wieder frei wäre. Sie war unheimlich froh und tanzte in der Küche herum und wollte immer, daß ich mittanze. Ich hatte aber keine Lust. Ich wollte nicht, daß sie geschieden war. Als dann ihr neuer Freund kam, tanzte sie mit dem. Ich hab' dann, glaub ich, geschrien, daß ich sie hasse und wollte auf sie los. Da hat mir ihr neuer Freund eine geknallt und mich angebrüllt, daß ich so nicht mit meiner Mutter zu reden hätte. Danach hatte ich Stubenarrest und bin ohne Essen ins Bett. Und da, in der ersten Nacht damals, da war ich so voller Haß, das glaubt man nicht, daß ein Kind so sein kann. Vor lauter Haß hab' ich dann voll ins Bett gepinkelt. Das machte mir Spaß, weil meine Mutter am nächsten Tag die Sauerei wegmachen mußte.«

Die Mutter hatte das alleinige Sorgerecht für Heiko bekommen. Dazu gehört auch das Aufenthaltsbestimmungsrecht. Da sie keine Lust hatte, in der Nähe von Heikos Vater und dessen Familienangehörigen zu leben, zog sie mit Heiko und ihrem neuen Freund in eine mehrere hundert Kilometer entfernte Großstadt. Dort machten beide sich mit einem Detektivbüro selbständig. Heikos Vater war vom Familiengericht ein Besuchsrecht zugebilligt worden, das ihm erlaubte, seinen Sohn einmal im Monat übers Wochenende zu sehen. Da der Vater nicht erschien, mußte Heiko annehmen, daß er nicht kommen wollte.

»Meine Mutter verhinderte alles«, weiß Heiko heute.

»Sie hat meinem Vater gesagt, daß ich krank wäre oder sie mit mir verreisen würde, daß ich ihn nicht sehen wollte, daß ich Angst vor ihm hätte, daß ich lieber mit ihrem neuen Freund etwas unternehmen will und noch tausend andere Ausreden. Jetzt weiß ich, daß er immer wieder vor verschlossener Haustür stand, wenn unser Wochenende gewesen wäre, und meine Mutter die Post einfach wegwarf, die er mir geschickt hatte. Damals wußte ich das nicht. Da hat meine Mutter mir bloß erklärt, daß mein Vater nichts mehr von mir wissen wollte, weil er sie nicht mehr liebt und jetzt eine andere hätte, mit der er neue Kinder hätte. Ich hab' ihr vertraut und geglaubt, klar doch. Wie denn auch nicht? Sie ist meine Mutter. Aber es stimmte alles nicht. Das weiß ich heute, weil ich meinen Vater inzwischen besucht und alles erfahren habe. Ich weiß jetzt, daß er mich nie aufgegeben hat, sondern sogar um mich gekämpft hat. Aber daß er keine Chance hatte, weil meine Mutter einfach alles verhindert hat.«

»Wie geht es dir mit diesem Wissen?«

»Beschissen. Früher hatte ich Streß wegen meinem Vater. Jetzt hab' ich Streß wegen meiner Mutter. Daß sie das gemacht hat, ja, ich weiß auch nicht, aber irgendwie nervt das wahnsinnig. Das verletzt schon ziemlich. Ich kann da auch nicht so gut mit umgehen.«

»Bist du wütend auf sie?«

»Nee, nicht wirklich. Eher ist es so, daß ich da jetzt so zwei Sorten Mensch sehe, wenn ich meine Mutter vor mir habe. Die eine ist die, die ich immer kenne, meine Mutter eben, von der ich eine bestimmte Meinung habe und bei der ich weiß, was ich von ihr halten muß. Und die andere ist die, die ich nicht kenne, die ich auch überhaupt nicht ausstehen kann, die ich gemein und einfach unmöglich finde, die ich irgendwie sogar hasse. Das ist schwer, auf die Reihe zu bringen. Sie ist ja trotz allem meine Mutter.«

Unser Dialog geriet ins Stocken. Heiko schlug die Augen nieder, um seine Gefühle zu verbergen. Ich beeilte mich, von seiner Mutter etwas abzulenken. »Du sagtest, du hättest deinen Vater besucht. Wie hast du ihn gefunden?«

»Durch einen Radiosender«, gab Heiko mit belegter Stimme zurück. »Ich hab' da einfach mal in der Redaktion angerufen und hab' denen erzählt, daß ich meinen Vater suche, weil ich den nach der Scheidung nie mehr gesehen hätte und so. Die Leute waren unheimlich nett und fuhren voll darauf ab, mir bei der Suche zu helfen. Die haben dann ein paar Suchaufrufe durchgegeben. Mein Vater sollte sich bei der Redaktion melden. Die Leute dort wollten mir dann alles weitergeben. Ja, und so hab' ich ihn dann auch gefunden. Das dauerte zwar ziemlich, über zwei Monate, weil er eigentlich kaum Radio hört und erst von einem Freund darauf angesprochen wurde, daß da so eine Suchaktion ist. Mein Vater hat sich gleich gemeldet, und dann war's so weit. Seitdem sehen wir uns ziemlich oft. Meine Mutter kann da nichts mehr machen.«

»Trägst du deiner Mutter noch nach, daß sie dir deinen Vater quasi weggenommen hat?« fragte ich.

»Ja, genau!« Heiko wurde sehr ernst. »Ich lebe zwar noch bei ihr, aber nicht mehr lange. Ich will weg, sobald ich eine Lehrstelle bei meinem Vater in der Nähe gefunden habe. So was spricht man zwar nicht aus, aber ich kann ihr diese ganze Lügerei und alles, ich kann ihr das nicht verzeihen. Ich will nichts mehr von ihr wissen. Ich verabscheue sie richtiggehend für das alles. Sie hat mir meine Kindheit dadurch total versaut und mich unheimlich unglücklich gemacht.

Ich hab' mich als Kind so total ausgeliefert gefühlt, absolut ohne Chance. Ich hatte deswegen echt keine Lust mehr zu leben. Das war damals überhaupt nicht bloß so dahergeredet. Ich hatte solche Sehnsucht nach meinem Vater. Und ich begriff einfach nicht, wieso er mich nicht mehr liebte. Ich hatte ihm doch nichts getan. Ich hätte mich fast umgebracht deswegen. Und alles wegen nichts, bloß damit sie ihren Willen hat. Das ist doch keine Mutter, die so was macht.«

Auf die Frage nach seinen Plänen für die Zukunft meinte Heiko: »Sobald mein Vater eine größere Wohnung für uns gefunden hat, ziehe ich zu ihm. Oder vielleicht nehme ich auch gleich was Eigenes. Ich weiß noch nicht. Mein Vater würde mir bei einer eigenen Wohnung erst mal helfen. Als Lehrling verdient man ja nicht viel. Mal sehen. Aber bei meiner Mutter, nee, da halte ich es nicht mehr aus. Der kann ich nicht mehr vertrauen, das ist es. Die hat mich doch voll belogen und betrogen. Ich weiß nicht, was ich für die Frau war. Und dabei dachte ich mal, daß sie alles ist, was ich noch hab, und daß ich sie deshalb besonders liebhaben müßte. Ah, fuck!«

»Glaubst du, daß du ihr irgendwann verzeihen kannst?« fragte ich.

Heiko zuckte mit den Schultern. »Ich weiß ja nicht. Aber im Moment bin ich einfach bloß verletzt. Wenn die eigene Mutter so was mit einem macht, das ist viel schlimmer, als wenn sonst wer das macht. Jedenfalls empfinde ich das so. Ich weiß ja nicht. Vielleicht komm ich ja mal darüber weg. Kann ja schon sein. Ich liebe sie ja auch. Aber gerade deshalb tut es ja so verdammt weh. Und solange das so weh tut, nee, das kann sie vergessen, das kann ich einfach nicht so wegstecken, als wenn nichts wäre.«

Wut und Schmerz – der Stoff, aus dem
die Verzweiflung ist

Heiko war neun, als er erstmals versuchte, sich das Leben zu nehmen. Er hatte in einer Ausgabe der Zeitschrift »Eltern« gelesen, wie gefährlich das Verschlucken einer Zigarettenkippe für ein Kleinkind sein könnte und spontan beschlossen, sich auf diese Weise zu töten.

Meine Mutter hatte ihren neuen Freund gerade geheiratet. Es nervte mich sowieso an, daß der immer rauchte und alles vollstänkerte. Mein Vater hatte nie geraucht. Und jetzt war immer alles voll damit. Überall lagen Kippen und Asche rum. Dabei wußte er, daß ich Asthma hatte und sowieso schon schlecht Luft bekam. Meine Mutter unternahm nichts dagegen. Bei meinem Vater hatte sie dauernd rumgekeift. Bei ihrem Neuen sagte sie nichts. Der hatte Narrenfreiheit bei ihr. Der konnte sich alles erlauben: den Kühlschrank leerfressen, die Drecksfüße auf den Tisch legen, mit offenem Maul schmatzen, in Unterhose rumhängen. Und rauchen. Obwohl der Arzt gesagt hatte, daß er das wegen mir aufhören muß. Der tat es einfach nicht.

Ich wollte ihm so richtig eins auswischen. Ich dachte, wenn ich seine Zigaretten esse und dann tot bin, kommt er in den Knast. Ich hätte wahrscheinlich zehn Schachteln runtergewürgt, wenn er zehn gehabt hätte. Er hatte bloß noch eine halbe. Und von der wurde mir so kotzelend, daß ich alles wieder ausgereihert habe. Krank war ich danach dann trotzdem. Ich weiß nicht mehr so genau, aber ich hatte ziemlich Fieber und einen total vermurksten Magen. Dauerdurchfall, Krämpfe und so. Meine Mutter war stinkwütend, weil sie dauernd rennen mußte. Von wegen neuer Bettwäsche und so. Aber das war's. Mehr ist damals nicht passiert. Meiner Mutter hatte ich was von einem Döner erzählt, den ich beim

Türken gekauft hatte. Im Notlügenerfinden war ich ziemlich gut. Und ihr Typ, der hat das nicht mal gemerkt, daß ich seine Zigaretten genommen hatte. Wahrscheinlich hat er gedacht, er hat sie wo verloren oder schon verbraten.

Einen zweiten Versuch startete Heiko mit zehn. Damals raste er mit dem Fahrgestell eines ausrangierten Kinderwagens einen steilen Bergweg hinunter, der unmittelbar auf die Kreuzung einer vielbefahrenen Straße mündete. Den provisorischen Go-Kart hatte der neue Mann im Haus gebaut.

Ich wollte, daß ein Auto kommt und mich voll erwischt. Das war absolut der Plan. Ich wollte überfahren werden. Daß ich dann tot sein würde, war damals eigentlich nicht so in meinem Kopf. Darüber hab' ich damals noch gar nicht nachgedacht. Das war immer eher der Gedanke, daß ich dem neuen Mann meiner Mutter eins auswischen wollte. Der verlangte neuerdings, daß ich »Papa« zu ihm sagen sollte. Er hatte gesagt, daß meine Mutter jetzt ein neues Kind bekommen würde und wir eine richtige Familie sein sollten. Ich wollte das zu dem aber nicht sagen. Der war nicht mein »Papa«. Ich wollte, daß der verschwindet. Und wenn er von allein nicht ging ...

An dem Tag sollte er auf mich aufpassen. Das hatte meine Mutter zu ihm gesagt. Hatte ich genau gehört. Er hatte keine Lust, weil er gerade einen neuen Auftrag hatte, der dringend war. Aber weil sie so rummachte, blieb er dann doch. Sie war also zum Arzt. Ich weiß noch genau, daß ich mir gedacht hatte, wenn mir was passieren würde, würde sie wütend auf ihn sein und von ihm weggehen.

Glücklicherweise fuhr in der Sekunde, in der Heiko auf die Kreuzung hinausschoß, kein Auto vorbei. Es kam zu keinem Unfall. »Für einen zweiten Versuch hatte ich an dem Tag keinen Mut«, schrieb Heiko mir in der Korrespondenz, die sich an unser erstes persönliches Treffen anschloß. »Es war ein absolut geiles Gefühl gewesen, da so runterzurasen und zu wissen, gleich ist da ein Auto, und das tut wahrscheinlich irre weh. Trotzdem war da doch auch Angst, daß es zu schlimm weh tun würde. Das kostete schon auch Überwindung. Ja, das habe ich einfach nicht nochmal gepackt.«

Auch Heikos dritter Selbstmordversuch hing mit dem neuen Mann im Haus zusammen.

Ich hatte Geburtstag gehabt, den dreizehnten. Gutes Omen, was? Ich war in der Zeit damals ziemlich aggressiv drauf, hatte Zoff mit jedem. Wollte ich auch. Ich hatte eigentlich bloß noch ein gutes Gefühl, wenn ich ein paar Mal am Tag irgendwen so richtig schön genüßlich zu Kleinholz gemacht hatte. Meine Schwestern waren da genau richtig. Die gingen mir sowieso tierisch auf den Senkel.

An dem Tag hatte meine Mutter wieder so einen doofen Kindergeburtstag für mich arrangiert. So mit Kuchen und Kerzchen und Happy birthday und diesem ganzen Kack. Keiner aus meiner Clique hatte noch so einen Babygeburtstag, bloß der liebe Heiko-Schatz. Ätzend!

Ihr Macker saß da in seinem Rippenunterhemd. Die Mädchen hatten rosa Kleidchen an. Meine richtige Oma, also die Mutter meiner Mutter, und meine angeheiratete waren auch da und hätschelten an den beiden rum. Ich hab' dann gestichelt und blöde Sprüche abgezogen, bis die süßen Käferlein im Duett losjaulten. Ja, und da hat der Typ mir mal wieder eine gelangt. Voll auf die Zwölf. Ich hab' mir die Zunge und die Lippe aufgebissen und geblutet wie abgestochen. Das spritzte alles. Muß echt draculamäßig ausgesehen haben. Da war dann alles zu spät. Die Weiber zeterten, der Typ brüllte, ich auch. Ich hab' dann den Kuchen auf den Fußboden ge-klatscht und bin ab in den Wald.

Zuerst wollte ich richtig abhauen. Ich hatte aber nichts bei mir. Da bin ich nachts zurück. Wie ich ins Haus geschli-chen bin, hab' ich gehört, daß meine Mutter rumgeheult hat wegen mir, daß er mich suchen soll und man die Polizei ver-ständigen muß und all so was. Er hat gesagt, »Quatsch, macht er nicht«, die Polizei wäre er selbst und besser als jeder ande-re Bulle. Ob meine Mutter plötzlich Matsch in der Birne hät-te, daß sie so rumschwallt? Ich käme schon wieder angekro-chen. Spätestens wenn ich Hunger hätte. Aber jetzt würde er andere Saiten aufziehen. Meine Mutter so Heul-Schluchz und Das-kannst-du-doch-nicht-machen. Er so Mr. Bodybuil-ding und immer rauf auf die Tonne. Von wegen Hausarrest, Freundeverbot, Taschengeldentzug, Knochenarbeit, PC weg, »noch bin ich der Boss«.

Davon hab' ich dann noch mehr den Haß gekriegt. Ich hätte den am liebsten umgebracht. Aber das ging ja nicht. Ich mußte das anders hinkriegen. Ich mir also den Autoschlüs-sel geschnappt – der hing immer gleich neben der Tür – bei uns in die Garage und rein ins Auto.

Zuerst wollte ich einfach bloß den Motor laufen lassen, bis es aus wäre. Dann war mir das aber nicht schnell ge-nug. Ich hatte ständig Angst, einer hört was und kommt rein und das war's dann. Ich wollte das diesmal unbedingt rich-tig durchziehen. Also bin ich dann raus aus dem Wagen, hab' aus einem Öltrichter und einem Gartenschlauch ein Verlängerungsstück an den Auspuff geklebt. Dann bin ich wieder ins Auto, hab' mir eine Plastiktüte über den Kopf gezogen und das andere Schlauchende drunter gesteckt und geatmet.

Wahrscheinlich wär's das gewesen. Aber ich hab's nicht durchgehalten. Mir war da so schlecht, das gibt's nicht. Ich hab's gerade noch geschafft, aus dem Auto rauszukommen

und die Garage auf – die ging elektrisch – und raus in den
Garten und abgeröchelt.

Am anderen Tag hatte ich einen Schädel zum Abrauchen
und konnte kaum reden. Das haben dann meine Mutter und
ihr Typ um so besser erledigt. Der hat geschwallt und gepö-
belt. Sie hat geheult. Ich hab' immer bloß genickt. Das ging
mir alles irgendwie am Arsch vorbei. Aber die zwei haben
natürlich nichts geschnallt.

Zwei Jahre später war Heiko wieder so weit, daß er sein
Leben nicht mehr zu ertragen glaubte. Die Mutter, ihr
Mann und die beiden Halbschwestern bildeten eine
Gemeinschaft, in der Heiko sich immer fremder fühlte.
»Wenn die zu viert zusammensaßen, waren sie lustig
und erzählten Witze. Wenn ich dazu kam, war auf einmal tote Hose. Da standen alle auf und hatten zu tun
oder wechselten das Thema. Ätzend! Und der Mann von
meiner Mutter, der war am schlimmsten. Der hackte
ständig auf mir rum. Mal waren ihm meine Haare zu
lang und mal zu fettig, mal zu kurz und zu faschomä-
ßig, mal war ich ihm zu blöd und mal zu clever. Da
gab's einfach nie Ruhe. Und wenn ich dann mal was
gesagt hab, ist er ausgerastet und hat rumgetobt, daß
meine Mutter zu heulen anfing. Spätestens dann hab'
ich zurückgetobt und gebrüllt. Und meistens kam's dann
irgendwann von meiner Mutter, daß ich genauso ein
Ekel bin wie mein Vater und genauso ein Versager und
undankbar und was weiß ich. Das war völlig Wurst,
was ich gemacht hab. Es war einfach immer nur Scheiß.
Ich hatte da echt kein' Bock mehr drauf.«

Heiko begann immer öfter und länger, über den Tod
nachzudenken.

»Ich hatte ja immer was vor seit der Autosache. Ich
weiß noch, ich hab' oft bloß so da gesessen und im Kreis

rumgedacht. Ich wollt's tun. Aber wie war mir eben nicht klar. Es sollte ja die Bombe sein. Und da fiel mir eben nichts ein. Bis ich das mal in der Zeitung las. Da war ein Artikel über Selbstmörder, die sich vor den Zug werfen. Da stand, daß das immer ein Nachspiel hätte, weil geklärt werden muß, ob der Lokführer was damit zu tun hat. Und ein Nachspiel, das war genau das, was ich wollte.«

Heiko schnitt den Zeitungsartikel aus und las ihn immer wieder. Er besorgte sich Fahrpläne und tüftelte den besten Zeitpunkt aus. »Ich hatte mir das wochenlang genau ausgedacht. Bei uns am Ort gibt es so eine Brücke, die über die ICE-Strecke führt. Von oben, zack, vor den ICE, wenn der da angerast kommt, das war sicher. Auch der Tag stand fest. An dem Tag hatten meine Eltern Scheidungstag. Das war immer so ein besonders schlimmer Tag. Den konnte ich nie gut aushalten.«

Als Heikos Plan feststand, fieberte er seinem letzten Tag entgegen.

Ich dachte eigentlich nur noch daran. In der Schule konnte ich mich nicht mehr konzentrieren. Außer in Deutsch. Da nahmen wir damals gerade den Werther von Goethe durch. Mit dem konnte ich mich total identifizieren. Der hatte zwar eine Liebesgeschichte und ich nicht, aber sonst paßte das schon. Die Gedanken, die er so hatte, die stimmten in mir drinnen. Wenn ich eine Pistole gehabt hätte, hätte ich mich garantiert auch abgeknallt. Ich konnte mir das gut von mir vorstellen. Sonst, mit der Clique und so, war mit mir nicht viel los. Ich ging kaum noch weg. Kein Bock, oder so das Gefühl, daß die sowieso nichts verstehen. Die anderen waren mir irgendwie zu kindisch. Was hatten die schon groß zu denken? Ob sie genug Taschengeld hatten, oder ob man die Freundin kriegt, von der man was will. Die hätten gar nicht kapiert, was läuft, wenn die in meinen Kopf hätten reingukken können. Ich wußte es ja selber kaum.

War öde, geb ich zu. Mit mir war echt nichts los. Ich kritzelte dauernd Friedhöfe und Kreuze und Totenköpfe mit Knochen oder solche Werther-Szenen. Außerdem hatte ich bloß noch Lust auf schwarze Klamotten. Ich weiß noch, daß ich mir sogar die Haare schwarz gefärbt hatte. War schon extrem, ja, doch, kann man so sehen.

Wenn ich früher, als ich jünger war, Selbstmord gemacht habe, war das nicht so. Ich hab' da auch nie was geschrieben. An dem Tag dann habe ich das erste Mal einen Abschiedsbrief geschrieben. Und zwar einen für alle die, die's anging. Eigentlich für wirklich alle.

Keinen auf Papier. Nee, nee, der kam an die Wand. An die Brücke, genau drunter, von wo ich springen wollte. Nicht zu übersehen.

Ich wollte, daß der Mann von meiner Mutter weiß, daß ich es wegen ihm mache. Und daß alle es auch wissen. Es war, ja, wie soll ich das sagen, es war eine Aktion. Nicht bloß, daß ich dann tot und weg wäre. Das sollte Kreise ziehen, so richtig bis oben hin, von mir aus bis Bonn, bis überall dahin, wo diese Scheißer sitzen, die das mit den Scheidungen zu verantworten haben.

Und mein Vater, der sollte es endlich auch wissen. Das war mir genauso wichtig wie die Sache mit dem Freund meiner Mutter. Mein Vater sollte kapieren, was das alles mit mir gemacht hatte. Er sollte sich nicht rausreden können. Aber auch die anderen nicht. Keiner sollte ihm sagen können, man hätte nichts gewußt. Er sollte es selber lesen, mit eigenen Augen. Und einen normalen Brief, den hätte ihm ja wohl keiner gezeigt. Abgesehen davon, daß ich ihm keinen schreiben konnte, weil ich keine Adresse von ihm hatte.

Daß sie ihm wenigstens mitteilen müßten, daß sein Sohn tot ist, dachte ich mir schon. Wenn er dann kommen würde *und zu der Brücke ginge – und ich hatte so die Vorstellung, daß er das machen würde, um zu sehen, wo sein Sohn ums Leben gekommen war – würde er den Brief sehen und alles erfahren. Das würde dann schon ein Nachspiel haben. Nahm ich jedenfalls an. Mein Vater ist keiner von denen, die sich alles bieten lassen.*

Heiko war den ganzen Nachmittag des Tages, den er zu seinem letzten bestimmt hatte, ziellos mit dem Fahrrad durch die Gegend gefahren. Irgendwann hatte er sich eine rote Farbsprühdose gekauft. Im Schutz der hereinbrechenden Dunkelheit und der Abgelegenheit der Geleise hatte er seine Nachricht in riesigen Buchstaben auf eine der meterlangen Schallschutzmauern gesprüht. Das Rot war weithin sichtbar.

> *An alle, die's angeht. Dies ist meine letzte Botschaft. Ich tu's wegen dem Mann meiner Mutter und für meinen Vater.*
>
> *Heiko*

Einige Minuten, ehe der ICE vorbeibrausen mußte, war Heiko auf die die Gleise überspannende Brücke gefahren. »Die hatte so ein breites Geländer. Da wollte ich raufsteigen und dann runter«, beschrieb er mir seine Absicht. »Tja, ich hatte zuviel Schiß. Was soll man da machen? Der Zug kam da so an. Ich konnt's dann einfach nicht. *That's it!* Ich bin dann stundenlang noch in der Gegend rumgegondelt und hab' geflennt und mich beschimpft. Und dann irgendwann kam der Punkt, wo ich mir gedacht habe, daß jetzt Schluß ist, daß ich jetzt meinen Vater suche und ihm die Meinung geige und daß ich ihn dann entweder einfach vergesse oder eben nicht. Je nachdem.«

Sprung in die Freiheit

Heiko wirkt erwachsener als seine 17 Jahre. Wahrscheinlich liegt es an seiner hoch aufgeschossenen Gestalt, die sportlich so durchtrainiert ist, daß die Schlaksigkeit des jugendlichen Alters fehlt. Auch das Gesicht mit den eckig vortretenden Wangenknochen und dem energischen Kinn trägt dazu bei. Am meisten fallen die Augen auf. Sie liegen tief in den Höhlen, so daß ihr Blau nahezu schwarz wirkt. Mit Heiko zu reden heißt, seinem Blick fast unverwandt ausgesetzt zu sein. Durchdringend prüft er. Nur selten senken sich die Lider schützend ab, um Gefühle zu kaschieren.

Heiko grinste, als er bemerkte, daß ich ihn ebenso intensiv betrachtete wie er mich. Wie immer, wenn er sich als Beobachter ertappt fühlt, setzte er Worte ein, um abzulenken. »Wenn ich heute manchmal über alles nachdenke, meine ich, daß das damals trotz allem schon so eine Art Sprung war. Ich bin zwar nicht von der Brücke gesprungen, aber das, was ich dann gemacht habe, war mindestens ein Sprung ins kalte Wasser. Ich wollte da runterspringen, weil ich alles nicht mehr ausgehalten hab' und mich rächen wollte. Und dann, als ich meinen Vater gesucht habe, war das auch, weil ich alles ändern und mich rächen wollte. Das Motiv war eigentlich total gleich. Und die Wirkung, na ja, ich war nicht tot, das nicht. Aber irgendwie war die Wirkung schon auch ähnlich, weil ich auf einmal ganz anders geworden bin und ganz anders handeln mußte als sonst.«

»Inwiefern anders?« hakte ich nach.

Früher, ja, ich weiß nicht, früher hatte ich immer alles auf mich zurollen lassen und dann versucht, das auszuhalten. Ich hab' vor kurzem so eine Maltherapie angefangen bei einer Freun-

din von meinem Vater. Da haben wir Bilder gemalt, wie ich mich früher gefühlt hab' und wie jetzt. Einmal hab' ich ein Bild gemacht, da sind meine Eltern und werfen mich immer zwischen sich hin und her, und ich bin da so wie eine Mumie, überall mit Schnüren und Binden drumherum. Das sollte ich früher sein. Weil, das sollte ich sein, wie ich nichts hab' machen können und alle immer mit mir gemacht haben.

An dem gleichen Tag hab' ich ein Bild gemalt, wie ich heute bin. Da hab' ich mich in so einem romantischen Bild gemalt, in einem Boot. Das hatten wir mal in Deutsch. Das Boot ist mein Schicksal, der Fluß ist das Leben, die Steine im Fluß sind die Probleme, die man entweder umschifft und meistert oder dagegen stößt und kentert und untergeht. Der Steuermann sollte ich sein. Ich sitze da also in meinem Boot und bin der Steuermann und fahre gerade an einer Anlegestelle vorbei, auf der eine Frau steht, die mitgenommen werden will. Man sieht, daß ich an eine andere Anlegestelle will, wo ein Mann steht. Die Frau ist meine Mutter und der Mann mein Vater. Das ist klar.

In dem Bild bin ich selbst der Bestimmer. Meine Mutter will zwar mit, aber ich lasse sie stehen. Ich nehme lieber meinen Vater mit.

Ich lasse jetzt nichts mehr mit mir machen. Ich laß mir das nicht mehr gefallen. Jetzt mache ich selbst. Und deshalb kann ich auch mit dem Schiff umgehen. Deshalb stoße ich gegen keine Klippen und kentere nicht und geh erst recht nicht unter.

Die beiden Bilder sind nicht so toll gemalt. Ich kann eigentlich nicht malen. Aber ich will ja auch keine Ausstellung damit machen. Ich hab' bloß mich von innen gemalt. Und das ist genau gelungen. Das ist mir aber auch erst klargeworden, als ich gemalt habe. Ich konnte da eigentlich zum ersten Mal sehen, was jetzt anders ist.

Heiko ist inzwischen 17 Jahre. Seit seinem letzten Selbstmordversuch sind anderthalb Jahre vergangen. In dieser Zeit hat er die Mittlere-Reife-Prüfung mit Erfolg abgeschlossen, seinen Vater wiedergefunden und konkrete Zukunftspläne geschmiedet.

Umbringen werde ich mich nicht. Das ist vorbei. Seit ich merke, daß ich selbst etwas machen kann, aktiv meine ich, kann ich alles ganz anders anpacken. Ich hab' noch so viel vor, bildungsmäßig, arbeitsmäßig und so. Erst mal suche ich mir einen Lehrplatz. Ich will was Handwerkliches machen, hab' da auch schon was in Aussicht. Das klappt bestimmt. Später, wenn's klappt, gehe ich in die Politik. Ich will was für Kinder tun, die ihren Vater brauchen. Das, was ich erlebt hab, sollte keiner erleben. Das muß auch anders gehen. Und das geht auch anders. Das weiß ich.

Wenn zum Beispiel meiner Mutter der Familienrichter damals klipp und klar gesagt hätte, daß sie meinem Vater erlauben muß, mich zu sehen, oder sie wird bestraft, dann hätte sie das erlaubt. Die hätte nie riskiert, daß sie kein Geld mehr von meinem Vater kriegt oder womöglich in den Knast geht. Nie hätte sie das! Da gebe ich Ihnen Brief und Siegel drauf. Die hätte sich nie gewagt, diese ganzen miesen Spielchen zu machen und zu lügen und alles. Das macht doch jeder bloß, wenn er sicher ist, daß ihm nichts passiert. Und das ist es genau, was ich ändern will. Ich will, daß Eltern nicht mehr das Recht haben, ihren Kindern einfach den Vater oder die Mutter – ist ja Wurst – wegzunehmen.

Als ich mit meiner Mutter weg mußte, war ich auf einmal total allein. Meine Mutter war da, das schon. Aber sie hatte einen anderen Mann, war total verliebt. Sie mochte mich schon, aber der Typ hatte mich schon satt, wenn ich bloß einen Piep sagte. Der wollte mit meiner Mutter allein sein. Ei-

gentlich störte ich da nur und kriegte das auch ständig zu hören. Ich will mal so sagen, ich wohnte da bei ihr, sie versorgte mich und alles. Aber so im Herzen war sie nicht für mich da.

Wenn ich sehe, wie sie das mit meinem Vater getrieben hat, denke ich, daß sie mich hauptsächlich haben wollte, damit er mich nicht kriegt. Sie wußte ja, daß er das wollte und daß ich das auch wollte. Sie hat ihm und mir dadurch ja auch bewiesen, wer hier das Sagen hat und daß man sie nicht einfach so abbürsten kann wie eine dumme Göre. Das hat ihr Power gegeben, denke ich. Da konnte sie über meinen Vater lachen und sich stark fühlen, weil sie ihm jetzt so richtig eins ausgewischt hatte. Und sie lachte ja auch mit ihrem Neuen über meinen Vater und zog über ihn her. Hab' ich oft genug gehört und geheult deswegen, weil ich das so gemein und verlogen gefunden hatte.

Eine Mutter, jedenfalls das, was ich darunter verstehe, hatte ich nach der Scheidung auf alle Fälle nicht mehr. Ich hatte keinen Vater mehr, ich hatte seine Eltern nicht mehr als Großeltern, seine Schwester und ihren Mann nicht mehr als Tante und Onkel, ich hatte keine Cousinen und keine Freunde mehr – die blieben ja alle in dem Ort zurück, wo ich früher gewohnt hatte. Ich mußte in eine andere Schule. Ich hatte nicht mal mehr die Eltern von meiner Mutter so ganz richtig. Die wohnen in der Nähe von meinem Vater, im Nachbarort, und von denen waren wir ja ewig weit weggezogen. Die bekamen wir höchstens einmal im Jahr noch zu sehen. Von den Leuten, die wirklich zu mir gehören, war bloß noch meine Mutter da, und die hatte keinen Bock auf mich, weil sie sich frisch verliebt hatte. Ja, und dann die Leute alle, die ihr neuer Mann hinter sich hatte. Seine Eltern und seine Geschwister und deren Kinder. Für die sollte ich auf einmal der Sohn oder der Enkel und das alles sein. Dabei kannte ich die überhaupt nicht und wollte die ja auch nicht. Das waren für mich doch total Fremde. Mit denen hatte ich doch nichts. Und wenn man ehrlich ist – die hatten auch nichts mit mir im Sinn. Für die war ich doch auch bloß so ein angeheiratetes notwendiges Übel.

Die waren schon nett zu mir, klar. Die gaben sich auch Mühe, daß ich mich gut fühlen sollte und alles. Aber das merkt man doch, ob das so von innen kommt, oder ob das so sein muß, weil sich das eben so gehört. Das war wahnsinnsschwer für mich auszuhalten. Alles war anders und fremd, ich kriegte keine neuen Freunde und hatte ziemlich schlechte Noten in der Schule, weil die da weiter waren als in meiner alten und ich außerdem auch keine Lust hatte, was zu lernen. Ich fand's total beschissen da.

Ich hab' wahnsinnsviel geheult damals und auch ziemlich oft ins Bett gepinkelt. Das erste Mal war das Absicht. Aber dann, das war die Härte, daß ich das auf einmal nicht mehr im Griff hatte. Das ist mir heute noch peinlich. Und das Theater dann immer – oh, Jesus Maria! Und weil ich Heimweh hatte, gab's mit meiner Mutter und ihrem neuen Makker obendrein auch noch Zoff. Wenn ich da mal was gesagt habe, hieß es immer bloß, Kinder, die stellen sich doch schnell um, was wissen die denn schon vom Leben, für die ist doch alles bloß Spiel, hab' dich nicht so dämlich, stell dich nicht so an, du willst uns doch bloß ärgern. Aber für mich war das alles, bloß kein Spiel. Und ich kenne jede Menge andere in meinem Alter, für die war das auch kein Spiel. Ich muß sagen, mich hat dieser ganzer Ego-Scheiß von meiner Mutter fast umgebracht. Und das hätte es nicht, wäre alles bloß ein Spiel gewesen.

Deshalb, an solchen Zuständen, da muß sich was ändern. Das darf keiner, Kindern so was antun. Die können sich nicht wehren. Die haben nicht die Mini-Chance. Die müssen gehorchen und kriegen befohlen. Und das kann's nicht sein.

Dafür mache ich mich stark. Das hab' ich ganz fest im Plan.
Und das kann ich ja wohl schlecht, wenn ich nicht mehr da
bin.

Ehe, ex und hopp, aber –
Kinder lieben Mutter und Vater

Mittlerweile sind Scheidungen an der Tagesordnung. Die
Scheu vor dem kostspieligen, nervenaufreibenden und
verbissen geführten Kampf, mit dem die einst so große
Liebe oft zu Grabe getragen wird, schreckt immer mehr
Menschen im heiratsfähigen Alter vor dem entscheidenden Schritt zum Standesamt ab. Die Zahl der Sin-
glehaushalte nimmt zu, die der Ehen ohne Trauschein
ebenfalls. Die Angst geht um. Mit Recht. Im Landes-
durchschnitt scheitert jede dritte Ehe, in Großstädten
sogar jede zweite. Überwiegend Frauen wagen den ersten Schritt zum Scheidungsanwalt. Überwiegend Männer finanzieren nach der Scheidung den Unterhalt für
beide Seiten.

Die überwältigende Mehrheit der von Scheidung ihrer Eltern mitbetroffenen Kinder wird durch Familien-
gerichtsbeschluß zu sogenannten »Scheidungswaisen«
erklärt. Dies ist ein inzwischen gängiger Begriff für
Kinder, die durch Scheidung ein Elternteil quasi verlieren und dadurch zu Halbwaisen werden.

1996 waren in Deutschland rund 150.000 Kinder
betroffen. Im Regelfall reißt der Kontakt der Kinder zum
Vater ab. Was ihnen von ihm bleibt ist Geld – sofern er
dieses hat und Unterhalt zahlen kann. Letztlich entschei-
det der *good will* der Mutter, ob der Vater auch als
Mensch präsent bleiben darf. Wenn sie nicht will, kann
der Vater vergleichsweise einfach vom Alltag, der Er-

ziehung und somit vom Leben seiner Kinder ausgeschlossen werden. Es genügt die beharrliche Weigerung eines Elternteils, mit dem Ex-Partner ein gemeinsames Sorgerecht auszuüben. Das Familiengericht muß in diesem Fall eine Entscheidung darüber treffen, welcher Elternteil eine »Alleinentscheidungsbefugnis in allen Dingen des täglichen Lebens« erhält.

Bisher haben 50 Prozent der Kinder schon nach einem Jahr keinerlei Kontakt mehr zu einem Elternteil. In 80 Prozent der Fälle sind dies die Väter. Ob sich durch die am 25. September 1997 in Kraft getretene Reform des Kindschaftsrechts an der bisher üblichen extrem mutterfixierten Gerichtspraxis etwas entscheidend ändert, bleibt zu hoffen. Zahlreiche Experten sehen jedoch voraus, daß das Recht auf einseitige Verweigerung des gemeinsamen Sorgerechts dazu führen wird, daß speziell Frauen dieses nutzen und die Familiengerichte Väter weiterhin ins Abseits drängen werden.

Hoffnung auf Besserung weckt einzig der in letzter Sekunde eingebrachte Passus zum Umgangsrecht für das Kind mit beiden Eltern. Erstmals hat nun auch in Deutschland ein Kind ein einklagbares Recht auf Umgang mit jedem Elternteil, wohingegen Eltern zum Kontakt mit ihrem Nachwuchs berechtigt und verpflichtet sind. Das eigenständige Recht des Kindes auf beide Elternteile ist vor allem in den Fällen wichtig, wenn das Kind gegen den Wunsch etwa der Mutter den Vater besuchen möchte bzw. wenn eine Mutter regelmäßige Besuche des Vaters bei ihrem gemeinsamen Kind einfordern will.

Inhaltlich entspricht dieser Passus in etwa der Forderung der UN-Kinderrechtskonvention, wonach erstens Kinder auch nach Trennung/Scheidung ihrer Eltern den

Kontakt zu beiden Eltern behalten müssen, und zweitens die Vertragsstaaten alle erforderlichen Maßnahmen zur praktischen Durchsetzung zu ergreifen haben.

Für eine solche Reform wurde es auch allerhöchste Zeit, denn obwohl Deutschland Mitunterzeichner der UN-Kinderrechtskonvention ist, stellte eine anläßlich der »Zwischenstaatlichen Konferenz von Darlington« vom 18. bis 20. Mai 1997 vorgelegte Studie von Nigel Lowe und Alison Perry (The Operation of Hague and European Conventions on International Child Abduction between England and Germany) heraus, daß die zu diesem Zeitpunkt aktuelle deutsche Rechtspraxis bezüglich der Sorgerechtsregelung fortlaufend internationale Verträge bricht.

Tatsache ist, daß gegenwärtig jedes vierte Kind bei nur einem Elternteil aufwächst – in der Regel bei der Mutter – und keinerlei Kontakt zu dem vielfach aufgrund von Umgangsverweigerung abgedrängten Elternteil mehr hat. Jedes siebte Kind lebt von der Sozialhilfe, wobei in Großstädten 40 Prozent aller Unterhaltsempfänger alleinerziehende Mütter sind.

Insgesamt haben sich – analog zu den steigenden Scheidungszahlen – die Defizite der Unterhaltsvorschußkassen in den letzten drei Jahren um ein Dreifaches gesteigert. Anders als oft behauptet, liegt die Ursache selten in der mangelnden Zahlungsmoral der unterhaltspflichtigen Väter. Mehrheitlich sind diese durchaus zahlungswillig, jedoch wegen eigener finanzieller Notlagen, die meist aufgrund der Scheidung zustande kamen, außerstande, ihrer Zahlungspflicht nachzukommen. Ohne diejenigen verteidigen zu wollen, die ihrer Unterhaltspflicht aus freien Stücken nicht nachkommen, muß darauf aufmerksam gemacht werden, daß viele von ihnen diesen Weg wählen, um bei den unterhaltsberechtigten Müttern den Umgang mit ihren Kindern durchzusetzen.

Tatsache ist ebenfalls der alarmierende Anstieg der Kinder- und Jugendkriminalität, welche als Ergebnis der finanziellen, sozialen, gesundheitlichen und seelischen Verelendung der Kinder in der Folge des Verlustes eines Elternteils zu sehen ist. Der Anteil von Kindern Alleinerziehender unter Neonazis, Skinheads und anderen gewaltbereiten Jugendgruppen ist alarmierend hoch.

Mit dieser gesellschaftlichen Entwicklung steht Deutschland nicht allein da. Vielmehr verhält es sich in ganz Europa und den USA ähnlich. Während man in anderen Staaten, wie etwa Schweden, Dänemark, Frankreich und England sowie den USA aus den Erfahrungen gelernt und teilweise seit über zehn Jahren sinnvolle gesetzgeberische sowie verwaltungstechnische Maßnahmen ergriffen hat, so daß die Quote des gemeinsamen Sorgerechts durchschnittlich bei deutlich über 50 Prozent liegt, hinkt Deutschland weit abgeschlagen hinterher. Hierzulande nutzen bislang gerade mal schlappe 17 Prozent aller Eltern die Chance zum gemeinsamen Sorgerecht im Interesse des Wohles ihrer Kinder.

Heiko ist nur ein Beispiel. Sein Kummer um den Verlust des Vaters ist der Kummer aller Kinder, die von ihren Müttern in grenzverletzender Weise manipuliert werden.

Die meisten Mütter wollen vielleicht die Ex-Partner durch den Entzug des Kindes bestrafen und genießen das Bewußtsein, dem Mann, der ihnen weh getan hat, nun einen vernichtenden Schlag austeilen zu können. Ihren Kindern hingegen wollen sie ganz sicher nicht schaden, wenn sie ihnen die Väter entziehen. Im Gegenteil: Die meisten Mütter, mit denen ich unter anderem während der Arbeit an meinem Buch »Der gebrauchte Mann – Abgeliebt und abgezockt – Väter nach der Scheidung« gesprochen habe, sind fest davon überzeugt, im Interesse des Kindes zu handeln, wenn sie dieses von einem Menschen fern halten, dessen Charakter die Mütter als »nicht liebenswert« definieren. Sie glauben, die einzig mögliche Entscheidung getroffen zu haben und nur das Beste für ihr Kind zu wollen.

Jeder Mutter ist zwar klar, daß ihr Kind den Vater vermißt, wenn dieser ausgeschlossen wird und nicht mehr kommt. Gleichzeitig aber erteilen sie sich die Erlaubnis dazu, diesen Ausschluß zu betreiben, indem sie behaupten, selbst die wichtigste Bezugsperson im Leben ihres Kindes zu sein, in jedem Fall aber wichtiger als der Vater. Dieser habe das Kind doch sowieso kaum erlebt, weil er nie Zeit gehabt hatte. Deshalb werde sich das Kind bald daran gewöhnen, entweder keinen oder einen neuen, viel netteren Vater zu haben.

Diese Sicht der Dinge wird unterstützt durch die weit verbreitete Ansicht, daß Kinder nicht wissen, was gut für sie ist, Entscheidungen in deren Konsequenz nicht zu überblicken vermögen, das zu tun haben, was von ihnen erwartet wird, sich auf Veränderungen und andere Menschen leicht einstellen und Kummer schnell vergessen zu können.

Lena, die ich im Zusammenhang mit meiner Buchrecherche zu »Der gebrauchte Mann« kennengelernt habe, beschrieb mir ihr Situation so:

Bei Kindern liegen Tränen und Lachen so nah beisammen. Das erleben Mütter doch jeden Tag x-mal mit. Man kann einfach nicht dauernd auf die Kinder Rücksicht nehmen. Man ist doch als Mutter auch immer noch Frau. Da hat man doch immer noch Anspruch auf Glück und Liebe und alles das. Soll das etwa bedeuten, daß ich nie mehr einen Mann in mein Bett lassen darf, bloß weil der nicht der Vater meines Kindes ist? So ein Blödsinn! Es kann doch nicht sein, daß ich auf alles verzichten soll, nur weil ich mal ein Kind bekommen habe.

Ich hab' einfach noch immer einen Anspruch an mein eigenes Leben. Dazu gehört, daß ich den Vater von meinem Kind nicht mehr sehen will. Ich hab' mich in dem Menschen geirrt. Ich war mal verliebt und hab' das mit Liebe verwechselt. So was kommt vor. Du lieber Himmel! Ich weiß nicht, wieso, aber damals hab' ich ihn nicht durchschaut. Ich bin voll auf ihn 'reingefallen. Das ist kein Mann, der in mein Leben paßt. Und deshalb will ich auch nicht, daß er mein Kind erzieht und beeinflußt und seine Ansichten weitergibt. Ich will nicht, daß er aus meinem Kind so einen Menschen macht, wie er einer ist. Man weiß doch, wie das ist! Wenn er das Kind nur manchmal hat, ja, klar, daß er da nur immer die Highlights absahnt und mit dem Kind tolle Sachen unternimmt und sich da präsentiert, als wäre er der Supervater.

Da kann ich als Mutter nicht mithalten. Das geht einfach nicht. Das muß ich doch klar erkennen. Und darum will ich das nicht. Ich habe einfach keine Lust, alle Drecksarbeit für mein Kind zu erledigen, und er macht alles, was Spaß macht. Und dafür muß ich mir dann von meinem Kind womöglich dauernd vorschwärmen lassen, wie toll es beim Vater war und was für ein lieber der ist und wie blöd ich selber bin. Denn klar muß ich dem Kind blöder vorkommen, wenn ich die bin, die zum Beispiel die Hausaufgaben durchdrückt und Hausarrest erteilt und Nein sagt und alles, wo der Papa nie was mit Hausaufgaben am Hut haben muß, in den paar Besuchsstunden nie Nein sagen muß usw.

Ich kenne den Mann doch. Ich weiß doch, wie der einen einwickeln und beeindrucken kann, wenn er will. Und natürlich will er das in dem Fall. Der will doch glänzen und sich einschmieren. Kenn ich doch alles! Meine Güte! Da wird er doch ganz automatisch zum Idol. Und damit passiert genau *das, was ich eben nicht will. Dann habe ich hinterher ein Kind großgezogen, das genau so ein Typ ist wie der Mann, mit dem ich es nicht mehr ausgehalten habe. Ja, kann denn ein vernünftiger Mensch glauben, daß ich so was mitmache? Nein, das alles läuft mit mir nicht. Ich bin die Mutter. Ich bin für mein Kind da. Und darum bestimme ich auch. Von mir aus, wenn das Kind älter ist und schlau genug, sich eine objektive Meinung zu bilden und sich nicht einwickeln zu lassen, kann ein Kontakt zustandekommen. Aber vorher, vorher nur über meine Leiche!*

So verständlich Reaktionen wie diese aus Sicht der Mutter sind – hier wird verdrängt, daß Kinder trotz ihrer emotionalen und materiellen Abhängigkeit von ihren Eltern eigenständige Persönlichkeiten mit von diesen unabhängigen Gefühlen, Bedürfnissen und eigenen unveräußerlichen Menschenrechten sind.

Ein Kind geboren, aufgezogen und notwendigerweise auch erzieherisch geführt zu haben, darf speziell die die überwiegende Betreuungsarbeit leistende Mutter nicht dazu verleiten, die eigenen Ansichten und Ansprüche auf das Kindes auszuweiten und im besten Glauben davon auszugehen, daß alles, was für sie selbst gut und richtig ist, auch für das Kind gut und richtig sein müsse. Ganz gleich, wie tief die Kluft zwischen zwei ehemals Liebenden geworden sein mag – der Streit der Eltern ist nicht der Streit des Kindes.

Und wenn die Mutter den Vater nicht mehr liebt und braucht, so liebt und braucht das Kind ihn doch. Der Vater ist ein Teil des Kindes, so wie das Kind ein Teil des Vaters ist. Keine Scheidung und keine Umgangsverweigerung werden diese natürliche Ur-Bindung jemals auflösen. Wer sie dennoch kappt, macht sich nicht nur schuldig an Kind und Vater, sondern als Sorgeberech-

tigter für das Wohl des Kindes auch vollkommen un-
glaubwürdig.

Vertane Chancen bis zur Endstation Sehnsucht

Hätte Heikos Mutter die Gefühle, Wünsche und Bedürfnisse ihres Sohnes respektiert und ihm den geliebten
Vater nicht mit List und Tücke genommen, hätte Heiko
vermutlich trotz der Scheidung seiner Eltern eine glückliche Kindheit verbracht. Nach einer anfänglichen Trau-
erphase um die verlorene gewohnte Gemeinsamkeit hätte
er sich an die veränderten Umstände angepaßt. Die
Gewißheit, den Vater zum Beispiel jederzeit ganz selbstverständlich anrufen, besuchen, einladen und wiedersehen zu können, hätte ihm innere Sicherheit gegeben
und die Kraft, die neue Beziehung der Mutter zu akzeptieren. Ohne die Angst, daß der neue Mann im Leben
der Mutter den Vater vertreiben werde oder bereits ver-
trieben habe, hätte Heiko sich diesem neuen Partner
gegenüber neutral verhalten können. Sie hätten sogar
eine Chance gehabt, sich einander anzunähern, Zuneigung zueinander zu fassen und gut miteinander auszu-
kommen.

Statt dessen berücksichtigte die Mutter die Bindung
ihres Sohnes an den Vater nicht im geringsten. Im Gegenteil, sie unterminierte und verhinderte sie ganz gezielt, um ihre eigene neue Partnerschaft ungestört aus-
leben zu können. Um dieses Ziel zu erreichen, tischte
sie sowohl ihrem Kind als auch dem Vater ganz ungeniert Lügen auf.

Indem sie dem Vater immer wieder Hindernisse in
den Weg legte, wenn dieser seinen Sohn besuchen wollte,
erreichte sie schließlich seinen resignierten Rückzug.

Mit Schadenfreude, dem Gefühl befriedigter Rache und Erleichterung sah sie ihn endgültig aus ihrem Leben verschwinden. Da sie nur dann ihre Ruhe haben konnte, wenn nicht nur der Vater den Sohn, sondern auch der Sohn den Vater aufgab, setzte die Mutter ihre Schachzüge bei Heiko fort.

Ihm machte sie weis, der Vater habe kein Interesse zu kommen und liebe ihn nicht mehr. Den Kummer ihres Sohnes nahm sie dabei bewußt in Kauf. Da ihr der Anblick dieses Kummers gleichwohl Gewissensbisse verursachte, reagierte sie auf Heikos Fragen und Tränen mit Zorn. Wie jedes Kind, wollte auch Heiko geliebt werden und seiner Mutter gefallen. Sie war alles, was ihm geblieben war. Die aufgrund der Scheidungserfahrung sehr reale Angst, auch sie zu verlieren, steigerte Heikos Bestreben, die Mutter nicht zu verärgern. Folglich unterdrückte er seine Trauer um den Vater und gab sich nach außen hin gleichgültig. Die inneren Eruptionen des schmerzlichen Verlustes, den Heiko erlitten hatte, blieben äußerlich unbemerkt.

Unter der Oberfläche des angepaßten Verhaltens aber gärte es. Da Heiko den neuen Lebenspartner der Mutter als Sündenbock für das Scheitern der Ehe seiner Eltern und damit verbunden den Verlust des Vaters verantwortlich machte, haßte er »den Neuen« abgrundtief. In der kindlichen Hoffnung, den Vater zurück- und die frühere Familiensituation zurückzubekommen, wenn nur dieser »Neue« verschwinden würde, begann Heiko, nach Lösungen zu fahnden. Die naheliegendste war, die Mutter auf diesen Mann wütend zu stimmen, so daß sie ihn wegjagen würde. Damit sie wütend genug würde, mußte etwas Schlimmes passieren.

»Meine Mutter hatte früher oft gesagt, das Schlimmste für sie wäre, wenn mir etwas passieren würde«, erklärte mir Heiko in unseren Gesprächen. »Es war klar, daß mir etwas passieren müßte. Ich habe gar nicht groß darüber nachgedacht. Das stand für mich fest. Darüber nachdenken, das mache ich erst heute. Damals hab' ich einfach gehandelt.«

»Hast du die Konsequenzen nie bedacht?« wollte ich wissen. »Ich meine, daß du sterben würdest, tot wärest?«

Heiko verzog den Mund. »Nicht so direkt«, meinte er. »Am Anfang, so bei den ersten paar Mal, da war mir irgendwie gar nicht richtig klar, wie tot tot ist. Da hatte ich eher so das Gefühl dafür, als ob man auf Urlaub fährt oder so. Ich hab' mir da nie klar gemacht, daß ich dann ja nichts mehr davon hätte, wenn der Typ weg ist. Ich hatte da schon so die Vorstellung, wenn der weg ist, bin ich wieder da.«

»Und später? Als du älter warst?«

»Da war das eher so eine Gewohnheit.« Heiko zögerte, dachte nach. »Nicht so in dem Sinn, daß ich mich aus Gewohnheit umbringen wollte. So nicht. Das war eher, weil ich es schon so oft probiert hatte und eigentlich auch ständig daran dachte. Egal, wenn was war, womit ich nicht klarkam, dachte ich, daß ich das machen kann. Daß ich die Möglichkeit hatte, war oft die einzige Rettung, daß ich was aushalten konnte und es dann eben nicht machen mußte. Hört sich ziemlich durcheinander an, aber für mich war der Gedanke, daß ich mich umbringen kann, wirklich eine Hilfe. Nur, daß ich dann tot wäre, das hab' ich mir eigentlich da auch nicht wirklich bewußt gemacht.«

»Du hast aber doch über den Tod nachgedacht«, bohrte ich nach. »Was hat Selbstmord denn für dich bedeutet?«

»Bedeutet – gute Frage.« Heiko zupfte an seinem

Oberlippenbärtchen. Eine Geste, die ich mittlerweile fast immer beobachtete, wenn er unsicher war. »Bedeutet hat das eigentlich, daß ich mich auf die Art wegmachen konnte, verschwinden eben. Aber nicht im Sinn von Tod. Ich hab' über das Danach schon nachgedacht und über den Sarg und die Beerdigung. Auch über Seele und alles. Klar, bin ja nicht blöd. Aber das war trotzdem nie so nah an mir dran. Ich wußte, daß ich dann tot bin. Aber ich hab' über das Totsein gedacht wie über das Lebendigsein, nur irgendwie anders. Ich dachte, danach geht alles anders, aber eben weiter. Irgendwie. Und ich dachte auch nie, daß ich dann nicht mehr dabei bin, wenn alles anders ist. Das war eigentlich in meinem Kopf drinnen immer noch ziemlich genauso wie zu der Zeit, als ich noch ein Kind war.«

»Würdest du das als Unreife bezeichnen?« fragte ich.

Heiko schüttelte den Kopf. »Wieso? Ich glaube, Kinder sind innerlich viel reifer als Erwachsene, weil sie noch viel näher an dem dran sind, was vor dem Leben war. Das vergißt man dann im Laufe der Zeit. Daß ich so eine Sehnsucht hatte, vor dem Leben, das ich damals hatte, wegzulaufen und tot zu sein, das war vielleicht auch, weil da noch so ein Stückchen Erinnerung in mir drinnen war an viel früher, und daß ich das zurückhaben wollte. Deshalb hatte ich eigentlich auch bloß immer Angst davor, tot zu sein, wenn ich anfing nachzudenken, wie es im Sarg wäre oder so. Vor dem Totsein selbst hatte ich keine Angst. Das war etwas, was für mich vom Gefühl her gut war, besser jedenfalls als das, was meine Mutter mir mit ihrem neuen Partner so geboten hat. Tot zu sein, das war für mich ganz einfach ›Endstation Sehnsucht‹.«

Ohne nähere Erklärungen konnte ich mit diesem Begriff wenig anfangen. Heiko lachte. »Ich hatte das als

Kind mal aufgeschnappt. Irgendwie hatte mir das imponiert, so als Wortspielerei. Das hatte mir einfach gefallen. Ich stellte mir dabei immer eine Zugfahrt vor. An der Endstation sollte mein Vater stehen und auf mich warten. Genau das war es mit dem Umbringen. Ich hatte immer das Gefühl, wenn ich es tun würde, wäre alles anders und mein Vater wieder da. Deshalb würde an der Endstation die Sehnsucht aufhören.«

»Wirst du mit deiner Mutter über alles reden?« fragte ich.

Heiko grinste. »Ich schenk ihr das Buch. Dann ist sie an der Reihe.«

»Ich würde gern vorher mit ihr sprechen«, meinte ich. »Was hältst du davon?«

»Nichts.« Heiko wurde unvermittelt ernst. »Sie soll selbst nachdenken. Sie soll selbst merken, was Sache ist. Ich will, daß sie das ganz von sich aus mitkriegt. Sie soll mir sagen, daß ihr das leid tut. Ich will das von ihr hören. Ich brauch das. Und da will ich nicht, daß Sie vorher mit ihr reden und ihr das Selberdenken abnehmen. Die Frau hat mir so weh getan. Mir und meinem Vater auch. Ich will, daß sie das spürt. Und deshalb – kein Interview mit meiner Mutter.«

Ich habe Heikos Bitte selbstverständlich akzeptiert. Aus diesem Grunde muß die Frage unbeantwortet bleiben, ob seine Mutter sich jemals darüber im klaren war, wie lebensbedrohlich sich ihre radikale Ausmerzung des Vaters auf ihren Sohn auswirkte.

Vielleicht hätte sie ähnlich geantwortet wie Christina, die ihre beiden Kinder verloren hat, weil sie dem Vater das Umgangsrecht auf ähnliche Weise verweigerte und dieser schließlich in einer Kurzschlußhandlung sowohl sich selbst als auch die Kinder umbrachte.

»Ich kann den Gedanken nicht ertragen«, sagte sie mir, »daß sie noch leben würden, wenn ich sie hätte rechtzeitig loslassen können. Der Vater hat sie umgebracht. Er ist der Mörder, nicht ich. Aber die Schuld, die Schuld habe auch ich. Und damit zu leben, ist oft fast unmöglich.«

Yasmin

Yasmin ist heute 18 Jahre alt. Mit 16 wurde sie Opfer eines schweren Verkehrsunfalls, bei dem sie ihr Gesicht verlor. Die Nase, der rechte Wangenknochen, Kinn und Mund mußten von Spezialisten im schweizerischen Bern neu aufgebaut werden. Das weltbekannte Ärzteteam hat eine eigene Operationsmethode entwickelt, den sogenannten »Subcranialen-subfrontalen Schädelbasiszugang«. Dabei muß selbst bei schwerwiegenden Gesichtsverletzungen die Schädeldecke zur Wiederherstellung nicht geöffnet werden. Das Risiko einer Hirnverletzung während der Operation ist somit deutlich geringer.

Verletzungen wie jene, die Yasmin erlitten hatte, stellen für die Berner Ärzte ein gewohntes Bild dar. Täglich kommen Patienten zu ihnen, die Defekte durch Unfall oder als Folge von Krebserkrankungen haben und auf Hilfe hoffen. Dennoch sind auch den Fähigkeiten der besten Spezialisten Grenzen gesetzt. Obwohl es ihnen möglich ist, beispielsweise aus einem Hautlappen der Schulter eine Wange zu formen und aus dem fleischigen Innenteil einer Unterlippe eine neue Oberlippe zu konstruieren, Nasen aus Silikonprothesen einzusetzen und Knochenschichten etwa der Schädeldecke so auszufräsen, daß ein neues Kinn oder ein neues Jochbein entsteht, können sie keine Wunder bewirken.

Auch Yasmin wird niemals wieder so wie vor ihrem

Unfall aussehen. Sie lebt – aber mit einem neuen Gesicht.

Persönlich kennengelernt habe ich Yasmin leider nie. Sie zog es vor, mir ihre Geschichte in Briefen und auf besprochenen Diktierkassetten zuzusenden.

»Sie sollen mich nur so sehen, wie ich Sie mich sehen lassen will«, schrieb sie in ihrem ersten Brief an mich, in dem sie mir erklärte, sich keinesfalls mit mir treffen zu wollen und mir zugleich ein Foto mitschickte, das wenige Stunden vor dem Unfall aufgenommen worden war. Es zeigte mir ein hochaufgeschossenes, überschlankes blondes Mädchen mit Stupsnase und Sommersprossen, das lachend in die Kamera blickt, während es aus einer dicken Schläfensträhne einen Zopf flicht. »Das bin ich«, steht auf der Rückseite. »Mit meinem wahren Gesicht hinter dem Gesicht. Nur das, was ich Ihnen zeige und schreibe, sollen Sie von mir wissen. Sie sollen mich nicht mit eigenen Augen betrachten, denn mich, wie ich bin, werden Sie dabei doch niemals sehen. Ich will vor Ihnen verschleiert bleiben. Ich bin der Clown mit der festgewachsenen Maske, das Ich hinter dem Ich, das unlösbare Rätsel.«

Yasmin hatte schon vor ihrem Unfall Gedichte und kleine Kurzprosa verfaßt. Meist waren die Texte entstanden, wenn jemand in der Clique Geburtstag hatte und Yasmin ein passendes Geschenk brauchte. Ihre Postkarten mit eigenen Sprüchen oder Gedichten waren heiß begehrt. Den nachfolgenden Text schrieb Yasmin in den letzten Wochen vor ihrem Selbstmordversuch als Widmung in ein Buch, das sie ihrer besten Freundin zum Geburtstag schenkte.

Der Clown

Sieh mich an,
ich bin ein Clown
und zeig ein bunt bemalt' Gesicht.
Wenn ich lache,
hat mein Ohrenpaar Besuch.
Sieh mich an,
ich bin nicht Mensch wie du
und bin kein Tier,
denn was ich
sein soll,
ist nicht,
was ich bin,
und was ich bin,
das kann ich
niemals,
will ich
niemals,
werd ich
niemals sein.
Doch ob ich scherze oder weine –
bleibt im Endeffekt egal.
Was ich tue,
wann
und wie,
ist für Publikumskaprice
Grund zum Lachen, Clownerie.
Gibt es
keinen,
der sich fragt,
welches Herz die Maske birgt?
Setzt denn
jeder

meine Show gleich der Person?
Sieh mich an,
ich bin ein Clown.
Doch weil mein Lachen müde ist,
leih mir
für diese Nacht –
Oh, keine Angst! Nein,
nicht dein Ohr
und nicht dein Herz,
nicht deine Zeit
und nicht dein Geld –
leih mir
nicht weiter als
dein Taschentuch.

Ich kam mir vor wie ein Zombie

Ich wußte lange nach dem Unfall nur, daß ich eine Gesichts-
verletzung hatte. Ich war ja total bandagiert. Da konnte kei-
ner Geheimnisse machen. Ich hatte Angst, wie es aussehen
würde, wenn die Verbände weg wären. Aber ich wußte nicht,
wie arg es war. Das hatten sie mir nie gesagt. Ich dachte mir
ja schon, daß es schlimm war. Ich bin ja nicht blöd. Aber als
ich dann die Binden weg hatte und mich zum ersten Mal
wirklich sah, oh je, ich kam mir vor wie ein Zombie. Ich dach-
te, das ist nicht wahr, das ist ein Alptraum.

Oft denke ich das heute auch noch. Dieser Mensch mit
meinem Körper und diesem Gesicht soll ich sein?

Ich begriff auf einmal, wie dem Biest in »Die Schöne und
das Biest« oder dem Phantom in »Phantom der Oper« zumu-
te sein muß. Als ob man mit einem bösen Zauber belegt wor-
den wäre. Als ob man jeden Moment auf einen wartet, der
einen erlöst und keiner kommt. Grausam!

Ich hab' mich so gehaßt mit diesem Gesicht. Nachts hab'

ich geträumt, ich wäre nackt auf der Straße und alle würden mich sehen und auslachen. Oder Feuer, von Feuer hab' ich dauernd geträumt. Da war ein Traum, in dem fing das Feuer immer in meinen Haaren an und lief dann so über mich weg, so wie Papier wegschwelt, nicht richtig brennt, aber immer weniger wird. Tagsüber war's am schlimmsten. Das war, als ob ich ständig auf der Flucht wäre. Bei jedem, der mich ansah, hab' ich gedacht, der ekelt sich vor dem Gesicht. Ich hab' mir gewünscht, Muslimin zu sein und einen Schleier zu tragen, den ich nie abmachen muß.

Dabei hatten sich meine Familie und meine Freunde eigentlich phantastisch verhalten. Die Clique hatte mich nie im Stich gelassen oder so. Während ich in der Klinik war, konnten sie nicht kommen. Es war einfach zu weit weg. Aber später, als ich zu Hause war, da kamen sie schon und riefen an; ich war wie früher dabei. Die waren eigentlich alle wie früher. Aber ich war eben anders geworden.

Das mit meinem Gesicht war ja nicht bloß, daß ich die Narben und die Schiefigkeiten und diese Nervenstörungen und all das hatte. Es war ja auch innen mit mir alles durcheinander gekommen. Ich konnte nicht mehr die sein, die ich vor dem Unfall war. Und dann die Sache mit den Jungs. Die waren ja lieb, echt lieb zu mir. Aber das war nicht mehr wie früher. Die waren lieb zu mir, als ob ich ein Kind oder eine Oma wäre. Aber von denen wollte keiner mehr was von mir. Das merkte ich. Das spürte ich dauernd. Und das wußte ich, das würde nie mehr richtig. Das würde jetzt immer so sein. Ich hatte diesen Unfall überlebt, aber ich war trotzdem tot. Ich kann das nicht so erklären. Aber ich empfand das so. Die, die ich gewesen war, die war tot. Und die, die ich jetzt sein sollte, wollte ich nicht sein. Die konnte ich nicht sein.

Mir war schon klar, daß meine Eltern das anders sahen. Auch, daß sie wahnsinnig unglücklich sein würden, weil sie *so irre froh waren, daß ich überlebt hatte. Aber ich schaffte es nicht, für sie zu leben. Ich wollte für mich selbst leben. Und das, ja, das war eben nichts mehr. Mein Leben für mich selbst war aus. Es war für mich die einzige Lösung, dann auch richtig tot zu sein.*

In einen Alptraum gestoßen

Zwei Jahre nach der Sekunde, in der Yasmin – wie sie es ausdrückt – »zum zweiten Mal geboren und in ein Alptraumleben hinausgestoßen« wurde, fällt es ihr immer noch schwer, über die Ereignisse jener Nacht zu sprechen, die alles veränderten. Ihr Tonbandbericht für mich ist stockend, oft von der Suche nach Worten unterbrochen, an manchen Stellen so schnell und undeutlich gesprochen, daß das Gesagte kaum verständlich ist. Gerade weil ich Yasmin nicht sehe, beschwört ihre Stimme die Szenen der Vergangenheit als gelebte Gegenwart herauf.

Wir waren zu fünft, der Santo, der Thorsten, die Laura, die Bea und ich. Die Bea und ich kannten uns schon vom Kindergarten. Die anderen kamen so nach und nach dazu. Wir waren mindestens seit der siebten Klasse fest befreundet. So eine richtige Clique eben. Das änderte sich auch nicht, als der Santo von der Schule abging und eine Lehre anfing, und die Bea eine Ehrenrunde drehen mußte.

An dem Tag, an dem es passierte, feierte der Thorsten seinen Geburtstag nach. Er war zwei Wochen vorher 17 geworden. Eine Riesenfete, zu der seine ganze Tischtennismannschaft, seine Judogruppe, die ganze Klasse und natürlich wir von der Clique eingeladen waren. Seine Mutter hatte sich unheimlich viel Mühe gegeben und in der Garage ein kaltes

Büffet aufgebaut. Als einzige Bedingung hatte sie gestellt, daß es keinen Alkohol geben sollte. Thorsten hatte ziemlich geschmollt, weil er fand, daß seine Mutter wie immer übervorsichtig wäre und er sich vor den anderen blamieren würde. Wir hatten dann aber gesagt, daß wir das eigentlich ganz okay finden, weil Alkohol ja auch was mit Sucht zu tun hat. Der Thorsten sah zuletzt ein, daß er entweder eine Ohne-Alkohol-Party geben konnte oder gar keine, und gab nach.

Seine Mutter hatte tatsächlich auch nur Cola, Fanta und so was in der Art für die Fete eingekauft. Davon, daß dann doch Alkohol da war, hat sie nichts gewußt. Ein paar von den Jungs hatten aber heimlich Schnaps und Cognac mit reingeschmuggelt. Das schütteten sie in die Cola. In dem braunen Zeug sieht man es ja nicht. Von den Mädels machten auch welche mit.

Um acht war die Fete losgegangen. Um neun kam die große Überraschung für Thorsten. Er bekam nämlich einen Roller geschenkt. Den hatte er sich die ganze Zeit gewünscht, seit er 16 war. Das ganze Jahr hatte er eigentlich von nichts sonst geredet und damit ganz schön genervt. Aber seine Mutter hatte immer zuviel Angst gehabt. Obwohl der Thorsten sonst wahnsinnig verwöhnt worden war und eigentlich immer alles bekam, was er wollte, hatte er keinen Roller bekommen und sollte auch nie einen kriegen. Seine Mutter hatte gesagt, daß er in einem halbem Jahr mit dem Führerschein fürs Auto anfangen könnte, so daß er ihn mit 18 bekäme. Aber das reichte dem Thorsten nicht. Ich glaube, er hatte sich da richtig reingesteigert. Und außerdem wollte er einfach nicht akzeptieren, daß bei ihm mal etwas nicht ging.

Er hatte seine Mutter dann einfach ausgetrickst, indem er in den Ferien und am Wochenende gejobbt und das Geld für den Roller selbst zusammengespart hat. Seine Mutter hätte es ihm verbieten können. Aber das hat sie dann doch nicht.

Der Thorsten hat sich bei ihr eigentlich alles rausnehmen können. Das wußte er auch. Das wußte jeder.

Als sie gemerkt hat, daß der Thorsten nicht genug Geld hatte, um sich einen neuen Roller kaufen zu können und sich einen gebrauchten holen wollte, hat sie schließlich klein beigegeben und gesagt, daß sie ihm das Geld für einen neuen, richtig guten und besonders verkehrssicheren dazu gibt. Der Bea hat sie mal erklärt, daß sie nicht mit dem Roller einverstanden sei, aber wenn der Thorsten sich ja sowieso einen holen würde, sollte es wenigstens einer sein, mit dem ein Unfall nicht schon vorprogrammiert sei. Der Thorsten wäre charakterlich wie sein Vater. Der wäre als junger Bursche auch so ein Draufgänger gewesen. Daran könnte man nun mal nichts ändern.

Die ganze Zeit hat sie aber trotzdem immer wieder auf den Thorsten eingeredet, daß er das mit dem Roller doch lassen solle, weil es einfach zu gefährlich sei und so. Aber er hat sie immer bloß ausgelacht. Er hat sowieso immer gemeint, daß sie ihn zu arg bemuttert und bewacht und dauernd Angst um ihn hat. Darüber war er ziemlich oft richtig wütend. Er hat es einfach nicht vertragen, wenn ihm einer was sagen wollte.

Das war auch in der Clique so. Der Thorsten mußte immer der Boß sein. Er hatte ja oft auch starke Ideen und war ein netter Kerl. Bloß wenn er meinte, einer würde ihn nicht ernst genug nehmen oder so, dann rastete er ziemlich schnell aus. Das lief dann eigentlich immer auf eine wilde Streiterei raus. Öfter hatte sich der Thorsten deswegen schon ganz von der Clique getrennt. Wenn er sich ausgeschmollt hatte, kam er aber immer wieder an. Wir waren nicht nachtragend. Wir kannten ihn ja. Und außerdem konnte er wirklich unheimlich Klasse sein. Wir hatten ihn alle gern. Trotz allem.

Mit seiner Mutter war er eigentlich ziemlich oft ziemlich eklig. So richtig machomäßig. Ich weiß auch nicht, aber das war schon fies manchmal. Wir haben ihn schon auch darauf angesprochen. Aber da hat er bloß immer gesagt, daß sie das braucht, wenn er so ist, und daß sie dann merkt, daß sie einen Mann im Haus hat, mit dem sie nicht alles machen kann, was sie will. Der Thorsten hatte seine Mutter immer gut im Griff. Zuerst war sie meistens sauer, wenn er wieder Blödsinn gemacht hatte, aber dann hat sie doch immer gelacht und ihm geholfen.

Deshalb hat der Thorsten sich auch nichts daraus gemacht, daß es eben doch Alkohol auf seiner Fete gab. Die meisten von uns fanden es ja auch Klasse. Daß es verboten war, gab da noch einen Extrakick dazu. Ich glaube, fast alle hatten dann irgendwann was getrunken. Ich allerdings nicht. Ich mache mir einfach nichts aus Alkohol.

Irgendwann kam der Thorsten dann auf die Idee, daß wir eine Runde auf seinem neuen Roller drehen sollten. Ich war schon ziemlich müde und hatte keine Lust. Ich hatte auch ein blödes Gefühl, weil ich noch nie hinten auf einem Roller mitgefahren war. Ich hatte damals ein Fahrrad. Das reichte mir völlig. Ich war immer ein bißchen feige in der Beziehung. Aber der Thorsten drängelte so, und schließlich hatte er Geburtstag, und der Roller war ja auch neu. Außerdem wollte ich kein Spielverderber sein. Ja, und dann bin ich eben mitgefahren.

Von dem Unfall selbst weiß ich nicht mehr sehr viel. Ich weiß nur noch, es war auf der Straße beim Thorsten hinter dem Haus. Die geht ziemlich kurvig auf so einen Hügel rauf und dann in den nächsten Ort runter. Eigentlich ist es da ziemlich ungefährlich. Es ist eben nur sehr eng.

Der Thorsten wollte unbedingt testen, wie der Roller zieht, wenn zwei draufsitzen. Ich hab' immer gerufen, daß er nicht so schnell fahren soll, aber er hat mich vielleicht nicht gehört. Als wir in der langen Kurve waren, so ziemlich vor der Kuppe, kam plötzlich einer von hinten. Der fuhr total dicht

*auf. Ich war da schon unheimlich erschrocken. Und plötzlich
zieht der raus, weil wir ihm zu lahm waren. Mitten in der
Kurve!*

*In dem Moment kam einer von vorn aus der Kurve auf uns
zugeschossen. Der Thorsten hat noch irgendwas geschrien.
Ich weiß nicht mehr, was. Und ich, ich hab' das bewußt kommen sehen. In meinem Kopf war es so eiskalt irgendwie, so
total klar. Ich hab' gedacht, das war's also, die Mutti wird
weinen, jetzt ist es aus, so ist das also, wenn du bei einem
Autounfall stirbst. Dann hat es auch schon geknallt. Das
Geräusch und dieses Wahnsinnsgefühl werde ich nie vergessen. Dann weiß ich nichts mehr.*

Die Polizei stellte später fest, daß der hinter Thorsten
und Yasmin ausscherende Golf auf 67 Stundenkilometer beschleunigt hatte und der entgegenkommende
Mercedes 80 Stundenkilometer fuhr. Die Fahrzeuge prallten fast frontal aufeinander. Der Mercedes blieb mit
Totalschaden auf der Straße liegen. Der Fahrer wurde
aufgrund seines Airbags nicht lebensgefährlich verletzt.
Der Golf drehte sich um 180 Grad. Dabei schleuderte er
gegen den Roller der beiden Jugendlichen, durchbrach
die Leitplanke und raste den steil abfallenden Hang
hinunter. Der Fahrer wurde zwischen Lenksäule und
Schrott eingeklemmt und konnte nur noch tot gebor-
gen werden.

Der Roller flog zusammen mit dem Golf in den Abgrund. Thorsten und Yasmin wurden durch den Aufprall meterweit durch die Luft geschleudert. Thorsten
knallte mit Hinterkopf und Rücken gegen die Felswand
auf der rechten Seite, die die Fahrbahn begrenzte. Yasmin schrammte mit Gesicht und Schulter über den gro-
ben Straßenasphalt, ehe sie mit ihrer Seite gegen einen
Lichtmast prallte.

Ein Autofahrer, der kurz darauf den Unfallort erreichte, alarmierte Polizei und Notarzt. Die wenig später herbeigeeilten Rettungssanitäter konnten bei Thorsten und dem Golffahrer nur mehr den Tod feststellen. Der Mercedesfahrer wurde in die nächste Unfallklinik gebracht. Auch Yasmin hatte überlebt. Sie wurde mit dem Rettungshubschrauber in die nächstgelegene Spezialklinik für Kopfverletzungen geflogen. Einige Zeit später wurde sie nach Bern verlegt.

Daß Thorsten tot ist, habe ich erst hier zu Hause erfahren. Natürlich hatte ich schon früher nach ihm gefragt. Aber da hatten sie mir alle gesagt, daß er in einer anderen Klinik sei. Der Arzt hatte verboten, daß ich es erfahre, weil er verhindern wollte, daß ich zusätzlich zu allem anderen auch deshalb noch einen Schock kriege. Na ja, geschockt hat es mich so oder so, als ich es dann erfuhr. Aber vielleicht wäre es vorher noch schwerer auszuhalten gewesen.

Ich hatte den Thorsten schon unheimlich gern gehabt. Er war so ein Typ, dem konnte man nichts krumm nehmen. Wenn er gut drauf war, also meistens, war er unglaublich süß. Er hatte so Wahnsinnspläne für die Zukunft gehabt. Ich konnte mir nicht vorstellen, daß er tot war. Es tat absolut weh.

Meine Mutter sagte mir, daß er sich das Genick gebrochen hatte und auf der Stelle tot gewesen war. Sie meinte, das sei der einzige Trost für die Eltern, daß er eigentlich bis zur letzten Sekunde glücklich war und nicht lange gelitten hat und sich nicht herumquälen mußte. Da habe ich den Thorsten zum ersten Mal um seinen Tod beneidet. Er hatte es gut. Für ihn war es vorbei. Ich hätte gern mit ihm getauscht.

Der Gedanke an den Tod ließ Yasmin nicht mehr los. Sie fühlte sich in ihrem Leben nicht mehr zu Hause. Es gelang ihr nicht, sich an ihr fremdes Gesicht zu gewöhnen.

Ich habe manchmal stundenlang in den Spiegel gestarrt und mich selbst gesucht. Alles, was von mir geblieben war, waren meine Ohren und meine Augen. Ja, gut, die linke Gesichtshälfte war weniger in Mitleidenschaft gezogen als die rechte. Wenn ich die eine Seite zuhalte, kann ich mir einbilden, ich bin es noch. Auch die Kopfform, meine Augen und so ein paar andere Kleinigkeiten sind schon noch richtig meine.

Trotzdem ist alles fremd und anders. Obwohl das Ärzteteam in der Klinik sich angestrengt hat. Sie hatten schon alles versucht, mich mir ziemlich ähnlich zu machen. Aber es wurde eben doch alles anders. Nicht mal meine Augenform stimmt mehr, weil ein Augenlid nicht mehr ganz eingeklappt werden kann. Außerdem waren die Augen früher fröhlich und irgendwie blanker, heller. Viele, die mich kannten, hatten gesagt, daß ich mit den Augen lachen würde. Jetzt lachen sie nicht mehr. Oder fast nicht mehr. Sie sind auch dunkler in der Farbe geworden, und der Glanz ist weg. Sie sind schon sehr anders als früher. Aber zumindest sind sie noch die Augen, die ich immer hatte.

So gut wie neu habe ich rechts den Wangenknochen, einen neuen Unterkiefer mit Kinn, einen halben neuen Oberkiefer, Zahnersatz, neue Lippen und einen neuen Nasenaufbau bekommen. Damit ich nicht mit hohlen Backen grinsen muß, haben sie Fleisch und Hautstücke transplantiert. Das sieht aus wie geflickt. Richtig schlimm finde ich auch den Mund. Die Lippen sind jetzt so komisch blubberig, nicht mehr so glatt wie vorher. Eben so, wie sonst innen drinnen. Früher, als Kind, habe ich das manchmal zum Jux probiert und die Lippen so umgestülpt. Dann hat man sich so schön gegruselt. Nur, daß es jetzt bei mir immer so ist.

Außerdem trage ich seitdem eine Perücke, weil dadurch,

daß ich so weit über den rauhen Straßenbelag geschleudert wurde, die Hälfte der Kopfschwarte mitsamt den Haaren abgeschabt worden war. Die Ärzte haben gesagt, daß die dicken Narben mit der Zeit besser werden und man sie auch noch abschleifen kann, so daß sie nur noch wie feine Striche zu sehen sind. Vielleicht kann man irgendwann Haare transplantieren. Sie haben auch gesagt, daß andere Leute wie Michael Jackson zum Beispiel ein Heidengeld für eine Schönheitsoperation und eine Nasen- oder Lippenkorrektur hinblättern. Sie wollten mich eben aufheitern. Sie hatten bloß vergessen, daß einer wie Michael Jackson freiwillig ein neues Gesicht wollte. Ich hatte es nicht gewollt. Ich wollte immer nur mich.

Die Vorstellung, daß sie für den Rest des Lebens entstellt bleiben müßte und kein Junge sich mehr für sie interessieren würde, löste in Yasmin eine immer massivere Verzweiflung aus. Sie sah keine Besserung und verlor jede Hoffnung für die Zukunft.

Ich war schon in der Klinik sehr niedergeschlagen und verzweifelt gewesen. Da hatten mir aber die Gespräche mit den Schwestern und den Ärzten immer wieder Mut gemacht. Die waren so zuversichtlich. Und außerdem gab es da die anderen. Es wurden ja jeden Tag neue Patienten eingeliefert. Und die sahen alle so ähnlich oder schlimmer aus als ich. Da kam man sich fast wie ganz normal vor und merkte auch gar nicht so schlimm, wie häßlich das alles war. Da dachte man sich auch nichts mehr dabei, wenn einer noch keine Nase hatte oder so. Aber zu Hause dann wurde alles einfach nur grauenhaft.
 Meine Eltern geben sich wirklich alle Mühe. Aber ich sehe doch, wie sie mich anschauen, wenn sie glauben, ich merke nichts. So mitleidig und unglücklich. Ich kann direkt merken,

wie sie denken, daß ich so häßlich bin. Und ich merke auch, wenn Leute zu Besuch kommen, die mich nicht kennen, daß sie mich dann am liebsten verstecken würden, daß ich gar nicht aus meinem Zimmer kommen soll. Vielleicht machen sie das, weil sie wollen, daß es für mich nicht so peinlich ist. Aber das ist im Endeffekt ja ganz egal. Ich meine, ob es ihnen peinlich ist oder mir, ist doch gleich. Es zählt nur, daß es peinlich ist.

Ich habe mich immer stärker gehaßt. Oder vielleicht mein Gesicht. Das weiß ich nicht so genau. Ich fing an, mir immer stärker Vorwürfe zu machen, weil ich damals so blöd gewesen war und mit dem armen Thorsten mitgefahren bin, obwohl ich das doch eigentlich nicht wollte. Wenn ich nicht so weich und feige gewesen wäre, würde ich heute nicht so aussehen wie jetzt. Aber immer war es das, daß ich nicht Nein sagen konnte und alles für alle gemacht habe und immer dachte, was sagt der jetzt oder die jetzt, wenn ich das und das nicht mache.

Bei uns war Rücksichtnahme einfach immer groß geschrieben worden. Darauf legten meine Eltern riesig viel Wert. Und da wurde man auch als Kind geschimpft oder sogar bestraft, wenn man keine Rücksicht auf andere nehmen wollte und zuerst an sich gedacht hat. Ich weiß noch, als ich klein war, da fing das damit an, daß man nur ja niemanden auf der Straße übersehen durfte. Da mußte jeder gegrüßt werden. Wehe, wenn da mal einer zu meinen Eltern kam und sagte, eure Tochter hält es nicht für nötig, einen zu grüßen. Oder Bonbons, wenn man die mal vom Taschengeld gekauft hatte. Immer mußten da zuerst alle anderen bekommen, auch wenn nachher für einen selbst nur noch ein oder zwei übrig waren. Oder mit den Spielsachen. Im Kindergarten oder sonst – nie durftest du einem anderen Kind mal was wegnehmen. Immer kam dann gleich: Wer nicht teilen kann, kann auch nichts selber haben. Oder wenn Besuch kam. Selbstverständlich durften die in meinem Bett schlafen und ich auf dem Teppich auf dem Boden. Die kriegten sogar mein Lieblingsbettzeug, das ich sonst nur zum Geburtstag aufgezogen bekam. Oder wenn ich eine neue Puppe hatte zum Beispiel, dann mußte immer der Besuch mit den neuen Sachen spielen. Und wenn die anderen dir was kaputt machten, war es nie schlimm. Da mußtest du immer tun, als wäre es nichts und nur ja nie wütend werden. Weil, die anderen sind ja immer besonders. Was würden die denn von einem denken, wenn man da sauer würde? Die könnten ja meinen, man wäre schlecht erzogen. Davor hatten meine Eltern die größte Angst, daß jemand denken könnte, ich wäre nicht gut erzogen. Wenn ich selbst dieselben Sachen kaputt gemacht hätte, hätte es Geschrei gegeben und Strafe. Aber andere, das war ja immer anders.

Dadurch war ich das so gewöhnt, daß immer die anderen wichtiger sind als ich selbst. Und deshalb hatte ich auch dem Thorsten gesagt, daß ich mitfahre, obwohl ich nicht wollte. Bloß, damit er nicht enttäuscht war und die anderen nicht sagen konnten, ich wäre ein Spielverderber oder so. Typisch ich war das, typisch blöd!

Und was hatten wir jetzt davon? Von der ganzen blöden Rücksichtnahme? Ich mein Gesicht und er den Tod. Wenn ich nicht mitgewollt hätte, wäre er vielleicht auch nicht gefahren. Ich bekam damals immer mehr den Eindruck, daß ich an allem schuld wäre.

Das war so ein tiefer Selbsthaß, den ich deshalb hatte. Manchmal konnte ich mir bloß noch helfen, indem ich mir die Beine innen von oben bis unten mit einem Federmesser aufgeritzt habe. Das tat tierisch weh. Aber das machte auch, daß ich weniger wütend auf mich war, weil ich mich ja irgendwie bestraft hatte. Ich hab' mich auch auf dem Bauch geschnitten oder mit dem Füller, mit der Feder – damit hab' ich mich so ähnlich wie tätowiert. Immer so mit der Spitze in die Haut gestochen. Da blieben dann blaue Punkte. Oder schwarze. Das kam noch besser. Manchmal hat sich das dann entzündet. Das tat dann noch mehr weh.

Aber ich hatte da Freude dran. Weil es gar nicht weh genug tun konnte, damit ich mal aufhören konnte, wütend auf mich zu sein. Und die Stellen da an mir, na und? Es sah ja sowieso keiner. Wer denn? Von den Jungs etwa einer? Von denen mich keiner mehr mit dem Hintern anschaute? Es war doch alles egal. Außerdem habe ich es schon so gemacht, daß es nicht jeder gleich sehen würde.

Irgendwann war ich so voller Haß auf mich und dieses blöde Gesicht. Ich guckte ja sowieso schon kaum in den Spiegel. Aber irgendwann konnte ich es überhaupt nicht mehr. Ich konnte das nicht mehr aushalten. Jeden Tag und jeden Tag diese Fratze. Und immer, daß ich es mir selbst zuzuschreiben hätte. Ich hätte oft schreien können, nur noch schreien und mich auf den Boden schmeißen und toben und alles kaputt schmeißen, treten, schlagen, werfen. Hauptsache kaputt, so wie ich.

Aber das traute ich mich nicht. Ich mußte ja Rücksicht nehmen. Auf meine Eltern, auf die Nachbarn, auf alle anderen eben. Aber ich wollte keine Rücksicht nehmen. Ich wollte ausrasten. Und traute mich nicht, wieder nicht. Ich dachte, daß ich das nie hinkriegen würde. Ich hab' mich so verachtet deswegen, so gehaßt. Und das machte mich dann noch wütender als vorher. Es war einfach furchtbar! Unbeschreiblich!

Irgendwann war ich so fertig. Da beschloß ich dann, mit allem richtig Schluß zu machen und mir das Leben zu nehmen, weil ich keinen Sinn darin sah, so weiterzuleben. Ich hatte an nichts mehr Spaß und wußte genau, daß ich an nichts mehr Spaß haben würde. Niemals mehr wieder. Alles, was Spaß macht, war für mich vorbei. Das merkte ich doch schon daran, daß die anderen aus der Clique in die Disko oder ins Kino gingen und mich nicht fragten, ob ich mitwollte. Die trafen sich untereinander wie früher. Sie riefen schon mal an, um mich auch einzuladen. Aber ich merkte dann doch an der Stimme, daß das nur so halbherzig und mehr eine Pflicht war. In Wirklichkeit waren sie erleichtert, wenn ich nicht konnte. Von den Jungs sah mich keiner mehr an. Die hatten alle jetzt andere. An mich dachte doch keiner mehr oder höchstens noch als Zombie.

Warum sollte ich dann leben? Bloß, damit meine Eltern mich hatten? Wieder Rücksicht, Rücksicht, immer nur Rücksicht. Ich fand, daß das kein Grund war, mich weiter quälen zu lassen. Meine Eltern waren lieb zu mir, klar. Sie gaben sich Mühe. Aber ich merkte auch, wie sie mich anguckten, so mitleidig und angeekelt. Und einmal hatte ich gehört, wie meine Eltern sich darüber unterhielten, was aus mir werden sollte. Sie hatten gemeint, daß ich ja wohl nie heiraten würde und jetzt alles daran gesetzt werden müßte, daß ich bessere Noten in der Schule bekäme, weil ich ja wenigstens einen guten Beruf haben müßte. Und dann beschwerten sie sich, daß ich nicht fleißiger wäre und den Ernst meiner Lage wohl nicht kapieren würde.

Meine Mutter hatte geweint, weil sie alles so tragisch fand und sich dabei ertappte, daß sie andere Mütter beneidete, wenn die mit ihren Töchtern einkauften, und weil sie sich alles ganz anders ausgemalt hätte und mit der Situation nicht fertigwerden würde. Sie wäre immer so stolz auf ihre schöne Tochter gewesen. Und jetzt? Ach, es war alles zu schrecklich.

Mein Vater hatte auch geweint. Er hatte gesagt, daß er seinen rechten Arm dafür geben würde, wenn ich wieder wie früher würde, und daß er rasend wird, weil er mir nicht wirklich helfen kann. Das wäre das Schlimmste für einen Vater, wenn er mitansehen müßte, wie sein Kind unglücklich wird und er nicht helfen könne. Er würde alles dafür tun, daß ich zu einem Schönheitschirurgen käme. Aber er wäre ja schließlich leider kein Millionär. Er wüßte nicht, wie sie das Geld dafür zusammenkriegen sollten. Sie könnten höchstens das Haus verkaufen. Aber dafür hätten sie schließlich mühsam geschuftet. Es wäre alles so aussichtslos.

Damals war mir klar geworden, daß ich für meine Eltern eine Last bin und sie bestimmt glücklicher wären, wenn ich nicht mehr da wäre. Ich dachte mir schon, daß sie zuerst trauern würden. Aber ich dachte auch, daß sie heimlich erleichtert sein würden. Nach einer Zeit würden sie bestimmt dankbar sein, daß ich ihnen die Last mit mir abgenommen hatte. In den Gedanken steigerte ich mich dann so ein bißchen rein. Ich sagte mir, daß ich damit meine Feigheit wieder gutmachen könnte. Wenn ich mich selbst schon nicht glücklich machen konnte, konnte ich wenigstens meine Eltern glücklich machen, indem ich einfach verschwand und für sie alles wieder so wie früher wäre. Meine Mutter war damals erst 36. Ich stellte mir vor, wie sie vor Kummer nach meinem Tod wieder schwanger werden würde. Das machte zwar, daß ich heulte. Aber es machte auch, daß ich mich gut fand. Ich dachte, daß mein Leben dann wenigstens einen Sinn gehabt hätte.

Daß ich mir das Leben nehmen wollte, war für mich keine Kurzschlußentscheidung. Ich habe ganz lange darüber nachgedacht, eigentlich schon im Krankenhaus. Ich habe auch viel darüber gelesen. Vor allem Bücher über das Leben nach dem Tod oder darüber, was Leute erzählt haben, die Todesnäheerfahrungen gemacht haben. Ich stellte mir vor, wie ich sterbe und dann diesen dunklen Tunnel mit dem strahlenden Licht am Ende sehe und die schöne Musik höre und mich ganz leicht und glücklich fühle und alles von mir abfällt und Engel mich erwarten und mich in dieses Licht hineinführen. Das fand ich schön, viel schöner jedenfalls als alles, was ich jetzt auf der Erde zu erwarten hatte. Ich

dachte auch lange darüber nach, welche Todesart ich wählen sollte. Ich wollte nichts so Grausames, wo ich große
Schmerzen hätte oder es lange dauern würde. Am liebsten
wollte ich einschlafen und nicht mehr aufwachen. Da dachte ich mir, daß es am sichersten mit Tabletten wäre.

Ich fing an, Tabletten zu sammeln, und probierte, sie zu
schlucken. Das klappte aber nicht, weil ich ganze Tabletten nicht schlucken konnte und mir von dem aufgelösten
bitteren Zeug sofort so schlecht wurde, daß ich alles oder
fast alles wieder ausgespuckt habe. Dann kam ich auf Gas.
Aber das ging auch nicht, weil wir keinen Gasherd haben
und ich mich mit Leuchtgas nicht auskenne. Ich beschloß
dann, daß ich es im Badesee machen würde. Ich sagte meinen Eltern, daß ich zum Schwimmen wollte. Das hatte ich
seit dem Unfall nicht mehr gemacht, weil ich mich nicht
gern zeigte. Meine Eltern waren daher ganz froh über meinen Plan.

Ich sagte meiner Mutter, daß sie wegen mir nicht mehr
traurig sein sollte, weil ich jetzt bald wieder ganz okay sein
würde. Sie war ziemlich froh darüber und sagte so etwas wie,
daß das auch ihre Meinung sei und ich nicht aufgeben dürfte. So was in der Art eben, was man immer sagt, wenn man
eigentlich nichts zu sagen hat, aber unbedingt was sagen
muß.

Der Badesee bei uns ist ein Waldsee. Er liegt ziemlich schön
zwischen Bäumen, aber alles so hohe Laubbäume und ein
paar Sträucher. Nur an einer Seite, da ist so eine Bucht, in
der man sich eigentlich nicht aufhalten darf, weil sie ziemlich voll mit Schilf und Seerosen ist.

Ich bin dann dort hin und hab' mich eine Zeitlang unter
einen Baum gelegt und vor mich hingeträumt. Ich hab' mir
überlegt, daß ich jetzt alles zum letzten Mal sehe und höre
und rieche und fühle und daß ich bald schon durch diesen
Tunnel gehe und ins Licht kommen werde. Das war schön. Es

machte innerlich alles leicht. Und wie ich dann so ganz voll war mit den Gedanken, bin ich ins Wasser gegangen und rausgeschwommen.

Aber etwas in mir wollte leben

Ich hatte überhaupt keine Angst. Zu Hause hatte ich mir noch überlegt, wie es sein würde. Aber jetzt, als alles klar war und ich wußte, daß Schluß ist mit allem – auf einmal war da so eine Ruhe. Ich hatte ein ganz starkes Gefühl für mich selbst. Ich konnte endlich etwas machen. Ich meine, ich mußte endlich nicht mehr alles einstecken. Ich konnte etwas ändern. Das mit dem Unfall war mir passiert. Da konnte ich nichts machen. Das mit meinem Gesicht war auch passiert. Ich konnte nichts machen. Immer mußte ich einstecken. Bis ich voll war, nichts mehr reinging, bis alles gefressen war, geschluckt war. Jetzt, wie ich wußte, jetzt bringst du dich um – das war endlich mal wieder etwas, was ich selbst entscheiden konnte. Ich konnte etwas machen. Es war das Letzte. Aber es war nicht Nichts.

Ich bin wirklich mit einem total guten Gefühl ins Wasser gegangen.

Der Badesee ist ziemlich groß. Wenn man einmal quer durchschwimmen will, muß man schon ein wirklich sehr guter Schwimmer sein und Kraft haben. Ich hatte nicht so viel Kraft. Das wußte ich. Aber ich schwamm immer weiter raus und immer weiter. So schnell wie ich konnte. Ich sparte mir nichts auf für zurück. Ich wollte ja nicht zurück. Ich wurde dann immer langsamer und müder. Das gefiel mir zuerst. Ich dachte, daß es jetzt gleich überstanden wäre. Ich hatte mir vorgestellt, daß ich irgendwann einfach ganz still untergehen und tot sein würde. Ich hatte nie damit gerechnet, daß es einfach schrecklich ist, wenn man dann wirklich un-

197

tergeht. Daß man Wasser schluckt und in die Lunge kriegt und in Panik kommt und hustet und würgen muß und wieder untergeht und kämpft und nach Luft schnappt, und alles immer wieder. Daß da irgendwas in einem ist, das plötzlich einfach nicht mehr sterben will, hatte ich nie gedacht. Horror!

Die beiden Jungen, die mit ihren Surfbrettern zu mir rausgesaust waren und mich dann auch gerettet haben, sagten, ich hätte wie ein Wal gekämpft und um mich geschlagen und getreten und nichts mehr von allem kapiert, so daß sie mich fast nicht auf das eine Brett ziehen konnten. Als ich dann endlich so halb oben hing, bin ich wohl in Ohnmacht gefallen. Wahrscheinlich konnten sie mich deshalb retten. Ich weiß jedenfalls erst wieder, wie die beiden Wiederbelebungsversuche mit mir gemacht haben und ich dann Wasser gespuckt habe.

Als ich wieder klar war, blieben die beiden Jungen einfach neben mir sitzen. Die sagten erst mal gar nichts. Die guckten bloß auf den See und mal zu mir und hielten die Arme so um die Beine und weiter nichts. Und ich lag da und sagte auch nichts. Mir war irgendwie zum Weinen und auch wieder nicht.

Die Jungen waren vierzehn und fünfzehn Jahre alt. Sagten sie mir später. Die sahen natürlich mein Gesicht und alles. Der jüngere von ihnen wollte dann wissen, ob ich einen Unfall gehabt hätte. Normal konnte ich über das alles nicht reden. Aber bei den beiden war das irgendwie anders; nicht so neugierig, eher selbstverständlich. Als ich dann sagte, ja, einen Autounfall, zog der Fünfzehnjährige sein Hemd hoch und zeigte mir seine Narbe. Die war ziemlich lang und ziemlich dick und ziemlich rot vom Sonnenbrand und ziemlich ähnlich den meinen. Er hatte sie vor einer Herzoperation, als er drei Jahre war. Da würden nie Haare drauf wachsen, meinte er und lachte, das wäre total doof, weil er dächte, daß die

Mädchen lieber einen mit Haaren auf der Brust hätten. Ich sagte, daß ich das nicht so glaube, weil viele Mädchen es ziemlich affenmenschenmäßig finden würden, wenn einer so dicht behaart ist. Er meinte dann, ja, aber er hätte deswegen noch nie eine Freundin gehabt, und das wäre ja wohl Scheiße, weil alle anderen in seiner Klasse schon eine hätten.

Ich weiß nicht, das hört sich alles vielleicht kindisch an, aber ich hatte bei diesem Gespräch auf einmal das Gefühl, tatsächlich noch lebendig zu sein. Daß die Jungen so ganz normal mit mir geredet haben, obwohl ich da mit meinem Gesicht lag und mich nicht versteckte und die genau sehen konnten, was mit mir war, und der eine dann seine Narbe zeigte und alles – ja, wie soll ich sagen, das gab mir so ein Gefühl, daß ich nicht allein bin mit meinen Scheißproblemen, daß ich kein grünes Marsmännchen oder -weibchen bin, sondern jeder was hat, und ich hab' eben das. Das war so eine Erleichterung, das kann ich gar nicht beschreiben. Obwohl ich natürlich immer gewußt hatte, daß ich kein Einzelfall bin mit meinem Gesicht. Es war trotzdem anders, ob ich das im Kopf zwar gewußt hätte, aber auf einmal erlebe und spüre ich das ganz nah, so daß es etwas mit mir zu tun hat.

Wenn ich darüber nachdenke, finde ich das ja selbst ziemlich blöd und kindisch. Da zeigt mir einer eine Narbe und sagt, daß er damit Probleme hat, und auf einmal kann ich besser damit umgehen, daß ich selbst Narben habe – das ist schon irgendwie hirnrissig. Trotzdem ist es so.

Nach ihrem Selbstmordversuch versuchte Yasmin, sich mit ihrem neuen Gesicht anzufreunden. Langsam und widerstrebend befaßte sie sich mit verschiedenen Vorschlägen, die ihr im Laufe der Zeit unterbreitet worden waren.

»Ich hatte mit geschworen, daß ich nie wieder einfach so hinnehmen werde, was passiert. Die Sache mit dem See war nichts zum Vergessen. Ich erinnere mich sehr genau daran und will mich auch daran erinnern. Dieses Gefühl, daß ich endlich wieder über mich bestimmen kann, will ich wirklich nie mehr vergessen. Und auch nicht, daß es etwas in mir gibt, das trotz allem leben will. Ich bin noch nicht reif fürs Sterben. Das habe ich da im Wasser kapiert. Also will ich leben. Aber richtig.«

Gemeinsam mit ihrer Mutter nahm Yasmin Kontakt zu einem namhaften Schönheitschirurgen auf. Dieser weckte Hoffnungen in ihr, daß er dem Mädchen in absehbarer Zeit helfen könne. Zusätzlich ließ Yasmin sich bei einer erfahrenen Kosmetikerin über Camouflagen und wasserfeste Schminke beraten. Sie suchte sich in einem gut sortierten Optikfachgeschäft verschiedene Brillenmodelle aus, die zu ihrem Typ passen und gleichzeitig durch abgetönte Gläser ihre Lidschwäche verdekken. Mehrstündige Sitzungen bei einem fähigen Friseurteam kamen hinzu. Am Ende hatte Yasmin zwei neue Perücken und reichlich Frisierideen, mit deren Hilfe sie ihre Gesichtsnarben geschickter kaschieren kann.

»Ich kann nicht behaupten, daß ich heute glücklich mit meinem Gesicht bin«, meinte sie auf ihrem letzten für mich besprochenen Tonband. »Es nervt mich immer noch schrecklich an, wenn ich morgens aufstehe und erst nach einer Schrecksekunde begreife, daß die da im Spiegel ich bin. Aber ich gewöhne mich immer mehr daran. Es ist schon komisch, aber man vergißt sogar, wie man selbst mal ausgesehen hat, wenn man sich nicht dauernd vor Augen hat. Vor allem lasse ich mich nicht mehr so arg hängen. Ich kann mir heute vorstellen, daß ich es packen werde. Ich will es ganz einfach packen.

Es ist schon schwer. Es gibt auch immer wieder so

Tage, an denen ich mich nicht ausstehen kann. Es werden aber weniger. Und das kommt auch durch meinen Freund. Der Junge mit der Narbe. Wir sind jetzt fest zusammen. Er ist unglaublich süß. Ich liebe ihn sehr. Obwohl er immer noch keine Haare auf der Brust hat.«

Yasmins Lachen ist das Letzte, was auf der besprochenen Diktierkassette zu hören ist. Es klingt sehr lebendig.

Der letzte Versuch

»Das Gesicht zu verlieren« hatte für Yasmins Eltern von Anfang an eine traumatische Bedeutung. In allen Lebenslagen Haltung zu bewahren, den schönen Schein aufrechtzuerhalten und vor lauter Rücksichtnahme auf »die anderen« das eigene Ich ins Abseits zu drängen – diese Einstellung bestimmte ihr Leben. Sich den Ansprüchen und Erwartungen »der anderen« zu entziehen, wäre ihnen als skandalöser Egoismus erschienen. Sie hätten sich geschämt und befürchtet, schief angesehen zu werden. Bei »den anderen« ins Gerede zu kommen oder wegen unangepaßten Verhaltens aufzufallen, wäre für sie einer Katastrophe gleichgekommen. Als Markenzeichen für bestmögliche Erziehung erschien ihnen daher, ihre Tochter zu Selbstlosigkeit, Opferbereitschaft und steter Rücksicht auf die Meinung anderer heranzubilden.

Entsprechend ihrer anerzogenen Selbstlosigkeit war Yasmin ein überaus gut angepaßter Teenager. Ihr fügsames Wesen sagte der Lehrerschaft zu. Da Yasmin fleißig war, um kein Aufsehen wegen schlechter Noten zu erregen und die Eltern zufriedenzustellen, waren ihre Zeugnisse immer ordentlich und vorzeigbar. Bei den

Mitschülern war sie beliebt, weil sie hübsch und auf eine Weise lieb und anschmiegsam war, die Beschützerinstinkte weckte. Auch die Mädchen mochten sie. Keine hatte so bereitwillig Zeit, wenn eine Freundin vom Liebeskummer zermürbt wurde, wie Yasmin. Keine erledigte sofort die Hausaufgaben der armen Betroffenen mit. Keine lieh einem so fraglos das letzte Markstück und traute sich nachher nicht, etwas zurückzufordern.

Auch die Eltern konnten zufrieden sein. Von Pubertätsproblemen bemerkten sie bei ihrer Tochter so gut wie nichts. Da es den Eltern nie in den Sinn gekommen wäre, Yasmin von der Clique ihrer Freunde, mit deren Eltern sie gut bekannt waren, fernzuhalten, ergaben sich nicht einmal wegen der Freizeitgestaltung Konflikte.

Yasmin litt zwar oft darunter, von den anderen in ihrer Klasse wegen ihrer Gutmütigkeit gehänselt zu werden. Es blieb ihr auch nicht verborgen, woher ihre Probleme kamen. Trotzdem war sie nicht in der Lage, entschieden Nein zu sagen und bei diesem Nein auch zu bleiben, wenn ihr etwas nicht paßte. Brachte sie es tatsächlich fertig, sich zu verweigern, bereute es sie fast immer sofort und machte das Nein schon wieder rückgängig.

An Thorstens Geburtstag wurde diese fatale Fügsamkeit und der eingedrillte Wunsch, Erwartungen zu entsprechen, um geliebt oder anerkannt zu werden, Yasmin zum Verhängnis. Angesichts der freudigen Erregung ihrer Clique, die sie nicht zu enttäuschen vermochte, und aus Furcht, verspottet zu werden, überwand sie ihre eigenen Ängste. Sie nahm weder ihre Abneigung gegen Motorroller ernst, noch berücksichtigte sie die eigene Müdigkeit. Sie verdrängte sogar, daß weder Thorsten noch die meisten anderen Gäste seiner Geburtstagsfeier nüchtern waren. Der ihr von Kindheit an eingetrichterte Anspruch, es anderen rechtmachen zu müssen, dominierte ihre Entscheidung und führte zur Mißachtung der eigenen Interessen und Wünsche.

In langen schmerzvollen Denkprozessen setzte Yasmin sich immer wieder mit allem auseinander, was den Unfall betraf. Sie hinterfragte die realen Szenen ebenso wie die beteiligten Personen. Sie entschlüsselte ihre Ich-Schwäche und deren Ursachen. Und plötzlich gab es einen Punkt, an dem sie das, was geschehen war, festmachen und erklären konnte: Sie schien einen Schuldigen gefunden zu haben, nämlich sich selbst.

Das Ergebnis ihres schweigenden Brütens und In-sich-hinein-Lauschens war, daß sich die Abscheu vor ihrem entstellten Gesicht zu Verachtung und Haß gegen ihre gesamte als unzulänglich empfundene Persönlichkeit steigerte. Darüber hinaus gewann Yasmin immer stärker den Eindruck, alle Welt müsse ihr mit derselben Aversion begegnen, die sie selbst hegte. Der Prozeß der Selbstzerstörung setzte ein.

Am klarsten distanzierte sie sich von ihren Eltern. So oft wie möglich zog sie sich in ihr Zimmer zurück. Selbst gemeinsame Mahlzeiten versuchte sie zu meiden. Vertrauensvollen Gesprächen wich sie aus. Und wenn sie Unterredungen der Eltern belauschte, paßte sie das Gehörte in ihre eigenen Denkschemata ein. Wie beim Bau einer Mauer verwarf sie dabei den einen Wortbrokken oder setzte einen anderen passend ein. Am Ende waren die Teile der Satzinhalte fast beliebig untereinander ausgetauscht.

Ähnlich verfuhr Yasmin mit ihrem Freundeskreis. Hatte sie anfangs noch Freude empfunden, wenn jemand aus der Clique bei ihr vorbeikam kam oder zu Unternehmungen mitnehmen wollte, zog sie sich bald schon mehr und mehr in sich selbst zurück. Ihre eigene negative Einstellung sich selbst gegenüber schürte in ihr die Erwartung, nur aus Mitleid oder Pflichtgefühl besucht zu werden. Es erschien ihr unwahrscheinlich, daß jemand gern und freiwillig mit ihr zusammentreffen wollte. Da es sie jedoch unsäglich schmerzte, nicht aus echter, warmherziger Freundschaft besucht zu werden, brach sie den Kontakt aus freien Stücken ab.

Ohne den anderen die geringste Chance auf Erklärungen zu geben, ließ sie sich durch ihre Eltern verleugnen, wenn sie angerufen wurde oder Besuch vor der Tür stand. Sie schob Unpäßlichkeiten vor und erfand dringende Erledigungen. Gleichzeitig litt sie darunter, daß niemand hartnäckiger darauf bestand, mit ihr zusammen zu sein, sondern nach und nach tatsächlich alle fernblieben. Der Gedanke, daß die Clique nie so schnell klein beigeben würde, wenn alle sich ernstlich etwas aus ihr machten, bekam für Yasmin Beweiskraft. Die eingetretene Distanz rechtfertigte ihren Rückzug.

Daß diese Überlegung die berühmte Frage aufwirft, was zuerst da war, die Henne oder das Ei, wurde Yasmin damals nicht bewußt.

»Heute sehe ich das schon anders«, meinte sie in einem unserer Telefongespräche. »Wenn ich dauernd versuche, zu jemand Kontakt zu haben, der mich jedesmal abblitzen läßt, bleibe ich da auch irgendwann weg. Aber das wollte ich damals gar nicht sehen. Ich wollte denken, daß die anderen mich im Stich lassen, weil sie mich einfach nicht mehr wirklich mögen. Ich hatte mir das nicht vorgenommen, so zu denken. Es kam automatisch. Es tat irre weh. Aber ich brauchte das auch. Das war so eine Art Alibi.«

Ein Alibi benötigte Yasmin damals dringend, um das Gefühl des Unerträglichen zu rechtfertigen, das über ihr zusammenschlug, und nichts gegen die nachfolgende Hoffnungslosigkeit unternehmen zu müssen. Jede Lebenslust erlosch. Zuletzt gipfelte die Verzweiflung über ihr zerstörtes Leben in immer massiveren Attacken gegen die eigene Person. Haß keimte auf und entlud sich in Selbstbestrafung. Sich zu schneiden, mit einer spitzen Feder zu malträtieren und häßliche Tätowierungen in die Haut zu ritzen, war nach dem ersten Schritt in die Isolation der zweite Vernichtungsakt. Auch diesmal vertuschte Yasmin ihre Absichten ebenso wie ihre Handlungen sorgfältig. Nicht einmal die Mutter ahnte etwas davon, daß ihre Tochter sich willentlich Schmerzen zufügte. Doch die perfekte Tarnung freute Yasmin keineswegs.

»Im Grunde wollte ich, daß alle es merken«, gibt sie heute zu. »Ich wartete eigentlich darauf, daß meine Mutter mal ins Bad kommt und fragt, was ich da habe, woher das kommt, oder daß sie mal an den Beinen die Blutspuren sieht und so. Ich hab' das Bad zum Beispiel nie abgeschlossen. Sie hätte jederzeit reinkommen können. Früher hatte sie das auch gemacht. Ich hab' auch die Wattepads rumliegen lassen, mit denen ich mir das Blut abgewischt hab', wenn ich mich frisch geschnitten hatte. Ich weiß, daß sie das weggeräumt hat. Aber sie hat nie ein Wort dazu gesagt. Ich denke, daß sie was geahnt haben muß. Und das hat dann wieder bewirkt, daß ich mir eingeredet hab', daß ihr das alles egal ist und sie froh wäre, wenn alles vorbei wäre.«

Das Rad der Verzweiflung und Aussichtslosigkeit drehte sich immer schneller mit Yasmin. Der Entschluß, ihrem Leben ein Ende setzen zu wollen, war zugleich auch der Entschluß, den unerträglichen Zustand dieses Daseins zu beenden. Keine Perspektive zu haben, nicht die geringste Hoffnung auf Besserung, sich von allen verlassen zu fühlen und überzeugt zu sein, daß jedermann ohne sie erleichtert aufatmen würde, trieb Yasmin unaufhaltsam dem Abgrund zu. Was war typisch für sie, daß innere Ruhe und Gelassenheit in ihr einkehrten, als sie den Entschluß gefaßt hatte, nicht mehr weiterleben zu wollen und einen Plan gefaßt hatte, wie dies praktisch zu realisieren wäre.

Alle, die schon einmal versucht hatten, sich das Leben zu nehmen, berichteten von dieser phantastischen Ruhe vor dem Ende. So beschrieb auch Roger aus Füssen mir diese Phase:

Die meisten meinen, man müßte dann Angst haben. In Wirklichkeit ist es eine Wahnsinnserleichterung. Man hat endlich das Gefühl, etwas tun zu können. Es ist der letzte Versuch. Das ist wohl jedem klar. Aber es ist endlich wieder etwas Aktives, etwas, wo man etwas in die Hand nehmen und einfach machen kann. Wo man nicht bloß durchgebeutelt und geschunden wird und sich alles gefallen lassen muß, weil man einfach keine Lösung für diesen ganzen Scheiß hat. Du sagst dir, das war's jetzt, Freund. Das hat jetzt lange genug gedauert. Ich halte das ja vielleicht noch länger aus, aber ich will nicht mehr. Und was ich will, gilt. Und plötzlich, plötzlich bist du wieder wer. Da bist du nicht mehr der arme Arsch, mit dem jeder seins macht, sondern du bist wieder du selbst und gibst den Ton an in deinem eigenen Leben. Und wenn es dann auch das Letzte ist, was du tust. Aber man hat etwas getan.

Mich hat der Entschluß damals absolut froh gemacht. Ganz richtig, froh, ja. So ganz leicht auch. Ich war da endlich mal vollkommen mit mir im Einklang, nicht mehr so zerrissen und verzweifelt und so am Ende. Es war der Schlußpunkt. Aber ich bestimmte. Und das war so phantastisch gut, das kann sich keiner vorstellen, der nicht selbst in so einer Situation gesteckt hat.

Ich denke immer noch, daß der Selbstmordversuch für mich ein ganz wichtiges Ereignis im Leben war. Ich hab' dadurch zum ersten Mal begriffen, daß ich was tun kann. Mir nicht alles bieten lassen muß. Nicht den Lebenszweck habe, für andere den Lustknaben zu machen. Ich bin Mißbrauchsopfer. Ich bin Alkoholiker. Hängt wohl beides zusammen. Aber ich bin trotzdem ein Mensch. Und daß ich das kapiert habe, ja, das hing mit dem Entschluß zusammen, daß ich nicht weiterleben will, wenn sich dieses Leben nicht ändern läßt, und daß nur ich diesen Entschluß fassen konnte. Da war ich endlich mein eigener Herr. Ja, und das machte dann wohl, daß ich damit so gut drauf war.

Auch für Yasmin war das Bewußtwerden der Selbstbestimmung der bedeutsamste Erfahrungswert, den sie aus ihrem Selbstmordversuch zurück ins Leben mitgenommen hat. »Ich habe damals, in den letzten Tagen, immer wieder an diesen Spruch gedacht, daß man jeden Tag wie seinen letzten leben soll. Wahrscheinlich ist damit gemeint, daß man alles ganz bewußt genießen soll und zu jedem so lieb sein soll, als würde man ihm nie mehr etwas Gutes tun können. Den letzten Tag, den du hast – ich meine, wenn du weißt, es ist dein letzter – den lebst du schon irgendwie so in der Art. Trotzdem ist es, finde ich, ein blöder Spruch. Wenn ich jeden Tag wie meinen letzten leben soll, habe ich keine Erwartung, daß es morgen weitergeht. So zu leben, immer mit diesem letzten Tag – ich glaube, das hält keiner aus. Ich glaube, da bringt man sich um, weil man einfach eine Zukunft braucht. Ich hab' jedenfalls eine gebraucht. Und ich hab' erst dann so richtig aufgegeben und keinen Mut mehr gehabt, als ich gemerkt habe, daß ich keine Zukunft hatte. So war das mit mir. Aber ich glaube, das ist mit jedem so.«

Ich machte mir zwar Gedanken, aber daß es so steht, habe ich nicht gemerkt

Es war mir möglich, mit Yasmins Eltern ausführlich zu sprechen. Dies sind Ausschnitte aus dem Interview mit der Mutter:

(F: = Frage, A: = *Antwort*)

F: Wann hat Yasmin Ihnen erzählt, daß sie einen Selbstmordversuch unternommen hatte?

A: *Sie erzählte es eigentlich nicht. Es kam heraus, weil ihr Freund einmal eine Bemerkung machte. Die war so eindeutig, daß ich nur rückfragen konnte. Und da hat sie es zugegeben.*

F: Waren Sie überrascht?

A: *Ja, schon. Ich hatte bis dahin nichts geahnt. Es war ein Schock. Und es war sehr schwer zu ertragen. Vor allem, weil meine Tochter nicht darüber sprechen wollte. Ich weiß heute noch nicht viel darüber. Es ist ein schwerwiegender Vertrauensbruch. Man kann sich ja nicht einmal sicher sein, ob das wieder passiert. Sie geht ja auch in keine Therapie. Was soll man da machen? Es sind einem die Hände gebunden. Aber es macht natürlich schon Angst. Auch weil man ja immer in Sorge ist, daß es einer erfährt. Wenn sich der Freund bei uns verplappert, macht er das anderswo auch. Und das wäre ja nun wirklich das gefundene Fressen für die anderen. Da könnten sie sich ja wieder die Mäuler zerreißen. Das war ja schon so, als der Unfall gerade passiert war. Was da geredet wurde! Furchtbar! Und jetzt noch so was! Ich glaube, da könnten wir hier wegziehen. So unerträglich würde das.*

F: Ist Ihnen aufgefallen, daß Yasmin immer introvertierter wurde?

A: *Mein Mann und ich hatten damit gerechnet, daß Yasmin nach ihrer Heimkehr aus der Klinik Schwierigkeiten haben würde, sich wieder einzuleben und sich in diesem Zusammenhang auch Verhaltensstörungen ergeben würden. Wir waren durch die behandelnden Ärzte darauf vorbereitet. Insofern bemerkten wir zwar, daß unsere Tochter sich von ihren früheren Freundinnen und Freunden distanzierte, hielten dies aber für normal.*

F: Wie empfanden Sie es, daß Yasmin sich von Ihnen zurückzog?

A: *Sie zog sich ja nicht in dem Maße zurück, daß wir uns hätten sorgen müssen. Wir nahmen fast alle Mahlzeiten gemeinsam ein. Wir unterhielten uns bei Tisch. Manchmal saßen wir abends vor dem Fernsehen zusammen. Es war eigentlich nicht viel anders als früher. Was uns auffiel, war, daß Yasmin selten von sich sprach. Aber das respektierten wir. Wir versuchten, tolerant zu sein und ihr das Gefühl zu vermitteln, daß wir zwar für sie da sind, sie aber nicht von uns bevormundet wird. Auch in diesem Punkt hatten wir von den Ärzten ziemlich genaue Instruktionen bekommen. Sie meinten, Yasmin solle nicht zu arg bemuttert werden, sondern lernen, selbst Initiative und Verantwortung zu übernehmen.*

F: Yasmin hatte sich in die Idee hineingesteigert, sie sei unerwünscht und allen nur eine Last.

A: *Das war natürlich völliger Unsinn. Wir waren überüberglücklich und unendlich dankbar, daß unsere Tochter den Unfall überlebt hat. Sie war dem Tod so nah gewesen. Ihr Freund ist tot. Sie hätte uns auch genommen werden können. Aber natürlich ließ uns diese* schreckliche Entstellung nicht los. Wir waren verzweifelt und in großer Angst. Gerade für ein Mädchen ist gutes Aussehen ja auch Kapital. Natürlich sorgten wir uns. Natürlich sprachen mein Mann und ich auch ganz offen über unsere Befürchtungen. Wir sind schließlich die Eltern. Es ist unsere Pflicht, Yasmin mit Rat und Tat zur Seite zu stehen. Wie sollten wir das, wenn wir uns nicht aussprachen? Aber niemals, nicht eine Sekunde haben wir uns gewünscht, daß Yasmin von uns gegangen wäre. Da hat sie sich wirklich in eine dumme Idee hineingesteigert. Das kann nur mit ihrer Traumatisierung zusammenhängen. Wir hätten sie eben doch dringend in eine Therapie geben sollen, damit sie alles aufarbeiten kann. Aber das wollte sie nicht. Sie lehnte es strikt ab. Und die Ärzte hatten uns ja auch geraten, sie nicht dazu zu zwingen, weil Therapie nur helfen kann, wenn sie freiwillig gemacht wird.

F: Hatten Sie eine Vorahnung, daß Yasmin sich ernstlich etwas antun könnte?

A: *Nein. Wir machten uns Sorgen um ihr Gesicht und merkten auch, daß sie deprimiert war. Wir hatten uns natürlich schon weitreichend darüber informiert, welche weiteren Schritte zur Schadensbegrenzung möglich waren, und entsprechende Chirurgen kontaktiert und so weiter. Aber wie gesagt, wir wollten sie nicht zu sehr bedrängen und sie auch nicht merken lassen, daß wir praktisch jeden Moment in Sorge um sie waren. Daß sie sich etwas antun würde, hatten wir nie in Erwägung gezogen.*

F: Gehen Sie davon aus, daß Yasmins Selbstmordversuch andere Ursachen hatte als die Verzweiflung über ihre Gesichtsverletzungen?

A: *Nein, das kann ich mir nicht denken. Wenn Sie darauf anspielen, daß wir Eltern schuld daran haben, ir-*

ren Sie sich. Wir haben ihr niemals auch nur den kleinsten Anlaß gegeben. Auch nach dem Unfall nicht. Wir waren immer für sie da. Ich war täglich stundenlang in der Klinik. Auch ihr Vater kam, so oft er es ermöglichen konnte. Wir haben die besten Ärzte für sie beschafft. Wir haben wirklich alles für sie getan. Wir haben nicht einmal geschimpft, daß sie diese Rollertour mitgemacht hat, obwohl sie wußte, daß wir dies nicht gebilligt hätten. Zumal sie ohne Helm mitgefahren ist, es die allererste Probefahrt war und der Junge kaum Fahrpraxis hatte, also ein Unfall schon fast vorprogrammiert war. Bei einiger Überlegung hätte sie wissen müssen, daß dies keine gute Idee war. Aber wir haben ihr nicht einmal einen Vorwurf gemacht. Kein Wort haben wir darüber verloren. Im Gegenteil, wir haben alles für sie getan. Wegen uns kann das wirklich nicht gewesen sein. Wir waren immer gute Eltern. Da können Sie jeden rundherum fragen. Da haben wir uns nichts, aber auch gar nichts vorzuwerfen.

F: Glauben Sie, daß Yasmin die Krise überstanden hat?

A: *Was soll ich dazu sagen? Ich denke, sie hat eine gute Chance, daß es so ist. Sie hat einen netten Freund. Gut, er ist jünger als sie, und sicher ist dies keine Geschichte für immer. Aber es ist doch immerhin ein Anfang. Sie ist jetzt bereit, sich chirurgisch behandeln zu lassen. Davon versprechen wir, mein Mann und ich, uns viel. Sie will auch bildungsmäßig nochmals durchstarten. Ich gehe davon aus, daß sie sich gefangen hat und so etwas nicht wieder vorkommen wird. Aber ich muß zugeben, daß die Angst geblieben ist. Ich kann meiner Tochter heute nicht mehr das Vertrauen von früher entgegenbringen. Da ist irgendwie so etwas wie ein Stück Unschuld verloren gegangen. Und ich finde schon – übrigens ist mein Mann auch dieser Mei-*

nung – daß wir das alles nicht verdient hatten. Wir waren immer großzügige Eltern. Wir haben unsere Tochter nach Strich und Faden verwöhnt. Wie sie uns das antun konnte, ist so eine Frage, die wir wohl nie beantworten werden. Wir haben sie nicht so erzogen, daß wir damit rechnen mußten.

Die Fragen an den Vater wurden bewußt identisch mit denen an die Mutter gestellt, um aus der Übereinstimmung oder der Differenz einen Eindruck von der Binnenbeziehung der Familienangehörigen zu erhalten:

F: Wann hat Yasmin Ihnen erzählt, daß sie einen Selbstmordversuch unternommen hat?

A: *Sie hatte nicht ausreichend Vertrauen zu uns, um uns ordnungsgemäß darüber zu informieren. Wir erfuhren es zufällig aus einer Unterhaltung zwischen meiner Tochter und ihrem Freund. Meine Frau brach sofort in Tränen aus. Auch ich war tief erschüttert. Das hätten wir nicht von unserer Tochter erwartet. Wir haben ihr so etwas nicht vorgelebt. Wir haben sie christlich erzogen. Von uns hat sie Verantwortungsbewußtsein vermittelt bekommen und daß man für einen Fehler, den man macht, auch geradezustehen hat. Wir hatten natürlich gewußt, daß die Sache mit ihrem Gesicht schwer für sie war. Wir sind ja selbst erschrocken genug gewesen und haben auch genug geweint. Bei einem Jungen wäre es halt weniger tragisch. Aber deswegen gibt man sich doch nicht auf. Auch wenn man ein Mädel ist. Deswegen kann man doch immer noch etwas aus sich machen. Man muß nur den Mumm dazu aufbringen, sich durchbeißen.*

Tja, daß sie uns nichts gesagt hat, daß wir nichts gemerkt haben – tja, was soll ich da sagen. Schlimm ist das, schlimm. Da fragt man sich schon, was hat man da dem Kind eigentlich vorgelebt? Was ist da von dem überhaupt hängengeblieben, was man so vermittelt? Aber man schaut eben in keinen rein, nicht mal in die eigene Tochter. Damit mußt' dich abfinden, auch wenn's schwer ist. Es ist halt eben nachher nur immer nicht mehr dasselbe wie vorher. Da ist was weggebrochen aus dem Herzbinkerl, das find'st halt dann nimmer.

F: Waren Sie überrascht?

A: *Hab' ich ja schon gesagt – geschockt war ich. Da fällt einem nichts mehr ein, wenn man so was hört. Da bleibt einem alles weg. Da glaubt man an keinen Herrgott mehr und bringt kein Ave mehr raus. Da steht man wie unter der Wand, wenn die Lawine über einem ist und kein Herauskommen ist mehr.*

F: Ist Ihnen aufgefallen, daß Yasmin immer introvertierter wurde?

A: *Als Vater hat man weniger Gelegenheit, sich so hautnah mit seinen Kindern auseinanderzusetzen. Ich bin berufstätig, komme abends erst spät zurück. Meist habe ich das Mädel nur an den Wochenenden erlebt. Da war ich dann auch kaputt und hab' vielleicht nicht so genau hingeschaut, wie es hätte sein sollen. Ich hab' eigentlich nur gemerkt, sie ist zurückhaltender als früher. Aber das war für mich logisch. Immerhin hatte sie einen schweren Unfall mit bleibenden Folgen erlitten, und ihr Freund war dabei zu Tode gekommen. Das ist nicht leicht für einen jungen Menschen. Gedacht hab' ich, oder gehofft, auf jeden Fall, daß alles ins Lot kommt, wenn man ihr Ruhe gönnt. Und das hab' ich gemacht.*

F: Wie empfanden Sie es, daß Yasmin sich von Ihnen zurückzog?

A: *Wie gesagt, als Vater bekommt man manches weniger mit. Ich hatte nicht den Eindruck, daß sie sich stärker von mir zurückgezogen hat. Sie war nie so a Schmeichelkatzerl g'wesen. Sie hatte auch früher nie so viel geredet. Man hat ihr schon immer die Würmer aus der Nase ziehen müssen, wenn man etwas hat wissen wollen. Außerdem ging ich davon aus, daß sie mit meiner Frau enger steht und mit ihr mehr redet als mit mir. Vor allem über so Wehwehchen spricht es sich ja von Frau zu Frau doch leichter als mit dem Vater. Da hat man vielleicht ja Hemmungen und kann sich nicht ausdrücken und alles. Was weiß denn ich.*

Daß sie mit den Freunden nichts mehr zu tun haben wollte, das hab' ich dann schon eher gemerkt. Aber da misch' ich mich nicht ein. In die Sachen von den Kindern sollen sich die Alten nicht hineinhängen. Das bringt nichts Gutes. Deshalb hab' ich mir keine großen Gedanken gemacht. Sie ist schon recht, wie sie ist, hab' ich gedacht. Und daß sie's schon machen wird. Da war ich halt falsch damit – tja.

F: Yasmin hatte sich in die Idee hineingesteigert, sie sei unerwünscht und allen nur eine Last.

A: *So ein Schmarr'n! Selbstverständlich war sie uns niemals eine Last. Ist es auch heute nicht. Sie ist unsere Tochter. Wir lieben sie. Ich kann mir nicht vorstellen, wie sie auf diese Idee gekommen ist. Mir hat sie davon bis heute jedenfalls nichts gesagt. Ich tät ihr auch den Kopf waschen dafür. Solche Flausen! Das muß sie sich doch denken können, daß das alles Quatsch ist.*

F: Hatten Sie eine Vorahnung, daß Yasmin sich ernstlich etwas antun würde?

A: *Ich hatte manchmal so eine Befürchtung, ja. Aber ich hab' mich eigentlich schon recht geschämt dafür. Ich hab' gedacht, daß ich mich damit gegen meine Tochter* und den Herrgott versündige. Und ich hab' auch Angst gehabt, ich beschrei da was und nachher kommt's. Tja!

Manchmal hätte ich schon gern mit jemand über alles geredet. Aber ich konnte eigentlich mit niemandem darüber reden. Meine Frau hätte sich womöglich zu Tod erschreckt. Und am Ende hätte sie mit dem Mädel darüber geredet. Und hätte sie noch auf Ideen gebracht. Na, na, na, da war nichts. Und mit Freunden spricht man über solche heiklen Sachen ja auch weniger. Da hätte ich auch etwas kaputtmachen können, wenn ich davon angefangen hätte. Und man weiß ja, wie das ist. Wenn da erst mal etwas über einen im Umlauf ist, das bleibt an einem hängen und gerade auch an einem Mädel. Ich weiß nicht, da war's eigentlich immer besser, nichts zu sagen. Ich wollte ihr ja nicht schaden. Sie hatte schon genug mitgemacht. Und außerdem war es ja sowieso nur Spintisiererei von mir, nichts Rechtes. Daß es das am Ende doch nicht war – tja.

F: Gehen Sie davon aus, daß Yasmins Selbstmordversuch andere Ursachen hatte als die Verzweiflung über ihre Gesichtsverletzungen?

A: Ich könnte mir vorstellen, daß sie ein schlechtes Gewissen hatte. Sie hätte nicht mit dem Thorsten mitfahren dürfen. Das weiß sie. Und natürlich sieht sie auch, wieviel Opfer wir alle bringen müssen, jetzt. Die Behandlungen kosten ja einiges.

Ich denke aber, es ist eher wegen ihrem Gesicht. Sie war ja immer so eine Hübsche. Der sind die Burschen schon hinterher gerannt, da war sie noch keine zehn. Einmal hat sie für eine Zeitung Model gemacht. Da hat sie geträumt, daß sie das mal werden will. Später. Das war a Schmarr'n. Aber wie Träume halt so sind. Und dann jetzt das mit dem Gesicht und alles ist aus.

Das kann einem ja schon die Füße weghauen. Was soll man da noch andere Gründe suchen? Ich denk', der eine ist schlimm genug. Wenn man schwach ist und sich aufgibt, ist alles Grund genug. Muß man halt jetzt drauf achten, daß sie stärker wird. Daß sie das mit dem Gesicht aushalten lernt. Wird schon so sein, daß sie nicht stark genug gemacht worden war. Kann schon sein, daß das auch mit uns zu tun hat. Es macht ein jeder Fehler. Wir auch. Nur welche, weiß ich nicht. Wüßt' man's, würd' man sie ja nicht machen.

F: Glauben Sie, daß Yasmin die Krise überstanden hat?

A: *Glauben tu' ich gar nichts mehr. Hab' genug geglaubt. Ich wart's ab. Ich schau', daß ich ihr helfe, so gut ich kann, daß sie weiß, ich bin da für sie. Aber mehr kann ich auch nicht machen. Sie muß schon selbst leben wollen, wenn sie leben soll. Und ob sie leben soll, wer soll das wissen? Der Herrgott wird's wissen, vielleicht. Aber der sagt's einem ja nicht. Ist auch gut so. Wenn's ein jeder wüßte, wann's so weit ist, wär' die Welt noch mehr ein Tollhaus. Ich wünsch' ihr nur, der Yasmin, daß sie das Leben wieder liebgewinnt. Und ihr'n alten Vater auch, daß sie ihm so was nie mehr antut.*

Der Kopf im Sand

Betrachtet man das Interview mit Yasmins Eltern, drängt sich als vielleicht wichtigster Eindruck auf, daß beide zwar äußerst besorgt um ihre Tochter waren, aber den Gedanken an eine mögliche Verzweiflungstat verdrängten.

Die Mutter verschanzte sich hinter ihrem guten Gewissen. Ihr kam es nicht einmal in den Sinn, daß ihre Tochter in äußerster Seelennot eine Verzweiflungstat begehen könnte. In der festen Überzeugung, alles Menschenmögliche getan zu haben, um Yasmin eine gut fundierte Erziehung mitzugeben, zweifelte sie nicht daran, daß das Mädchen das Rüstzeug habe, sich im Leben trotz größter Schwierigkeiten zurechtzufinden. Ihre Befürchtungen für Yasmin beliefen sich eher auf Oberflächlichkeiten und Äußerlichkeiten.

Indem sie vor den tiefergehenden Nöten der Tochter den Kopf in den Sand steckte, klagte sie dem Vater die eigenen Schwierigkeiten. Es war zum Beispiel einen Tränenstrom wert, daß sie selbst eifersüchtig darunter litt, andere Mütter mit ihren hübschen Töchtern beim Stadtbummel zu beobachten.

Der Vater hingegen wagte die eigenen Gedanken nicht zu Ende zu denken. Es kam ihm zwar in den Sinn, daß seine Tochter an ihren Gesichtsnarben verzweifeln und allen Lebensmut verlieren könnte. Letztlich aber schob er seine Befürchtungen und Ängste beiseite und versteifte sich darauf, daß er Yasmin zu reichlich Gottvertrauen und Verantwortungsbewußtsein gelehrt habe, als daß sie ihr Leben wegwerfen würde.

In falsch verstandener Rücksichtnahme schaute er trotz seiner Bedenken nicht genauer hin. Mit der sich selbst gewährten Entschuldigung, Yasmin nicht schaden zu wollen, verschloß er seine Ängste und rettete sich sowohl in künstliche Zuversicht als auch in den Trugschluß, daß die Mutter ganz sicher alles zum Guten führen könne.

Tauchten doch einmal Anflüge von Selbstkritik auf, zogen Mutter und Vater sich rasch darauf zurück, wie dankbar Yasmin ihnen sein müsse, daß sie sich jeden Tadel verbissen hatten. Schließlich läge der Leichtsinn in mehreren Punkten auf der Hand. Hätte Yasmin sich verantwortungsbewußt und rücksichtsvoll verhalten, wäre sie gar nicht erst mit Thorsten mitgefahren und schon gar nicht ohne Helm.

Indem die Eltern auf ihre eigene Toleranz, ihre Verständnisbereitschaft und liebevolle Rücksicht verwiesen, erteilten sie sich selbst als Eltern und Erzieher die Absolution. Gleichzeitig schoben sie Yasmin den Schwarzen Peter zu, widerriefen dies aber sofort, indem sie betonten, ihr keineswegs böse zu sein. Daß eine gewisse Verbitterung und auch Zorn über Yasmins Fehlverhalten und dessen das ganze Alltagsleben der Familie beeinträchtigende Folgen in ihnen rumorten, zeigte sich jedoch immer wieder.

Die Eltern sind fest in ihren sozialen Bindungen verankert. Fast ebenso schlimm wie Yasmins Tragödie empfanden sie daher die Neugier und Tratschbereitschaft der Nachbarn. Vor allem die Mutter zeigte sich zutiefst beunruhigt, übler Nachrede ausgesetzt zu sein und womöglich gar umziehen zu müssen. Ähnliche Schrekken mußte der Vater ausstehen, der sich die Folgen für Yasmin ausmalte, sollte es im Bekanntenkreis ruchbar werden, daß sie versucht hatte, sich das Leben zu nehmen. Die ohnedies nur mehr geringen Bindungschancen der Tochter im besorgten Blick, wäre es ihm am wichtigsten gewesen, ließe sich alles vertuschen und quasi ungeschehen machen.

Ihre eigene Rolle bezüglich Yasmins Selbstmordversuch sahen die Eltern aus recht unterschiedlichen Blickwinkeln. Während die Mutter jede Mitverantwortung weit von sich wies und ihre aufopferungsvolle, über jeden Tadel erhabene Erziehungsleistung herausstrich, schloß der Vater eine wie auch immer geartete Beteiligung nicht völlig aus. Nachdenklich sinnierte er über die Frage, welche Faktoren Yasmin zu einem so endgültigen Entschluß bewogen haben könnten. Er fand letztlich verschiedene Varianten, von denen keine ihn überzeugte. Am Ende blieb er sich selbst die Antwort schuldig.

Verständlich wird, warum Yasmin während der langen selbstquälerischen Phase des Abgleitens nicht genügend Vertrauen fassen konnte, sich ihren Eltern zu offenbaren. Das kleinkarierte Spießbürgertum mit seinen Zwängen ließ keinen Raum für Außergewöhnliches. Wie hätte Yasmin ihren Eltern begreiflich machen sollen, daß sie in ihrem Leben nicht mehr heimisch war? Hätten sie denn überhaupt hören wollen, akzeptieren wollen, daß es so war? Wäre alles nicht vielmehr an ihren Nachbarschaftsängsten und Gerüchtebefürchtungen abgeprallt?

»Wenn sie mich wenigstens wahrgenommen hätten, hätte ich es vielleicht geschafft«, meint Yasmin noch heute. »Ich war manchmal kurz vor knapp, ihnen mein Herz auszuschütten. Jedesmal, wenn ich die Blutwatte im Bad liegen gelassen hatte, ging ich mit Herzklopfen raus und wartete, daß es jetzt knallt, daß meine Mutter was begreift oder wenigstens fragt, daß ich jetzt alles herzeigen, alles sagen muß. Das machte mir schon angst. Aber noch mehr war das Hoffnung. Sie sollten ja alles merken. Ich wollte ja mit ihnen reden. Aber ich brauchte dazu eine Erlaubnis. Ich traute mich einfach nicht, so rücksichtslos zu sein und ihnen ungefragt meine Probleme überzustülpen. So was macht man nicht, das hatten sie mir eingetrichtert und eingetrichtert. Und jetzt machte ich es eben nicht mehr. Ich konnt's einfach nicht mehr. War total verklemmt, total zu.

Ich hab' innerlich oft so geschrien nach ihnen. Ich hätte sie so sehr gebraucht. Nicht für Essen oder Klamotten. Einfach nur so. In den Arm genommen werden, gehalten werden, meinetwegen auch geschimpft werden. Das hätte ich besser ausgehalten als dieses Vornehm-Getue und dieses Auf-zuversichtlich-Mimen. Ich war einfach absolut verzweifelt. Aber es kam nichts. Sie reagierten auf nichts. Es war zum Wahnsinnigwerden. Sie konnten es ja noch nicht mal aushalten, wenn ich geweint hatte. Da bekam ich sogar zu hören, daß Tränen nichts besser machen. Wie sollte ich ihnen da wohl sagen, daß ich das ganze Leben nicht mehr aushalten konnte?«

Markus

Markus ist 20 Jahre alt. Mit 17 wollte er sich von einer U-Bahn überrollen lassen. Einzig die Leuchtkappen in den Fersenteilen seiner Sportschuhe sowie die Reaktionsfähigkeit des U-Bahn-Fahrers retteten ihm das Leben.

»Es war eine Liebesgeschichte«, sagt Markus heute darüber. »Mein Mädel hatte mit mir Schluß gemacht. Mit meinem Tod wollte ich sie bestrafen. Sie sollte Schuldgefühle bekommen und nie mehr glücklich werden. Das war so meine Rache.«

Markus hinterließ folgende Abschiedsbriefe an seine Eltern und seine Ex-Freundin.

Liebe Mama, lieber Paps,

wenn ihr dies lest, bin ich schon nicht mehr. Ich weiß, ihr werdet traurig sein und alles nicht verstehen. Aber trauert nicht um mich, denn ich habe es so gewollt. Für mich kann es kein Glück mehr auf dieser Welt geben. Glaubt mir, ich weiß, was ich tue. Was ich erlebt habe, reicht für ein Leben hier. Glaubt mir, der Kelch ist voll. Mehr paßt nicht rein. Ich hab's versucht. Es geht nicht. Vielleicht gibt es ein nächstes Mal, dann sehen wir uns wieder. Ich liebe euch. Vergeßt mich nicht.

In Liebe euer treuer Sohn

Markus

Liebe Elvi,

Du warst mein Leben. Ich habe Dich mehr geliebt als mich selbst. Du warst alles, was ich jemals wollte und wollen werde. Ohne Dich hat mein Leben keinen Wert. Du hast mich weggeworfen. Du hast meine Liebe mit Füßen getreten und Dich einem anderen hingegeben, den Du mehr liebst als mich. Du hast mit mir nur gespielt, und ich habe Dein Spiel für Ernst genommen. Du hast mich auf dem Gewissen, Elvi. Und das sollst Du ewig wissen.

Wenn Du dies liest, ist mein Herzblut schon für Dich vergossen. Es wird so sein, daß wenn Du an meinen Sarg trittst, meine Wunden wieder zu bluten anfangen werden und nie gestillt werden können.

Die Welt wird es wissen.

Auch wenn Du es nicht glaubst, ich weiß, es gibt ein Leben nach dem Leben. Ich warte auf Dich, Elvi, denn Du gehörst mir. Und ich weiß, eines Tages wirst Du kommen. Es dauert gar nicht mehr so lange. Dort, wo ich bin, ist Zeit ohne Bedeutung. Dann sind wir wieder vereint, und nichts wird uns wieder trennen, denn wir sind füreinander bestimmt. Ich weiß es. Du weißt es. Du willst es nur nicht wissen. Mein Tod ist mein Zeichen an Dich. Es wird Dich ewig erinnern. An unsere unsterbliche Liebe. An Deinen Verrat. Und an MICH!

In ewiger Liebe

Dein Markus

Wenn Abschiedsbriefe Durchstarthilfen werden

Markus trug beide Abschiedsbriefe bei sich, als er aus dem Haus ging, um nie mehr heimzukehren.

Ich wollte sie nicht auf dem Tisch liegen lassen oder mit der Post schicken. Sie sollten bei mir gefunden werden. Nicht von meinen Eltern auf dem Wohnzimmertisch oder irgendwo. Nicht zu früh vor allem. Ich stellte mir vor, daß die Polizei käme und sie zuerst lesen würde, ehe sie sie aushändigen würde. Ich rechnete auch mit der Presse. Irgendwer würde ihnen eine Kopie zuschmuggeln. Und dann würde die Nachricht von meinem Tod um die Welt tickern. In allen Zeitungen würde es stehen. Im Fernsehen kommen, im Rundfunk. Und immer würde Elvis Name dabeistehen.

Meine Eltern hatte ich mit allem eigentlich weniger gemeint. Sie taten mir im Grunde schrecklich leid, weil sie für etwas bestraft wurden, womit sie nichts zu tun hatten. Ich hätte ihnen das alles gern erspart. Wenn ich gleichzeitig hätte leben und sterben können, wäre ich für sie am Leben geblieben.

Mein Tod war allein für Elvi bestimmt. Ich stellte mir vor, wie sie den Brief bekommen würde, den die Polizei schon gelesen hatte und wie sie sich damit fühlen würde, daß alle wußten, daß eigentlich sie mich auf dem Gewissen hatte. Es war mir eine einzige große Genugtuung, daß sie darunter leiden würde, daß alle es erfahren würden. Sie sollte leiden. Wie ein Tier sollte sie leiden. Denn ich hatte auch so gelitten. Sie sollte nie mehr froh werden. Denn ich war auch nie mehr froh geworden. Ich brachte mich ihretwegen um. Und mit dem Brief legte ich ihr meinen Leichnam ins Bett. Der Gedanke brachte Power für zehn Selbstmorde.

Da Markus wider Erwarten mit dem Leben davonkam,

erreichten die beiden Briefe ihre Empfänger nie. Vernichten wird Markus die Schriftstücke unter keinen Umständen. »Das sind für mich so 'ne Art Reliquien«, meint er. »Ja, schon auch was Religiöses. Ich glaube, daß sie Beweismittel für Gottes Willen sind. Gott wollte nicht, daß ich sterbe. Ich hatte wirklich alles perfekt inszeniert. Nach menschlichem Ermessen hätte es klappen müssen. Ich denke, es ist kein Zufall, daß ich noch lebe. Deshalb bedeuten mir die Briefe unheimlich viel. Manchmal nehme ich sie mir wieder vor und meditiere darüber. Das gibt mir Kraft zu leben. Man könnte schon sagen, daß die Briefe für mich heute so eine Art Durchstarthilfen sind.«

Meine Bilder zeigen mich von innen

Als Markus und ich einander erstmals begegneten, brachte er mir einen dicken Ordner mit Kinderzeichnungen mit, die er gesammelt und mit Daten versehen hatte.

»Ich habe keine Ahnung, ob das allen Leuten mit ihren eigenen Kinderkritzeleien so geht, aber ich finde mich in den Bildern ziemlich gut wieder«, erklärte Markus. »Eigentlich besser als auf Fotos.« Auf meine Frage, was so bezeichnend an den Bildern sei, meinte er: »Sie zeigen mich von innen.«

Selbst oberflächlichen Beobachtern muß beim Durchblättern dieser Bilder auffallen, daß das Innere des Kindes Markus zerstörerische Strukturen in sich trug. Er malte allerlei katzen- oder hasenähnliche Tiere, die wie nach einem Stierkampf mit Lanzen gespickt waren, Blut in dicken Tropfen verströmten und von Würmern angefressen wurden. Auf einem Bild sind Augen wie Ostereier verteilt. Jedes einzelne läuft in einer Pfütze aus, weil es von einem Pfeil durchbohrt wurde.

Andere Bilder zeigen Bombenexplosionen, in deren Feuer- und Granatsplitterregen zerstückelte Menschen herumwirbeln. Auf wieder anderen Bildern hatte Markus Phantasien über Guillotinen und abgeschlagene, überall herumrollende Köpfe festgehalten. Dazwischen gibt es Bilder von Menschen mit blutenden Armstummeln, herausgerissenen Zungen und ausgestochenen Augen. Immer wieder Darstellungen von Autounfällen mit herausgeschleuderten Leichen. Stets prallt dabei ein großes schwarzes Fahrzeug auf ein viel kleineres, nur aus Umrißlinien bestehendes auf, welches bis zur Unkenntlichkeit zerquetscht wurde. Über der Szene schießen rotgelbe Blitze über das kleine zermalmte Auto hinweg.

Auf anderen Zeichenblättern brennt ein Haus ohne Eingangstür. Aus dem Schornstein jagen rote Blitzsterne auf. Sie treffen Vögel, die blutend herabstürzen. Der Himmel darüber ist schwarz von Qualm und blitzdurchzuckt.

Dann eine weitere Bilderserie mit Gewehrläufen, aus denen Feuerstöße auf gebückt stehende oder am Boden liegende schwarze Körper schleudern. Pistolen stecken in weit offenen Mündern, über denen angstvoll aufgerissene Augen aus den Augenhöhlen zu rollen drohen. Immer wieder Gesichter, die nur aus schwarz oder rot aufgerissenen Mündern bestehen.

Auf vielen Bildern wird ein zerbrochenes Herz mit schwarzen Einschüssen und rinnenden Blutspuren gezeigt, einmal von einer Stachelkette umwunden, ein andermal von einer Axt gespalten.

Zwischendurch finden sich phantasievollste Zeichnungen von Ufo-ähnlichen Raumschiffen, die mit großen Leuchtfenstern durch den Himmel gleiten und breite blaue »Beam«-Säulen auf die Erde schicken. Auf einigen Bildern wird ein Mensch in einem der Beamstrahlen emporgezogen. Auf anderen steuert das Raumschiff einen Stern an, auf dem eine karibisch wirkende Palmenlandschaft mit Meeresbrandung zu erkennen ist.

Das Bild, das mich am tiefsten betroffen machte, stellt aber ein Kind dar, wenig mehr als ein Strichmännchen mit kurzen Hosen, ohne Hände und Füße. Es liegt wie gekreuzigt inmitten eines mehrfach in dicken schwarzen Wutstrichen rundum gemalten Stacheldrahtkreises. An seinem Haupt steht ein breiter schwarzer Kreuzbalken.

Nach Durchsicht des Ordners legte sich beklommenes Schweigen über Markus und mich. In meinem Kopf rasten die Gedanken. Viel hätte ich zu fragen gehabt; vieles, von dem ich glaubte, es bereits zu wissen. Nur wie sollte, wie durfte ich es anfangen? Wie sollte ich es formulieren, ohne diesen Jungen, der mich so erwartungsvoll und gleichzeitig kritisch prüfend anschaute, zu verletzen oder gar zu schockieren?

Markus nahm mir die Last anzufangen ab: »Was meinen Sie?« fragte er. »Können Sie sich vorstellen, was ein Kind durchmacht, das solche Sachen malt?«

Noch immer zögerte ich. Was wußte ich denn schon von diesem schlaksigen jungen Mann mit den Flachshaaren? Natürlich hatte ich eine spontane Theorie. Immerhin habe ich mich seit vielen Jahren intensiv mit Gewalt gegen Kinder befaßt, kenne die Auswirkungen von speziell sexueller Ausbeutung. Aber wie schnell ist ein voreiliges Urteil gefällt! Wie schwerwiegend kann es sein, in einem Menschen Erinnerungen anzustoßen, die dieser selbst tief in sich verschlossen hält. Durfte ich es wagen, Markus mit meiner Meinung zu konfrontieren und womöglich etwas in ihm in Gang zu setzen, das bisher ruhte?

»Die Bilder zeigen mich von innen«, hatte Markus gesagt. Aber mußte er deshalb tatsächlich Gewaltopfer sein? Konnten die martialischen Szenen nicht auch anders begründet sein? Waren sie vielleicht Auswüchse einschlägigen Fernseh- oder Videokonsums?

»Sie trauen sich nicht!« stellte Markus fest. Es klang enttäuscht. »Ich will aber, daß Sie sagen, was Sie denken. Sie haben versprochen, wenn wir uns treffen, führen wir ein Gespräch, keinen Monolog. Also sagen Sie schon, was denken Sie von einem, der solche Bilder malt?«

»Sie haben gesagt, es sind Ihre eigenen Bilder«, tastete ich mich vorsichtig heran. »Also sind Sie das Kind, um das es hier geht. Ich denke, Sie haben Gewalterfahrungen gemacht.«

Markus nickte kaum merklich, blickte mich drängender, aufmunternder an. »Und welche?« Es sollte wahrscheinlich spöttisch-herausfordernd klingen. In meinen Ohren hörte es sich eher unsicher an. Spontan beschloß ich, mich auf das Wagnis der Provokation einzulassen.

»War es sexuelle Gewalt?« fragte ich im Ton einer Feststellung. »Sind Sie als Kind sexuell mißbraucht worden?«

»Bingo!« Markus mimte den Kasper. »Die Kandidatin hat 20 Punkte von 19 möglichen.« Er wurde ernst. »Wenn ich früher jemanden gehabt hätte wie Sie – ich meine, wenn das früher jemand gemerkt oder aus dem ganzen Zeugs hier rausgeguckt hätte, wenn das jemand verstanden hätte – wäre ich heute vielleicht so, wie ich sein würde, wenn ich das nicht erlebt hätte. Verstehen Sie? Vielleicht würde ich dann wissen, wer ich wirklich bin.«

»Ich verstehe nicht«, warf ich ein.

Markus grinste. »Wetten, daß doch? Aber egal. Ich bin ja nicht so. Ich sag's Ihnen schon. Der, den Sie jetzt sehen – ich weiß nicht, wer das ist. Ob ich das bin, wie ich von Anfang an sein sollte, oder ob ich das bin, wie ich gemacht worden bin, aber falsch gemacht worden bin. Daß ich jetzt eigentlich ein ganz anderer bin. In mir drinnen – das hab' ich schon als Kind gewußt – in mir drinnen, da steckt ein total anderer als der, der ich bin. Einer, der nie rausgekommen ist.«

Markus blätterte zu dem Bild mit dem Stacheldraht zurück. »Der da drinnen, das bin ich, wie ich eigentlich sein sollte. Ziemlich unterentwickelt, würde ich sagen. Ich war zehn, als ich das gemalt habe. Ich kann mich ziemlich genau erinnern. Das Bild habe ich damals andauernd gemalt. Ich weiß auch noch genau, was ich dabei gedacht hab': daß das so in mir drinnen aussieht, so ein Stachelverhau, daß keiner an mich rankommt.

Aber das ist natürlich nicht bloß ein Schutz. Ich komme da natürlich auch nicht raus. Das ist absolut zwiespältig. Ich bin total fertig vor Angst, daß einer zu mir reinkommt und total fertig vor Angst, weil ich nicht raus kann. Ich kann bloß noch liegen und fertig sein. Eigentlich bin ich schon tot.«

Ich saß stumm, voller Mitgefühl und zugleich Hilflosigkeit angesichts der heißen, mir entgegenschlagenden Verzweiflung. »Möchten Sie mir alles erzählen?« fragte ich und achtete darauf, daß es eindeutig als Angebot klang.

»Ich muß!« stieß Markus hervor. »Ich muß endlich mal mit jemandem reden, der kein Therapeut ist. Ich muß darüber wegkommen, daß ich vor normalen Leuten was zu verstecken habe, sonst platze ich. Ich habe alle Ihre Bücher über Mißbrauch gelesen. Und als ich von einer

Bekannten hörte, daß Sie Suizidüberlebende suchen, habe ich mich bei Ihnen gemeldet, weil ich glaube, daß ich mit Ihnen reden kann. Sie sind sozusagen mein Versuchskaninchen.«

»Gut«, sagte ich und gab sein Lachen zurück. »Der Test läuft. Wir haben viel Zeit.«

Markus grinste. »Sagen Sie mir zuerst noch was zu den Bildern. Nehmen Sie's als ersten Testballon. Ich will wissen, ob Sie das richtige Kaninchen für mich sind. Okay?«

Ich nickte. Eingedenk der Jahre meiner Erfahrungen im Umgang mit Mißbrauchsbetroffenen wußte ich, daß erste Gespräche oftmals etwas bewußt und aggressiv Provozierendes haben. Anfangs war ich davor zurückgeschreckt und hatte mich verletzt gefühlt. Mittlerweile war mir klar, daß die Angst vor Abweisung zur Quelle von Aggressionen und Provokationen wird. Daher konnte ich mit Tonfall und Wortwahl, die Markus an den Tag legte, gut umgehen.

Noch einmal betrachtete ich Kinderzeichnung für Kinderzeichnung und ließ die Bildaussagen auf mich wirken.

Die auf den ersten Blick wie Gewehr- und Pistolenläufe aussehenden Rohrteile konnten Darstellungsformen von Geschlechtsteilen, die Blitze und Raketen Sinnbilder für Spermaergüsse sein. Klar war mir auch, welche Bedrohung hinter der Guillotine und den abgehackten Gliedmaßen verschlüsselt worden waren. Das »Wehe, wenn du redest!« ist bei Mißbrauchsopfern ebenso permanent im Raum wie die Drohung »Es passiert etwas Schlimmes!«.

Das Gefühl, emotional und körperlich durch bestimmte Handlungen »überfahren« zu werden, mochte sich auch in den Autocrash-Szenen verraten. Dahinter steckte vermutlich die Erfahrung, als kleines Opfer durch eine übergroße Außenmacht zersplittert, seelisch und körperlich in allen Grenzen vernichtend zerstört, kurz, geschrottet, zu werden.

Das zersprungene Herz und die gemarterten, wehrlosen Kleintiere bedurften letztlich keiner Erklärung; sie sprachen für sich. Auch das eingeigelte Kind in seinem Schutzwall aus Stacheldraht legte den tieferen Sinn auf den ersten Blick bloß.

Die Raumschiffbilder interpretierte ich als Wunschdarstellungen, aus der gegenwärtigen Realität befreit und in eine andere Lebensweise gerettet zu werden. Daß dies ausgerechnet durch Weltraumflugkörper passierte, deutete ich als Hinweis darauf, daß Markus das Leben auf der Erde als unerträglich betrachtete und sich leidenschaftlich danach sehnte, quasi auf einem fernen Planeten ein anderes Leben zu beginnen. Markus nickte, als ich mit meinen Ausführungen zu Ende war.

Sieht aus, als hätten Sie was kapiert. Ich denke, wir können reden. Einzige Bedingung: Sie verändern alles so, daß mich keiner erkennt, und lassen mich aus Fernsehsachen weg. Ich hab' was gegen diese Talk-Shows bei Fliege, Biolek, Heulmakers & Co. Da sitzt man doch bloß und wird verarscht, damit die ihre Riesenkohle mit einem scheffeln, und selbst geht man mit einem Almosen aus der Sache raus. Ich habe das schon von anderen gehört, die dort waren. Da wird man im Vorfeld von irgendwem stundenlang mit mehr oder minder dummen Fragen gelöchert und vertraut wildfremden Leuten die eigene Geschichte an, weil man sich einbildet, so wird das dann auch im Fernsehen gezeigt und man kann vielleicht endlich mal in der Öffentlichkeit etwas erklären und loswerden oder auch ein bißchen Rache nehmen und Hilfe kriegen oder Sympathie. Was weiß ich. Gibt ja viele Gründe. Und hinterher, in der Sendung, da hat der Moderator so seine Karteikärtchen mit ein paar besonders publikumswirksamen Fragen, die sich der Typ, der vorher mit dem Kandidaten geredet hat, ausgedacht hat, und zu mehr kommt es nicht. In diesen Shows geht es doch gar nicht um einen bestimmten Menschen. Da geht's doch bloß um Einschaltquoten.

Meine Mutter hat Freunde in der Branche, die nehmen da kein Blatt vor den Mund. Mit denen kann man ganz offen reden. Solange keiner ein Mikro in die Gegend hält, geben die das auch zu. Bei der Heulmakers weiß ich, daß die es nicht mal nötig hat, ihre Kandidaten vor der Sendung persönlich zu begrüßen oder hinterher zu verabschieden. Da wird man bloß abgemolken, kriegt seine 300 oder wenn's hoch kommt 500 Märker und kann verschwinden. Als Mensch ist man da total durch den Wind. Und wenn die Heulmakers sich ihre Tränchen abquetscht und zu guten Werken aufruft, dann doch bloß, weil das die Muttis und Omis vor dem Bildschirm so schön rührt und beim nächsten Mal die Quoten steigert. Wenn einer die Frau mal erlebt hat, weiß er, daß die eiskalt ist.

Oder bei der Waschmitteltussie, da habe ich gehört, daß man irre lange vor der Sendung schon dasein muß und dann in einem Kabuff wartet, bis man an der Reihe ist, und die gute Frau genau wie bei der Heulmakers vorher nicht mal zu Gesicht bekommt. Die taucht erst auf, wenn man ins Studio gebracht wird. Da sitzt sie dann im Räuberzivil und probt ihre Fragen mit einem durch. Wenn nachher die Kamera läuft, hat man eigentlich nichts mehr zu sagen, weil man ja fünf Minuten vorher schon alles gesagt hat. Wahrscheinlich hat das System, damit die Brilleneule möglichst viel reden kann. Die hört sich selbst doch am allerliebsten. Hinterher, wenn alles gelaufen ist, rast sie für zwei Sekunden in das Kabuff rein, wo man wieder hingebracht worden ist, schwenkt ein Sektglas auf die erfolgreiche Sendung und schnoddert drei Sätze runter, reicht einem die labbrige Flosse, und das war's. Als Dankeschön kriegt man dann noch einen Pin mit ihrem Namen und eine Autogrammkarte verehrt, auf der die gute Frau ihre Beißerchen bis zur Rachenmandel zeigt. Also ehrlich, darauf kann ich verzichten. Dazu bin ich nicht der Typ.

Wenn durch so eine Sendung etwas in einem angestochen wird, ist man hinterher absolut allein damit. Das interessiert keinen Hund mehr, ob man damit fertig wird oder nicht. The show must go on, das ist es. Und man ist da auch nicht mehr als eine Nummer. Wie im Zirkus, wo der Dompteur seine Viecher vorführt, bloß daß hier der Mensch die Lach- oder Heulnummer ist und der Moderator millionenschwer nach Hause geht.

Bei einer guten Bekannten habe ich zum Beispiel miterlebt, daß die bei Hans Meiser über ihre Mißbrauchssache erzählt hat, und hinterher hat der Vater eine Anzeige gemacht, weil er angeblich verleumdet worden sei. Der Meiser war fein raus, dem ist nichts passiert. Der hat meiner Bekannten durch einen Mitarbeiter mitteilen lassen, daß ihm das alles zwar menschlich leid tut, es aber ihr Risiko war, nicht seins. Ja super!

Ich kenne die Szene, wirklich. Und ich will damit nicht konfrontiert werden. Also bitte – wir reden, ich laß nichts aus – aber ohne TV und Reporter. Und meine Geschichte bleibt meine Geschichte, mit der nur ich mache, was ich will. Sie kriegen ein einmaliges Abdrucksrecht. Mehr nicht. Und das machen wir schriftlich ab.

Damit war ich natürlich einverstanden. Die nachfolgende Lebensgeschichte von Markus habe ich mit Hilfe von Gedächtnisprotokollen, einiger Tonbandmitschnitte unserer Gespräche sowie verschiedenen Briefinhalten nacherzählt.

Die anderen mochten mich irgendwie nicht

*Ich bin ein Einzelkind. Meine Mutter erzählt gern und oft,
daß sie bei meiner Geburt fast gestorben wäre und der Arzt
ihr deshalb abgeraten hatte, mehr Kinder zu bekommen.
Schon als ich noch ziemlich klein war, zeigte sie mir immer
wieder die Fotos, wie sie schwanger war und ich in ihrem
Bauch. Sie erzählte, daß ich so groß und schwer gewesen
wäre, daß sie immer beide Hände unter ihren Bauch legen
mußte, um nicht zu zerreißen, und wie ich sie immer getreten hätte, daß sie oft vor Schmerzen geweint hätte. Sie beschrieb mir, wie schrecklich die Schwangerschaft verlaufen
war. Sie hatte oft tagelang im Bett liegen müssen, um mich
nicht zu verlieren. Als sie dann endlich Wehen hatte, reichte
ihre Kraft nicht aus, mich normal zu gebären. Es mußte ein
Notkaiserschnitt gemacht werden, weil mein dicker Kopf
nicht durch das schmale Becken meiner Mutter gepaßt hatte. Nach der Geburt mußte meine Mutter wochenlang im
Krankenhaus bleiben, weil sie sehr schwach war und sich von
den Strapazen nicht erholen konnte.*

*Anstatt wenigstens später auf sie Rücksicht zu nehmen,
habe ich während des ersten Lebensjahres ständig gebrüllt
und mußte unablässig auf dem Arm getragen werden, um
überhaupt etwas Ruhe zu geben. Meine Mutter wurde dadurch so geschwächt, daß sie aufbauende Infusionen erhalten und zwischendurch immer wieder für einige Tage in
ein Hotel mit Beautyfarm ziehen mußte, um dort etwas zur
Ruhe zu kommen und Kraft für ihr Mutterdasein auftan-
ken zu können. Natürlich brachte sie alle Opfer gern für
mich.*

*Mein Vater hätte sehr gern weitere Kinder gehabt. Für ihn
war das auch weiter kein Kunststück, da er sowieso meistens
abwesend war und Zeugung ja bekanntlich der kürzeste Ein-
akter der Welt ist. Er ist Vorstandsmitglied in einem Groß-*

konzern und war schon während meiner Kinderzeit Kosmo-
polit.

Ich selbst wünschte mir auch jahrelang zu jedem Weih-
nachten und Geburtstag eine Schwester. Aber meine Mutter
lehnte jede weitere Schwangerschaft ab. Sie war einfach
nicht dafür geschaffen, Kinder zur Welt zu bringen. Als ich
älter wurde, erzählte sie mir, daß sie jahrelang jeden Ge-
schlechtsverkehr mit meinem Vater abgelehnt hatte. Erst als
mein Vater sich sterilisieren ließ, erlaubte sie ihm, in das gemeinsame Schlafzimmer zurückzukehren.

Bevor sie schwanger wurde, war meine Mutter Schauspie-
lerin gewesen. Obwohl sie nach der Hochzeit mit meinem
Vater nie mehr in ihrem Beruf gearbeitet hat – mein Vater
war abartig eifersüchtig und hätte das nie geduldet – ist sie
innerlich wohl immer damit verbunden geblieben. Sie hat sich
jedenfalls immer perfekt geschminkt und nach der neuesten
Mode gekleidet und auf ihre Figur geachtet, damit sie nur ja
kein Gramm Fett ansetzte. Außerdem hatten wir im Keller
eine Stange und eine Riesenspiegelwand, damit sie ihre Bal-
lettgymnastik machen konnte. Und natürlich ging meine
Mutter jede Woche regelmäßig nach ihrem Schönheitsschlaf
zur Kosmetikerin, zur Massage, zum Schwimmen, zum Ten-
nisspielen und zur Gymnastik in einem Fitneßstudio speziell
für Frauen.

Kataloge und Modezeitschriften lagen immer bei ihr
herum, und was es über Catherine Deneuve oder diese
Ingrid-Bergmann-Tochter, die mit der abgebrochenen
Zahnecke, zu wissen gab, wußte mein Mutter im Schlaf.
Ich denke schon, daß sie ihrer Zeit nachtrauerte und heimlich dachte, daß sie bestimmt auch mal so berühmt geworden wäre – ohne mich. Ich, das hat sie mir mal gesagt,
bin das größte Opfer, das sie meinem Vater gebracht hat.
Natürlich war es meine Pflicht, sie für diese Leistung zu
belohnen. Ich durfte sie deshalb niemals im Leben ent-

täuschen. Das war mir klar seit – ja, eigentlich seit vor der Geburt. Mindestens.

Meine Schulfreunde und die Arbeitskollegen von meinem Vater haben meine schöne Mutter immer bewundert. Mein Vater hat sie angebetet. Und ich habe sie natürlich geliebt. Ich denke, alle Kinder lieben ihre Mutter.

Heute denke ich, daß ich trotzdem etwas vermißt habe. Genau definieren kann ich es nicht. Auf jeden Fall hatte ich in der Schule nie Freunde. Ich brachte wohl manchmal jemanden mit nach Hause, aber es wurde nie was daraus. Die anderen in der Klasse mochten mich nicht. Keine Ahnung, warum. Vielleicht hing es damit zusammen, daß ich kein Fernsehen gucken durfte und auch nie Cowboypistolen hatte. Oder es war, weil bei uns im Haus alles nur weiß war; auch in meinem Zimmer. Da traute sich keiner, was anzufassen, weil man jeden Fingerabdruck sofort sah. Kann auch sein, daß es war, weil bei uns immer alles so im Flüsterton ablief und meine Mutter eigentlich jeden Tag entweder Gäste hatte oder mit ihren Seidenmalsachen zugange war, bei denen Kinderlärm störte. Bei uns lief fast immer einer mit dem Finger vor dem Mund rum, um meine Mutter nicht zu stören. Sie behauptete, so feine Ohren zu haben, daß sie nachts das Gras wachsen hören würde und deshalb oftmals nicht einschlafen könnte.

So als Kind, ich weiß noch, da habe ich mir oft vorgestellt, ein Wesen von einem anderen Stern und deshalb ganz, ganz anders als Erdlinge zu sein. Solange ich wirklich noch sehr jung war, lief ich ständig mit so einer Alufolienverkleidung herum und zog mir eine Maske aus einem Stück weißem Malkarton vor. Die hatte ich selbstgemacht. Später genierte ich mich wegen der Verkleidung und stellte mir nur noch alles im Kopf vor. Ich dachte mir dazu wirklich starke Sachen aus. Zum Beispiel, daß meine Mutter wahrscheinlich von Außerirdischen fernbefruchtet worden war und ich gar nicht das richtige Kind meiner Eltern sei. Deshalb mußte ich natürlich völlig anders sein als echte Erdlingskinder. Logisch, daß meine Erdlingsmutter bei meiner Geburt fast gestorben wäre. Logisch, daß ich keine Geschwister bekommen hatte. Logisch, daß keine Erdlingskinder mich leiden konnten. Logisch, daß ich die Sache mit Max machte.

Die Phantasie ging oft so weit mit mir, daß ich nachts stundenlang in den Himmel starrte und richtiggehend Heimweh hatte. Ich dachte, auf irgendeinem dieser Sterne bist du zu Hause. Da sind deine richtigen Eltern. Da hast du vielleicht Geschwister. Und die haben alle irgendeinen Max. Da sind alle so wie du.

Zeitweilig ging das so weit, daß ich zu nichts mehr Lust hatte und am liebsten nie mehr aufgestanden wäre. Ich bekam mich dann eigentlich immer nur ein, weil ich mir dachte, daß ich eine geheime Mission hätte, wegen der ich auf die Erde geschickt worden war. Ich dachte mir aus, daß ich dazu bestimmt worden wäre, die Erde zuerst zu retten und dann für meine eigenen Leute zu erobern und zum Beispiel die Umweltverschmutzung und die Chemie abzuschaffen.

Keine Freunde zu haben und die Sache mit Max stellte ich mir als so eine Art Prüfung oder Mutprobe vor. Wenn ich die packen würde, dachte ich, dann würde ich meinen richtigen Leuten beweisen, daß ich es wert wäre, von ihnen ausgewählt worden zu sein. Trotzdem war die Sache mit Max für mich wohl das Schlimmste überhaupt.

Die Sache mit Max

Ich weiß bis heute nicht, ob das echter sexueller Mißbrauch oder ob das eine einvernehmliche Beziehung war. Max hat da ganze Arbeit geleistet und ziemlich schlau geredet. Als Kind bekam ich das überhaupt nicht klar. Da dachte ich ständig, daß es meine Schuld war und der Max das alles bloß machte, um mir einen Gefallen zu tun. Ich hatte so ein schlechtes Gewissen wegen dem armen lieben Max und war ihm so dankbar, daß er mich trotzdem liebhatte und alles für mich machte.

Max ist der Sohn einer mit meinen Eltern eng befreundeten Familie. In Wahrheit heißt er nicht Max. Ich nenne ihn nur hier so. Dieser Max ist acht Jahre älter als ich. Er hat drei teils ältere, teils jüngere Schwestern und war der absolute King zu Hause. Er konnte sich wirklich alles erlauben: rotzfrech zu seiner Mutter sein, den Vater Arschloch nennen, die Schwestern vertöffeln, am Tisch mit dem Essen schweinzen, Geld aus dem Portemonnaie klauen und sich Zigaretten kaufen. Mit Max wurde keiner fertig. Boah, ich hab' den vielleicht bewundert!

Wenn ich den Max und mich vergleiche, dann bin ich ein blutleerer Schlappschwanz gewesen und er Superman. Der Max hatte feste Schultern und dicke schwarze Locken und eine ziemlich dunkle Stimme. Ich war ein bleiches, total ängstliches Kind. Ich hatte eigentlich vor allem Angst. Superbrav, superfolgsam, superleise. Ich machte nie was kaputt. Ja und dann dieser Max, der einfach alles machte. Ich hab' den wirklich total vergöttert und ihm jedesmal ein Alibi verschafft, wenn er wieder Mist gebaut hatte. Wahrscheinlich hat ihm das Spaß gemacht, daß ihn so ein Dreikäsehoch so anhimmelte, denn er nahm mich ziemlich oft hinten auf dem Fahrrad mit oder hat mit mir Fußball gespielt. Manchmal durfte ich sogar an seinem PC spielen.

Das mit dem Mißbrauch fing irgendwie eher wie ein Spiel an. Der Max war damals 13, ich fünf. Weiß ich so genau, weil ich damals endlich in den Kindergarten durfte. Das hatte der Kinderarzt durchgesetzt, weil er meiner Mutter, die mich nicht hingehen lassen wollte, gesagt hatte, daß ich in der Schule der Blöde wäre, wenn ich nicht in den Kindergarten ginge und wenigstens ein paar von meinen künftigen Klassenkameraden schon vorher kennenlernen würde. Ich hatte total Schiß vor dem Kindergarten und schrie wie am Spieß, als meine Mutter mich da allein ließ. Aber schon am ersten Tag fand ich es dann so toll, daß ich am liebsten immer nur noch da gewesen wäre.

Im Kindergarten wurde viel gemalt. Und da fing ich dann irgendwann mit diesen Zeichnungen an, die meine Mutter total entsetzt haben, so daß sie damit zu unserem Kinderarzt rannte und der dann meinte, das wäre normal, weil ich mich allmählich von ihr ablösen würde und das dann eben so aussieht. Die Kindergartentante meinte das auch, weil ich ja trotz dieser Bilder eigentlich immer noch total brav und still war und auch ziemlich oft von den anderen geärgert wurde, mich aber nicht richtig wehren konnte. Wegen dieser Bilder weiß ich also so genau, wann das alles anfing.

Ja, das mit dem Max, das fing so an, daß ich mal ins Bad kam, als er auf dem Klo saß und da so an sich rummachte. Wahrscheinlich hab' ich blöd geschaut, weil er mich gleich angemacht hat, daß ich so was ja wohl nicht hätte und ganz sicher ein Mädchen wäre. Ja, da hab' ich ihm dann gezeigt, daß ich doch so was habe. Und dann ging das los. Er wollte, daß ich seinen anfaßte und er packte meinen an. Das war ein komisches Gefühl, aber nicht schlecht, das kitzelte irgendwie, und weil dann meiner ja auch größer wurde, war ich da auch irgendwie total stolz. Bloß daß bei mir nicht so was rauskam wie beim Max, das war dann nicht so toll. Aber er hat dann gesagt, daß das bei mir auch so werden würde, wenn ich so was öfter probiere, weil das eben jeder hat, wenn er ein Mann ist und daß das was echt Geiles ist, was Weiber nicht haben, und man das immer haben will, wenn man es erst mal hatte.

Die gute Aussicht hat mich ziemlich getröstet, und ich war dann auch scharf darauf, das bald zu kriegen. Der Max sagte dann noch, daß er mir dabei helfen würde, daß ich das auch bekäme, aber nur, wenn ich das keinem erzählen würde, weil – das wäre nur was zwischen uns beiden. Und wenn ich das weitersagen würde, wäre ich eine Memme und nicht mehr sein Freund. Dann würde ich schon sehen, was passieren würde. Etwas Schlimmes auf jeden Fall. Und dabei machte er so eine Kopf-ab-Bewegung unter dem Kinn her.

Das hatte natürlich Wirkung. Aber ich glaube, ich hätte es auch so nicht verraten, weil ich irgendwie doch das Gefühl hatte, daß meine Mutter das nicht so gut finden würde. Meine Mutter fand ja nie gut, was der Max mir beibrachte. Und außerdem war das auch so ein kribbeliges Gefühl gewesen. Das wollte ich irgendwie nicht mit ihr bereden.

Daß ich das alles dann ziemlich bald Scheiße fand, hing damit zusammen, daß der Max das jetzt dauernd wieder machen wollte und mir regelrecht nachstellte. Weil wir Nachbarn waren, war das ziemlich einfach. Der Max tauchte einfach auf und sagte, er wollte mal mit mir spielen. Hatte er ja immer gemacht. Da dachte sich keiner was dabei. Ja, und dann schloß er sich mit mir im Bad oder in meinem Zimmer ein und es ging los. Irgendwann tat mir das mal weh, weil er ziemlich grob gewesen war. Da hatte ich dann rumgeheult und wollte nicht mehr. Der Max meinte, daß ich mich zickig benehmen würde und er nichts mehr mit mir machen wollte. Dann könnte ich sehen, was ich davon habe.

Das war dann so der Anfang einer richtigen Sexbeziehung. Er meinte nämlich, er würde mir noch eine letzte Chance geben und es bei mir mit dem Mund machen, weil es dann nicht so weh tun würde, und daß ich das dann aber auch bei ihm sollte. Ich hab' dann zuerst noch gesagt, daß ich das nicht schön fände und das ein doofes Spiel sei. Aber der Max hat dann gesagt, wenn ich nicht will, würde er alles meiner Mutter sagen und dann bekäme sie einen Herzschlag, weil sie endlich mal merkt, was für einen bösen Sohn sie hat.

Von der Zeit an wurde es dann eigentlich immer schlimmer. Das ging bis zum Analverkehr und war dann, als ich sieben, acht war, auch fast jeden Tag, bis der Max sein Abi in der Tasche hatte und zuerst als Zivi arbeitete und dann später zur Uni wegging. Sinnigerweise studiert er Medizin und will sich demnächst als Arzt niederlassen.

In der Zeit, als ich sechs war, hatte ich mal versucht, aus dem Fenster zu springen, weil ich das alles nicht mehr aushielt. Ich hatte ja eigentlich bloß noch Angst und fand mich selbst auch so total schlecht. Meine Mutter hatte mich ein paarmal beim Onanieren erwischt und war damit gleich zu meinem Vater gerannt. Der hatte dann mal ein ernstes Wörtchen unter Männern mit mir geredet und gesagt, daß er das ja verstehen kann und auch nicht so schlimm findet, daß man das aber nicht macht, wo es einer merkt – und die Mutti schon gar nicht. Ich hatte ihm dann in die Hand versprechen müssen, daß ich das in Zukunft höchstens machen würde, wenn ich ganz allein wäre.

In der Zeit hatte ich eigentlich ein echtes Dreifachleben. Für meine Eltern war ich ihr lieber Markus. Für den Max war ich die geile Sau. Für mich selbst war ich beides zusammen und außerdem auch noch der von einem anderen Stern. Mal hatte ich versucht, meiner Mutter etwas von meinem Stern zu erzählen. Sie hatte gesagt, ich sollte aufhören mit diesem Quatsch. Man könnte sonst meinen, daß ich gestört wäre; und ob ich nicht dächte, daß sie es so schon schwer genug mit mir hätte. Damals hatte sie gerade die Geschichte mit dem Onanieren mitgekriegt.

Das war nämlich ein Problem. Seit ich von Max eingewiesen worden war, hatte ich da ziemlich oft diesen Drang. Zuerst hatte ich das ja ständig gemacht, weil ich auch so einen großen Penis wie der Max und so tolle Gefühle haben wollte. Ich war damals dauernd mit der Hand zwischen den Beinen. Meine Mutter hat mir dann immer auf die Finger gehauen.

Aber das hat nichts genutzt. Ich wollte das ja. Und später dann, als ich das nicht mehr so unbedingt wollte, da hatte sich das alles irgendwie verselbständigt. Ich hatte auf einmal dauernd diesen Drang, da was zu machen, weil mein Penis auch ständig steif wurde und dann der Reiz da war. Ich dachte damals nicht an Frauen oder Sex, damit er mir stand. Das konnte passieren, weil mir zu heiß geworden war oder weil ich ein bißchen nervös oder ängstlich wurde oder wegen irgendwas aufgeregt war. Oder wenn die Unterhose zu eng saß oder einfach bloß, weil der Stoff ein bißchen scheuerte. Wenn da bloß ein bißchen was rieb oder drückte, merkte ich schon, wie er mir hart wurde. Und da mußte ich ihn dann anfassen.

Ich kam mir oft vor, als hätte ich Ameisen am ganzen Körper. Manchmal habe ich sogar beim Essen heimlich unter dem Tisch onaniert, weil ich den Druck einfach nicht aushielt und da die Hand nicht weglassen konnte. Irgendwann fiel das auf. Natürlich hat meine arme Mutter sich wahnsinnig aufgeregt und ist wieder fast gestorben vor lauter Kummer wegen mir. Und als sie sich dann ausgeheult und ausgetobt hatte, ist sie mit mir zum Kinderarzt gegangen. Der hat sich alles bei mir angeschaut und zu meiner Mutter gesagt, daß ich eben etwas weiter entwickelt wäre als üblich und deshalb dann auch stärker den Reiz dazu hätte. Manche Jungen kämen eben früher in die Pubertät, und das wäre wohl so bei mir. Sie dürfte mir das aber nicht verbieten, weil ich sonst einen Knacks fürs Leben bekäme. Zu mir hat er dann noch gesagt, daß ich, wenn so etwas über mich käme und ich das gerade mal nicht wollte, meinem Penis befehlen sollte, klein zu bleiben. Das würde mit der Zeit schon klappen. Das müßte jeder Mann lernen.

Ich schämte mich fürchterlich. Vor allem auch wegen meiner Mutter. Die guckte mich seitdem an, als ob ich ein Monster oder sonst was wäre. Ich hätte ihr nie was von Max und mir sagen können. Entweder hätte sie mir kein Wort geglaubt – immerhin sind sie mit den Eltern seit Jahren befreundet – oder sie hätte tatsächlich einen Herzschlag bekommen, und damit hätte ich sie umgebracht.

In der Zeit war ich absolut verzweifelt. Nicht mal der Gedanke an meinen Stern machte es leichter. Ich wollte keiner von einem anderen Stern sein und diese doofen Prüfungen nicht bestehen müssen, um die Erde zu retten. Aber der Max, dem ich das alles irgendwann erzählt hatte, sagte, daß ich keine andere Wahl hätte, weil mein Stern sonst die Erde vernichten würde. Er hatte da auch ziemlich starke Beweise. Zum Beispiel, wenn irgendwo eine Umweltkatastrophe im Fernsehen gezeigt wurde, sagte er, daß es passiert wäre, weil ich mal wieder versagt hätte. Oder einmal, als ich keine Lust gehabt hatte mit dem Max, da war an demselben Tag ein Flugzeug auf einer Flugzeugschau abgeschmiert und zig Leute waren verbrannt. Da behauptete der Max, daß es wegen mir war, weil ich nichts mit ihm angefangen hatte.

Er sagte auch, daß mein Stern Kometen und Weltraumfeuer auf unser Haus runterlassen und alle Leute abknallen würde, wenn ich nicht wollte. Wenn dann alle Leute in Stükken durch die Gegend regnen würden, wäre es nur wegen mir. Manchmal drohte er auch, daß er verraten würde, was ich von ihm verlangen würde, und dann wäre alles umsonst, weil die von meinem Stern dann dafür sorgen würden, daß ich krepiere und sie danach einen anderen schicken würden, der den Auftrag besser erfüllte als ich.

Ich bestand damals wirklich bloß aus Angst und habe alles gemacht, was der Max wollte, und jeden Abend in meinem Nachtgebet gesagt, daß die Prüfungen von meinem Stern bitte bald vorbei wären und dann alles anders wird.

Als der Max weg war und diese ganze Sex-Kiste mit ihm für mich vorbei war, wurde ich dann leider trotzdem nicht glücklicher. Ich hatte mit der Zeit zwar immer mehr Angst vor ihm gehabt, weil er mir oft weh getan hatte, aber er hatte mich an die Lust gewöhnt. Und die fehlte mir jetzt. Mit zehn ejakulierte ich ja schon mehrmals am Tag und in der Nacht. Ich wußte oft nicht mehr, wohin mit mir. Am liebsten hätte ich mir den Penis abgeklemmt, weil mich das Scheißteil dauernd plagte und abstand und kleingemacht werden wollte. Ich haßte das alles und auch wieder nicht. Es war zum Verrücktwerden. Und kein Mensch war da, mit dem ich reden konnte.

Elvi

Als ich 12 war, lernte ich Elvi kennen. Damals war sie fast schon 15. Sie erwischte mich, wie ich in einem von diesen Holzhäuschen auf dem Kinderspielplatz lag und onanierte. Da drinnen war es ein bißchen dunkel, und wenn die Größeren in den Häuschen waren, trauten sich die Kleinen nicht rein. Die hatten schon so ihre Erfahrungen gemacht. Insofern war das Häuschen fast schon mein Stammplatz, wenn ich allein sein wollte.

Die Elvi kroch da so rein, als ich mitten dabei war und guckte zu. Das war wie ein Elektroschock für mich. Ich wurde so geil, daß ich gleich danach schon wieder stand. Und da fragte sie mich, ob ich das öfter machte. Ich sagte, ja, das ist toll, und ob sie es auch mal bei mir machen wolle. Und sie lachte und zierte sich und sagte, ja, sie kann es ja mal versuchen, und das tat sie dann auch. Von da an waren wir zusammen.

Meine Eltern haben zuerst nicht mal bemerkt, daß ich endlich jemanden hatte, mit dem ich zusammensein wollte. Mein Vater war ja nur abends da. Er war vom Geldverdienen viel zu müde, um sich groß um mich zu kümmern. Meine Mutter hatte ihre Frauenkränzchen und ihre Seidenbilder und ihren Mittagsschlaf und ihre ganze Schönheit. Sie hatte mich immer schon am liebsten in mein eigenes Zimmer zum Spielen abgeschoben oder nach draußen, damit sie ungestört war. Ich glaube, sie hatte nicht mal richtig mitgekriegt, daß ich kein Kind mehr war und schon lange nicht mehr im Sandkasten buddelte. Ihr fiel erst etwas auf, als eine ihrer vielen Bekannten ihr sagte, daß sie mich jetzt schon mehrmals mit einem Mädchen gesehen hätten.

Danach quetschte meine Mutter mich natürlich nach allen Regeln der Kunst darüber aus, was das für ein Mädchen wäre. Sie wollte die Eltern kennenlernen und das Mädchen sehen. Und natürlich bekam sie wieder ihre Krise, weil ein Junge mit 12 Jahren doch noch keine Freundin zu haben hatte. Schon gar keine ältere. Schließlich weiß jeder halbwegs aufgeklärte Mensch, daß Mädchen früher reif werden als Jungen und heutzutage ja auch sofort mit jedem ins Bett wollen. Was dabei herauskäme, würde man ja sehen. Entweder hätte es Hand und Fuß oder wäre etwas Unheilbares wie Aids. Mit beidem wollte sie nichts zu schaffen haben.

Ich tat natürlich, als wäre nichts zwischen Elvi und mir und regte mich künstlich auf, was sie von mir denken würde. Das war zwar feige und gelogen – aber okay, war ich eben feige und ein Lügner obendrein. Was machte das schon?

Mein Vater sah das weniger eng. Er meinte bloß, daß Jungen sich beizeiten die Hörner abstoßen müßten, wäre schon immer so gewesen. Meine Mutter solle kein Drama machen, wo keines wäre. Und ich solle gefälligst aufpassen, daß kein Drama daraus würde. Wenn ich mich benehmen würde wie ein Mann, müßte ich auch die Konsequenzen tragen wie ein Mann. Dann schlug er mir auf die Schultern, so von Mann zu Mann, und das war's.

Obwohl ich nie der Mutigste war, fing ich so mit elf, zwölf Jahren an, rebellisch zu werden. Die ganze Klammerei von meiner Mutter ging mir auf den Geist. Ich redete mit Absicht so machomäßig daher, daß Weiber für die Küche da wären und räumte meine Unterwäsche im Bad nicht mehr vom Fußboden auf, weil das Weibersache wäre, und wozu hätte man denn Weiber im Haus. Es machte mir Spaß, wenn meine Mutter jedesmal ausflippte und sich bei meinem Vater beschwerte, der mich streng zurechtwies und gleichzeitig grinste.

Ich hatte wirklich keine Lust, die Elvi mitzubringen und vorzuführen. Das sagte ich auch laut und deutlich. Aber meine Mutter hatte sich schon eine Antwort zurechtgelegt und behauptete, wenn ich es nicht täte, würde sie dafür sorgen, daß ich das Mädchen nie mehr sehen würde. Sie würde ihre Eltern anrufen und ihnen befehlen, dafür zu sorgen, daß ihre Tochter die Finger von mir ließe. Ich kannte meine Mutter. Solche Sprüche meinte sie immer ernst. Sie würde so etwas locker fertigbringen. Also brachte ich die Elvi lieber mit und lud auch ihre Eltern gleich mit ein. Ich dachte, dann hätten wir es hinter uns.

Der Nachmittag war wirklich gar nicht so schlecht. Höchstens ein bißchen steif. Elvis Eltern waren ziemlich schüchtern. Ich glaube, sie fühlten sich nicht so richtig wohl bei uns. Zum Glück ist meine Mutter eine wirklich perfekte Gastgeberin und kann mit jedem Small talk machen.

Ich hatte mit dem schlimmsten Kommentar gerechnet, aber meine Mutter fand die Elvi niedlich und reizend. Sie hielt ihre Eltern für etwas ungebildet, aber ordentliche Leute. Und sie hatte nichts dagegen, daß die Elvi und ich Freunde waren. Sie fand uns sogar süß. Elvis Eltern war es auch recht. Jedenfalls sagten sie nichts dagegen. Wahrscheinlich trauten sie sich nicht, weil wir so vornehme Leute waren.

Für mich war die Beziehung zu Elvi das Wichtigste im Leben. Mit ihr zusammen hatte ich zum ersten Mal das Gefühl, daß ich richtig bin. Wie soll ich das sagen? Ich hatte das Gefühl, daß die Elvi genauso war wie ich, und wenn wir beide so waren, war sie entweder auch von einem anderen Stern, vielleicht sogar von meinem eigenen, oder wir waren beide ganz einfach normal. Auf jeden Fall war ich sicher, daß wir zwei zusammengehören und uns finden mußten.

Wir paßten so gut zusammen. Das war kein Zufall. Wir waren füreinander bestimmt. Ich war geboren worden, um sie zu finden. Sie war geboren worden, um mir zu gehören.

Ich weiß nicht, ob Kinder sich richtig verlieben können. Aber ich weiß, daß ich so verliebt in sie war, wie ich konnte. Ich dachte eigentlich immer nur noch an sie. Wenn ich etwas hatte, mußte ich es zuerst ihr zeigen. Wenn ich irgendwohin sollte, dann nur mit ihr. Und wenn ich allein war, war ich wie abgestorben, zu nichts fähig, alles war langweilig. Und außerdem war da auch die Sache mit der Lust. Die war jetzt für uns beide da, und das war einfach bloß schön.

Die Mißbrauchsgeschichte mit Max, die war nicht vergessen, die habe ich wohl auch bis heute nicht verarbeitet, weil ich sie bisher ziemlich verdrängt habe und eigentlich nie mehr daran denken wollte. Eigentlich hatte es von Anfang an Nächte gegeben, in denen ich Alpträume hatte. Vor allem einer, in dem träumte ich immer wieder was mit Schlangen, die aus mir rauswachsen und sich um mich rumwickeln, bis ich erstickt bin. Aber die Träume wurden weniger, seit ich mit Elvi zusammen war.

Im Lauf der Zeit merkte ich, daß die Sache mit Max mir als Kind ganz schön geschadet hatte, aber daß sie mich nicht kaputtgemacht hatte. Später, so mit 14, 15, lachten wir sogar darüber, die Elvi und ich, denn in gewisser Weise hatte das alles ja sogar einen Vorteil für mich gebracht, weil ich dadurch schon so früh konnte und eigentlich immer kann und auch immer will und die Elvi und ich deshalb jede Menge Spaß miteinander hatten.

In dem Alter, so mit 13, als ich die Elvi fast schon ein Jahr kannte, konnten die anderen Jungen in meiner Klasse fast alle auch schon. Aber keiner konnte so wie ich. Ich hatte den Größten; das war klar – sieht man ja mal in der Dusche beim Sport oder so. Und ich konnte immer gleich wieder, wenn ich fertig war. Jungen probieren so was schon mal aus, machen da mal so was wie Wettpinkeln und Wettonanieren. Bei uns an der Schule wurde das auf dem Klo gemacht. Da wurden zwei als Wache an die Tür gestellt, und drinnen standen dann immer zwei und machten, und die anderen guckten zu, und dann war der Nächste dran. Wer am meisten konnte, war Sieger. Ich war immer der Beste. Die anderen waren total neidisch. Von denen hatte auch noch nie einer was mit einem Mädchen angefangen. Die redeten bloß und spielten sich auf und legten sich ein Playboyposter auf den Bauch, damit sie kamen. Aber die Elvi und ich, wir taten es richtig und jeden Tag und fast immer ein paarmal. Das gab mir damals so einen Kick, daß ich darauf stolz war und dachte, daß der Max es eigentlich schon richtig gemacht hatte mit mir, weil ich sonst wahrscheinlich nie mit der Elvi zusammen gekommen wäre.

Obwohl ich noch so jung war damals, war mir völlig klar, daß ich mit dieser Sache ein Riesenproblem bekommen hätte, wenn ich die Elvi nicht gehabt hätte und sie nicht ganz ähnlich veranlagt gewesen wäre. Aber da hatten wir Glück, daß wir uns gefunden haben, weil sie genausoviel von mir wollte wie ich von ihr und wir beide total aufeinander abfuhren.

Die Elvi, ja, die war wirklich mein Leben. Die war das Größte für mich. Quatsch, das Größte – die Elvi war alles. Und nicht nur wegen dem Sex. Klar, wir waren zusammen und hatten damit unseren Spaß. Aber wir haben auch geredet und uns alles gesagt. Die Elvi verstand das mit dem Stern und sogar das mit Max. Wir lagen uns oft stundenlang in den Armen und streichelten uns und erzählten uns alles und machten ein bißchen Liebe und redeten wieder. Am schönsten war, wenn wir uns vorstellten, wie irgendwann ein Ufo auftauchen und uns ins Innere hochbeamen und zu unseren wahren Leuten auf unseren Stern zurückbringen würde. Das Leben dort stellten wir uns wie auf Hawaii oder auf den Malediven vor. Wir hatten so richtige E.-T.-Gefühle mit Sehnsucht und Nach-Hause-Telefonieren.

Ich dachte, daß das immer so weitergehen würde. Nie hätte ich gedacht, daß die Elvi mich mal verlassen würde. Ich war auch so total betriebsblind ihr gegenüber. Ich denke schon, daß ich etwas hätte merken können. Zurückblickend weiß ich, daß die Elvi fast das ganze letzte Jahr, das wir zusammen hatten, anders war als früher. Sie hatte immer öfter keine Zeit für mich und keine Lust auf Sex. Wir haben auch ziemlich oft gestritten. Das ging meistens so weit, bis ich mir die Ohren zuhielt oder heulte und total am Ende war. Ich schaffte es einfach nie, mich so mit ihr zu streiten, daß ich auch mal Sieger geblieben wäre.

Wenn sie so wilde Augen machte und ausrastete, hatte ich immer das Gefühl, an allem schuld zu sein. Ich konnte einfach nicht zurückbrüllen oder auch mal toben und recht haben. Dabei hatte ich objektiv gesehen ziemlich oft recht. Ich konnte es nur nicht kriegen, weil ich ständig Angst hatte, Unrecht zu haben. Außerdem hatte ich auch Angst, sie zu kränken oder zu beleidigen. Eigentlich hatte ich ständig so einen Drang, beim kleinsten Krach vor ihr auf die Knie zu fallen, um Verzeihung zu bitten und wieder schön Wetter mit ihr zu haben. Ganz egal, ob ich schuld hatte oder nicht. Verstehen Sie? Hauptsache, es war wieder okay zwischen uns.

Ich hatte das auch ziemlich oft so gemacht. Aber irgendwann hatte die Elvi dann genug davon. Sie sagte, daß ich aufhören sollte, so ein Weichei zu sein und ständig vor ihr rumzurutschen. Sie könnte das verdammt nicht leiden. Und wenn ich sie lieb hätte, würde ich das lassen und endlich ein richtiger Kerl werden. Da hab' ich mir ziemlich viel Mühe gegeben. Aber es war nicht so einfach. Ich denke, daß die Elvi mich hauptsächlich deshalb verlassen hat.

Ich frage mich heute noch ständig, wieso bei mir nicht alle Glocken Alarm geläutet haben. Aber mir geht erst so ganz allmählich auf, daß es wohl war, weil die Elvi für mich immer okay war. Ich hatte nie Zweifel an ihr. Ich hab' sie nie hinterfragt. Wenn sie sagte, es ist rot, dann nahm ich ihr das ab, und wenn ich selbst tausendmal grün sah. Verstehen Sie, was ich meine? Ich war immer sofort bereit, jeden Fehler bei mir zu suchen. Die Elvi war fehlerlos.

Als sie mit mir Schluß gemacht hat, war das für mich, als hätte sie mir das Herz rausgerissen oder die Luftröhre abgeschnitten. Ich stand da wie ein lebender Leichnam. Sie hat's mir am Telefon gesagt. Sie meinte, sie könnte es mir nicht direkt sagen, weil sie wüßte, was sie mir antut, und es nicht fertigbekäme, wenn sie mich sehen würde. Ich stand mit dem Hörer da und bekam keine Luft, und die Tränen sprangen mir richtiggehend aus den Augen; ich konnte gar nichts dagegen machen. Ich weiß nicht mehr alles, was ich gemacht habe. Auf jeden Fall habe ich den Telefonhörer auf den Boden geschmissen, daß er kaputtgebrochen ist, und hab' ziemlich laut gebrüllt und bin mit dem Kopf vor die Wand gerannt. Ich wollte nicht mehr leben.

Damals war ich schon 17, aber ich konnte mir nicht vorstellen, daß ich ohne die Elvi sein könnte. Die Elvi, das war ein Stück von mir ganz tief drinnen. Sie und ich waren wie siamesische Zwillinge, so in der Seele zusammengewachsen und nicht zu trennen. Ich brauchte sie einfach für alles. Ich hatte so eine Panik, daß ich nichts mehr packen könnte, wenn sie weg wäre. Ich dachte auch, daß ich nie mehr jemanden zum Lieben haben würde. Es war der Wahnsinn. Und ich begriff auch nichts. Was hatte ich denn bloß falsch gemacht? Warum hatte sie mir das angetan? Welchen Grund hatte ich ihr dazu gegeben? Ich wäre nie imstande gewesen, etwas gegen sie zu machen oder ihr etwas abzuschlagen.

Ich hatte für die Elvi alles getan. Wenn sie in den Park wollte, sind wir in den Park gegangen. Wenn sie in die Disko wollte, sind wir dahin. Wenn sie Eis essen wollte, haben wir das gemacht. Ich hätte mich für sie lebendig in die Erde legen lassen, wenn sie das gewollt hätte. Na ja, so kraß vielleicht dann doch nicht, aber ich hätte wirklich viel für sie gemacht. Ich blickte nicht eine Sekunde lang, warum sie mich verließ. Ich wollte auch nichts begreifen. Ich wollte sie nur zurückhaben.

Ich habe wahnsinnig um sie gekämpft. Ihr Blumen geschickt, jede Woche ein paar Mal. Meistens hatte ich das Geld dafür meiner Mutter geklaut. Die hat sowieso nie gewußt, wieviel sie im Portemonnaie hat. Ich hab' ihr übers Radio sagen lassen, daß ich sie liebe und ohne sie nicht leben kann. Ich hab' ihr jeden Tag x Briefe geschrieben. Ich hab' sie angerufen, stundenlang an Orten, an denen sie vorbeikommen mußte, auf sie gewartet, sie immer wieder eingeladen. Ich hab' ein richtiges Plakat für sie machen lassen, auf dem stand, daß ich sie liebe, und hab's überall aufgehangen, damit sie es sehen mußte. Ich hab' sie angefleht, aber ich war auch wütend. Sogar durch andere hab' ich's probiert. Als Mittler. Ich wollte, daß sie zur Vernunft gebracht würde.

Aber nichts, sie wollte nichts mehr von mir. Sie ließ sich am Telefon verleugnen, obwohl ich genau wußte, daß sie da war. Sie machte einfach die Tür nicht auf, wenn ich draußen stand und läutete. Sie schickte die Blumen zurück. Ein paar von den Plakaten hat sie abgerissen und mir zerschnippelt vor die Haustür geschmissen. Sie hatte damals schon lange einen anderen, in den sie verknallt war.

Den hatte sie monatelang gleichzeitig mit mir gehabt. Das sagte sie mir auch. Sie traute sich, mir einfach so zu sagen, daß sie dachte, sie sei jetzt schon so lange mit mir zusammen, daß es ihr reichte, weil sie nicht irgendwann merken wolle, daß sie ganz viel verpaßt habe. Der Kick wäre für sie nicht mehr da, wenn sie mit mir zusammen war. Sie würde mich schon in- und auswendig kennen. Außerdem würde sie jetzt merken, daß sie eben doch älter ist als ich und einen Mann will, keinen Jungen. Sie bräuchte jetzt einfach eine neue Beziehung. Ich sollte sie in Ruhe lassen.

Irgendwann mußte das selbst so ein Verrückter wie ich kapieren. An dem Tag, als ich es endlich klar hatte, hab' ich dem Kerl dann das Auto zerkratzt und mit Sprühfarbe Obszönitäten darauf geschmiert, außerdem die Spiegel abgebrochen und die Reifen zerstochen. Ich war so weit, daß ich die Elvi und den Kerl umbringen wollte. Ich hatte da schon ziemlich konkrete Vorstellungen. Zum Beispiel einen Zeitzünder hinten in den Auspuff stecken und so was in der Art. Ja, und dann hab' ich lieber versucht, mich selbst umzubringen.

Ehe ich der Elvi etwas antun würde, hab' ich mir gedacht, tu ich mir was an, dann sieht sie wenigstens, daß sie das mit mir nicht hätte machen dürfen. Alles, was ich noch wollte, war, daß sie das erfahren und wissen sollte, wie ich das alles empfunden hatte und was sie mir angetan hat. Das war schon auch ein Wunsch nach Rache und Bestrafung. Aber das ging nicht so weit, daß ich ihr etwas antun wollte.

Als ich das klargekriegt hatte, habe ich stundenlang geheult. Ich war total verschwollen. Irgendwann war in meinem Kopf bloß noch kalte Luft. Und da wußte ich plötzlich, daß ich mit der Erde fertig war. Das kam wie ein Blitz.

Die Elvi und ich hatten die Geschichte mit dem anderen Stern damals längst schon ausgereizt. Es war Kinderkram gewesen und läppisch geworden. Aber da war noch die Sache mit dem Zug. Die hatten wir zuletzt durchgespielt. Wir hatten so getan, als würden wir irgendwann spurlos mit einem Zug verschwinden. Wir hatten uns vorgestellt, wie alle nach uns suchen und um uns weinen und bereuen, daß sie uns nicht auf Händen getragen hatten. Das hatte Spaß gemacht. In dem Moment dachte ich mir, daß das mit dem Zug die Lösung wäre.

Eine Viertelstunde, bevor die U-Bahn kommen mußte, bin ich dann raus auf die Schienen und im Tunnel losgelaufen. Ich wollte, daß der Fahrer mich von hinten erwischt und rüber über mich – und das wär's dann gewesen.

Ich weiß heute noch nicht, ob es jetzt Pech oder Glück war, daß der U-Bahn-Fahrer auf der Strecke schon mal einen hatte, der sich vor die Bahn geschmissen hatte, und deshalb besonders aufgepaßt hat. Jedenfalls hat er mich zu früh gesehen, und das hat dann für die Bremsung gerade noch gereicht. Ich hatte Sportschuhe mit Leuchtkappen an. Die hatten bei jedem Schritt geblinkt. Als der Fahrer das gesehen hatte, hat er sofort gewußt, was Sache ist. Er hat die Bremse reingehauen – und da bin ich. Wahrscheinlich hätte ich einen schnelleren Zug aussuchen sollen. Ich hab's überlebt.

Ohne Therapie wäre ich längst hinüber

Was im Tunnel genau geschah, wollte Markus mir nicht erzählen. An die Minuten, die seine letzten werden sollten, kann er sich zwar erinnern, aber so, als würde er durch ein Milchglas sehen. »Eigentlich habe ich nicht so genau auf alles geachtet. Meine Gefühle waren wie abgestellt.« Das ganze Drumherum war für ihn bedeutend wesentlicher als die entscheidenden Momente auf den Gleisen.

Nach seinem Selbstmordversuch hörte Markus von der Beratungsstelle NEUhland in Berlin. Dies ist bundesweit die einzige Sozialeinrichtung, die ausschließlich Kinder und Jugendliche berät, die glauben, mit ihrem Leben am Ende zu sein, und nicht mehr weiter wissen bzw. bereits einen Selbstmordversuch hinter sich haben.

Als Markus bei NEUhland anrief, erhielt er kurzfristig einen Gesprächstmerin.

Ich bin ziemlich lustlos hingefahren. Das war so freiwillig gezwungen, wenn Sie verstehen, was ich meine. Ich hatte zwar versucht, glaubhaft zu machen, daß ich nur zufällig und aus Blödsinn auf den Schienen gewesen sei, aber das nahm mir keiner ab. Außerdem war ich, als ich die U-Bahn an so einem Beben unter den Füßen merken konnte, automatisch schneller geworden. Es war Blödsinn, weil ich die Bahn ja sowieso nicht sehen konnte und sie normalerweise so affenartig schnell gewesen wäre, daß es mich in jedem Fall erwischt hätte. Trotzdem hab' ich die Augen zugekniffen und laut losgebrüllt und bin gerannt. Dabei ist es passiert. Ich bin umgeknickt und beim Hinfliegen mit dem Kopf gegen die Schiene geknallt. Normal wäre das echt das Letzte gewesen. Die Bahn hätte mich voll erwischt. Wenn der Fahrer nicht den siebten Sinn gehabt hätte. Dadurch hatte ich am Ende nur eine ziemliche Platzwunde und eine Gehirnerschütterung. Ich kam gleich ins Krankenhaus.

Dort hatte mir der Arzt von der Einrichtung erzählt und gesagt, daß ich wegen dem Suizidversuch entweder dort oder bei uns am Ort eine Therapie machen müßte. Bei uns am Ort wollte ich nicht. Also bin ich zwei Tage nach der Entlassung aus der Klinik zu NEUhland hin. Ich hatte dort von Anfang an ein gutes Gefühl. Man wurde dort ernstgenommen. Die konnten zuhören. Die blickten durch. Und sie stuften einen nicht sofort als Irre ein. Ich wußte ja, daß ich dort reden müßte, aber ich hatte wenigstens das Gefühl, daß ich auch reden könnte.

Das ging dann auch ganz gut, wobei wir nicht nur über den aktuellen Suizidversuch redeten, sondern auch über meine Mutter, die Rolle, die mein Vater bei uns spielte, und natürlich über Elvi. Nur über Max, über den redeten wir nicht. Ich blockte das Thema ab. Es war mir zu peinlich, zu blöd; was weiß ich. Alles eben. Außerdem sollten meine Eltern das nicht erfahren. Ich bin sicher, daß mein Vater mich total verachten würde, wenn er das wüßte. Für ihn ist alles, was mit Homosexualität zu tun hat, Abschaum. Er würde das nie akzeptieren. Er würde sagen, ich hätte jederzeit um Hilfe rufen können und der Spuk wäre vorbei gewesen. Das stimmt ja auch. Er hätte mir geholfen, jederzeit. Aber ich habe nun mal nicht gerufen. Ich wollte das alles ja, wenigstens am Anfang. Daß es nachher nicht zu stoppen war, das war Künstlerpech. Wer A sagt, muß eben auch B sagen. Das hatte mein Vater mir selbst beigebracht. Zu der Zeit, als ich das nicht mehr wollte, war eben alles zu spät.

Wahrscheinlich hätte mein Vater mich nie mehr angerührt, weil er sich vor mir ekeln und immer daran denken würde, wenn er mich nur gesehen hätte. Ich gehe davon aus, daß er mich sogar rausgeschmissen hätte. Und meine Mutter würde sowieso wieder an den Rand des Grabes geraten, weil ich ihr die Schande nicht erspart hatte. Sie tickte ja schon aus, als sie das mit dem Onanieren spitzbekam. Und das ist ja nun wohl nichts so Einmaliges bei normal entwickelten Leuten.

Die bei NEUhland versicherten mir zwar immer wieder, daß alles, was ich in der Therapie sage, unter Schweigepflicht fällt und meinen Eltern nicht mitgeteilt wird, aber ich traute dem Braten nicht.

Meine Eltern sprachen ja immer wieder mit den Leuten dort und erkundigten sich nach mir. Es war schon schlimm genug für mich, daß sie das mit dem Suizidversuch wußten und mir deswegen die Hölle heiß machten. Nein, das machten sie nicht offiziell. Das kam eher rüber, wenn meine Mutter dauernd ihre Migräne hatte und leidend war und mich dabei mit diesem feuchten Dackelblick anschaute. Oder wenn mein Vater so gewollt kameradschaftlich tat und über die Weiber abzog, die ein richtiger Mann einfach nicht so ernst nehmen dürfte.

In dem Zusammenhang hätte ich es sogar gut gefunden, wenn die von NEUhland mit meinen Eltern mal Tacheles geredet hätten. Es hätte mir schon imponiert, wenn meine Eltern mal eins aufs Haupt bekommen hätten. Vielleicht hätte es geholfen. Aber wenn die von NEUhland es jemals gemacht haben, war es zu wenig. Ich merkte nämlich nichts davon.

Die bei NEUhland vermuteten wohl, daß ich etwas zurückhielt. Sie versuchten immer wieder, mit Fragen durch die Hintertür zu kommen und etwas herauszukriegen. Aber ich wollte nicht. Und sie konnten es mir ja nicht aus den Rippen boxen. Das Dumme war nur, daß es mir mit dem Zurückhalten nicht so gutging. Ich hätte schon gern darüber geredet, weil die ganze Sache ja auch immer stärker in mir hoch kam. Das stand manchmal schon ziemlich nah am Durchbrechen. Aber wenn ich an die Reaktion von meinen Eltern dachte, hielt ich es zurück.

Eines Morgens kam meine Mutter dann mit diesen Bildern an. Sie hatte sie die ganze Zeit aufbewahrt. Das hatte ich überhaupt nicht mitbekommen. Sie wollte damit zu NEUhland, weil mein Therapeut sie gefragt hatte, ob sie etwas aus meiner Kinderzeit hätte. Damals bin ich unheimlich wütend geworden. Ich habe ihr die Mappe abgenommen und sie gefragt, ob sie mich in die Klappsmühle bringen wolle oder was. Und dann habe ich ihr verboten, darüber zu reden. Ich dachte wirklich, wenn die bei NEUhland die Bilder sehen würden, stellen die mir eine Diagnose aus, daß ich plemplem bin und in die Geschlossene muß. Ein paar Wochen später war die Therapie dann beendet. Ohne daß ich über Max geredet hatte.

In der Rückschau denke ich, sie hat mir trotzdem etwas gebracht. Sogar ziemlich viel. Ich hatte ein paar Dinge über

Elvi und mich begriffen. Stückweit war mir auch klargeworden, daß meine Eltern mit mir ein paar Sachen gravierend falsch gemacht haben. Zumindest mein Tick, mir von jedem ein schlechtes Gewissen einreden zu lassen bzw. immer lieb sein zu müssen, geht auf meine Muter zurück. Ihre Dauergeschichten, wie stark sie wegen mir gelitten hatte und welche Opfer sie mir brachte, für die ich ihr ständig den Beweis schuldig war, daß ich das alles wert war, haben einiges in mir aus dem Gleichgewicht gebracht. Ich konnte kein Kind sein wie alle anderen. Keine Chance. Und das war dann wieder der Grund für die Sache mit Max und später dann mit Elvi.

In der Therapie ging mir auch auf, daß ich bei Elvi keine echte Chance gehabt hatte. Dadurch, daß ich keine Konfrontation aushalten konnte, war ich einfach nicht erwachsen geworden. Das muß sie instinktiv gespürt haben. Sie hat mir ja gesagt, daß sie einen Mann will, keinen Jungen. Vielleicht hätten wir es miteinander geschafft, wenn sie gleichaltrig oder jünger gewesen wäre. Ich denke, dann hätte sie meine Unreife nicht so bemerkt. Aber so konnte es einfach nicht hinhauen. Als die Zeit der Spiele vorbei war, blieb ich im Sandkasten und sie ging. So ist das. Um die Zusammenhänge zu begreifen, mußte ich kein Hellseher sein.

Was die Therapie bei NEUhland noch bewirkt hat, ist, daß ich mich nicht mehr umbringen will. Ich denke, ich bin auf der Suche. Teils nach Gott und dem Sinn des Lebens überhaupt, teils nach mir selbst. Irgendwann komme ich an. Das will ich erleben.

Außerdem steht jetzt mein Berufswunsch fest. Das ist ein Ziel. Daran kann man sich festhalten. Ja, also, ich denke, ich werde Psychologe und gründe vielleicht eine zweite Einrichtung wie NEUhland. Eine einzige davon ist einfach nicht genug.

Markus blinzelte mich verschmitzt über den Rand seiner Kaffeetasse an.

Manchmal muß ich lachen, weil mir das alles ziemlich nahe zu meiner Mission von einem anderen Stern erscheint. So ganz vorbei ist es damit wohl nicht, obwohl ich mich eigentlich für weniger kindisch halte als früher. Ich denke, irgendwie sind wir alle von einem anderen Stern, jeder für sich. Die meisten merken es bloß nicht.

Wohlstandskinder – einsame Kinder?

Markus kam mit dem sprichwörtlichen silbernen Löffel im Mund zur Welt. Seine Eltern sind vermögend. Ihr sozialer Status rangiert auf der sicheren Seite des Lebens. Ihr einziges Kind müßte auf Rosen gebettet sein.

In materieller Hinsicht war Markus dies auch. Er genoß eine Kindheit, in der ihm täglich die Wunschfee begegnete, die seine Bedürfnisse nach Spielsachen und später auch die nach Markenklamotten freudig erfüllte. Was sie ihm nicht schenken konnte, war die ungeteilte Aufmerksamkeit und Zuwendung sowie die Zeit seiner Eltern. Diesbezüglich war Markus ein eher armes Kind.

Der Vater erstickte unter der Fülle seiner beruflichen Verpflichtungen, welche die Basis des familiären Wohlstandes bildeten. Die Mutter war sich selbst am nächsten. Verstrickt und versponnen in ihre Träume vom vergangenen Glamour einer in der Rückschau immer größeren Schauspielkarriere, trauerte sie vertanen Chancen nach. Ihr Bild im Spiegel ersetzte ihr die Realität. Und die hektische Jagd nach dem Wasser der ewigen Jugend, welches sie auf Tennisplätzen ebenso vergeblich suchte wie auf der Sonnenbank oder unter den kundigen Händen ihrer Kosmetikerin, bestimmte ihre Zeit. Für das Kind Markus blieb in diesem narzißhaft in sich selbst verliebtem Gemüt nur wenig Raum.

Die markantesten Erinnerungen, die Markus mit seiner Mutter verknüpfte, sind denn auch die Gespräche, in denen sie dem Kind offenbarte, welche Opfer seine Geburt erforderten. Immer wieder schilderte sie ihm die Belastung, der sie wegen ihm ausgesetzt war, und malte detailreich aus, welche Schmerzen und Leiden sie einzig seinetwegen auszustehen hatte. Nie wieder, sagte sie, wolle sie dergleichen nochmals durchmachen. Markus sei fast ihr Tod gewesen. Ein zweites Kind werde sie das Leben kosten. Und tatsächlich wurde sie ja auch kein zweites Mal schwanger.

Für Markus war all dies ein einziger Schrecken. Die Schilderungen der Mutter stürzten das Kind in einen Mix aus Schuldgefühlen, Dankbarkeit und Verlustängsten. Sobald er geistig imstande war, dies zu verarbeiten, peinigten ihn Hemmungen, Verwirrungen und tiefe Unsicherheiten. Aus Scham, die arme, liebe Mutter so gequält zu haben, umschlich er sie zaghaft und wagte kaum, sich ihrer Liebe zu versichern. Nie hätte er sich erdreistet, stürmisch auf sie zuzurennen, sie zu umarmen oder aus eigenem Antrieb abzuküssen.

Daß die Mutter ihn trotz aller schmerzlichen Mühe, die er auf sich nahm, um ihr zu gefallen, meist abwies und Wichtigeres zu tun hatte, als sich mit ihrem »Sargnagel«, wie sie Markus gern nannte, zu beschäftigen, wirkte sich lähmend auf seine Lebensenergie aus. Insgesamt stand er dem Leben schüchtern abwartend gegenüber. Hinter allem konnte sich ja etwas verbergen, womit er den Unmut der Mutter neu erregen und ihr weiteren Kummer bereiten würde. Wie jedes Kind wollte Markus geliebt und gelobt, statt abgelehnt und gescholten werden.

Als Max in sein Leben trat, war dies für Markus wie ein Erdbeben. Zum ersten Mal lernte er einen Jungen kennen, der alles auf den Kopf stellte, was bestimmend für Markus war. Respektlos bis gemein trat Max in dreister Macho-Manier der eigenen Mutter gegenüber. Anstatt ihr zuvorkommend und rücksichtsvoll zu begegnen, schreckte er nicht einmal davor zurück, sie zu bestehlen oder offen zu belügen. Und trotzdem wurde Max von seiner Mutter geliebt. Trotzdem nahm sie ihn in den Arm, zerzauste ihm die Haare und lachte mit ihm. Markus staunte und schmolz gleichzeitig vor Bewunderung. Max wurde sein Idol.

Vor dem Hintergrund der inneren Einsamkeit, in der Markus aufgrund des egoistischen Selbstverwirklichungsdrangs seiner Mutter lebte, gelang es Max unschwer, den Jüngeren für sich einzunehmen. Schnell besetzte er die freien Kapazitäten, die Markus zu bieten hatte. Was Max sagte, wurde zum Gesetz. Was er tat, war richtig. Max wäre kein pubertierender Jugendlicher gewesen, hätte ihm die bedingungslose Bewunderung des Jüngeren nicht geschmeichelt und imponiert.

Ganz plötzlich, rein zufällig und von beiden fast unbemerkt geriet die spielerische Freundschaft zwischen den ungleichen Jungen in gefährliches Fahrwasser. Max und Markus entdeckten einander als sexuelle Wesen. Dominant wie eh und je, doch zunächst in lüsterner Unschuld und ohne bewußt böse Absicht verführte Max den Freund zu lustvollem Spiel. Hätte Markus zu diesem Zeitpunkt empört widerstanden, wäre vermutlich nie etwas darüber Hinausgehendes passiert. Doch Markus wehrte sich nicht. Im Gegenteil: Seine rückhaltlose

Bewunderung für Max und sein Drang, so zu sein wie der Freund, bewirkten Zustimmung, sogar Spaß, Eifer und Begeisterung, Emotionen also, die Max nicht bremsten, sondern anstachelten. Schnell wurde aus dem anfänglich eher harmlosen Spiel eine echte sexuelle Beziehung, die in der aufbrechenden leidenschaftlichen Begierde auf der Seite des Älteren nicht mehr zu beherrschen war.

Markus litt. Aber er war es gewöhnt, an Menschen zu leiden, die er liebhatte. So wie er es auch gewöhnt war, Angst vor dem Verlust geliebter Personen zu haben. Das einzige Mittel, das er entgegenzusetzen hatte, war Fügsamkeit, Duldung und Liebedienerei. Seine Mutter hatte den Boden für die Saat der Gewalt gut bereitet.

Zu schüchtern, zu ängstlich, zu schuldbewußt und zu beschämt, um den Mund aufzutun, ließ Markus alles mit sich machen, was Max wollte. Er hätte noch Schlimmeres erduldet, um den einzigen Freund nicht zu verlieren, den er jemals gehabt hatte.

Peinigender als die sexuellen Ansprüche, die Max stellte, empfand Markus nach und nach die eigene aktive Sexualität. Angeregt durch die frühzeitige Stimulanz entwickelte sich der Geschlechtstrieb unproportional zu der seelischen und geistigen Reife. Die Diskrepanz raubte Markus nicht nur die innere Ruhe, sondern auch einen Großteil unbeschwerter Kindheit.

Obwohl seine frühreife Sexualität mehrfach auffiel, so daß die Mutter sich darüber echauffierte und nicht nur sogleich ärztlichen Rat einholte, sondern auch den Vater dazu brachte, ein ernsthaftes Wort von Mann zu Mann mit seinem Sohn zu reden, bot sich Markus kein Forum für Vertrauen. Wieder war er ja unangenehm aufgefallen, hatte wieder Anlaß zu Klagen und Ärgernissen gegeben, die Mutter bekümmert, den Vater gereizt. Das Bewußtsein, ein schlechter Sohn zu sein, begrub Markus fast unter sich. Er brachte keinen Mut auf, von sich aus den ersten Schritt zu wagen und offensiv um Hilfe zu schreien. Die Einsamkeit seines goldenen Käfigs schien sich in Wände zu verwandeln, die immer enger zusammenrückten.

Fluchtwege in den Tod

Die ersten Fluchtwege, die Markus sich unter dem inneren Druck seiner Einsamkeit schaffen konnte, waren Wege der Phantasie. In farbenprächtigen Bildern malte er sich aus, in Wirklichkeit ein auf die Erde entsandter Bewohner eines fernen Sterns zu sein. Er konstruierte sich liebevolle Eltern und Geschwister, die sich ebenso sehnsüchtig nach ihm verzehrten wie er sich nach ihnen. Schwärmerisch stattete er sie mit all den liebevollen Merkmalen aus, die er an seinen eigenen Eltern, besonders der Mutter, vermißte.

Um einen Grund für sein Erdendasein zu haben, erfand er eine geheime Mission. Deren Wichtigkeit war über jeden Zweifel erhaben: Er sollte Retter der Erde und zugleich seiner eigenen Rasse werden. Hinter einer so bedeutsamen Aufgabe mußten selbstverständlich alle persönlichen Interessen zurückstehen. Für Heimweh war kein Platz. Dennoch erlaubte der edle Retter Markus sich, von dem Moment zu träumen, in dem er von einem Raumschiff abgeholt werden würde.

In demselben Maße, wie er seine Einsamkeit als immer unerträglicher empfand und die Übergriffe seines Freundes Max bedrohlicher wurden, bekam die Traumwelt realistischere Formen. In der Welt seines wahren Planeten gab es keine gefühlskalten, abweisenden Eltern, keinen Freund, der Dinge mit ihm machte, die er nicht wollte. Dort gab es nur Wärme, Liebe, Freude. Manchmal wurde die Sehnsucht nach dieser Heimat so überwältigend, daß Markus das Erden-Exil nur ertrug, weil er wußte, daß von seinem Durchhalten die Existenz seines Planeten abhing.

»Ich glaube, ich war nahe daran, ziemlich verrückt zu werden«, beurteilt Markus die damalige Situation aus heutiger Sicht. »Ich führte echt ein Doppelleben. Und es gab eigentlich auch immer öfter Momente, in denen ich nicht mehr wußte, wo ich gerade war. Ob da oben oder da unten. In solchen Situationen konnte es passieren, daß ich wie bekloppt aus dem Zimmer raste und meine Mutter suchte, nur um zu sehen, daß ich immer noch dort war.

Vor allem nachts kamen die Zustände. Ich wurde wach, weil ich mir einbildete, gerufen zu werden. Ich bin da oft im Schlaf aufgestanden und hab' die Haustür aufgeschlossen und bin raus in den Garten und hab' dann mit so nach oben offenen Armen dagestanden und gewartet, daß die mich holen. Verrückt! Gewußt habe ich davon nichts. Das hat mir dann meistens am anderen Morgen meine Mutter oder die Nanny erzählt, die wir hatten. Damals hieß es dann, daß ich mondsüchtig wäre. Es war mir egal. Ich dachte sowieso, daß ich eines Morgens einfach weg wäre.«

Der zweite Fluchtweg, der sich vor Markus auftat, wurde einige Zeit später ausgerechnet von der Sexualität erschlossen, die zuvor zu der Enge seines Daseins erheblich beigetragen hatte. Ausgelöst wurde dies durch ein vergleichendes Protzgebahren, das unter Jungen in der Frühphase der Pubertät nicht zwingend, aber doch normal ist. Die imponierenden Kunststücke, die Markus den staunenden Jungen seiner Altersgruppe vorführen konnte, verschafften ihm wohltuende Anerkennung. Diese linderte eine Zeitlang die Leere, die durch den Verlust von Max entstanden war, der endgültig das elterliche Haus verlassen und seiner eigenen Wege gegangen war.

Die eigentliche Befreiung aus der Isolation aber trat in dem Moment ein, in dem Elvi erschien. In ihr fand Markus »einfach alles«, wie er selbst sagte. Sie war seine Spielkameradin, seine Vertraute, seine Liebste. Sie war ihm seelenverwandt. Ihre Gedanken gingen gemeinsame Wege. Selbst die Geheimnisse seiner Phantasiewelt machte sie zu ihren eigenen. Die innere und äußere Verschmelzung ihrer beider Personen schuf in Markus erstmals im Leben eine Quelle der Kraft und Sicherheit sowie das Bewußtsein, in diesem Leben richtig, weil geliebt, zu sein.

Der Tod als letzter Fluchtweg und zugleich als Schwert der ewigen Rache stand Markus erst dann vor Augen, als er Elvi verlor und mit ihr eben »einfach alles«. Der Verlust traf ihn wie ein Keulenschlag. In seiner blinden Verliebtheit und bedingungslosen Hingabe an Elvi hatte er nicht eine Sekunde lang in Erwägung gezogen, von ihr verlassen zu werden. Aus seiner Sicht hatte er alles getan, was in seiner Macht stand, um sie glücklich zu machen. Er hatte ihr jeden Wunsch von den Augen abgelesen. Er hatte nie eigene Wünsche in den Vordergrund gestellt. Er hatte sie verehrt und war ihr gehorsamer Diener gewesen. Er hätte sein Leben für sie gegeben. Und Elvi wußte das.

Ihre zeitweilig geäußerte Kritik hatte er als unabänderlich gesehen und gegeben hingenommen, genauso wie er auch die permanente Kritik seiner Mutter ertragen hatte. Menschen, die er liebte, kritisierten nun einmal an ihm herum. Dies schien ihm zwar schmerzlich und enttäuschend, aber normal. Er hatte kein Konzept, daran etwas zu ändern, da er von Kindesbeinen an verinnerlicht hatte, tadelnswert zu sein. Daß Elvi erwartet hatte, er solle in dem Sinne erwachsen werden, daß er endlich einmal eine eigene Meinung äußern, eigene Forderungen stellen, selbst entscheiden und auch Nein sagen könne, hatte er nicht erfaßt.

»Ich konnte mir damals nicht vorstellen, daß sie das von mir erwarten könnte. Es war gar nicht in meinem Kopf drinnen«, meint Markus heute. »Ich hatte immer geglaubt, gerade solche Sachen bei einer Frau nicht bringen zu dürfen. Meine Mutter wäre gestorben, wenn ich ihr je widersprochen hätte. Und sie sagte immer, daß ein richtiger Mann vor allem zartfühlend, rücksichtsvoll und selbstlos sein müßte. Daß Elvi ausgerechnet das nicht von mir wollte – wie sollte ich das wissen?«

Mitzuerleben wie Elvi sich in einen anderen verliebte und ihn selbst verließ, war mehr, als Markus ertragen konnte. Ihr Verlust zog ihm den Boden unter den Füßen weg. Und da er sie nicht zurückzugewinnen vermochte, blieb ihm nicht die geringste Hoffnung, keine Perspektive. Seinem endgültig sinnlos gewordenen Leben ein Ende zu setzen, war die letztmögliche Konsequenz, das Unerträgliche zu wandeln.

»Daß ich mich an Elvi rächen wollte, war eigentlich weniger in mir selbst als das, was sie von mir gewollt hatte«, erklärte Markus seinen letzten Plan. »Sie hatte gewollt, daß ich ihr meine Meinung sage. Aber sie hörte mich nicht an. Also hatte ich keine andere Chance, als ihr zu zeigen, wie ich dazu stehe, daß sie mir das antat. Die Folgen, also meinen Tod, hatte sie sich selbst zuzuschreiben. Sie hatte es nicht anders gewollt. Und damit sollte sie leben. Das war alles.«

In letzter Konsequenz hatte Markus mit seinem Tod auf eine Wiedervereinigung mit Elvi gerechnet. Im Leben konnte er sie nicht mehr haben. So viel war ihm schmerzlich bewußt. Im ewigen Leben mußte sie zu ihm gehören. Daran zweifelte er nicht. Sie waren keine Kinder mehr, doch den Gedanken an seinen Planeten und sein dortiges wahres Leben hatte Markus sich bewahrt. »Ob das jetzt das ewige Leben heißt oder das Paradies oder die Hölle, für mich war es das Leben nach dem Leben. Und dort gehörten Elvi und ich zusammen.«

Es war nicht als Drohung gemeint, als Markus in seinem Abschiedsbrief schrieb, Elvi werde schon bald mit ihm vereint sein. Daß sie dies dennoch als beängstigend empfinden würde, war ihm allerdings klar. Er wußte, daß Elvi abergläubisch war und an Prophezeiungen glaubte. Wenn Markus heute über seinen Abschiedsbriefen meditiert, versenkt er sich gelegentlich auch in diese Formulierungen und spürt den Gefühlen nach, die ihn damals bewegten. Er ist überzeugt, aus seinen damals erstmals hochgekommenen Aggressionen gegen Elvi, welche indirekt auch Aggressionen gegen seine Mutter waren, die Kraft zum Weiterleben geschöpft zu haben.

»Ich hatte immer alle Energie nach innen und gegen mich selbst gerichtet«, stellte er fest. »Auch der Selbstmord sieht ja ganz danach aus. Trotzdem ist da schon der Ansatz zu einem Wandel. Daß ich überhaupt gewagt habe, meine negativen Gefühle rauszulassen und Rache auszuüben, war das Ende von meinem alten Leben. Es war mir damals zum ersten Mal egal, was jetzt passieren würde, ob mich danach noch einer leiden kann oder nicht. Ich hab' wirklich erstmalig nur an mich gedacht und was das alles mit mir macht und wie ich das ertrage. Insofern habe ich damals tatsächlich Selbstmord verübt, obwohl ich heute immer noch lebe. Ich hab' mich gehäutet wie eine Schlange und bin erneuert, jemand ganz anderer. Und ich bin seither auch nicht mehr in die alte Haut geschlüpft. Darauf bin ich stolz. Auch so ein neues Gefühl für mich. Aber ein schönes.«

Bettina

Bettina ist 23 Jahre alt. Sie studiert Sport und Musik an der Pädagogischen Hochschule in Kassel. In ihrer Freizeit arbeitet sie als Lokalreporterin für verschiedene Zeitungen und macht gleichzeitig in einer der dortigen Redaktionen eine Kurzzeitlehre im Fotolabor. Sie möchte sich für den Fall absichern, daß sie nach dem abgeschlossenen Studium nicht in das Lehramt übernommen wird. Da ihr das Formulieren von Texten schon als Kind viel Spaß gemacht hat, so daß sie heimlich davon geträumt hat, einmal Schriftstellerin und sehr berühmt zu werden, kann sie sich eine Zukunft bei der Presse durchaus vorstellen. Analog zu ihrem Studium pickt sie sich für die Zeitung hauptsächlich Sport- und Kulturbeiträge heraus.

Bettina und ich trafen uns erstmals auf der Frankfurter Frauentop-Messe 1995. Sie war dort in ihrer Eigenschaft als Reporterin mit einem Auftrag zur Berichterstattung und hatte einige private Zusatzinteressen. Ich war als Gast zu einer Podiumsdiskussion zum Thema »sexueller Kindesmißbrauch« geladen. Während des von ihr im Anschluß an die Diskussion mit mir geführten Interviews für ihre Zeitung kamen wir auf weitere Buchprojekte zu sprechen, die ich in Vorbereitung hatte. Eines davon war das hier vorliegende Buch über Suizid bei Jugendlichen. Bettina erklärte spontan, selbst eine Betroffene zu sein und mir ihre Lebensgeschichte schildern zu wollen.

Ihr Argument für diese Entscheidung: »Ich hab' mich damals so irre allein gefühlt, daß es mir riesig geholfen hätte, wenn ich so ein Sachbuch gehabt hätte. Romane gibt's ja schon, aber das ist etwas ganz anders. Da weiß man, daß es eine ausgedachte Geschichte ist. Und wenn man so mitten in der Realität ist, hilft einem eben ein Roman überhaupt nicht. Jedenfalls hat mir keiner geholfen. Und irgendwas, das hilft, wäre schon nicht schlecht.«

Einige Zeit nach unserer ersten Begegnung besuchte Bettina mich für ein langes Wochenende in meinem Haus. Wir vereinbarten, Tonbandaufzeichnungen von unserem Gedankenaustausch zu machen. Weitere Bänder sollte Bettina alleine besprechen. Außerdem war sie bereit, mir ausgewählte Seiten aus ihren Tagebüchern zu fotokopieren. Auch wurde ausgemacht, daß Bettina nach Fertigstellung meines Textes alle Aufnahmen bekommen sollte. Über die erst- und einmalige Auswertung dieser Gespräche hinaus erhielt ich keinerlei Nutzungsrechte. Ich sicherte Bettina völlige Anonymität zu und das schließt ein, daß ich keine weitergehenden Pressekontakte für sie herstellen werde.

»Ich bin zwar ein sozial denkender Mensch und ich helfe auch gern, wenn ich kann«, begründete Bettina ihr Beharren auf diesem letzten Punkt unserer Abmachungen. »Aber ich bin kein lebendes Wohlfahrtsinstitut und auch keine Bank. Bei mir wird erstmal eine versorgt, und das bin ich. Das hat mit Egoismus nichts zu tun. Das ist reiner Selbsterhaltungstrieb und richtet sich vor allem gegen solche Leute, die andere ganz selbstverständlich verbraten, um selbst Vorteile daraus zu ziehen. Das funktioniert mit mir nicht. Wenn ich jemals auf den Gedanken kommen sollte, meine Geschichte aufzuarbeiten, will ich das tun, ohne mir Trittbrettfahrer aufzuhalsen, die auf meine Kosten ihr eigenes Ding machen wollen. Das erlebe ich doch auch in meinem Pressejob immer wieder. Du hast eine Idee, und gleich stürzen sich hundert andere darauf, die dir ein Stück vom Kuchen wegfressen wollen. Die drehen dir die eigene Idee ein paarmal um, beleuchten sie ein bißchen anders, und schon bist du deine Sache los. Ich hasse das! Das ist Ideenklau pur. Und mit meinem Leben lasse ich auch keine anderen ihre Kohle verdienen. Mein Leben und auch die Kohle brauche ich nämlich selbst. Und diese Erkenntnis, die habe ich mir sauer erkämpft. Unter anderem damit, daß ich mich fast umgebracht hätte.«

Der Tod begleitete mich überall

Wer die quicklebendig wirkende, stets lachbereite junge Frau heute sieht, kann sich kaum vorstellen, daß sie zwischen ihrem 12. und 16. Lebensjahr extrem selbstmordgefährdet war und einen schweren Suizidversuche hinter sich hat.

»Ich habe Hefte voll Gedichte und Kurzgeschichten über den Tod geschrieben«, erzählte Bettina von sich. »Er begleitete mich überall. Eigentlich saugte ich jede Information über das Sterben, über Krankheiten, über den Holocaust und Folter in mich auf. Ich war wie ein Schwamm. Wenn man mich nur anstippte, kamen die Tränen. Es war schrecklich. Vor allem deshalb, weil ich so unendlich allein mit allem war. Ich konnte mich niemandem mitteilen, weil alle um mich herum schon reichlich genug eigene Probleme hatten.«

Die Probleme der Menschen, die Bettina nahestanden, basierten auf der Erkrankung der Mutter. Im Alter von 36 Jahren war bei ihr Brustkrebs festgestellt worden; die linke Brust mußte sofort entfernt werden. Seitdem beherrschte die Angst vor dem Tod der Mutter die Familie.

Für Bettina bedeutete diese Angst nicht nur extreme Verunsicherung, sondern auch extreme Rücksichtnahme. Zu keiner Zeit wagte sie, die Familie zusätzlich mit ihren eigenen Schwierigkeiten zu belastenden. Sie versuchte, nach außen hin zu funktionieren, wurde im Innersten jedoch ständig depressiver und einsamer und begann, sich durch Selbstverletzungen und Selbstmordgedanken Erleichterung zu verschaffen.

Der nachfolgende Text stammt aus Bettinas 16. Lebensjahr. Sie schrieb ihn kurz vor ihrem in tiefer Hoffnungslosigkeit begangenen Selbstmordversuch.

Rinnsteinflüsse
Am Straßenrand vergluckern Rinnsteinflüsse,
die klingen hohl.
Ganz nah muß man davor steh'n,
um sie zu hören
und dann doch nicht zu ver-steh'n.
Laß raten, was sie ver-raten
von dem, was miß-raten,
indem sie ab-raten,
dich zu be-raten,
und lieber mit-raten,
als selber zu-raten
zu dem, was un-ge-raten
und doch geschehen.
Gurgeln vom Scherentier,
gurgeln vom Tropfenzähler,
gurgeln vom Modergrab,

---

gurgeln vom Tod.
Und der Wind, der lindenbaumgrüne,
zieht seinen Duft drüber hin.
Da kriegen die Schillerpfützen im Rinnstein
Gänsehaut davon,
nur Federn nicht,
um wie die Gänse fortzufliegen.
Und da reckt er den mageren Hals
und schnuppert an verbotener Herrlichkeit,
der Fuchs am Hühnerstall,
und weiß doch schon,
daß Gänse nicht für seinesgleichen
und der Hunger bleibt.
Lach nicht!
Lach ihn nicht aus.
Schrei nicht!
Be-schrei's nicht.
Immer nur die Stirne senken
und ein Siegel im Gesicht!
Da keucht die alte Orgel,
Asthma-Blasebalg,
will alle Pfeifen schweigen lassen
und pfeift ja doch
anstatt das Loch zu stopfen,
und wär's das letzte.
Heldenhaft, heldenhaft!
Im Rinnstein gluckert wohl das Lachen?
Hey, lach nicht, du!
Bitter schmeckt das im Mund,
wenn sich das Lachen,
auf der Spiegelachse
um sich selbst gespiegelt,
in sein Gegenteil verkehrt

> *und nur die Tränenflüsse bleiben,*
> *die am Straßenrand*
> *im Rinnsteinfluß vergluckern,*
> *daß sie keiner*
> *ahnt und spürt*
> *und keiner sie versteht.*
> *Denn im Rinnstein,*
> *ohne jedes Publikum,*
> *da parodiert der Regen*
> *das Leben,*
> *das keiner versteht.*

Und Mama hat Krebs

Mit diesen Sätzen in Bettinas Tagebuch begannen Jahre des Kummers und das allmählich immer klarer erfaßte Bewußtsein des langsamen, unaufhaltsamen Sterbens ihrer Mutter.

Meine Eltern wußten es sicher schon lange, ehe sie es meiner Schwester Jolanda und mir sagten. Als Kind – nun ja, ein Kind war ich ja eigentlich nicht mehr so, eher schon eine Jugendliche – aber damals habe ich das, was zwischen meinen Eltern ablief, nicht so erkannt. Ich meine das, was zwischen ihnen als Mann und Frau lief. Eltern sind für ihre Kinder doch immer in gewisser Weise keine richtigen Menschen. Man sieht sie jedenfalls mit anderen Augen an als andere Leute. Oder nicht?

Natürlich war mir klar, daß meine Eltern sich liebten und uns Kinder auf dieselbe Weise gezeugt hatten, wie andere das tun. Trotzdem stellte ich sie mir nie dabei vor. Wenn ich sie dabei ertappt hätte, wäre ich geschockt gewesen. Und genauso war das für mich in bezug auf andere Vertraulichkeiten. Ich wußte, daß sie Sex hatten und sich liebten und

272

sich stritten und sich in den Armen lagen oder eben nicht und sich ihre Sorgen erzählten und so weiter.

Aber es war ein Wissen, das ich nie auf die Probe gestellt hatte. Ich nahm das hin, wie ich das Wetter hinnahm. Meine Eltern waren ein Mann und eine Frau. Aber sie waren gleichzeitig irgendwie geschlechtslos, irgendwie immer okay, immer vorhanden, einfach immer funktionierend. Die Vorstellung, daß sie weg sein und nicht funktionieren könnten, war in meinem Kopf nicht vorhanden. Insofern war ich diesbezüglich auch völlig unkritisch.

Aber wenn ich heute zurückdenke, erinnere ich mich, daß meine Mutter schon vorher oft so seltsam still und leise war wie später, und daß sie es nicht aushalten konnte, wenn wir, meine Schwester und ich, uns in den Haaren hatten. Ich weiß noch, wie oft ich sie einfach so dasitzend fand. Oder wie sie die Sachen streichelte. Manchmal redete sie dabei. Das war schon komisch. Sie hatte, glaube ich, auch ziemlich viel geweint, weil sie mir damals mal sagte, sie hätte wohl eine chronische Bindehautentzündung, so daß ihre Augen jetzt immer so rot und wund waren.

Ob mein Vater auch schon verändert war, daran kann ich mich nicht mehr so gut erinnern. Er ist Pfarrer und war immer viel außer Haus. Die häufigen Krankenbesuche, Hausandachten, Bibelstunden, Konfirmandenunterrichte, Schulstunden, Sitzungen und so weiter. Einmal die Woche mußte er außerdem den Posaunenchor leiten. Oder die Stunden, wenn er sich in seinem Studierzimmer einschloß, um die Predigten vorzubereiten, die er samstags in der einen und sonntags in einer anderen Teilgemeinde zu halten hatte. Und immer alles auswendig. Nie las er eine Predigtzeile ab. Das war sein Ehrgeiz.

Wir Kinder haben ihn oft tagelang nur zur Mittagessenszeit erlebt; und selbst da war er in Eile. Ich muß allerdings zugeben, daß ich darüber eher erleichtert war. Mein Vater war ein strenger Mann. Er duldete keinen Widerspruch und untersagte strikt jeden Verstoß gegen die guten Sitten. Dazu gehörte, daß bei Tisch geschwiegen werden mußte und Kinder nur zu antworten hatten, wenn sie etwas gefragt wurden, daß er die geringste Schwindelei drakonisch bestrafte, auch mit Schlägen, daß er Make-up und Dauerwelle verbot, eine genaue Buchführung über die Ausgaben meines Taschengelds verlangte und meiner Mutter vorwarf, sie würde uns wie in Sodom und Gomorrha erziehen. Insofern war ich froh, wenn Jolanda und ich die Mama für uns allein hatten und Witze erzählen und kichern konnten, soviel wir wollten. Daher hatte ich meinen Vater weniger beobachtet und kann nicht sagen, ob ihn die Krankheit meiner Mutter schon vor der Zeit gezeichnet hatte, ehe wir es erfuhren.

Ich weiß aber noch ganz genau, wie meine Eltern uns sagten, daß Mama Krebs hat. Wir saßen alle am Abendbrottisch. Papa hatte das Dankgebet gesprochen. Wir hielten uns alle noch an den Händen und sprachen gemeinsam den Segen. In dem Moment, ehe wir uns wieder losließen, sagte Mama es uns. Einfach so. Sie sagte, daß wir Menschen oft nicht verstehen, was Gott mit uns vorhat, und sie es im Moment auch nicht versteht. Aber daß Gott die Menschen zwischendurch wohl prüfen wolle und daß diesmal sie an der Reihe sei, geprüft zu werden. Die Prüfung, die Gott ihr und ihrer Familie auferlegt habe, sei, daß sie einen Krebsknoten in der Brust habe und deswegen ins Krankenhaus käme und operiert werden müsse.

Meine Schwester Jolanda war damals erst zehn. Sie wußte noch nicht, was Krebs ist. Für sie war das ein Tier, und ein Knoten nur ein Zwirbel in einem Band. Sie verstand gar nicht, was Mama daherredete. Aber ich wußte es. Ich war wie gelähmt. Ich weiß noch, daß ich am liebsten gefragt hätte, ob sie sterben muß. Ich traute mich nur nicht, weil es verboten war, ungefragt zu reden. Aber da sagte mein Vater schon, daß Mama wieder gesund wird, daß wir nur immer ganz fest dafür beten sollen. Ja, und das taten wir dann auch.

In der nächsten Zeit stand bei uns alles kopf. Meine Mutter kam in die Klinik und wurde operiert. Wir durften sie die erste Zeit nicht besuchen, weil das zu anstrengend für sie war. Mein Vater fuhr jeden Tag zu ihr hin. In dieser Zeit lebten meine Großeltern bei uns. Meine Oma versorgte uns alle.

Ich fand das alles so ungerecht von Gott. Meine Großeltern waren schon über 70 und lebten immer noch, und keiner hatte Krebs bekommen. Und meine Mutter war erst 36 und hatte Krebs und sollte jetzt schon sterben. Das hört sich schrecklich hartherzig und lieblos gegenüber meinen Großeltern an. Ich hatte damals auch ein extrem schlechtes Gewissen, weil ich solche Gedanken hegte, zumal ich meine Großeltern sehr liebte. Es war mir so arg, so etwas zu denken. Ich bekam spontan Angst, daß ich die Macht haben könnte, mit meinen Gedanken etwas bei Gott zu bewirken, so daß er meine Großeltern plötzlich sterben lassen würde. Dann wäre es meine Schuld gewesen. Es war schrecklich, so zu denken.

Aber meine Gedanken liefen von selbst in diese Richtung und dachten, was sie wollten, auch wenn ich mich noch so schämte. Wenn ich meine Großeltern ansah, wie sie so runzlig waren und alt und so viel erlebt hatten, dann fand ich es einfach ungerecht, daß meine schöne junge Mutter sterbenskrank war und diese alten Leute eben nicht.

Ich fand es ungerecht von Gott. Aber ich wußte auch, daß es eine Sünde, ist, schlecht von Gott zu denken und anderen Menschen den Tod zu wünschen. Ich steckte in einem grausamen Zwiespalt. Ich wünschte meinen Großeltern nicht den Tod. Ich wünschte meiner Mutter das Leben. Und für dieses Leben war ich bereit, meine Großeltern zu opfern. Es war wie

Notwehr, dachte ich. Ich mußte so denken. Aber ich wußte, daß es gegenüber Gott keine Notwehr gibt.

Wir Kinder waren zu einem starken Glauben erzogen. Alles, was geschieht, ist Gottes Wille. Auch, wenn wir nicht verstehen, warum etwas geschieht, ist es als von Gott kommend gut. Es muß demütig und dankbar angenommen werden. Es gibt keine Gegenwehr. Deshalb kann es gegen Gott keine Notwehr geben. Wer sich den Ratschlüssen des Herrn widersetzt, ist des Teufels. Mit diesen Lehren war ich großgeworden. Und trotzdem wehrte ich mich.

Das konnte nur eines bedeuten: Ich war schlecht. Damals, in dieser ersten furchtbaren Krankheitszeit meiner Mutter, fing ich an, mich sündig zu fühlen und ständig in der Angst zu leben, jemand könne es mir ansehen.

Wir erfuhren, daß meiner Mutter auch die zweite Brust abgenommen werden mußte, weil neue Krebsherde entdeckt worden waren. Es blieb keine andere Wahl. Sie mußte auch stärkste Chemotherapien bekommen. Mein Vater versuchte, uns Kindern und den Großeltern alles zu erklären, aber er verstand es wohl selbst nicht so ganz, denn wir verstanden es durch ihn überhaupt nicht. Klar war mir nur, daß meine Mutter mindestens ein halbes bis dreiviertel Jahr lang nur noch zu Besuch nach Hause kommen und immer wieder zurück ins Krankenhaus sollte, wo man ihr Gift in die Adern tropfen lassen würde, um den Krebs zu töten. Und daß sie alle ihre schönen Haare verlieren würde.

Meine Mutter hatte blondes, naturkrauses Haar, das sie entweder offen oder zu einem Zopf geflochten trug. Sie liebte dieses Haar sehr und hatte es seit ihrer Jugend niemals schneiden lassen. Es reichte ihr bis über den Po. Ich konnte mir so gut vorstellen, wie unglücklich sie sein mußte, wenn alle ihre schönen Locken ausfielen. Ich hatte damals auch schon ziemlich langes Haar. Als meine Mutter noch gesund war, hatten wir oft verglichen, wer einen dickeren Zopf hatte. Sie blieb immer Siegerin. Aber ich hatte schon ganz schön aufgeholt.

Als mein Vater uns von den Folgen der Chemotherapie berichtete, bot ich Gott zum ersten Mal einen Handel an. Ich schnitt meinen Zopf bis zu den Ohren ab. Dafür sollte meine Mutter ihre Haare behalten können. Das Schelten meines Vaters, das Gezeter meiner Großmutter, selbst die Bemerkungen meiner Schulfreundinnen, die voll über mich und mein Aussehen ablästerten – alles nahm ich in Kauf. Es schien mir zu meinem Handel dazuzugehören.

Bei der ersten Chemotherapie schien auch tatsächlich alles zu klappen. Meine Mutter verkraftete die Behandlung gut. Sie verlor kein Haar. Ich triumphierte heimlich und dankte Gott, daß er meine Gebete und mein Tauschangebot angenommen hatte. Für eine Weile hatte ich das Gefühl, Gott ganz nahe zu sein. Ich beschäftigte mich viel mit dem Gleichnis vom verlorenen Sohn. Ich war eine verlorene Tochter, und jetzt war ich wieder angenommen worden.

Bei der zweiten Chemotherapie kam der Schock. Meiner Mutter gingen die Haare gleich büschelweise aus. Wenn man hineingriff, zog man eine ganze Handvoll Locken heraus. Meine Mutter weinte.

Ständig war ihr schlecht. Sie sah wie eine Tote aus. Ich durfte meinen Vater manchmal begleiten, wenn er sie besuchte. Während er in ihr steriles Zimmer durfte, mußte ich draußen an der Sichtscheibe bleiben. Es tat mir so weh.

Ebenso weh tat es, daß Gott mein Opfer nicht angenommen hatte. Er hatte mein Haar und meine Gebete abgewiesen. Es war alles umsonst gewesen. Warum? Ich wußte keine Antwort, außer, daß ich tatsächlich schlecht sein mußte und Gott mir meine schlimmen Gedanken über die Großeltern nicht verziehen hatte.

Damals war ich so verzweifelt und weinte so viel, daß es meinem Vater auffiel. Wenn er mich gefragt hätte, vielleicht hätte ich ihm alles gestanden. Aber er fragte nicht. Es kam ihm gar nicht in den Kopf, daß ich eigene Probleme haben könnte. Er setzte voraus, daß ich wegen meiner Mutter und aus Angst um sie weinte. Sie würde schon wieder gesund, meinte er, ich solle nur immer an Gott festhalten und jeden Tag um Mamas Gesundheit beten.

Ich tat, als ob er mich getröstet hätte. Ich konnte ihm nichts sagen. Er hatte so schon so viele Sorgen. Da mußte er sich nicht noch um mich Gedanken machen. Wahrscheinlich hätte er mich nicht einmal verstanden. Zumindest dachte ich, daß er als Pfarrer niemals Konflikte mit Gott haben könnte und auch nicht begreifen würde, daß ich als seine Tochter welche hätte.

Als meine Mutter endlich wieder zu Haus war, wurde unser Leben noch einmal völlig anders. Meine Großeltern blieben für eine kurze Übergangszeit weiter bei uns. Dann wollten sie endlich wieder in ihre eigene Wohnung, zu ihren Freunden und zu ihrem Schrebergarten zurück. Mein Opa hatte schon richtig Heimweh und war zwischendurch immer mal allein nach Hause gefahren. Nach ihnen kam eine Hauswirtschafterin zu uns, die jeden Vormittag die Hausarbeit erledigte und meistens auch für uns kochte.

Ich hatte geglaubt, wenn die Chemotherapie vorbei und Mutter wieder bei uns wäre, würde sie so gesund sein wie früher, und alles würde wieder so ablaufen wie zuvor. Mein Vater hatte zwar gesagt, daß Mama jetzt nicht mehr sehr belastbar wäre, aber das war so unvorstellbar. Obwohl ich kein kleines Kind mehr war, hatte ich zu diesen Worten irgendwie kein Bild im Kopf gehabt. Ich hatte mir Illusionen gemacht.

Jetzt erlebten wir, daß nichts mehr wie früher war. Die Mama war ganz zart geworden. Ihr Gesicht sah wie Pergament aus, mit dunklen Rändern um die Augen. Ihre schönen Haare waren gerade erst ein wenig nachgewachsen. Es reichte noch für keine Frisur. Wenn meine Mutter sich so langsam und behutsam bewegte und immer schnell ermüdete, dachte ich, daß sie älter wirkte als meine Großmutter.

Jolanda schaffte es, Mama für sich zurückzugewinnen. Sie war glücklich, daß Mama einfach bloß wieder da war. Sie saß bei ihr auf dem Sofa, lehnte sich bei ihr an, schmuste mit ihr, las ihr vor oder erzählte ihr etwas. Manchmal spielten sie wie früher mit vier Händen Klavier. Die beiden waren ein Herz und eine Seele. Ich war oft eifersüchtig.

Ich hatte Mama gegenüber Hemmungen. Immer wieder mußte ich auf die platte Brust starren, wo jetzt nur noch Narben und sonst nichts war. Wie eine Brust nach der Amputation aussieht, wußte ich. Ich hatte Fotos gesehen. Ich hätte auch Mamas Narben gern gesehen. Aber das war tabu. Ich hätte nie danach fragen können. Einander nackt zu sehen, war bei uns nie üblich. Trotzdem hatte ich den vermuteten Anblick immer vor dem inneren Auge. Ich stellte mir die Narben wie eine Mondlandschaft vor. Ich kam nicht los davon. Es beschäftigte mich fast ständig.

Wenn Mama mich ansah, dachte ich, daß sie umgekehrt auch auf meine Brust starrte und neidisch war. Ich konnte sie ja auch total gut verstehen. Es mußte entsetzlich sein, plötzlich keinen Busen mehr zu haben und so entstellt zu sein, diese Narben zu haben. Zum ersten Mal stellte ich mir vor, was Papa sagen würde, wenn er Mama so in den Arm nahm und Liebe mit ihr machen wollte. Er hatte sich ja in Mama verliebt, als sie eine schöne Brust hatte. Und daß Männer gern an Busen schmusen, wußte ich mittlerweile auch aus eigener Erfahrung. Ich hatte mich damals zum ersten Mal sehr heftig verliebt.

Ich wußte, daß Mutter einen Silikonbusen bekommen sollte, dies aber abgelehnt hatte. Sie hatte jetzt so eine Art Prothese zum Umschnallen, einen ausgestopften BH eben. Zu Hause trug sie ihn selten. Nur wenn sie unter Leute ging, überwand sie sich. Für mich sah sie damit unecht aus. Ich stellte mir vor, daß alle Leute es sofort bemerken würden.

Wenn Mutter zu Bett ging und das Ding abschnallte und alles fort war, nur noch diese Narben – ich konnte nicht aufhören, darüber nachzudenken. Es mußte grausam sein für beide, für meine Mutter und für meinen Vater. Ob sie sich schämte, sich vor ihm auszuziehen? Und ob er sie überhaupt noch anrühren mochte?

Ich finde nach wie vor, dies waren Gedanken, die sich eine Tochter nicht über ihre Eltern machen sollte. Ich machte sie mir auch nicht gern. Sie kamen über mich, wenn ich meine Mutter ansah und an ihren Busen dachte. Ich hätte diese Gedanken am liebsten aus mir ausradiert. Statt dessen kamen sie immer wieder und ließen mich oft genug selbst nachts nicht schlafen. Es war häßlich, so zu denken.

Ich versuchte, diese Gedanken durch Beten wegzukriegen. Es nützte nichts. Was war ich nur für eine Tochter! Ich wünschte meinen eigenen Großeltern den Tod. Ich stellte mir vor, was meine Eltern zusammen im Bett machten. Ich haderte mit Gott. Pfui Teufel, war ich verdorben! Ich schämte mich rasend.

Um meiner Mutter nicht ständig vor die Augen zu kommen und ihr durch meinen unversehrten Anblick weh zu tun, hatte ich dauernd den Drang, meinen Busen zu verstecken. Eine Zeitlang lief ich fast nur noch in Schlabberklamotten rum, unter denen man nichts mehr erkennen konnte. Am schlimmsten war, daß ich mich schämte, wenn meine Freundinnen meine Mutter sahen. Ich hatte Angst, sie würden heimlich hinter ihrem Rücken über sie lästern, weil sie ihren Busen verloren hatte und so anders geworden war.

Daß keine es wagen würde, öffentlich zu sticheln, war ja klar. Das gehörte sich schließlich nicht, weil meine Mutter krank gewesen war. Aber geredet und getuschelt und gerätselt haben sie natürlich schon. Es ging mir auf die Nerven.

Ich trug ständig ein altes Foto von ihr bei mir, um jedem zu beweisen, wie schön meine Mutter war. Ich schämte mich aber auch, weil ich mich so schämte.

Im Grunde bestand ich bloß noch aus schlechten Gedanken, Scham, aus Angst und wieder Scham. Ich haßte mich selbst dafür. Und das alles zusammen bewirkte wieder den Eindruck, daß ich ein schlechtes Mädchen sei und es nicht verdient hatte, jemals wieder glücklich zu sein.

Ich erwartete damals eigentlich unablässig Gottes Strafgericht über meinem Haupt. Mir war auch klar, was kommen würde. Er würde machen, daß ich auch Brustkrebs bekäme. Davon war ich so überzeugt, daß ich jeden Tag mehrmals heimlich meinen Busen abtastete, um einen Knoten zu fühlen. Zeitweilig wurde ich damit ziemlich neurotisch. Selbst in der Schule überkam mich manchmal ein so starker Drang, mich sofort abzutasten, daß ich aus dem Unterricht auf die Toilette eilte. Ich bildete mir wirklich ein, den Krebs wachsen zu spüren. Jedes Zwicken im Brustgewebe elektrisierte mich förmlich und störte mich auf.

Die Veränderung durch Mutters Krankheit hatte vor keinem von uns Halt gemacht. Meine Mutter war eine andere geworden. Genauso Jolanda und ich. Wir hatten schneller als normal erwachsen werden müssen. Dies betraf nicht allein meine Gedanken und Gefühle, denn auch Jolanda war nicht mehr der Sonnenschein, der bei jeder Gelegenheit herzhaft herauslachte. Zwar hatte sie Mutter neu für sich entdeckt, aber sie hatte Alpträume und näßte oft ins Bett. Manchmal wachte sie schreiend auf, weil sie geträumt hatte, in einem dunklen Loch zu liegen und keine Luft mehr zu bekommen. Der Kinderarzt meinte, sie solle eine Therapie machen.

Ich war nie so quietschvergnügt gewesen wie Jolanda. Es hatte immer schon mehr gebraucht, bis ich laut herauslachen konnte. Doch nach Mutters Krankheit war ich überernst geworden und in mich gekehrt. An manchen Tagen saß ich stundenlang und schrieb Gedichte, die keiner lesen durfte.

Es wäre mir leichter gefallen, mit allem fertig zu werden, wenn ich wie andere Mädchen meines Alters freizügig aufgewachsen wäre. Wie habe ich mich oft gesehnt, mit meinen Eltern über meine Gedanken und Ängste sprechen zu können und von dem etwas zu erfahren, was in ihnen vorging. Statt dessen herrschte bei uns eine Grabesstille bei allem, was die Krankheit meiner Mutter betraf.

Ich hatte zu dieser Zeit meinen ersten Freund. Aber ich konnte mich nur heimlich mit ihm treffen. Das heißt, ich weiß bis heute nicht, wie sich meine Eltern verhalten hätten, wenn sie gewußt hätten, daß ich mit einem Jungen ging. Ich wagte ihnen nichts zu sagen, weil ich keinen Ärger riskieren wollte. Einerseits, weil ich so verliebt war und mir nichts verbieten lassen wollte, aber auch, weil ich nicht wollte, daß meine Mutter sich aufregte. Ich trug meine Geheimnisse mit mir herum und machte alles mit mir selbst ab. Es war zwangsläufig, daß ich schweigsam und verschlossen war.

Mein Vater trat von uns allen am zuversichtlichsten auf. Ich bezweifelte schon damals, daß es echt war. Er war Pfarrer und mußte wohl so auftreten, um vor sich selbst bestehen zu können. Vielleicht dachte er auch, es der Gemeinde schuldig zu sein, denn natürlich fragte ständig jemand nach meiner Mutter. Da konnte mein Vater ja wohl schlecht Verzweiflung zeigen, wenn er doch sonst, bei anderen, dauernd davon redete, daß bei Gott nichts unmöglich ist und man Gottvertrauen haben müsse.

Sein Gerede, daß Gott uns nicht im Stich lassen würde und daß wir nur immer fest beten und an ihn glauben müßten, regte mich mit der Zeit immer mehr auf. Es kam mir so vor, als würde mein Vater unser Beten wie auf eine Waagschale legen und abwiegen. Wenn Mama nicht gesund würde, dann

wäre es eben zu wenig gewesen und wir, vor allem ich, wä-
ren schuld. Ich hatte ständig das Gefühl, als würde er beson-
ders mich belauern, ob ich nur ja oft und lange genug bete-
te. Und natürlich war es nie genug, denn ich lag ja nicht
ununterbrochen auf den Knien.

Meine Mutter gab sich unheimlich viel Mühe, wieder rich-
tig für uns da zu sein. Aber es ging eben nicht mehr alles so
wie vorher. Sie konnte nicht mehr selbst putzen, weil es zu
anstrengend war. Weil die Haushaltshilfe sehr teuer war,
mußte gespart werden. Das merkte man vor allem daran, daß
wir jetzt Kleider aus dem Katalog bestellten und meine Mut-
ter kein Parfum mehr kaufte. Außerdem konnte sie nicht mehr
alles essen. Die ganze Familie stieg deshalb auf Öko-Sachen
um. Auch das kostete viel mehr als die normalen Nahrungs-
mittel, die wir früher eingekauft wurden. Vor der Krankheit
hatte meine Mutter nie einen Mittagsschlaf gemacht. Jetzt
mußte sie jeden Tag ein paar Stunden ruhen. Sie konnte nicht
mehr mit uns im Garten herumtoben und wie früher Volley-
ball mit uns spielen. Sie konnte noch nicht einmal mehr Un-
kraut zupfen oder ein Stück Gartenerde umgraben. Alles war
zuviel, zu anstrengend. Bei jeder kleinsten Kleinigkeit stie-
gen Mutter die Tränen in die Augen. Sie hatte immer so gern
gelacht wie Jolanda und uns mit ihrer Fröhlichkeit ange-
steckt. Jetzt war sie kaum zu einem Lächeln zu bewegen. Und
wir sahen ja, daß es wirklich so war, daß Mutter uns kein
Theater vorspielte.

Wenn man sich so gut verstecken muß, daß man sich selbst nicht mehr findet

Wir – die ganze Familie – versuchten, nie übers Kranksein zu
reden. Wir hatten alle ein schlechtes Gewissen, weil Mutter
krank war und wir nicht. Da wir auch untereinander nicht

über unsere Gefühle redeten, weiß ich nicht genau, wie es den anderen damit erging. Ich hatte jedenfalls den Eindruck, daß nur die Krankheit meiner Mutter eine richtige Krankheit wäre.

Wenn ich zum Beispiel eine Grippe und Fieber hatte, war ich früher nicht zur Schule gegangen, hatte mich ins Bett gelegt und mich auskuriert. Jetzt dachte ich: Ein Schnupfen, so was Läppisches! Wegen dem bißchen bist du doch nicht krank, und bin weiter in die Schule gegangen. Ich hätte mich gar nicht getraut, mit so etwas zu meiner Mutter zu kommen. Da war immer dieser Gedanke: Wenn ich bei so einer Kleinigkeit schon jammerte, was sollte sie dann erst tun? Sie jammerte nie. Ich sollte mich schämen, so eine Zimperzicke zu sein.

Dasselbe lief ab, wenn ich mir bei Sport den Fuß verstaucht oder irgendwo eine Schürfwunde zugezogen hatte. Früher hätte ich mich trösten und vielleicht auch verpflastern lassen. Jetzt biß ich die Zähne zusammen und versorgte mich selbst. Letztendlich guckte auch keiner mehr danach. Mama hatte jetzt genug mit sich selbst zu tun. Mein Vater merkte es manchmal zwar schon, aber er war eher stolz darauf, daß ich so tüchtig und selbständig geworden war und ihnen nicht zur Last fiel.

Daß ich mitten in der Pubertät steckte und nicht bloß Pickel, sondern ernste Probleme mit dem Erwachsenwerden und der Todeskrankheit meiner Mutter hatte, bekam eigentlich keiner mit. Ich hielt alles unter Verschluß. Und keiner machte sich die Mühe, den Riegel lösen zu wollen.

Ich dachte mittlerweile viel an Jungs und schloß mich im Bad ein, weil ich mich ganz gern nackt im Spiegel ansehen wollte und so. Alles ganz normal. Aber bei uns war eben nichts mehr normal. Ich fand meinen Busen richtig schön und war eigentlich total stolz darauf. Manchmal hätte ich mich am liebsten nackt gezeigt, damit alle sehen, was für

schöne Brüste ich hatte. Aber wenn ich meine Mutter ansah, traute ich mich nicht. Und noch weniger traute ich
mich, wenn ich an Gott dachte.

Mit der Zeit merkte ich, daß ich mir nicht nur einbildete, daß meine Mutter mich ziemlich oft aus den Augen-
winkeln anschaute und dabei einen einen komischen Blick
bekam. Es nervte mich an. Aber ich verstand es auch. Ich
verband ihre Blicke mit meiner Gesundheit und meinem
Busen. Mama mußte so gucken und neidisch sein. Ich wäre
auch neidisch gewesen, wenn ich sie gewesen wäre. Trotzdem war da so ein innerer Aufschrei: Hilfe, meine Mutter
beneidet mich!

Wenn wir gewagt hätten, offen miteinander zu reden,
wäre alles einfacher gewesen. Aber diese furchtbare Angewohnheit, so viel Rücksicht auf den anderen zu nehmen
und so große Nächstenliebe zu beweisen, daß man die Gedanken des anderen erraten wollte, um entsprechend zu
handeln, ehe ein Wunsch geäußert werden konnte – das
machte einfach alles kaputt.

Erst kurz vor ihrem Tod sagte meine Mutter mir, daß sie
sich damals große Sorgen um mich gemacht hätte. Sie
hatte meinen Kummer gespürt. Mein Gott, sie hatte das
gespürt und nichts gesagt! Sie hatte nicht daran rühren
wollen, weil sie glaubte, dieser Kummer habe mit ihrem
Sterben zu tun. Sie sagte, sie hätte sich hilflos gefühlt,
weil sie keinen Trost für mich bereit gehabt hätte und nicht
gewußt habe, was sie mir anbieten könne, um meine Seele zu erleichtern. Dies sei ein Fehler gewesen, den sie sehr
bereue. Damals bat sie mich um Verzeihung. Es war ein
schrecklicher Moment für mich. Wir haben beide lange
geweint und einander in den Armen gelegen. Damals habe
ich meine Mutter zum ersten Mal seit ihrer Krankheit
wirklich für mich wiedergefunden. Wenn ich denke, wie
gut wir es in all den Jahren miteinander hätten haben

*können, wenn wir uns nur getraut hätten, einander mehr
zu vertrauen! Ich kann daran immer noch nicht denken, ohne
daß es so grausam schmerzt und so eine wehe Stelle in mir
ist.*

Mea culpa, mea maxima culpa

*Seit ich fünfzehn geworden war, war meine Angst gewach-
sen, daß Gott mich demnächst ebenfalls mit Brustkrebs strafen werde. Diese Angst hing mit der Beobachtung zusammen, daß meine Brüste jeden Monat im Zusammenhang mit
der Regel spannten und dann auch kleine Knötchen zu erta-
sten waren.*

*Mit dem Gedanken an den Krebstod befaßte ich mich ja
seit langem schon sehr oft. Dabei stellte ich mir vor, wie in
mir drinnen die Zellen immer schneller wuchern und immer
mehr von ihnen großblubbern würden. Plötzlich würde alles
aufplatzen und überall im ganzen Körper neue Blubberzel-
len entstehen. Ich hatte Alpträume davon. Schließlich fing
ich an, Bilder zu malen, auf denen Körper mit solchen Wu-
cherzellballen zu sehen waren. Diese stellte ich mir vor wie
die Krebsgeschwulste an Bäumen, die ich schon oft gesehen
hatte.*

*Damals stand ziemlich häufig etwas über den Holocaust
in den Zeitungen. Dabei waren Menschen mit ausgemergel-
ten Körpern und Gesichtern abgebildet. Auf vielen Bildern
waren Tote zu sehen, die man auf Haufen geworfen hatte.
Wie Müll. Es grauste und faszinierte mich zu lesen, wie sie
gefoltert und zu Tode gemartert und schließlich vergast
worden waren. Auch die Informationen von amnesty international oder Zeitungsberichte über den Verbrennungstod
junger Inderinnen, die von ihren Männern nicht mehr geliebt
wurden, verschlang ich geradezu. Irgendwie lenkte es mich*

von Mutters Sterben ab, darüber nachzudenken, wie es anderen ergangen war.

Es stand aber auch in der Zeitung, daß man die Menschen im Holocaust zu Versuchszwecken mißbraucht hatte, um Erkenntnisse über Krankheiten zu gewinnen. Dabei kam mir die Idee, daß ich ja auch Erkenntnisse über Krankheiten gewinnen könnte, wenn ich zwar keine Menschen, aber kleinere Tiere untersuche. Vielleicht war ich ja von Gott auserwählt, endlich eine Medizin gegen Krebs zu finden. Vielleicht war ich dazu bestimmt, meine Mutter zu heilen. Vielleicht hatte ich deshalb diese schlimmen Gedanken und Forderungen an Gott gestellt, weil ich diese Aufgabe spürte, aber noch nicht erkannt hatte, wie ich sie bewältigen sollte. Vielleicht war dies jetzt endlich der richtige Weg. Ich wurde sehr aufgeregt und grübelte ständig darüber nach.

In der Nachbarschaft züchtete ein alter Mann Meerschweinchen. Als eines davon starb, stahl ich es und versuchte, es mit dem Küchenmesser zu sezieren. Ich zitterte vor Angst, daß es jemand entdecken könnte. Aber ich zitterte auch vor Aufregung vor dem Geheimnis des Todes. Das Sezieren selbst mißlang nicht nur kläglich, es entsetzte mich auch so, daß ich nie wieder einen ähnlichen Versuch wagte. Es verstärkte jedoch meine Beschäftigung mit dem Tod.

Ich fing an, Totengedichte zu schreiben, in denen das Grab als Bett vorkam und das Sterben wie ein Engelfliegen verherrlicht wurde. Ich lieh mir in der Bücherei alles über Menschen aus, die Todesnäheerfahrungen gemacht hatten, um zu erfahren, wie man starb. Zusätzlich las ich über den Buddhismus und die Wiedergeburt. Leider verstand ich nur sehr wenig und traute mich auch nicht zu fragen.

Irgendwo stöberte ich einen Artikel über die Urschriften der Bibel und darüber auf, daß der Vatikan Teile dieser Urschriften zurückhält, aus denen die Information hervorgehen, daß das ewige Leben der Seele auch im Christentum als

Wiedergeburt gemeint ist. Mit diesen Gedanken befaßte ich mich sehr intensiv. Es hatte eine faszinierende Logik für mich, weil es mir endlich eine Erklärung für diesen Begriff des ewigen Lebens gab. Gleichzeitig fühlte ich mich schuldig, weil ich an solchen Heidenkram dachte, und versteckte meine ausgeliehenen Bücher an den unmöglichsten Plätzen, damit sie nur niemand finden konnte.

Außerdem beschäftigte ich mich mit Mumien und den alten Ägyptern. Irgendwo stand, daß das Geheimnis der Pyramiden die wichtigste Information für die Menschheit enthalte und die Lösung für die Frage des ewigen Lebens berge. Daß dieses Geheimnis immer noch nicht gelöst worden sei, beweise, daß die Menschen von heute viel ungebildeter und dümmer sind als die alten Ägypter. Das leuchtete mir ein. Ich wünschte mir brennend, das Geheimnis ergründen zu können. Bücher von Erich von Däniken und seine Theorien über die Besiedelung der Erde durch Außerirdische beeinflußten mein Denken. Auch darüber konnte ich nicht sprechen. Ich konnte mir ohne weiteres vorstellen, wie mein Vater reagiert hätte.

Damals malte ich ständig einen Skarabäus und wünschte mir einen aus Jade und Gold, den ich als Anhänger an einer Kette um den Hals tragen könnte. Ich bekam allerdings keinen. Wir hatten kein Geld für Schnickschnack, wie mein Vater meinte. Er wolle mir aber gern ein Kreuz schenken, das schon seiner Mutter gehört habe. Ich traute mich nicht, nein zu sagen. Er hatte es ja nur gut mit mir gemeint. Da durfte ich mich nicht sperren. So bekam ich also ein silbernes Kreuz und keinen heidnischen Käfer. Aber beide versinnbildlichen den Tod und das ewige Leben. Das fand ich bemerkenswert.

Was ich immer weniger oder gar nicht einordnen konnte, war Gott. Ich war ihm in so vielen Gestalten begegnet. Welche stimmte, welche nicht? Ich wußte, mein Vater sagte, es gäbe nur seinen Gott, der uns in der Dreieinigkeit und als Jesus am Kreuz das Christentum gebracht hatte. Aber war es wirklich der wahre Gott? Woher konnte mein Vater dies wissen? Und wenn es nicht der einzige Gott wäre? Wenn all die anderen Religionen auch den wahren Gott hatten? Welche Bibel stimmte dann? Oder war das Wort Gottes in jeder heiligen Schrift? War dann jede richtig, oder nur alle zusammen?

Ich war erschrocken vor mir selbst, daß solche Gedanken durch meinen Kopf gingen. Die Angst vor meiner Schlechtigkeit wurde immer stärker in mir. Ich wollte sie nicht. Aber die Gedanken waren in mir. Immer wieder waren Gedanken in mir, die ich nicht denken wollte, und die sich von allein in meinen Kopf zu denken schienen.

Ich verzweifelte an mir selbst und versuchte, mich gegen dieses Denken in mir zur Wehr zu setzen, indem ich viel betete; schon meiner Mutter zuliebe. Aber ich merkte ganz klar, ich hatte keine richtige innere Beziehung mehr zu dem Gott meines Vaters, der meiner Mutter so ein Leid angetan hatte, obwohl sie der liebste Mensch war. Im Grunde haßte ich diesen Gott. Und ich hatte das Gefühl, daß er mich zurückhaßte.

Es war furchtbar! Kein Mensch durfte das alles auch nur ahnen. Mein Vater als Pfarrer und eine Tochter, die an Gott nicht nur zweifelte, sondern ihn gemein fand; das erschien mir die Sünde schlechthin. Trotzdem konnte ich nichts gegen meinen Haß auf Gott tun. Ich war diesem Gefühl hilflos ausgeliefert. Es ließ sich nicht abstellen. Es war genau wie mit meinen Gedanken über meine Großeltern. Ich war schwach und hatte meine Gedanken nicht unter Kontrolle. Wie schrecklich! Ich fühlte mich schlecht und verdorben, daß ich solche Gefühle für Gott hatte. Kein Wunder, dachte ich, daß Gott mich so schwer straft und meine Mutter krank macht und sie sterben läßt, wenn ich mich nicht bessere. Aber wie sehr ich mich auch schämte, schwach zu sein – ich hatte keine Kraft, mich zu bessern.

Ich verband den Gesundheitszustand meiner Mutter immer stärker mit meiner heimlichen inneren Schlechtigkeit. Ich dachte immer öfter an Luzifer, der ja einmal ein Engel gewesen war und dann von Gott wegen seines Hochmutes gestürzt worden war. Ich war auch hochmütig. Jedenfalls war ich überzeugt davon, daß es Hochmut sein mußte, wenn man an Gott zweifelte und sich andere Götter vorstellte, sich gern nackt im Spiegel ansah und sich schön fand und Spaß daran hatte, daß Jungen einen begehrten. Es war sogar noch mehr als Hochmut. Es war geradezu pharisäerhaft schlecht. Und was dem Pharisäer passiert war, würde mir auch passieren.

Ich weiß, daß sich das alles unwahrscheinlich und wie aus dem vergangenen Jahrhundert anhört. Ich bin jetzt schließlich 23 und nicht von vorvorgestern. Ich weiß, solche Vorstellungen vom Leben hören sich total weltfremd an und verklemmt. Aber bei uns war das eben so. Wir lebten so. Wir waren so. Ganz egal, ob das altmodisch war oder nicht. Es war unsere Welt.

Meine Eltern lebten aus Überzeugung nach dem Bibelwort. Wir Mädchen wurden in diesem Wort erzogen. Dabei hatte die Moderne nichts verloren. Wir waren Menschen Gottes. Und deshalb waren Jolanda und ich von Kind auf gewöhnt, unseren Körper als eine Gabe Gottes zu versorgen und ihn auch zu ehren. Nur bewundernd vor sich selbst stehen, eitel sein, das durfte man nicht, denn Eitelkeit ist das Zeichen des Bösen.

»Rote Lippen sind das Siegel des Satans« – diesen Spruch von meinem Vater höre ich heute noch, wenn ich mich schminke. Und jedesmal muß ich mich darüber hinwegsetzen und mir klarmachen, daß seine Meinung sein gutes Recht ist, aber nicht zwingend auch meine Meinung sein muß. Es fällt mir immer noch unglaublich schwer.

Als Kind waren mein Vater und seine Autorität für mich

unantastbar. Er stand in meiner Vorstellung unmittelbar neben Gott. Je älter ich wurde, je eigenere Gedanken ich mir machte, je kritischer ich zu werten begann, je klarer ich mich von meiner Familie ablöste, desto stärker drängte sich mir der Zwiespalt des Ungewissen auf. Ich konnte nicht an Gott glauben, wie mein Vater es vorbildgebend verlangte. Ich konnte aber auch nicht nicht an Gott glauben. Was war los mit mir? Wo stand ich auf dieser Welt? Welchen Wert hatte ich? Wer war ich? Diese Fragen stürzten mich in Verzweiflung.

An manchen Tagen gab ich mir Antworten, die mich retteten. An anderen zogen sie mich in den Abgrund. Dann war ich bereit einzusehen, daß ich mit meiner Schlechtigkeit an der Krankheit meiner Mutter tatsächlich schuld hätte.

Je länger ich grübelte, desto klarer sah ich, daß Gott eigentlich mich hatte mit Krebs bestrafen wollen, aber meine Mutter die Krankheit auf sich genommen hatte, weil sie mich liebte und außerdem so gut wie Jesus war, der sich für die Menschen geopfert hatte. An solchen Tagen fühlte ich mich wie ein Wurm oder weniger als ein Wurm und wartete darauf, zertreten zu werden.

Kein Mensch kann sich vorstellen, wie ich mich gequält und zermürbt habe. Ich wagte ja nicht, mich jemandem anzuvertrauen, vor Angst, daß dann meine Schuld an den Tag käme. Ich wäre auf der Stelle vor Scham tot umgefallen. Andernteils hätte ich auch niemanden gewußt, dem ich mich hätte anvertrauen können, weil ich niemandem zutraute, mein Geheimnis bei sich zu behalten. Nicht einmal meinem Freund, den ich wirklich sehr lieb hatte. So sehr vertraute ich auch ihm nicht. Folglich wurde ich immer verschlossener.

In der Schule sanken meine Leistungen ab. Bei den ersten schlechten Noten hatte ich noch Angst gehabt, damit nach Hause zu kommen. Früher hätten meine Eltern sich darüber aufgeregt. Jetzt hatte ich den Eindruck, daß es ihnen unwichtig geworden war. Nicht einmal mein Vater hielt mir eine Moralpredigt. Er unterschrieb einfach und sagte so etwas wie, daß es Schlimmeres als Schule gäbe und ich mich das nächste Mal besser anstrengen sollte. Das war's.

Für mich war's das auch. Ich hatte keinen Antrieb, zu lernen und mich mit diesem überflüssigen Zeug zu beschäftigen, das die Pauker in uns reindrillen wollten. Der Krebs würde ja sowieso bald schon bei mir zuschlagen und dann wär's das sowieso. Jedesmal, wenn ich meine Hausaufgaben nicht machte, erteilte ich mir mit diesen Gedanken die Erlaubnis dazu. Und so blieb ich schließlich sitzen. Nach außen hin gab ich mich cool. Schließlich war auch Einstein sitzengeblieben. Innerlich sah es anders aus. Da hatte ich einen neuen Grund, mich in Grund und Boden zu schämen.

Der Wunsch zu sterben, um nichts mehr denken, nichts mehr fühlen, nichts mehr bezweifeln, mich nicht mehr schämen zu müssen, war schon oft in mir aufgestiegen. Ich hatte ihn immer wieder unterdrückt. Man bringt sich nicht um. Man wirft das von Gott geschenkte und gewollte Leben nicht einfach weg. Das ist eine Sünde. Man kann höchstens Gott bitten, einen sterben zu lassen, muß sich aber unter Seinen Willen beugen – auch so etwas, was ich gelernt und verinnerlicht hatte. Und Gott hatte meine Bitten nicht erhört, so wie er meine anderen Bitten auch nicht erhört hatte.

Daß ich schließlich doch beschloß, mich zu töten und meinetwegen für immer und ewig ins Höllenfeuer zu kommen, nie das ewige Leben erfahren zu dürfen, hing mit meinem Freund zusammen. Er hatte sich in eine andere verliebt und machte einfach so mit mir Schluß. Als Begründung nannte er, daß ich ihm einfach zu spinnert wäre und auf Dauer einfach zu anstrengend. Er würde mir Brief und

Siegel geben, daß es keiner mit mir aushalten würde, wenn ich nicht cooler würde.

Ich tat, als würde es mir nichts ausmachen, und hatte am nächsten Tag schon einen Neuen und am übernächsten wieder einen Neuen. Es war egal und auch nicht egal. Ich hatte dauernd das Gefühl, nicht in mir selbst zu sein. Ein komisches Gefühl. Als ob in mir alles taub wäre, ein bißchen wie eingeschlafen. Wenn es anfing, in mir aufzuwachen, kam es mir vor, als wenn ich gleich schrecklich losheulen müßte. Aber ich heulte nicht; ich lachte.

Der Mensch, den ich am meisten geliebt hatte, hatte mich wegen meiner Schlechtigkeit sitzenlassen. Das, was er gesagt hatte, war das Menetekel an der Wand. Er hatte sich vor mir gerettet, weil ich mit meiner inneren Schlechtigkeit alle Menschen, die ich liebe, von mir trieb oder sie vergiftete.

Ich beobachtete den langsamen Verfall meiner Mutter und sah genau voraus, daß sie sterben mußte. Sie konnte noch so oft bei Arzt sein, noch so viele Medikamente einnehmen, noch so hochwirksame Therapien erhalten – meine Schlechtigkeit machte alles kaputt. Ich konnte die Kraft des Bösen in mir spüren. Seit mein Freund mich im Stich gelassen hatte, ging dieses Gefühl so weit, daß ich niemandem mehr zur Begrüßung die Hand geben konnte.

Heimlich fing ich an, Zitronensäure oder Apfelessig zu trinken, um mich innerlich zu reinigen. Ich begann auch, mich regelmäßig zum Erbrechen zu bringen. Ich war immer ziemlich dünn gewesen. Aber durch das Erbrechen wurde ich bald mager. Mein schöner Busen wurde mickrig. Meine Arme und Beine wurden so dürr, daß die Knochen vorstachen. Zuerst hatten die Jungs es noch schick gefunden. Nach einiger Zeit wollte sich keiner mehr mit mir treffen.

Warum ich das machte, war für mich von Anfang an klar. Ich hatte beschlossen, für meine Mutter zu sterben. Es sollte ein neuer Tauschhandel sein. Einer, der klappte. Ich wollte ihn nicht mit Gott, sondern mit Luzifer eingehen. Ich wollte mich verhungern lassen und Luzifer meine lebendige Seele überlassen. Das war ein ganz gezielter Plan.

Heute würde ich sagen, daß ich damals wirr im Kopf war und dringend eine Behandlung gebraucht hätte. In mir war alles durcheinander geraten. Ich hatte meine eigene Mitte verloren. Oder vielleicht hatte ich sie damals auch noch gar nicht gefunden gehabt. Ich weiß es nicht. Auf alle Fälle denke ich, daß ich auf dem besten Wege war durchzudrehen.

Damit es keinem auffiel, aß ich wie immer zu den gemeinsamen Mahlzeiten mit, erbrach mich aber anschließend sofort über der Toilettenschüssel. Manchmal überkamen mich solche Heißhungeranfälle, daß ich essen mußte. Dann stand ich nachts heimlich auf und stopfte aus dem Kühlschrank alles in mich hinein, was ich essen konnte, ohne daß es sofort auffiel. Es war mir egal, was es war. Ich aß alles durcheinander und wie es gerade kam, sogar das, was ich eigentlich nicht mochte. Wenn ich fertig war, schloß ich mich im Bad ein, steckte den Finger in den Hals und erbrach mich wieder. Es war ein Teufelskreis.

Unsere Haushilfe merkte natürlich, daß ich sich jemand nachts über den Kühlschrank hermachte. Sie sprach mit meinem Vater darüber. Der nahm Jolanda und mich sofort ins Gebet. Aber keine gab etwas zu. Da wir normalerweise nicht logen, glaubte mein Vater, daß die Haushaltshilfe sich getäuscht hatte. Er ließ die Sache auf sich beruhen, zumal ich vorsichtiger wurde und meine Heißhungeranfälle meistens unterdrückte.

Natürlich merkten alle, daß ich immer magerer wurde. Mein Vater hielt es für einen Modefimmel. Einmal nach der Sonntagspredigt nahm er mich beiseite. Gott werde mich strafen, meinte er, daß ich es übers Herz brächte, mich der

Eitelkeit anheimzugeben, während meine Mutter diese schreckliche Krankheit habe. Ich sagte ihm, daß ich dies alles bereits wisse. In der Tat erwartete ich die Strafe Gottes augenblicklich und zwar meinen Tod.

Eines Tages fiel meiner Sportlehrerin auf, daß ich keine Kraft mehr hatte, Barrenübungen zu machen. Ich war immer eine ihrer besten Sportlerinnen in der Klasse gewesen. Jetzt waren meine Ärmchen zu dürr, um mich noch zu halten. Ich stürzte bei einer Aufschwung-Überschlag-Übung ab und konnte nicht wieder aufstehen, weil ich einfach zu schlapp war. Meine Lehrerin sprach dann mit meinem Vater und redete ihm wohl ziemlich ins Gewissen. Jedenfalls nahm er sich mich vor und versuchte, mit mir ein Gespräch über Mutters Krankheit zu führen und daß ich ihr nicht antun könne, nun auch noch Dummheiten zu machen. Ich solle endlich von meinem Modetick ablassen und wieder normal werden. Er habe einfach keine Nerven, sich auch noch um mich Sorgen zu machen und auf mich aufzupassen, als ob ich ein Baby sei. Ich sagte ja, ja, er brauche sich um mich keine Sorgen zu machen, ich wäre okay, und verfolgte meinen Hungerplan weiter.

Ohne meine Lehrerin wäre mir der schleichende Selbstmord damals ganz sicher gelungen. Weit ab vom Erfolg war ich wohl nicht mehr. Sie ließ aber nicht locker, sondern brachte meinen Vater dazu, mit mir zum Arzt zu gehen. Dieser stellte krankhafte Magersucht fest und extreme Mangelernährung. Beides wurde auf die seelische Belastung durch die Krankheit meiner Mutter zurückgeführt. Bald danach wurde ich an die Nordsee verschickt, wo ich nicht direkt eine Kur, aber doch eine Heilbehandlung mit Schulzeit, Freizeitgestaltung und Rundumbetreuung bekommen sollte.

Eine der Betreuerinnen dort gewann mein Vertrauen. Sie war weit genug von meinen Eltern weg, vor allem innerlich, so daß ich keine Befürchtungen haben mußte, sie würde letztlich zu ihnen halten anstatt zu mir. Ihr konnte ich alles erzählen, was in mir vorging. Sie las auch meine Gedichte und Geschichten über den Tod und sprach mit mir über diese ganzen Gottesfragen, über meine Todesgedanken, die Wiedergeburt und vor allem über meine innere Schlechtigkeit und verzweifelte Angst, schuld an der Krankheit meiner Mutter zu sein. Ich lernte, mit ihren Augen zu sehen, bis meine eigenen wieder sehend waren. Sie war so sehr für mich da, daß ich es wagen konnte, mich zu öffnen und ohne Schutz zu sein. Ihr Vertrauen in mich, ihre Zuneigung und Zuversicht, daß ich stark genug sein würde, meine durcheinander geratenen Gedanken zu ordnen – all das brachte mich dazu, mir selbst wieder zu trauen und mich gut zu finden.

Ich war über ein Vierteljahr an der Nordsee. Als ich nach Hause kam, stand fest, daß meine Schwester und ich in ein Internat kommen würden, weil es meiner Mutter gesundheitlich immer schlechter ging, so daß weder sie noch mein Vater uns versorgen konnten. Wobei es nicht allein um die Versorgung ging. Gleich wichtig war wohl, daß Jolanda und ich für meine Mutter eine zu starke Belastung darstellten.

Meine Betreuerin hatte mich noch während der Kur über diese Wende informiert. Sie ließ mich wissen, daß sie ein Internat vorgeschlagen hatte, das in der Nähe ihres Wohnortes lag. Sie wollte gern weiterhin für mich da sein und auch meine Schwester ein wenig mitbetreuen.

Tatsächlich besuchte sie uns regelmäßig in diesem Internat und lud uns auch zu sich ein. Vor allem gab sie mir Halt, als meine Mutter kurz vor meinem Abitur verstarb. Diese Frau, die ich hier nicht näher benennen möchte, ist ein sehr wichtiger Mensch in meinem Leben geblieben. Wenn ich heute positiv in die Zukunft sehen kann, dann deshalb, weil sie mich *ins Leben zurückgeführt hat. Es kann sogar gut sein, daß sie mich überhaupt erst zu einem lebendigen Menschen hat werden lassen. Ihr habe ich letztlich mein Leben zu verdanken und daß ich wieder ein glücklicher Mensch werden durfte.*

Totschweigen

Vor der lebensbedrohlichen Erkrankung der Mutter war Bettinas Leben »typisch heile Welt«, wie sie selbst es nennt. »Wir waren die typische Bilderbuchfamilie: Vater, Mutter, zwei Kinder. Alles harmonisch, keiner dachte an Scheidung. Mein Vater war als Pfarrer ein angesehener Mann, der großen Respekt genoß. Meine Mutter war beliebt und in ihrer ganzen Art die typische Pfarrersfrau, die Mutter der Gemeinde eben. Meine Schwester und ich hatten Freundinnen, waren gut in der Schule. Es gab keine Probleme. Wir dachten nicht daran, daß es jemals welche geben könnte.«

Von einem Tag auf den anderen brach das Unglück über die bisher unbeschwerte Familie herein und schlug die Beschaulichkeit des Alltags in Trümmer. Der Tod war hereingetreten. Im Schatten seiner nach der Mutter greifenden Hand blieb nichts mehr, wie es war. Die Angst als sein ständiger Begleiter machte sich breit.

Und doch sollte niemand etwas merken. Der Vater legte den Mantel des Schweigens darum und die Maske der Zuversicht an. Kein Zweifel war gestattet, denn Gott als Herr über Leben und Tod würde es recht machen. Das Wort des Vaters, daß Gott die Mutter retten und alles zum Besten wenden werde, wenn denn nur fest gebetet werde, wurde zum Damoklesschwert für die ganze Familie, vor allem aber für Bettina.

In einem Alter, in dem ihre Persönlichkeit aufgrund der hormonellen Umstellungen alle Schwankungen der Pubertät zu bewältigen hatte und entsprechend sensibel reagierte, riß ihr das Bewußtsein der Todesbedrohung allen festen Boden fort. Urplötzlich war die Familie als Oase der Sicherheit quasi ausgetrocknet. Bettina sah sich schutzlos und verletzlich einer Welt ausgesetzt, in der tausend unbekannte Gefahren lauerten. Nichts schien mehr verläßlich und berechenbar. Vor allem aber empfand sie sich selbst als unwichtiges, weil verzichtbares Partikelchen dieser Welt. Die Welt bedurfte ihrer nicht. Sie würde sich weiterdrehen wie immer, ob ein Mädchen namens Bettina vorhanden wäre oder nicht. Das Beispiel der Mutter erbrachte den grausamen Beweis. Sie starb, und die Sonne schien am Himmel, als wäre nichts passiert.

Mit einem Schlag war Bettina aus der kindlichen Gewißheit gestürzt, daß sie im Zentrum des Lebens stehe. Sie erkannte, daß ihre Hoffnungen, Interessen, ihr ganzes Dasein, ja, die Welt an eine Macht ausgeliefert war, die durch nichts zu beherrschen schien. Es machte ihr Angst.

Der Vater definierte diese Macht mit Gott. Seinen Worten nach reagierte Gott auf Flehen und Bitten derer, die an ihn glauben. Ob er diese erhörte und erfüllte, hing – so der Vater – von der Ausdauer und Überzeugungskraft ab, mit der ein Gebet vorgetragen wurde. Aber was, wenn der Vater irrte?

In der Zeit vor der Erkrankung der Mutter hatte Bettina fraglos an Gott geglaubt. Sie hatte die Erläuterungen ihres Vaters für bare Münze genommen. Da sie alle gottgläubig waren, regelmäßig beteten und zur Kirche gingen, der Vater sogar Pfarrer war und Gott diente, schien es Bettina logisch und unanfechtbar, daß Gott ihnen allen wohl wollte und sich an ihnen freute. Sie hatte sich bewacht und beschützt und mit einem gewissen Rechtsanspruch auf Glück versehen gefühlt.

Die Erkrankung der Mutter brachte auch dieses kindliche Glaubensgebäude zum Einsturz. Plötzlich drängten sich Fragen auf. Wer war Gott? Warum ließ er zu, daß die Mutter erkrankte? Warum wollte er, daß sie starb? Bettina wußte genau, daß die Mutter nicht gesündigt hatte. Welchen Grund hatte Gott also, ihr das Leben zu nehmen? Welches Recht? Wenn schon jemand sterben mußte, warum nicht alte Leute wie die Großeltern, die ein langes Leben hinter sich hatten und weniger gebraucht wurden als die noch junge Mutter? Und – stimmte das alles überhaupt, was der Vater über Gott berichtet hatte? War es wirklich der strafende und verzeihende, der durch Gebete und gute Taten erreichbare Gott? Oder war alles Phantasie? Gab es tatsächlich nur diesen einen Gott? Wer waren dann aber all die anderen Gott-Gestalten anderer Völker und Kulturen? Und wenn es stimmte, daß der Gott mit den vielen Namen immer nur derselbe war, wieso gab es dann verschiedene Lehren, von denen angeblich jede die einzige, wahre sein sollte?

In Bettina brach ein Tumult der Gefühle, Ängste und Unsicherheiten aus. Sie verfiel in eine unbestimmte, nicht genau einzuordnende Lebensangst, die sich dadurch steigerte, daß schwerwiegende Schuldgefühle hinzukamen. Die Zweifel an dem Gottesbild ihrer Kindheit erschienen Bettina einerseits logisch und berechtigt. Die Intelligenz sagte ihr, daß die angestellten Überlegungen und Fragen Hand und Fuß hatten. Das Gefühl aber sagte ihr, daß es Sünde war, an Gott zu zweifeln und sich gegen ihn aufzulehnen. Sünden wurden bestraft. War also die Krankheit der Mutter Strafe für Sünden der Tochter? Wenn ja, mußte es so sein, daß die Mutter diese Strafe stellvertretend für Bettina auf sich genommen hatte. Ergo wäre die Mutter gesund, wäre die Tochter nicht so schlecht.

Mit der Kraft der Verzweiflung betete Bettina, daß Gott die Mutter gesund werden lassen möge. Sie bot ihm Tauschgeschäfte an. Sie versuchte, ihre sündigen Ketzergedanken auszuschalten. Nichts half. Gott blieb unbeirrbar. Die Mutter blieb unvermindert krank. Und Bettinas Schuldgefühle stiegen. Nicht zuletzt deswegen, weil sie sich verliebt und eine heimliche Beziehung zu einem Jungen begonnen hatte, die der Vater strengstens verboten hätte, wenn er davon gewußt hätte.

Bettina wurde nervös, schreckhaft, leicht reizbar, weinte schnell und bekam immer größere Schulprobleme. Da sie sich schlecht konzentrieren konnte, blieb der Lernstoff nicht haften. Gleichzeitig fehlte jeglicher Antrieb, so daß die zu erledigenden Aufgaben vergessen wurden. Das Desinteresse der Eltern an schulischen Leistungen bestärkte Bettina darin, alles laufen zu lassen, wie es laufen wollte. Es gäbe jetzt Wichtigeres, so die Meinung des Vaters. Bettina interpretierte dies so, daß er es für wichtiger erachtete, für die Mutter zu beten und ihre Genesung zu erflehen, als sich um seine Tochter zu kümmern. Schließlich konnte er ja nicht ahnen, daß Bettinas Gebete wie die Opfergaben des Kain nicht angenommen wurden.

Immer heftiger begann Bettina, sich selbst zu hassen. Hatte sie sich anfangs nur gedanklich niedergemacht, steigerte sich ihre Aggressivität nun zu selbstzerstörerischen Handlungen. Sie begann, sich körperliche Schmerzen zuzufügen.

»Wenn ich mich geschnitten hatte, konnte ich wenigstens so lange, wie es weh tat, aufhören, an meine Mutter zu denken«, erläuterte Bettina mir ihr Tun. »Die Atempause, die ich dadurch bekam, hat mich oft gerettet. Ich konnte mich trotz der eigenen Schmerzen entspannen. So verrückt das klingt, aber diese Minuten waren für mich oft die einzigen Momente, in denen ich bewußt merkte, daß ich noch am Leben war.«

Das Bestreben des Vaters, Gottvertrauen zu beweisen, indem er vor seiner Familie Stärke simulierte und ein striktes Totschweigen der komplexen Problematik an den Tag legte, hatte es für Bettina unmöglich gemacht, über ihre Nöte zu reden. Der Vater wollte nichts wissen, die Mutter sollte nichts wissen. Die Schwester schien zu kindlich, um etwas zu verstehen. Außerdem begegnete Bettina ihr mit Eifersucht, weil Jolanda der Liebling der Mutter zu sein schien.

Selbst den Freund vermochte sie nicht ins Vertrauen zu ziehen, da er irgendwann vielleicht doch etwas verraten hätte. Inmitten ihrer vertrautesten Umgebung blieb Bettina nur der Rückzug auf sich selbst. Sich selbst aber konnte sie lange schon nicht mehr ertragen.

Als letzter Ausweg blieb die Flucht in den Tod, den Bettina vor sich selbst und vor allem vor Gott rechtfertigte, indem sie ihn als Opfertod zugunsten der Mutter verbrämte.

Streß, Streß, Streß

Zu dem Zeitpunkt, als Bettina mit dem Ziel, sich zu Tode zu hungern, eß- und magersüchtig wurde, war sie von ihrem Kampf gegen Geschehnisse, die außerhalb ihrer Kontrolle lagen, innerlich völlig ausgebrannt. Jahrelang hatte sie einem ungeheuren emotionalen und physischen Streß standgehalten. Sie war sich über die Gefahr im klaren, in der die geliebte Mutter schwebte. Zugleich wußte sie, daß das vorbestimmte Ende nach menschlichem Ermessen unabwendbar war. Nur ein Wunder konnte helfen.

Trotz der Aussichtslosigkeit der Lage konnte und wollte Bettina ihren Kampf immer noch nicht aufgeben. Sie war bereit, ein Wunder herbeizuzwingen und zwar um den Preis ihres eigenen Lebens. Wollte Gott ihr kein Wunder gewähren und der Mutter nicht helfen, sollte der Teufel es vollbringen. Nur das Ergebnis zählte noch, nicht mehr der Weg.

In der wissenschaftlichen Streßforschung unterscheidet man Persönlichkeiten anhand ihrer Verhaltensmuster in A-Typen bzw. B-Typen. Diese Typisierung bezieht sich auf die Fähigkeit zur Streßbewältigung und die damit zusammenhängende Ausbildung charakteristischer Persönlichkeitsmuster.

Ein A-Typ ist ein Mensch, dessen Persönlichkeitsbild durch Konkurrenzdenken, Leistungsbereitschaft, Ungeduld sowie verbale und körperliche Aggressivität gekennzeichnet wird. Ein B-Typ ist das genaue Gegenteil, weist sich also durch einen Mangel gerade dieser Eigenschaften aus. Eines der herausragenden Ergebnisse der einschlägigsten Studien ist die Erkenntnis, daß Menschen des A-Typs doppelt so häufig einen Herzinfarkt bekommen wie diejenigen, die dem B-Typ zugeordnet werden, und Kinder ganz vergleichbar reagieren wie Erwachsene.

Solange beide Typen sich in sicherem Fahrwasser wähnen, sind ihre Verhaltensweisen unauffällig. Erst in der Krise macht sich die gravierende Divergenz bemerkbar. Während B-Typen angesichts bedrohlicher Lebenslagen leicht den Mut verlieren und Ausweichmuster entwickeln, werden A-Typen zu Kämpfern. Sobald sie den Eindruck gewinnen, die Kontrolle über eine lebenswichtige Situation zu verlieren, werden sie unter Aufbietung aller Kräfte versuchen, die Führung zu erlangen.

Woher die Entwicklung einer Persönlichkeit im Sinne eines A- oder B-Typs rührt, ist nicht immer eindeutig zu beantworten. Es spricht jedoch vieles dafür, daß die elterliche Erziehung das Verhalten der Kinder maßgeblich prägt. Beispielsweise stellte die Psychologin Karen Matthews aus Pittsburgh in ihrer Studie fest, daß Mütter Typ-A- bzw. Typ-B-Söhne unterschiedlich behandeln. Auffällig war, daß Mütter – unabhängig davon, welchem Typ sie selbst angehören – Typ-A-Söhne deutlich negativer bewerten als Typ-B-Jungen und dadurch deren Kämpfer-Charakter bestärken.

Bettinas Verhalten läßt auf einen Typ-A-Charakter schließen. Die Krankheit und der drohende Tod der Mutter erzeugte die existentielle Krise, in der sich das Charakterbild einer Persönlichkeit manifestiert. Anstatt passiv in der Erwartung des Todes zu erstarren und – wie der Vater – einzig auf Gottes Gnade zu bauen, nahm Bettina den Kampf auf. Da der Vater Gott als einzig zuständigen Helfer bezeugt hatte, galten diesem Bettinas Angriffe. Die resultierenden Schuldgefühle gaben den Angriffen eine zweite Stoßrichtung und zwar auf

Bettina selbst. Mit welcher Unbeirrbarkeit sie ihren einmal eingeschlagenen Weg verfolgte, um die Lebenskrise in den Griff zu bekommen, zeigte der Zugriff auf den Satan ebenso wie ihr Plan zu sterben. In beiden Kampfrichtungen war dies die jeweils äußerste, vernichtende Konsequenz.

Daß Bettina gerettet wurde, ist Außenfaktoren zu verdanken, nicht ihrer eigenen Initiative. Zuerst eine Lehrerin, später eine Betreuerin rissen den Vater aus seiner passiven Gottergebenheit. Mit einiger Mühe gelang es ihnen zu bewirken, daß er seine Kinder endlich einmal bewußt wahrnahm. Der erzwungene Blick über den eigenen Tellerrand bewirkte, daß er, der die Bedürfnisse seiner Töchter nicht selbst abdecken konnte, sich dazu durchrang, anderen dazu die Erlaubnis zu erteilen. Zunächst Bettina, später auch Jolanda wurden aus dem unmittelbaren Brennpunkt des Familiengeschehens entfernt. Dies gab ihnen die Chance, sich wieder auf sich selbst zu besinnen und ihr eigenes Leben erneut aufzunehmen.

Wäre es Bettinas Vater möglich gewesen, sich aus dem eigenen Schmerz um den nahenden Tod seiner Frau und aus seinem religiösen Fatalismus zu lösen, und wäre er nicht die autoritäre, sondern die starke Persönlichkeit gewesen, als die er sich gern darstellte – Bettinas Leben wäre völlig anders verlaufen. Während der gesamten Zeit ihres einsamen Kampfes sandte sie reichlich Zeichen nach außen aus, deren Hilferuf von einem psychologisch so geschulten Mann wie einem Pfarrer hätten vernommen werden müssen.

In der Streßforschung wurden im Zusammenhang mit Kindern und Jugendlichen Streßtests entwickelt, indem bestimmte Stressoren mit Punkten bewertet werden. Ein solcher Test wurde von David Elkind veröffentlicht, der sich als Professor für Kinderpsychologie und Autor stark dafür einsetzt, Kinder nur altersgemäßen Belastungen auszusetzen. Die Auswertung dieses Tests zeigt das Ausmaß einer aktuellen Streßbelastung.

Um ein Maß vorzugeben, wurde die durchschnittliche Streßbelastung für Kinder und Jugendliche mit unter 150 Punkten angegeben. Bis zu diesem Level kommen Betroffene im allgemeinen gut klar. Bei einer Punktzahl zwischen 150 und 300 wird es bereits kritisch. Man muß davon ausgehen, daß nun deutliche Streß-Symptome auftreten. Ernstlich schwierig wird es bei über 300 Punkten. Kinder und Jugendliche, die unter einer solchen Fülle von Stressoren leiden, zeigen höchstwahrscheinlich schwerwiegende Verhaltensstörungen nebst gesundheitlichen Schädigungen.

Der Streß-Test auf S. 306 f. stammt aus *Das gehetzte Kind* von David Elkind und wurde hier übernommen, um Ihnen die Möglichkeit zu bieten, die eigene Situation bzw. die Ihres Kindes zu überprüfen. Kreuzen Sie die entsprechenden Stressoren an und addieren die Summe der Punkte. Sollte das Ergebnis alarmierend erscheinen, beobachten Sie Ihr Kind genauer als bisher. Versuchen Sie, vertrauensvolle Gesprächssituationen aufzubauen, und nehmen Sie Äußerungen ernst. Diskussionen über den Tod entspringen selten reiner Wißbegier und sind keine Zeichen von Intellekt. Ergründen Sie, was wirklich in Ihrem Kind vorgeht. Scheuen Sie sich nicht, Rat bei Ihrem Arzt oder einem Kinderpsychologen einzuholen.

Streßtest	Punkte
❏ Ein Elternteil stirbt	100
❏ Die Eltern lassen sich scheiden	73
❏ Die Eltern trennen sich	65
❏ Ein Elternteil ist viel auf Geschäftsreisen	63
❏ Ein enges Familienmitglied stirbt	63
❏ Das Kind erkrankt oder verletzt sich	53
❏ Ein Elternteil heiratet wieder	50
❏ Ein Elternteil wird arbeitslos	47
❏ Die Eltern versöhnen sich	45
❏ Die Mutter wird berufstätig	45
❏ Ein Familienmitglied erkrankt	44
❏ Die Mutter wird schwanger	40
❏ Schulschwierigkeiten	36
❏ Geburt eines Geschwisterkindes	39
❏ Wechsel in der Schule (neue Lehrer oder neue Klasse)	39
❏ Änderung der finanziellen Lage	38
❏ Verletzung oder Krankheit eines engen Freundes	37
❏ Das Kind beginnt mit einer neuen außerschulischen Aktivität (Musikunterricht, geht zu den Pfadfindern)	36
❏ Gewalt in der Schule	31
❏ Diebstahl persönlichen Eigentums	30
❏ Änderung der Haushaltspflichten des Kindes	29

Streßtest (Fortsetzung)	
	Punkte
❑ Der ältere Bruder oder die ältere Schwester zieht aus	29
❑ Ärger mit den Großeltern	29
❑ Außergewöhnliche Leistungen des Kindes	28
❑ Umzug in eine andere Stadt	26
❑ Umzug in einen anderen Stadtteil	26
❑ Verlust eines Haustieres	25
❑ Änderung der persönlichen Angewohnheiten	24
❑ Ärger mit dem Lehrer	24
❑ Änderung der Öffnungszeiten der Kindertagesstätte oder der Babysitter kommt zu anderen Zeiten	20
❑ Umzug in ein neues Haus	20
❑ Einschulung in einer anderen Schule	20
❑ Änderung der Spielgewohnheiten	19
❑ Urlaub mit der Familie	18
❑ Neue Freunde	18
❑ Teilnahme an einem Ferienlager	17
❑ Änderung der Schlafgewohnheiten	16
❑ Änderung in der Anzahl der Familientreffen	15
❑ Änderung der Eßgewohnheiten	15
❑ Änderung der Fernsehgewohnheiten	13
❑ Geburtstagsfeier	12
❑ Bestrafung fürs »Schwindeln«	11

Wollte man Bettinas Stressoren errechnen, müßte man die folgenden Punkte addieren:

Ein Elternteil stirbt	100
Ein Elternteil ist viel auf Geschäftsreisen	63
Schulschwierigkeiten	39
Änderung der finanziellen Lage	38
Änderung der Haushaltspflichten des Kindes	29
Änderung der persönlichen Angewohnheiten	24
Ärger mit dem Lehrer	24
Änderung der Spielgewohnheiten	19
Neue Freunde	18
Änderung der Eßgewohnheiten	15

In der Summe ergeben die einzelnen Stressoren einen Faktor von 369 Punkten, also weit mehr, als ein Kind oder Jugendlicher ohne das Auftreten schwerwiegender Verhaltensstörungen verarbeiten kann.

Eine Spieltherapie zum Beispiel hätte Bettina helfen können, ihre eigene Situation in gespielten Szenen zu spiegeln und in Gesprächen aufzuarbeiten. Sie hätte neue, wirksame Verhaltensmuster entwickeln können. Möglich wäre es auch geworden, die unterdrückte Trauer um die Mutter zuzulassen, Sprachlosigkeit abzubauen, Ängste zuzulassen und zu benennen sowie Bedrohungen zu entkräften. Ein Abgleiten in Todesverzweiflung wäre vermieden worden.

Daß eine solche Hilfe für Bettina zugleich auch Hilfe für ihre Mutter bedeutet hätte, zeigt die Szene, in der die Mutter gesteht, die Ängste ihres Kindes sehr wohl erspürt zu haben, aber aus falscher Rücksichtnahme außerstande war, darauf einzugehen. Wäre Bettina in dieser Situation imstande gewesen, Mut zu fassen und auf die Mutter zuzugehen, hätte sich für beide die beglückende Erfahrung von Liebe und gegenseitigen Verstehens ergeben. Viel Leid wäre beiden dadurch erspart geblieben.

Rufus

Rufus war vor wenigen Tagen 17 Jahre geworden, als wir uns zufällig in der U-Bahn in München begegneten. Ein hoch aufgeschossener, knochig wirkender Junge in nicht direkt schmutzigen, aber unglaublich heruntergekommenen Klamotten, über der Hose fest verschnürten Springerstiefeln, die Haare zu einer tiefblauen Irokesenfrisur gestylt, die abrasierten Schädelseiten tätowiert. Ich konnte es nicht lassen, genauer hinzuschauen: Die farbenprächtig schillernden Linien und ausgemalten Flächen stellten einen sich windenden Drachen im Schuppenpanzer dar.

Als ich aufschaute, hielten mich die Blicke des Jungen fest. Amüsiert und zugleich herausfordernd bohrten sich die von sprenkelgrüner Iris umrandeten Pupillen in die meinen. »Gefällt dir wohl?« meinte er in der »cool« gedehnten Sprechweise der Jugend.

Natürlich wußte ich, worauf er anspielte. Ich nickte widerstrebend und fühlte mich beschämt, weil ich bei meinem indiskreten Betrachten ertappt worden war. Zugleich weckte es mein Interesse, deswegen angesprochen worden zu sein. Es passierte selten, daß jemand sich gegen aufdringliche Blicke zur Wehr setzte. Ein Gefühlsmix aus Interesse und spontaner Abwehr machte sich in mir breit.

Da ich selbst Söhne im jugendlichen Alter habe, konnte ich das Outfit des Jungen sofort einordnen. Er gab sich als Punk aus, Erzfeind aller »Faschos« und »Nazi-

Schweine«, Kämpfer gegen Spießbürgertum und klein-
karierten Gehorsam. Trotz der heruntergekommenen
Klamotten wirkte er sauber. Der ins Pflaumenblaue
schimmernde Farbton der steif aufgerichteten Haarmäh-
ne ließ darauf schließen, daß Stunden vergangen waren, ehe die Frisur perfekt genug saß.

Meine Körpersprache mußte Offenheit signalisiert
haben, denn der Junge nahm die unausgesprochene
Einladung zum Weiterreden an. »Kennst du dich aus
mit so was?« fragte er und deutete flüchtig auf seine
Tätowierung.

»Nein.« Eher unfreundlich antwortete ich. Ich ging
davon aus, daß damit das Gespräch zwischen uns erschöpft war. Große Lust auf Debatten über Punker,
Sprayer, Raver und Co. hatte ich an diesem Morgen
nicht.

Trotzdem folgte ich automatisch dem Zeigefinger des
Jungen und musterte die Kopfbemalung erneut. Schade eigentlich, dachte ich und konkretisierte für mich
selbst, schade, daß der Bursche sich so verschandelt
hatte. Eigentlich sah er gut aus. Noch während ich auf
die Stimme meiner Gedanken hörte, fiel mir mein eigenes Vorurteil unangenehm auf. Was brachte mich dazu,
negativ über diesen jungen Mann zu denken, den ich
gar nicht kannte? Machen etwa doch Kleider Leute? War
ich schon so etabliert und erstarrt, daß ich den Menschen nicht mehr hinter der Kulisse wahrnehmen wollte? Meine flüchtige Beschämung von vorher vertiefte
sich.

Entschlossen ließ ich mich darauf ein, den Blick des
Jungen zurückzugeben. »Es sieht chinesisch aus«, sagte
ich und senkte die Stimme nicht ab, um zu zeigen, daß
ich gerne eine Antwort hätte.

»Haarscharf daneben«, spöttelte der Junge. »Japanisch.

Es ist japanisch und total echt. Hat ein Freund von mir gemacht. Japaner. Das Ding sieht wie ein Tatzelwurm aus, oder? Soll aber einen Geist darstellen. Den Namen kann ich nicht aussprechen. Irgendwas mit Ing-Ping-Tschung.«

Tatzelwurm – ein Lindwurm also, das Ungeheuer aus den Nibelungen, besiegbar durch einen, dessen leichtsinniger Jugendmut Angst als Fremdwort verlachte. Internationalisiert durch die Beigabe des Drachenmotivs der Samurai, jener todesmutigen Kampfmaschinen Japans. Der unbesiegbare Geist des Lindwurms als Wächter der Gedanken?

Die U-Bahn stoppte. Marienplatz. Ich war am Ziel. Mit einem flüchtigen Gruß wollte ich dem Jungen zum Abschied zunicken, aber er schob sich schon aus der Sitzreihe. Zufällig stieg er auf demselben Bahnsteig aus. Schweigsam schlenderten wir nicht direkt nebeneinander, aber doch miteinander der Rolltreppe zu. Oben schnippte er mir ein »Pfüet di!« zu, ehe er auf den schlappenden Sohlen seiner Springerstiefel losstapfte. Gleißend stach die Sonne hinter den weiß-blauen Bayernwolken hervor. Sie ließ den blauen »Iro« wie eine mittelalterliche Helmzier aufleuchten. Ich mochte es nicht, aber ich mußte zugeben, daß es gut aussah.

Nachdenklich eilte ich los, schüttelte das kurze U-Bahn-Intermezzo dieses Morgens nur allmählich ab. Aber ich konnte mich jetzt auf keine tiefschürfenden Grübeleien einlassen. Ich hatte beruflich wichtige, sicher auch anstrengende Termine in München, wollte anschließend noch ein wenig bummeln, dann ins Hotel, schlafen. Für den Abend und kommenden Morgen waren weitere Termine ausgemacht. Die wollte ich möglichst ausgeruht wahrnehmen. Ich glaubte, wirklich keine Zeit zu haben, mich auf Nebensächliches einzulassen.

Als ich Stunden später, den Kopf noch voller Eindrücke und Pläne aus dem soeben stattgefundenen Gesprächstermin, wieder hinaus auf die Straße trat, stießen wir fast zusammen, der Irokese aus der U-Bahn und ich.

»Hey«, sagte er und wich drei Schritte zurück, als hätte ihn die Überraschung wie ein Stoß vor die Brust getroffen. »Man sieht sich. Wenn ich dich noch mal treffe, gibst du einen aus.«

»Warum ich?« fragte ich widerstrebend.

»Du hast die Kohle«, meinte er.

Frech, dachte ich und beschloß, keine Antwort zu geben. Die Stadt ist groß. Ich würde ihm schon nicht nochmals begegnen.

»Leben ist das, was passiert, während du eifrig dabei bist, andere Pläne zu machen«, sagte John Lennon irgendwann und schuf damit einen Merksatz, dessen Lebensweisheit sich an ihm selbst auf tragische Weise erfüllte. Auch ich machte an diesem Tag dieselbe Erfahrung.

Wer behauptet, München sei eine Großstadt, hat nur einen sehr oberflächlichen Eindruck gewonnen. Die Behauptung Einheimischer, München sei in Wahrheit ein überdimensionales Dorf, trifft eher zu. Oder wie sonst sollte es angehen, daß ich den Jungen im Gewirr der Gassen und Straßen, Plätze und Grünstreifen tatsächlich nochmals traf? Er saß auf der Treppe zur Feldherrenhalle, den Rücken gegen einen der flankierenden Löwen gelehnt und drehte sich selbstvergessen eine Zigarette aus einem Papier, das auch schon mal bessere Tage gesehen hatte. Ich mußte an ihm vorüber, um zu meinem Hotel zu kommen.

Ich ertappte mich selbst dabei, daß ich gerne in eine Seitenstraße ausgewichen wäre und einen Umweg zum Ziel in Kauf genommen hätte. Doch der Junge hatte mich schon gesehen. »Hey«, grinste er und zupfte sich ein paar Tabakkrümel von der Unterlippe. »Was trinken wir?«

Ich mußte lachen. Seine Direktheit war entwaffnend. Er nahm es als Einverständniserklärung. Warum ich nicht protestierte, weiß ich bis heute nicht recht. Vermutlich lag es daran, daß ich es war, die sich zuerst aufgedrängt hatte, indem ich ihn anstarrte.

Auf dem Rathausplatz, bei einem Tee für mich und einer Cola für ihn, kamen wir schließlich ins Reden. Er erfuhr, daß ich Kinder in seinem Alter hatte, Bücher schrieb und wo ich wohnte. Ich erfuhr, daß er Rufus hieß, vor kurzem Geburtstag hatte, mit seinem Stiefvater nicht klarkam, die Welt als »so ziemlich am Arsch« ansah und den Kapitalisten die Schuld daran gab, seit über zwei Jahren Punksein geil fand, seinen »Iro« liebte und seit ein paar Tagen damit fertigzuwerden versuchte, daß sich sein bester Freund – der Japaner, der ihm den Drachen tätowiert hatte – mit voller Absicht den goldenen Schuß gesetzt hatte. »Eigentlich wollte ich danach selber auch Schluß machen«, stellte er die eigene Aussage richtig. »Mach' ich vielleicht auch noch.«

»Warum?« wollte ich wissen und schloß alle Fragen nach den Inhalten der Sammelinformation in dieser einen zusammen.

Rufus zuckte mit den Schultern. »Is' eben so«, meinte er. »Muß man nicht über alles so genau nachdenken. Muß man da drinnen« – er legte eine Hand flach auf den Kopf – »und da drinnen« – er bedeckte mit der anderen Hand den Bauch – »merken. Indianer, die echten, die von früher, die hatten das. Die hatten Bauch und Kopf immer zusammen. Ich wär' gern Indianer. Oder vielleicht war ich ja schon mal einer, weiß man nie. Bei mir funktioniert das nämlich noch. Kann ich nicht groß erklären. Will ich auch nicht. Zerstört ziemlich viel, das Drüberreden. Man macht, was zu machen ist. Fertig.«

»Du hast deinen Freund wohl sehr gern gehabt?« hakte ich nach.

»Nee. Gern gehabt nicht. Das war Liebe.« Rufus spuckte seinen Kaugummi in die Gegend. Ein Gast an einem Nebentisch fühlte sich belästigt, schimpfte. Rufus grinste, zeigte bedächtig den Stinkfinger. Die Kellnerin, die eine deftige Portion Schweinshaxe mit Kraut und eine Maß Bier an uns vorbeibalanciert, musterte uns indigniert. Ich wollte unter dem Tisch versinken. Meine äußerliche Ruhe hatte eine dünne Haut.

Rufus merkte es. »Ich geh schon«, sagte er und übersah meinen halbherzigen Versuch, ihn zurückzuhalten. »Danke für die Cola.« Einen Moment warf er mir einen Blick zu, als liege ihm noch etwas auf der Zunge. Er schluckte es mit diesem Grinsen hinunter, das ich nun schon kannte. Er ging. Aber dann, schon zwei Schritte entfernt, drehte er sich doch noch einmal um. »Für dein Alter bist du übrigens ganz okay. Hat dir das schon mal einer gesagt? Man sieht sich. Ciao, bis im nächsten Leben.«

Noch während ich unter dem Sonnenschirm des Cafés zurückblieb, zeichnete ich aus der Erinnerung mein kurzes Gespräch mit Rufus und die mir daraus erwachsenen Eindrücke auf meinem Diktiergerät auf – eine Angewohnheit, die mir bei meiner Arbeit schon oft geholfen hatte.

Wieder zu Hause, archivierte ich das besprochene Band in meiner Ideenbox und wandte mich anderen Dingen zu. Erst im Januar 1997 wurde ich an meine Begegnung mit Rufus erinnert.

Bilder der Erinnerung

Damals erhielt ich einen dicken Brief von einer mir unbekannten Frau. Als ich ihn öffnete und die eng mit der Maschine beschriebenen Seiten herauszog, fiel ein Foto zu Boden. Es zeigte mir einen jungen Mann in einem Krankenhausbett, einen Verbandsturban um den Kopf. Körperhaltung und Gesichtsausdruck ließen auf schwerwiegende Behinderungen schließen. Auf der Rückseite des Fotos stand handschriftlich vermerkt »Rufus, 23.12.1996«.

Ich hatte nur ein einziges Mal jemanden kennengelernt, der diesen Namen trug. Während meine Hände automatisch die Briefseiten aufblätterten und zum Lesen glatt strichen, dämmerte die Erinnerung an jenen Münchner Nachmittag und den pflaumenblauen Irokesen-Punk in mir auf. Sollte der junge Mann auf dem Foto identisch mit dem Rufus sein, den ich so flüchtig kannte?

Ungeduldig begann ich, den langen Brief zu lesen, der mir Aufklärung bringen sollte. Gertrudis, die Mutter von Rufus, hatte ihn geschrieben. Und das Foto zeigte tatsächlich den Rufus meiner Erinnerung, oder besser gesagt, das, was von diesem übriggeblieben war.

> 24.12.1996
>
> *Sehr geehrte Frau Jäckel,*
>
> *dieses ist mindestens schon der vierte Brief, den ich Ihnen schreibe. Immer wieder habe ich aufgehört und alles wieder zerrissen. Ich bin nicht besonders gut im Schreiben. Trotzdem habe ich mir vorgenommen, es zu versuchen.*
>
> *Sie kennen mich nicht, und ich kenne Sie nicht. Aber Sie kennen meinen Sohn, und das gibt mir das Gefühl, daß wir uns doch irgendwie kennen. Sie wundern sich bestimmt, woher ich Ihre Adresse habe. Ich habe sie in den Sachen gefunden, die der Rufus in seinem Schreibtisch hatte. Er hatte Zeitungsartikel gesammelt, in denen etwas über die Bücher steht, die Sie schreiben, und einen Zettel dazugelegt. Ich schicke Ihnen eine Kopie davon mit, damit Sie sehen, daß es von ihm ist.*

Ich unterbrach die Lektüre des Briefes an dieser Stelle, um einen Blick auf das beigeheftete Blatt Papier zu werfen. Es zeigte die Umrisse eines Zettels, der aus einem karierten Bogen herausgerissen worden war. Darauf stand in einer sehr steilen, engen Handschrift:

> *Mama!*
> *Wenn ich gegangen bin, soll sie es wissen. Für ihre Bücher.*   *Rufus*

Gespannt las ich weiter:

> *Ich weiß nicht, warum mein Sohn wollte, daß Sie wissen, was mit ihm ist. Ich kann ihn nicht fragen. Man erreicht ihn nicht. Sein Geist ist zerstört. Er hat versucht, sich das*

Leben zu nehmen. Sicher hat er sich nicht vorgestellt, daß es für ihn so ausgehen würde. Trotzdem stimmt es in gewisser Weise, daß er sich das Leben genommen hat. Das, was ist, ist ja kein Leben mehr. Es wird auch nie mehr eines sein. Er kann nicht mehr gesund werden. Deshalb glaube ich, daß ich es ihm schuldig bin und Ihnen schreiben soll, was passiert ist. Bitte entschuldigen Sie mich, wenn ich Fehler mache. Ich bin nicht gewohnt zu schreiben. Aber es kommt vom Herzen.

Über das, was Rufus zu dem gemacht hat, was er jetzt ist, habe ich so viel nachgedacht, daß ich oft nicht mehr habe denken können. Wissen tu ich es heute noch nicht. Ich kann nur sagen, daß ich es seit über einem Jahr habe kommen sehen, daß ich um ihn gekämpft habe, daß ich ihm immer beigestanden habe. Es hat nichts genutzt. Er hat es doch getan. Ich habe wohl auch nicht richtig gekämpft. Ich habe wohl zuletzt nicht mehr fest genug zu ihm gehalten gegen meinen Mann. Ich weiß es nicht. Es ist schwer.

Man sagt ja immer, einer, der sich etwas antut, hat eine schwere Kindheit gehabt und will eigentlich um Hilfe schreien.

Die Wissenschaftler werden sich schon etwas dabei gedacht haben. Sie werden es ja vielleicht wissen. Aber Ausnahmen gibt es doch auch. Die gibt es immer. Und Rufus ist eine davon. Er hatte keine schwere Kindheit, und er hat nie um Hilfe rufen müssen. Wir, mein Mann und ich und seine Geschwister, wir waren immer für ihn da. Er hätte nur etwas sagen müssen, schon wären wir da gewesen. Das wußte er auch.

Wir haben ihn alle sehr liebgehabt.

Als Bub war auch nichts. Da bin ich mir ganz sicher. Rufus war ein sehr fröhliches Kind. Immer hat er gelacht

318

und viele Freunde gehabt. Alle hatten ihn gern. Jeden Tag hat ihn wer besucht. Oder er war eingeladen. Nichts ist mir aufgefallen, daß er unglücklich gewesen wäre. Auch die Kindergärtnerinnen oder später in der Schule hat keiner einen Verdacht gehabt.

Er hatte auch keine besonderen Schulprobleme. Er hat leicht gelernt und gute Noten bekommen. Er ist dann ja auch mit zehn in die Realschule gekommen und mit 12 ins Gymnasium, weil er so gut war. Die Lehrer haben ihm zugetraut, daß er es schafft. Er hatte einen guten Kopf.

Dort, auf dem Gymnasium, ist er dann in schlechte Gesellschaft gekommen. Am Anfang hat er oft gesagt, daß die anderen ihn nicht haben wollen, weil er nachträglich erst in die Klasse gekommen ist und keiner von ihnen ist. Sie haben ihn verspottet und verlacht, weil er ihnen zu brav gewesen ist und zu strebsam. Ja, und da hat er sich gewandelt, damit er zu ihnen paßt. Wir haben das in der Familie deutlich gespürt. Da war er oft so gereizt, wie man ihn sonst nicht gekannt hat. Und er hat auf einmal auch andere Wörter gehabt, schlimme.

Wir haben ihn aber doch gelassen, weil wir uns gedacht haben, daß er sich durchsetzen muß und man ihm nicht jeden Stein aus dem Weg räumen darf. Das haben wir ihm auch gesagt. Es ist eine Schule fürs Leben, haben wir gesagt. Was du da jetzt erfährst, das erfährst du dein ganzes Leben lang immer wieder. Die Menschen sind dumm, neidisch und streiten gern und hören nur damit auf, wenn du einer bist, der ihnen Angst machen kann. So ist die Welt. Du kannst die Leute nicht ändern. Und wenn du die anderen nicht aushalten kannst, mußt du es immer wieder versuchen. Man lebt ja nicht allein auf einer Insel. Man muß ja miteinander leben und für alle einen Weg finden. Da nützt es nichts, wenn wir hinlaufen und mit den Eltern reden und mit den Lehrern. Die können auch nichts tun für dich. Du mußt da selber durch. Aber wir sind ja da und helfen dir. So haben wir ihm das immer wieder erklärt, bis er es dann auch verstanden hat. Und nach ein paar Wochen hatte er dann ja auch schon Anschluß.

Einer war dabei, der Martin, der war ein Jahr älter und ein bißchen frühreifer als die anderen. Der hat die ganzen Buben mitgezogen. Wenn der Martin sich die Haare gefärbt hat, haben das alle anderen auch gemacht. Wenn er nichts gelernt hat, haben die anderen es auch nicht getan. Das ging immer so weiter. Ich habe immer wieder gesagt, daß das nichts ist. Aber der Rufus und die Burschen waren damals ja alle in der Pubertät. Da schlägt man schon mal über die Stränge. Das ist ja normal. Dabei denkt man sich als Eltern doch nichts. Da erinnert man sich ja noch, wie es einem selbst in dem Alter war.

Rufus hat sich nichts sagen lassen wollen von mir. Ich soll ihn nicht erdrücken, hat er gesagt. Er will es selber können. Ich soll ihn gehen lassen, weil er sonst erstickt daheim. Das hat mich schon gekränkt. Es schmerzt, wenn man immer das Beste für seine Kinder will und dann kommt es so heraus. Man erwartet ja keinen Dank, aber doch eine Anerkennung. Aber Kinder haben dafür auch noch nicht so ein Gespür. Die sagen schon öfter mal was und meinen es dann doch nicht so.

Wenn ich mir Sorgen gemacht habe, was mit ihm ist, hat mein Mann mich beruhigt. Ich sollte den Jungen laufenlassen. Ich könnte ihn mir ja nicht unter die Schürze stecken. Er müßte sich freischwimmen. Als er so alt wie der Rufus war, hätte er auch ziemlich viel Blödsinn gemacht. Da habe ich ihn eben laufenlassen. Ich habe ja gewußt, daß mein Mann nicht gern streng mit den Kindern ist. Wenn ein Vater immer fort ist und kaum Zeit mit *den Kindern verbringen kann, ja, dann will er nicht schimpfen und verbieten. Das habe ich schon verstanden. Mein Mann hat es ja auch selbst gesagt. Wenn er in den paar Stunden, die er da ist, den Befehlston herausbringt, hat er immer gesagt, werden ihn die Kinder einmal nicht mehr mögen. Das wollte er natürlich nicht. Das war ja auch klar. Das würde ja keiner wollen.*

Für mich war das manchmal schon etwas schwer, weil ich dann immer allein die Böse war mit meinem Nein und mit meinem Mahnen. Da haben die Kinder schon öfter einmal gesagt, daß der Papa viel lieber und netter ist. Das hat mir schon weh getan. Aber ich habe nichts gesagt. Es hätte ja nichts geändert.

Wir beide, mein Mann und ich, haben nichts gesagt, wie der Rufus seine Jeans und alles mit Terpentin gewaschen hat, daß sie fleckig werden, und wie er alle Kleider abgeschnitten und eingerissen und ausgefranst hat und alles mit Farbe besprüht und verfleckert hat. Oder wie er keine normalen Schuhe mehr hat tragen wollen, sondern nur noch die Militärstiefel und die noch ganz ausgetreten sein mußten.

Mein Mann hat nur zu mir gemeint, daß er schon beizeiten trainieren soll, in den Knobelbechern zu laufen; das kann nichts schaden, weil er ja doch mal zum Militär muß. Gelacht hat er dabei. Ich soll mich nicht aufregen. Das wäre die Jugend.

Ich habe mich aber doch aufgeregt. Unser Ort ist schon nicht so klein, aber eine Großstadt auch nicht. Bei uns kennt man sich schon noch. Und dann hat man so einen Sohn, von dem die Leute sagen, daß man ihn schlagen müßte, bis er wieder zur Vernunft kommt, oder daß man ihn in ein Arbeitslager stecken soll wie früher beim Hitler und daß er mal in der Gosse endet.

Wie er dann mit den Haaren angekommen ist, das war zuerst recht schwer für uns, weil ja auch alle Leute noch dümmer geguckt haben als sowieso schon. Aber dann hat man eben den Rücken durchgedrückt als Mutter und hat sich nichts merken lassen. Mein Mann war sowieso in der Firma in der Stadt. Der hat alles höchstens am Stammtisch mitgekriegt. Und da hatten sie auch andere Sorgen. Da waren sie ja mehrere Väter, die Kinder hatten wie wir den unsrigen.

Aber er hat die Haare ja immer gepflegt und gewaschen, so daß es eigentlich auch schön ausgesehen hat. Er war keiner von denen, die sich haben verkommen lassen. Er war immer sauber und ist jeden Tag unter die Dusche. Und er war auch nett zu den Leuten, nicht so pöbelig wie manche andere aus der Clique. Hier zu Hause hat er alles ganz normal gemacht; den Müll wegtragen, sein Zimmer aufräumen, das Bad putzen. Das war alles kein Problem.

Schwer für uns war eher seine innere Einstellung, die dann mit der Zeit auch immer stärker geworden ist. Er hat einen richtigen Haß auf die Politik und die Regierung und die ganzen Kriege und die Hungersnöte und die Umweltsachen entwickelt. Das hat er ja alles in der Zeitung gelesen und aus den Nachrichten erfahren. Das hat ihn interessiert. Darüber konnte er sich stundenlang mit meinem Mann streiten. Mit mir hat er es auch versucht. Aber das war wohl nicht so das Richtige. Er hat sich lieber an seinen Vater gehalten. Das war ein Gespräch unter Männern. Da hat der Rufus sich auch richtig groß gefühlt, trotzdem er noch ein Junge war.

Für unseren Rufus waren alle Leute in Europa und in den USA Kapitalistenschweine. Aber nicht nur die, wir auch. Er schämte sich, weil wir eine »Protzhütte« und zwei Autos hatten. Für ihn waren alle, die das hatten, die »Kotzgesellschaft«. Er wollte einfach nicht dazugehören. Er wollte solidarisch mit den Armen und Unterdrückten sein und mit denen, die ausgebeutet werden. Und das wollte er auch offen zeigen, auch wenn er dafür von anderen schief angeschaut wurde oder sogar Ärger bekam und oft auch ernste Nachteile hatte.

Das ging dann schon sehr weit mit ihm. Er hatte zum Beispiel keine Lust mehr, unseren Namen zu tragen. Er wollte ihn unbedingt ändern lassen. Das ging nur nicht so einfach. Aber er wollte nicht, daß ihm irgendwo die Türen aufgehen, weil er einen Namen hat, der nach Geld stinkt.

Seine schrecklichen, zerrissenen Klamotten waren auch so ein Zeichen für seine Solidarität. Er wollte einfach genauso abgerissen herumlaufen wie die Armen, um diese Solidarität auch nach außen zu zeigen. Sogar der Iro war so ein Zeichen. Das war für die Indianer, die er sehr verehrt hat. Die Indianer waren in seinen Augen die besten Menschen, die es je gab. Wie sie mit der Natur umgingen und alles für ihre Brüder und Schwestern ansahen, das gefiel ihm. Das wollte er auch. Er hat zum Beispiel kein Fleisch mehr gegessen, weil er Tiere für seine Brüder ansah und nicht mitschuldig sein wollte, daß es Massentierhaltungen und Tiertransporte gibt.

Sein Zimmer war auch so ein Beispiel. Da hat er alle Möbel an eine Einrichtung verschenkt, die Asylanten betreut, und sich andere Möbel aus Abfallholz und Kistenbrettern gebaut. Als Bett hat er eine Hängematte gehabt. Die hatte er in einem Dritte-Welt-Laden gekauft, weil die faire Preise für die Indios machen, wie er sagte. Behalten hat er nur seinen Schreibtisch, weil der schon ein Familienerbstück ist. Er hat schon meinem Großvater gehört und ist von meinem Urgroßvater selbst gemacht worden. Davon konnten wir uns nicht trennen. Das wollte auch Rufus nicht.

Er hat nie regelmäßig Drogen genommen oder sich vom Alkohol abhängig gemacht. Das war nicht das, was er wollte. Er war schon mit den Punks zusammen. Das war seine Welt. Er saß in der Clique herum, wenn die anderen etwas nahmen. Manchmal hat er sicher auch etwas geraucht. Ich habe das nicht so mitbekommen. Ich denke nur, daß die Indianer ja auch ihre Pfeifen hatten, und er dann vielleicht auch etwas genommen hat. Aber es war nicht seine innere Vorstellung. Er war nie irgendwie abhängig. Er hat auch nicht mitgemacht, wenn die anderen zum Beispiel Autos zerkratzt oder gestohlen haben. Er wollte das nicht.

Ich weiß noch, wie ich ihn gefragt habe, warum er das alles macht und ob er das nötig hat. Damals hat er gesagt, ich sollte mich daran erinnern, was wir ihm beigebracht hätten, daß nämlich keiner allein auf einer Insel lebt, sondern die Welt und das Leben allen gleich gehören und man sich seinen Weg selbst suchen muß. Das, sagte er, würde er machen, sonst nichts. Er wolle nicht auf der Insel der Glückseligen wohnen, wenn die anderen im Meer der Tränen schwimmen.

Wir haben das akzeptiert. Mein Mann sagte, es wäre besser, wenn unser Sohn sich auf die falsche Art engagiert als auf gar keine. Er wäre jung und würde schon noch andere, normale Mechanismen lernen. Jetzt sollte er sich erst mal die Hörner abstoßen, dann würde er später um so besser zurechtkommen. Im Moment wäre die Hauptsache, daß er denkt und seinen Weg sucht.

Ich weiß nicht genau, wann Rufus Yoshida kennenlernte, diesen japanischen Jungen, der ihm den Drachen auf die Kopfhaut tätowiert hat. Dieser Junge war mit seinem älteren Bruder allein hier. Der Bruder hat ein Feinschmek-

kerlokal aufgemacht. Yoshida hatte schon die Schule abgeschlossen und sollte wohl ein Studium machen. Er konnte gut deutsch, weil seine Mutter Deutsche war. Ich weiß es nicht so genau. Ich weiß auch nicht, wie Rufus und er sich kennengelernt hatten. Irgendwann waren sie zusammen. Auf jeden Fall kam Rufus eines Tages und sagte zu uns, daß er schwul wäre und eine Beziehung mit Yoshida hätte.

Mein Mann und ich waren unglaublich schockiert. Wir hatten nie so etwas vermutet. Rufus hatte immer Mädchen gekannt. Auch in der Punk-Clique hatte er Freundinnen. Wir hatten nie gedacht, daß er etwas mit Männern anfangen würde.

Mein Mann sagte dann, gut, wenn es so ist, dann müssen wir uns damit abfinden. Aber Rufus sollte nichts überstürzen. Er wäre noch sehr jung, und in seinem Alter wären manche Einstellungen ja noch ungefestigt. Es wäre ja gut möglich, daß sich alles noch ändert. Und er sollte doch auch an Aids denken.

Rufus ist damals wutentbrannt von uns gegangen. Wochenlang hat er nichts von sich hören lassen. Wir wußten, daß er zur Schule geht und bei Yoshida lebt. Wir waren völlig vor den Kopf gestoßen. Was sollten wir machen? Wir redeten oft darüber, was wir jetzt tun sollten. Aber wir hatten ja nichts getan. Mein Mann hatte seine Meinung gesagt. Er konnte da nichts zurücknehmen. Wir hatten sogar gesagt, daß wir damit leben würden, wenn es wirklich so wäre, daß er schwul ist. Ich denke, wir konnten nichts tun. Aber es beschäftigte uns natürlich schon.

Eines Tages rief Rufus dann an. Er sagte, daß er wieder zu Hause wohnen wollte. Er hätte immer noch seine Beziehung zu Yoshida, aber sie wären zu verschieden und könnten nicht zusammen in einem Zimmer leben. Ob wir etwas dagegen hätten, daß er kommt? Wir hatten nichts dagegen. Wir freuten uns sogar. Wir hatten Rufus sehr vermißt. Der einzige, der ein bißchen maulte, war unser jüngster Sohn. Er hatte sich schon an den Gedanken gewöhnt, daß er das Zimmer von Rufus haben könnte. Von da an lebte Rufus wieder bei uns.

Genau drei Tage und ein Jahr ehe Rufus sich etwas antat, nahm Yoshida sich mit einer Überdosis das Leben. Er hinterließ einen Abschiedsbrief an Rufus, in dem er ihm mitteilte, daß seine Eltern alles erfahren hätten und ihn nach Japan zurückholen wollten, er aber nicht zurückkehren wolle, weil das Leben dort schlimmer sei als der Tod.

Für Rufus war es entsetzlich. Er machte die Gesellschaft voll für Yoshidas Tod verantwortlich. Er sagte, Yoshida würde noch leben, wenn seine Eltern nicht solche Spießer wären, für die es immer nur Ansehen in der Gesellschaft, Leistung und Geld gegeben hätte. Sie hätten Yoshida ständig erpreßt, weil sie immer nur gesagt hätten, wenn du das nicht tust, dann machen wir das. Dadurch hätten sie ihm das Leben genommen. Daß er sich umgebracht hätte, wäre nur logisch. Es wäre seine einzige Chance gewesen, sein Leben zu leben.

Mein Mann und ich konnten damals mit diesem Gerede nichts anfangen. Wir gingen davon aus, daß Rufus nicht ertragen konnte, daß sein Freund durch die eigene Hand nicht mehr war. Wahrscheinlich hatte er diesen Jungen ernstlich geliebt. Das merkten wir jetzt erst so richtig. Obwohl wir, mein Mann und ich, erleichtert waren, daß diese Beziehung vorbei war und ein wenig auch hofften, daß Rufus sich jetzt fangen würde, tat es uns doch weh, unseren Jungen so leiden zu sehen.

Ursprünglich hatten Yoshidas Eltern verlangt, daß ihr

Sohn eingeäschert und die Urne nach Japan gebracht werden sollte. Warum es nicht dazu kam, weiß ich nicht. Ich glaube, mich zu erinnern, daß Rufus etwas davon sagte, es wäre wegen der Schande des Selbstmordes und weil Yoshida schwul war. Japaner haben wohl andere Sitten und Vorstellungen als wir.

Ich hatte immer angenommen, Yoshida sei Buddhist. Er war aber katholisch. Daher konnte er ganz normal auf dem Friedhof beerdigt werden. Rufus und die ganze Punker-Clique waren bei der Trauerfeierlichkeit anwesend. Es war schon eine seltsame Beerdigung. Yoshidas Eltern und sein Bruder mit den Leuten aus dem Restaurant waren alle traditionell japanisch gekleidet. Auch die Mutter, obwohl sie ja Deutsche war und blond. Dazwischen die bunten Punks in ihren schlimmsten Klamotten. Die Mädchen hatten alle die Lippen und die Fingernägel schwarz gefärbt und schwarze Augenringe aufgemalt. Außerdem hatten alle sich rote Aidsschleifen angesteckt. Es sollte symbolisch zeigen, daß sie sich mit Yoshida und seinem Schwulsein solidarisierten. Rufus sagte, sie hätten es hauptsächlich wegen Yoshidas Eltern gemacht. Sie sollten sehen, daß ihr Sohn akzeptiert worden war, obwohl er schwul war.

Statt Blumen hatten Rufus und die anderen Spritzen, Tablettenpackungen und leere Alkoholflaschen ins offene Grab geworfen. Einige hatten auch zerbrochene Schallplatten und herausgerissene MC-Bänder hineingeworfen. Das war Musik, die ihnen allen wichtig war. Sie wollten ihm alles als Grabgaben mitgeben wie früher bei den Ägyptern, damit er alles bei sich hat, was er geliebt hatte, wenn er aufwacht und neu lebt.

Als der Pastor mit dem Einsegnen fertig war, hat einer von den Jungen »Knocking on heaven's door« auf der Gitarre gespielt, und alle haben den Refrain mitgesungen.

Es war wohl ziemlich feierlich. Rufus kam völlig aufgewühlt nach Hause. Er sagte nichts, aber ich blieb ein paarmal an seiner Zimmertür stehen. Da hörte ich ihn weinen.

Ich hatte damals schon so eine Ahnung, als wenn er sich etwas antun würde. Diese hatte sich so eingestellt, weil Rufus abends nach der Beerdigung angerufen worden war und am Telefon so ganz ernst und ruhig sagte, daß Yoshida in einer anderen Lebensform noch einmal ganz neu anfangen könnte. Ich weiß es nicht mehr wörtlich, aber er sagte so ungefähr, daß er sich das für sich selbst auch wünscht. Dieses Leben wäre doch sowieso nur etwas für Ignoranten. Man müsse sich ja nur umschauen in der Welt. Er habe einfach keinen Bock mehr darauf.

Ich war erschrocken. Als das Telefonat zu Ende war, sagte ich, daß er das alles doch wohl nicht so ernst gemeint habe. Er sei doch noch so jung und habe alles vor sich. Er könne ja daran mitarbeiten, daß das, was ihm nicht gefällt, verändert wird. Und da schaute er mich so ganz durchdringend und lange an und sagte: »Doch, das habe ich sehr ernst gemeint. Ich werde nicht alt, Mama. Ich muß nicht alt werden. Ich spüre das.«

Ich habe, glaube ich, gar nichts darauf geantwortet. Ich war so entsetzt. Er hatte das so sicher gesagt, als ob er es ganz genau wüßte. Gar nicht traurig oder verzweifelt oder wie man sich sonst jemanden vorstellt, der so etwas sagt. Er sagte es einfach so, als wäre es die selbstverständlichste Sache der Welt. Ich sagte dann noch, daß er so etwas wie der Yoshida nicht tun darf, daß er es mir auch nicht antun darf. Da sagte er, ach, Mama, was hat das mit dir zu tun. Es ist mein Leben, kapier das mal.

Ich wußte nicht, wie ich reagieren sollte. Ich habe dann später, abends im Bett, mit meinem Mann darüber gesprochen. Er war zwar im ersten Moment auch geschockt, nahm das aber nicht so ernst wie ich. Er meinte, so etwas wäre im ersten Schmerz schnell mal gesagt. Rufus würde sich schon wieder fangen.

Ich habe meinem Mann damals nicht widersprochen. Aber in mir drinnen, da waren dem Rufus seine Worte nicht vergessen. Ich wußte, daß er sie ernst gemeint hatte. Eine Mutter spürt so etwas. Ich wußte nur nicht, wie ich das ändern könnte. Ich kam an ihn nicht mehr so heran wie früher. Er war kein Kind mehr. Er hatte vor mir sein Herz verschlossen. Eigentlich ließ er keinen an sich heran.

Wahrscheinlich hatte ich früher nicht so darauf geachtet, was die Kinder untereinander schwatzten. In der ersten Zeit nach Yoshidas Tod waren meine sämtlichen Sinne jedoch so stark auf Rufus ausgerichtet, daß ich selbst am Hinterkopf Augen und Ohren zu haben schien. Immer wieder schnappte ich Sätze von ihm auf, die waren so reif, so schrecklich erwachsen, daß ich darüber erschrocken war und oft auch weinen mußte. Wenn er merkte, daß mir die Tränen in die Augen gestiegen waren, sagte er, daß man mir eben nichts erzählen könnte.

Einmal sagte er, ich wäre viel zu weich, ich wäre ja wie eine Weinbergschnecke, die ihr Sorgenhaus mit sich herumträgt. Er hatte oftmals so merkwürdige Vergleiche, daß man nicht wußte, ob man lachen oder sich ärgern sollte.

Ich habe so viel über alles nachgedacht. Wie alles gekommen ist und warum. Ich glaube, der Tod Yoshidas war nicht wirklich der Grund. Das muß alles viel früher angefangen haben. Daß der Yoshida sich das Leben genommen hat, war nur der letzte Anstoß für den Rufus. Er war für das Leben wohl zu sensibel. Er hat alles zu tief in sich hineingelassen und dann keine Lösungen gewußt.

Er war immer von Lawinen so fasziniert. Wie aus einem Schneeball so ein kleiner Weltuntergang werden kann, sagte er immer. Ich glaube, bei ihm selbst war das ganz ähnlich. Da ist auch aus einer kleinen Idee eine Lawine geworden, die ihn schließlich in den Weltuntergang gerissen hat.

Wie der Yoshida tot war, hat unser Rufus so nach und nach von allem Abschied genommen. Ich glaube, daß er oft so boshafte Worte gegen mich gerichtet hat, gehörte auch dazu. Ich habe es damals nur nicht begriffen. Aber der Rufus war so einer. Es würde schon zu ihm passen, daß er nicht wollte, daß ich um ihn traurig bin, und deshalb schaut, daß ich wütend auf ihn bin. Er hatte so die Art, auf seine eigenen Kosten auf andere Rücksicht zu nehmen.

Nach Yoshidas Tod wurde Rufus überhaupt sehr depressiv. Vielleicht ist das aber auch nicht das richtige Wort. Er war ja nicht krank. Und eine Depression ist ja wohl eine Krankheit. Zum Beispiel ließ er keine Farben mehr zu. So nach und nach malte er seine ganze selbstgemachte Zimmereinrichtung schwarz an. Er trug nur noch schwarze Sachen. Zuletzt ließ er sich den Iro schwarz färben. Den hatte er ja vorher in diesem schönen Blau. Schwarz wäre vollendetes Licht, so ähnlich drückte er sich aus. Das wäre wie mit den Schwarzen Löchern im All. Sie wären die stärkste Energie, weil in ihnen alles absolut vollendet wäre und in absoluter Reinheit in eine neue Dimension hinter den Dimensionen abgestrahlt würde. Er war überzeugt, eines Tages würde die ganze Welt in ein Schwarzes Loch gesogen und in ein neues Universum hinter dem Universum hineingeboren, in dem es keine Kriege, keine Hungersnöte, keine Ungerechtigkeit und nichts Böses mehr gäbe, weil diese Lernstufen in der alten Welt abgeschlossen und vollendet wären.

Mein Mann meinte, daß der Rufus eine Ader fürs Philosophieren hätte. Das käme, weil wir ihn zur Schule geschickt hätten. Dort würden sie das eben so lernen und dann natürlich im Leben auch anzuwenden versuchen. Ich sollte mir nichts daraus machen. Demnächst, wenn die Pubertät vorbei wäre, hätten wir es geschafft.

In seinem Tick für Schwarz hätte Rufus am liebsten das ganze Zimmer schwarz gestrichen, die Wände und die Decke und sogar den Fußboden. So weit ließen wir es aber nicht kommen.

Ich merkte auch, daß er richtig zu rauchen anfing und nicht nur Tabak. Früher war es hin und wieder eine Zigarette gewesen. Jetzt war das mehr. Es war nicht so oft, aber ich habe eine gute Nase. Wenn er so süßlich roch, wenn er morgens in der Hängematte lag und nicht aufzuwecken war, dann wußte ich schon, was los war. Ich hatte ein paar Sachen über Rauschgifte gelesen und war in einen Elternarbeitskreis an der Schule von meinem jüngsten Sohn gegangen, wo wir uns mit Drogen und Abhängigkeit befaßten. Ich hatte damals einfach das Bedürfnis gehabt, mehr zu erfahren und vielleicht auch etwas zu bemerken, ehe es zu spät wäre. Als ich es nun an Rufus bemerkte, stellte ich fest, daß es mit dem Merken allein nicht getan ist. Man muß auch Mut haben und wagen, die Sache anzugehen. Diesen Mut hatte ich nicht.

Zu meinem Mann habe ich damals von meinen Beobachtungen nichts gesagt. Es hätte ja höchstens dazu geführt, daß sie sich streiten. Ich wollte nicht, daß der Junge den Eindruck bekommt, er ist nicht mehr bei uns zu Hause. Er hatte Kummer. Da sollte er wenigstens wissen, wo er hingehört. Ich dachte, wenn er das weiß, daß wir zu ihm halten, dann packt er das. Dann steht er das durch und findet irgendwie zu sich selbst.

Ich hatte damals einen ganzen Stapel Psychologiebücher gelesen. Darin stand viel von Grenzen, die ein Mensch hat und die nicht verletzt werden dürfen, weil man sonst kein Selbstwertgefühl entwickeln kann. Ich hatte auch viel von Müttern gelesen, die eine Klammerliebe zu ihren Kindern entwickeln und nicht rechtzeitig loslassen können, so daß die Kinder schwul werden müssen, um sich aus der Mutterbindung zu lösen.

Es hatte mich furchtbar mitgenommen, so etwas zu lesen. Rufus hatte gesagt, er sei schwul. Natürlich habe ich das nicht persönlich beobachtet. Aber er hatte es gesagt. Ich glaube nicht, daß man so etwas sagt, um zu provozieren. So weit geht es, glaube ich, denn doch nicht, daß man sich zu Homosexuellen bekennt, weil man mit allen solidarisch sein will, die Außenseiter sind. Sicher bin ich mir allerdings nicht. Rufus wäre vielleicht schon der Typ gewesen, der so etwas fertigbringt. Er konnte so absolut radikal sein, wenn er von einer Sache überzeugt war. Da konnte er sich wirklich ganz und gar hineingeben und auf nichts Rücksicht nehmen. Schon gar nicht auf sich selbst oder was eine Sache mit ihm macht.

Ich würde ihn oft so gern so viel fragen. Aber er wird es mir niemals mehr sagen. Aber ich wünschte, ich wüßte sicher, ob er schwul ist oder nicht, und ob er sich das alles jetzt vielleicht hauptsächlich deshalb angetan hat, weil er es gar nicht war und nur nicht mehr wußte, wie er aus allem herauskommt. Die anderen in der Clique sagten, sie hätten gedacht, daß er sich verliebt hätte, in ein Mädchen, daß sie aber wegging von hier und gesagt hatte, mit einem Schwulen macht sie nichts.

Es würde nichts mehr nützen, wenn ich es weiß. Er wird je nie mehr gesund. Es wäre nur noch für mich wichtig, weil ich seine Mutter bin und mit diesen ganzen Gedanken oft fast nicht fertigwerde. Er hat mich mit dem allen so allein gelassen. Oder vielleicht habe ja auch ich ihn mit allem allein gelassen. Ich weiß es nicht. Es ist so schwer auszuhalten, nichts zu wissen.

Manchmal träume ich, daß er mich ruft und nach mir um Hilfe schreit, und ich renne, um ihm zu helfen, und komme nicht vom Fleck.

Ich hatte damals große Angst, daß ich wirklich so eine klammernde Mutter für Rufus gewesen sein könnte. Ich ging sehr in mich und überdachte alles von Anfang an. Ich war vielleicht wirklich immer zu ängstlich und besorgt um ihn gewesen. Er war mein erstes Kind gewesen. Man sagt ja immer, daß es das Herzkind ist. Ich weiß ja nicht. Aber ich war selbst als Kind immer sehr behütet worden. Vielleicht hatte ich das weitergegeben. Ich hatte sicher Fehler gemacht. Alle Eltern machen Fehler. Trotzdem nehmen sich nicht alle Kinder das Leben.

Aber ich habe ganz bestimmt nicht alles falsch gemacht. Ich bin keine von den Müttern, die ihre Kinder unterdrücken, um sich selbst damit besser zu fühlen. Ich hatte Rufus und meine anderen Kinder nie unterdrücken wollen. Ich hatte niemals ihre Grenzen verletzen wollen. Wenn es so gekommen war, habe ich es nicht gewußt und nicht gewollt.

Ich war zu der Zeit schrecklich allein. Ich wußte nicht, was ich etwas anders machen sollte. Ich konnte auch nicht darüber reden. Verstehen Sie doch, ich konnte doch nicht zu meinem Mann gehen und ihm sagen, ich habe gelesen, daß ich wahrscheinlich eine schlechte Mutter bin und unser Rufus deshalb schwul geworden ist. Was hältst du davon?

Es war schlimm genug für mich, das selber so zu denken. Ich konnte mich nicht auch noch meinem Mann gegenüber schlechtmachen. Was hätte ich denn tun sollen, wenn er gesagt hätte, ja, wenn das so ist, lasse ich mich scheiden und nehme dir die anderen Kinder weg. Vor so einer Mutter muß man Kinder schützen. Ich weiß nicht, ob er das sagen würde. Ich glaube eher nicht. Aber was weiß man schon? Man kann nicht in den anderen hineinschauen, auch wenn man Mann und Frau ist. Es ist auch gleich jetzt. Es ist eh alles schon gleich. Aber ich hab's nicht können. Ich hab's nicht können, verstehen Sie mal!

Heute werfe ich mir vor, daß ich nichts gesagt habe. Wenn ich diesen Mut gehabt hätte, den Rufus hatte, als er uns sagte, daß er schwul ist! Wenn ich meinem Mann alles gesagt hätte, vielleicht würde unser Junge sich nicht das Leben genommen haben. Vielleicht hätten wir dann etwas gefunden, um ihm doch noch zu helfen. Ach, ich weiß es ja nicht. Aber gerade das macht es auch oft so schwer, alles auszuhalten und mitanzusehen.

Jetzt schreibe ich nur von mir. Dabei wollte ich Ihnen von meinem Jungen schreiben. Verzeihen Sie, aber ich muß mir das einfach mal runterschreiben. Vielleicht werde ich es ja bald nicht mehr können, ich kann nicht mehr schlafen, ich kann nur noch über diese Dinge nachdenken, ich bin dem allen nicht gewachsen, ich bin völlig verkrampft in mir drinnen, ich komme nie mehr zur Ruhe, ich kann nichts Schönes mehr ertragen, ich bin am Ende. Verstehen Sie? Ich bin wie leer, wie hohl, wie ausgebraucht. Ich funktioniere noch, weil ich mir ständig selber vormache, daß es zu schaffen ist, weil es ganz einfach auch zu schaffen sein muß. Wer soll es denn schaffen, wenn nicht ich? Aber wie lange noch? Wann hört das auf? Wie kann man das ertragen?

Wenn ich den Jungen ansehe, wie er da liegt und atmet und alles unter sich macht und nichts weiß von sich und von allem und nicht lebt und nicht stirbt und eigentlich tot ist, auch wenn diese Körpermaschine funktioniert, oh, Gott, wie ist das auszuhalten? Wann hört das auf, so weh zu tun, wann gewöhnt man sich daran, daß es so ist, wie es nun einmal ist? Wie lange dauert es, bis man selbst wieder leben kann? Oder kann man das nie mehr? Ist das jetzt für immer? Bis er endlich erlöst wird und wirklich gehen darf? Was hat er denn verbrochen, daß er so da liegen muß und nicht gehen darf?

Wissen Sie, daß ich jeden Tag in Versuchung bin, das zu Ende zu bringen? Daß ich jeden Tag bete, daß er stirbt?

Denken Sie nicht, daß ich ihn nicht liebe. Ich liebe ihn. Und wie ich ihn liebe. Er ist mein Sohn! Er ist durch mich in diese Welt gekommen. Es hat ihn keiner gefragt, ob er leben will. Und jetzt, wo er nicht hat leben wollen, wo er hat wieder gehen wollen, weil's ihm nicht gefallen hat, weil das Leben nicht seins war, das man ihm da aufgedrängt hatte, jetzt muß er wieder leben müssen. Wer hat denn das Recht dazu, das zu bestimmen? Wie darf man sich einbilden, daß Gott ihn am Leben erhält und nicht gehen läßt? Es ist ja nicht Gott.

Wenn man die Tabletten wegläßt und alles, dann ist es schnell fertig. Es ist der Mensch, der tut, als ob er Gott wäre, weil er alles bestimmen will und dann behauptet, Gott hat es gewollt.

Machen wir das nicht alle? Als Kinder schon? Wenn wir etwas angestellt haben, sagen wir dann nicht alle, es war aber die oder die, die das gewollt hat? Oder wenn wir zu etwas keine Lust haben? Sagen wir dann nicht schnell, daß aber die und die keine Lust hat und man darauf Rücksicht nimmt?

Ich weiß noch, wie ich schwanger war mit ihm und wie man ihn bei der Geburt durch Kaiserschnitt hat holen müssen, weil es nicht mehr vorwärts ging. Vielleicht hat er da ja schon nicht leben wollen? Vielleicht hat das da schon angefangen? Wer weiß denn schon, was einem

vorbestimmt ist, ob man da nicht gegen irgend etwas ver-
stößt, was von irgendwo außerhalb kommt.

Ich bin so müde in mir, wissen Sie. So am Ende aller
Kraft. Nicht nur körperlich, weil es ja auch schwer ist und
Kraft kostet, die Pflege und alles. Ich denke manchmal, so
müde war mein Rufus vielleicht auch und so leer, als er es
versucht hat. Aber das will ich dann wieder nicht denken,
weil da sind ja die Kinder und mein Mann, die brauchen
mich ja. Aber ich denke es doch. Und dann fällt mir ein,
daß der Rufus ja vielleicht auch immer gedacht hat, er
kann es mir und dem Papa und den Geschwistern nicht
antun und muß leben, für alle die, denen er hat zeigen
wollen, daß er es mit ihnen aushält.

Es ist ein Denken in mir, das denkt und denkt und kommt
zu keinem Ergebnis. Aber ich kann bald nimmer. Und es
ist zu spät jetzt, um noch etwas zu ändern.

Mein Mann hatte immer gesagt, ein Jahr würde er Ru-
fus noch geben. Bis er volljährig wird, ist er mit dem gan-
zen Mist durch, hatte er immer gesagt. Manche sind eben
Spätzünder. Die bleiben ein bißchen länger in der Puber-
tät. Aber mit 18, da packte er es. Bestimmt. Da wird alles
anders.

Es ist ja auch anders geworden. Aber wie es sich keiner
gewünscht hat. Vielleicht, wenn man es hätte ahnen kön-
nen, vielleicht wäre es nicht so gekommen. Aber es hat
eben keiner geahnt, nur ich, und ich habe es nicht ge-
schafft.

Wie es dann immer näher auf den 18. Geburtstag zu-
ging und Rufus mit diesem ganzen Schwarz in seinem
Zimmer und überall immer schlimmer wurde, hatte mein
Mann zuletzt ziemlich genug von der ganzen Verdreht-
heit, wie er das nannte. Er stellte Rufus dann auch ernst-
haft zur Rede. Er hätte lange genug alles mitgemacht und

darauf gehofft, daß er von selbst Vernunft annehmen würde. Er müßte jetzt aber erkennen, daß das wohl ein Fremdwort für Rufus wäre. Deshalb wollte er jetzt deutsch und Klartext mit ihm reden, damit sie sich verstehen.

Ich stand damals in der Küche und hatte eine Wahnsinnsangst, was jetzt passiert. Das Essen war fertig. Ich wollte eigentlich aufdecken. Aber ich konnte nicht ins Wohnzimmer gehen. In mir war so ein Rauschen und Knistern, daß ich dachte, jeden Moment haut's mich um. Es hat mir richtig die Brust verschnürt.

Ich hörte dann noch, wie mein Mann sagte, daß er erwartet, daß der Rufus ab sofort mit Rauchen und Kiffen aufhört und wieder ein normaler Mensch wird, mit dem man sich nicht auf der Straße schämen müßte. Er wäre jetzt alt genug, um mit dieser Kinderei aufzuhören und sich eine anständige Frisur zu machen, sich wie ein Mensch zu kleiden und seinen Beitrag als verantwortungsvolles Mitglied der Gesellschaft zu leisten. Er wollte ihn von jetzt an jedenfalls anständig und ordentlich herumlaufen sehen und daß er sich und die ganze Familie nicht mehr länger zum Gespött der Leute macht. Und wenn das nicht klappen würde, dann müßte man sich Maßnahmen überlegen. Wenn einer sich nirgends einfügen wollte, dann müßte er eben draußen bleiben.

Der Rufus schrie dann los. Er würde nicht daran denken, dieses Spießertum noch länger zu ertragen. Wir sollten uns doch nur anschauen, wie wir wären. Wir wären Scheißkapitalisten und würden die Armen der Welt ausbeuten, weil wir zu geizig wären, faire Preise zu bezahlen. Wenn dann aber jede Sekunde soundsoviel Kinder verhungern, würden wir in unseren piekfeinen Sesseln vor dem Fernsehen sitzen und ins Taschentuch heulen. Das wäre zum Kotzen. Wegen Typen wie uns würde der Regenwald abgeholzt und die Umwelt zerstört. Wir sollten uns doch umschauen, was wir als verantwortungsvolle Mitglieder der Gesellschaft schon alles geleistet hätten. Jeden Tag würden die Ozonlöcher größer, jeden Tag würden die Ölvorräte kleiner, jeden Tag würde das Wasser dreckiger, jeden Tag würden mehr Bäume sterben, mehr Tiere und Pflanzen ausgerottet, mehr Atomkraftwerke gebaut und jeden Tag würden stärkere Stürme und Erdbeben und Unwetter kommen, weil wir schon alles aus dem Gleichgewicht gebracht hätten. Wir könnten stolz auf uns sein. Die Erde hätte Jahrmillionen überlebt. In den paar Weltzeitminuten, die der Mensch existiert, hätten wir alles zugrunde gerichtet und das Erbe der künftigen Generationen verpraßt. Auch seins. »Ich hasse euch alle!« schrie er zuletzt. Und dann rannte er aus dem Haus.

Als wir ihn wiedersahen, lag er in der Notfallstation und war so, wie er heute ist. Er hatte in einem gestohlenen Auto einen Unfall gemacht.

Wie alles genau vonstatten ging, wissen wir nicht. Die Polizei hat es versucht zu rekonstruieren. Rufus hat das Auto ganz bei uns in der Nähe gestohlen. Eigentlich vor dem Haus. Ich wußte gar nicht, daß er weiß, wie man ein Auto ohne Autoschlüssel anlassen kann. Er hat ja auch keinen Führerschein. Er ist dann mit dem Auto raus auf die Autobahn. Er hatte anscheinend vor, auf der Brücke das Geländer zu durchbrechen und mit dem Auto ins Wasser zu stürzen. Die Brücke macht an der Stelle eine langgezogene Kurve. Rufus ist einfach mit vollem Tempo geradeaus gefahren, in das Geländer hinein. Die Polizei meint, er hätte doppelt sicher sein wollen, daß er dabei stirbt. Erst durch den Aufprall, weil er hatte sich nicht angeschnallt, und dann durch Ertrinken, wenn das Auto in den Fluß stürzt.

Der Wagen war dann aber wohl nicht schnell genug. Er

durchschlug zwar das Geländer, aber er stürzte nicht ab. Er blieb mit dem hinteren Teil stecken. Als die Polizei und die Feuerwehr kamen, konnten sie das Auto sichern und Rufus freischneiden. Er hatte schwere Kopfverletzungen und Brüche und war überall vom Glas zerschnitten und wurde sofort ins Krankenhaus gebracht.

Als mein Mann und ich benachrichtigt wurden, eilten wir sofort zu ihm. Wir konnten ihn aber nicht gleich sehen, weil er noch versorgt wurde. Die Ärzte machten uns keine großen Hoffnungen. Sie sagten, falls er überleben würde, hätte er bleibende Schäden und würde nie wieder normal leben können. Wir waren zu geschockt, um verzweifelt zu sein. Das und die vielen gegenseitigen Vorwürfe kamen erst später.

Wir saßen auf der Bank in diesem Krankenhausflur und konnten gar nicht fassen, was da geschehen sein sollte. Ich redete mir dauernd ein, daß es ein Irrtum wäre. Ich dachte, es könnte nicht unser Rufus sein. Ich hatte den Verletzten ja noch nicht gesehen. Ich dachte, es könnte ja sein, daß jemand seine Papiere gestohlen hatte. Unser Rufus konnte ja gar nicht Auto fahren. Er hatte ja gar keinen Führerschein und ein Auto schon gar nicht.

Erst als wir ihn dann sehen durften, war diese rasende Hoffnung vorbei. Es war so grauenhaft. Ich kann es nicht beschreiben. Ich habe den Arzt nur angestarrt, und dann bin ich wohl auf ihn los und habe auf ihn eingetrommelt und geschrien, nur noch geschrien, bis sie mir eine Spritze gegeben haben und ich dann geschlafen habe. Danach, zu Hause, habe ich die ersten Tage nur vor mich hingestarrt und bin nicht aufgestanden und habe nichts gemacht, mich um keinen gekümmert. Der Arzt ist wohl gekommen und hat nach mir geschaut und mir noch mehr Spritzen gegeben. Wie ich dann aufgestanden bin, habe ich das Trinken angefangen und alles getrunken, was im Haus war. Mein Mann hat mich lassen. Ihm war ja selbst danach, und er hat schon gewußt, daß er mich machen lassen muß, damit ich wieder werde.

Geworden bin ich wieder, weil die Kinder mich ja gebraucht haben. Das hat mich dann erreicht, wie sie geweint haben und an mir gehangen sind. Es war ja auch recht so. Sie können ja nichts dafür, daß alles so gekommen ist. Sie müssen ja eine Mutter haben.

Von da an haben wir versucht, mit allem fertigzuwerden und uns abzufinden. Wie uns die Ärzte gesagt haben, daß keine Lebensgefahr mehr besteht und man damit rechnen kann, daß wir unseren Jungen irgendwann wieder heimnehmen können, haben wir Geld aufgenommen und das Haus entsprechend umgebaut. Die Türen mußten breiter gemacht werden. Im Bad war viel zu machen. Auch für das Riesenbett hat es ja Platz gebraucht. Die Arbeit hat uns abgelenkt. Wir hatten etwas zu tun. Da mußten wir nicht nur immer nachdenken.

Zuerst sind noch die anderen aus der Clique oft da gewesen. Sie haben nach Rufus gefragt, ihm Geschenke mitgebracht. Immer haben sie wissen wollen, wann er wieder gesund wird, oder ob er demnächst mal im Rollstuhl sitzen kann, daß sie ihn mitnehmen und schieben könnten. Aber wie sie schließlich begriffen haben, daß er nie mehr gesund wird und nichts mehr von sich weiß und es nicht einmal für den Rollstuhl reicht, sind sie fortgeblieben.

Einer, der Martin, mit dem der Rufus am Anfang zu den Punks gekommen ist, der sagte, wie er das letzte Mal da war, daß Rufus es jetzt gut hätte, weil er endlich nichts mehr mitkriegen würde, keinen Plan mehr bräuchte und für immer high wäre. In dem verdrehten Body wäre der Rufus jedenfalls schon lange nicht mehr, das könnte ich

ruhig glauben. Der Rufus wäre ein ganz Besonderer ge-
wesen, der hätte sich längst auf eine andere Ebene abge-
seilt.

    Das hat mich ganz seltsam getröstet. Ich weiß nicht,
ob man das so sagen kann, aber ich fühlte das so, als ob
Rufus selbst das zu mir gesagt hätte. Es war schon ko-
misch.

    Heute schaut keiner von den Punks mehr vorbei. Irgend-
wann ist es aus mit der großen Solidarität. Ich bin froh, daß
sie nicht mehr kommen. Es tut mir zu weh, sie zu sehen, wie
sie mit ihren Iros und Eisenketten und den schwarzen Sa-
chen und gerade so daherkommen wie der Rufus. Ich mei-
ne dann jedesmal, daß mein Rufus dabei sein muß, ob-
wohl ich ja weiß, daß er nimmermehr dabeisein wird. Das
tut einfach zu weh. Ich ertrage es einfach nicht.

    Jedesmal, wenn ich einen von denen sehe, reißt es mir
wieder das Herz auf. Nie hätte ich von mir geglaubt, daß
ich so neidisch sein kann, weil einer gerade Beine und
gesunde Glieder hat und mein Kind, mein Rufus, nicht.
Aber ich hätte so viel nicht von mir geglaubt. Man kann
sich nie sicher sein, daß man die ist, die man denkt, daß
man wäre.

    Wissen Sie, mein Mann und ich, wir haben immer so
gehofft, daß er mal weg von diesen Sachen und diesem
Punk kommt. Für uns war das eben alles verrückt und auch
irgendwie peinlich. Es hat uns beschämt, wenn die Nach-
barn oder Freunde Bemerkungen gemacht haben. Selbst
wenn sie keine gemacht haben, kam es uns so vor, als
hätten sie es doch getan. Verstehen Sie? Für uns war das
wie ein Schandmal, daß wir unseren Sohn nicht richtig
erziehen konnten und man an ihm hat erkennen können,
daß wir als Eltern die Versager waren.

    Wir haben das immer vertuscht. Wir haben einfach so

getan, als würden wir zu dem stehen, was der Rufus macht. Wir haben sogar vor uns als Mann und Frau so getan und uns vorgemacht, daß wir Verständnis hätten. Aber in Wirklichkeit hatten wir doch kein Verständnis. Wir hätten dem Rufus am liebsten auf der Stelle die Haare abrasiert und ihm einen braven Scheitel gekämmt und ihm anständige Kleider angezogen und ihn als unseren lieben Vorzeigebuben präsentiert. Wir haben uns für ihn geschämt. Er hat unseren Erwartungen nicht entsprochen. Auf einen wie ihn konnten wir nicht stolz sein. Wir waren es ja auch nicht.

Dabei hätten wir Grund genug gehabt. Er hatte immer gute Zeugnisse. Er war meistens nett und höflich und hilfsbereit zu allen Leuten. In den Ferien hat er in einem Behindertenheim gejobbt. Die Leiterin hatte mir mal gesagt, daß ihn die Kinder lieben und er eine Engelsgeduld mit ihnen hätte. Als ich dem Rufus davon erzählte hatte, hatte er nur gesagt, daß es okay wäre. Er würde die Spaskis auch mögen. Und ich war wütend geworden, weil er so ein häßliches Wort benutzte. Er hatte bloß gelacht.

Eine der alten Damen aus der Nachbarschaft erzählte mir erst jetzt, daß er immer ihren Mülleimer heraus- und wieder hereingestellt und oft etwas für sie aus der Stadt mitgebracht hätte. Das wußte ich gar nicht. Genau wie der Martin sagte sie von meinem Sohn, daß er ein ganz Besonderer gewesen wäre.

So viele haben gemerkt, daß er ein ganz Besonderer war. Nur wir nicht, seine eigenen Eltern. Wir haben unsere Meinung zwar vertuscht und so getan als ob, aber in Wirklichkeit haben wir ihn für das Letzte gehalten. Und warum? Nur, weil er nicht war wie alle anderen, weil er sich nicht anpassen wollte und nicht in unser Schema paßte.

Wir haben überhaupt nicht in Erwägung gezogen, daß mehr an ihm war als nur der Punk-Haarschnitt und diese gräßlichen Klamotten. Wir waren gar nicht bereit, mehr zu sehen. Wir haben eigentlich immer nur an uns gedacht und unsere Meinung für die gehalten, die gilt und recht sein muß. Wir haben ständig erwartet, daß unser Sohn funktionieren müßte, wie wir ihn haben wollten. Er sollte sein wie wir. Und weil wir so sind wie die Mehrheit, sollte er auch so sein. Ist das nicht furchtbar?

Erst heute, wo er so schrecklich daliegt und alles vorbei für ihn ist und ich ihm nichts mehr sagen kann, begreife ich, daß das, was der Rufus mit seinem Punksein hat ausdrücken wollen, etwas mit seiner Seele zu tun hatte, und daß er ein Recht hatte, so zu sein, wie er sein wollte. Und daß das, wie er jetzt ist, auch etwas damit zu tun hat, daß wir ihn haben biegen wollen, wie er für uns sein sollte.

In seiner Seele ist er vor dem allen geflohen, was wir oder die Gesellschaft, alle eben, ihm vorgesetzt und von ihm verlangt haben. Und das, was jetzt ist, daß er uns seinen Körper gelassen hat, ja, das war es doch, was wir immer nur von ihm haben sehen wollen.

Seine Klamotten und seinen Iro und alles, was uns so gestört hat, das war doch der Körper. Jetzt ist er da, und wir können ihm die Haare kämmen, wie wir wollen und alles. Und jetzt ist es auch wieder nicht recht. Jetzt ertragen wir das auch nicht. Jetzt funktioniert es ja auch wieder nicht nach dem, was wir wollen.

Wissen Sie, ich denke, das kann doch nicht so weitergehen. Der Rufus hat einmal irgendwann zu mir gesagt, da war er noch klein, zehn oder elf Jahre vielleicht, daß er sterben muß, wenn ich ihn nicht mehr liebhabe. Und später einmal, gar nicht so lange vor seinem Selbstmordver-

*such, hat er gesagt, daß es die Liebe gar nicht gibt, weil
alles immer nur Selbstbefriedigung ist. Damals habe ich
nur gedacht, daß er das sexuell meint. Jetzt bin ich mir da
nicht so sicher. Ich denke, er hat das anders gemeint. Er
kann ja auch gemeint haben, daß man immer nur etwas
für die eigene Befriedigung oder Zufriedenheit oder das
eigene Glück will, wenn man sich in jemanden verliebt,
und dabei gar nicht so selbstlos ist, wie man immer behauptet.*

*Wenn ich mich da selbst anschaue, wie ich doch im-
mer gesagt habe, daß ich mein Kind liebe, ja, da muß ich
heute schon sagen, daß ich ihn wohl geliebt habe, wie er
hat sein sollen und nicht so, wie er gewesen ist. Und das
tut sehr, sehr weh, wenn man das sagen muß.*

*Ja, liebe Frau Jäckel, jetzt habe ich Ihnen so viel ge-
schrieben, und es sollte doch nur ein kleiner Brief werden.
Aber es ist mir so herausgebrochen. Es hat mir auch gutgetan, das einmal alles so aufzuschreiben und mir klarzuwerden. Man kann ja doch nicht recht reden mit jemandem und sein Herz ausleeren. Man muß ja doch immer
Angst haben, es hört einem jeder nur zu, weil es sich so
gehört, daß man nicht unhöflich ist.*

*Es ist entsetzlich, daß immer etwas Schlimmes passie-
ren muß, ehe man aufwacht.*

Gertrudis

Als ich den langen Brief sinken ließ, trat der Junge mit
dem pflaumenblauen Irokesenhaarschnitt sonderbar lebendig aus meiner Erinnerung. Ein dumpfes Gefühl des
Bedauerns breitete sich in mir aus. Etwas nie wieder
Gutzumachendes war geschehen. Ein Mensch in Not
war mir während der »aventûre« des Lebens begegnet,
und ich hatte ihm, wie seinerzeit der Ritter Parzival,
die »Gralsfrage« nicht gestellt, weil mich meine Hem-

mungen und eigene Vorurteile daran gehindert hatten.

Wenn schon nicht Rufus, wie gern wollte ich jetzt wenigstens der Mutter auf diesen Brief antworten! Doch leider, ich konnte es nicht. Weder Namen noch Anschrift sind irgendwo vermerkt.

Es bleibt die Hoffnung, daß sie dieses Buch entdecken möge und dann nochmals Kontakt zu mir aufnimmt. Ich würde mich freuen.

Todessehnsucht oder Das Gefühl der Lemminge

Wenn ich an Rufus denke, denke ich auch an all die anderen, die so krank sind an der Gegenwart, daß ihnen Depression und Tod zu Leitmotiven des Lebens werden. Ganz sicher fing dies nicht erst 1774 an, als sich ein junger Bursche die Pistole an die Stirn setzte und abdrückte. Dennoch gilt sein Tod als Startschuß des Selbstmordkultes der neueren deutschen Kulturgeschichte. Gemeint ist Goethes »junger Werther«, ein Romanheld, eine Kunstfigur, die im zweiten Drittel des 18. Jahrhunderts binnen kürzester Zeit in halb Europa zur Kultfigur wurde.

Der »junge Werther« war ein stattlicher, attraktiver Bursche, hochintelligent, empfindsam und revolutionär. Er scherte sich den Teufel um bürgerlichen Anstand. Statt dezent und vornehm zurückhaltend aufzutreten, so daß alle Welt entzückt von seinen guten Manieren sein mußte, brüllte und weinte er vor aller Augen und Ohren, wann immer ihm danach zumute war. Er trug seine unglückliche Liebe im Sturm und Drang des Herzens ebenso ungeniert zur Schau wie seine Meinung über kleinkarierte Spießer. Soziales Ansehen und die strikte Trennung der Gesellschaft seiner Zeit in Adelige, reiche Bürger und armes Volk waren ihm verhaßt. Für Strebsamkeit und die Gier nach Ansehen und Geld hatte er nur offenen Spott übrig. Während er für sich selbst das Leben als Traum definierte, in dem »das süße Gefühl der Freiheit« das einzig wahre Motiv des Handelns sei, lästerte er über alle Kleingeister der Welt. »Das bißchen, das ihnen von Freiheit übrigbleibt, ängstigt sie so, daß sie alle Mittel aufsuchen, um es loszuwerden.« Bedauernd stellte er fest, daß die, die buckelten, um ihre Pfründe zu mehren, nie die Freiheit genießen würden, den »Kerker« nach eigenem Willen verlassen zu können.

Um auch äußerlich zu zeigen, daß er »dagegen« war und ein eigener, freier Mensch, kreierte der »junge Werther« eine wahrhaft skandalöse, schreiend bunte und in der vornehm zurückhaltenden deutschen Szene der Zeit geradezu anstößige Mode. In Anlehnung an englische und niederländische Vorbilder trug er zu schwarzen Stiefeln mit braunen Stulpen einen langen blauen Frack mit breiten Aufschlägen und Kragen über einer ledergelben Weste nebst hautengen, etwas heller gelb gefärbten Beinkleidern. Perücke, Zylinder, Spitzenmanschetten und Halstuch rundeten das Ganze ab.

Am Ende, als sich der junge Mann die Hoffnungslosigkeit seiner Liebe nicht mehr verhehlen konnte und den »Kerker« eines Lebens ohne die Geliebte immer unerträglicher empfand, erlag er dem, was er selbst als seelische »Krankheit zum Tode« bezeichnet hatte. Er jagte sich eine Kugel in den Kopf, um das vom Traum zum Alptraum gewandelte Leben zu beenden. »Das Gehirn war herausgetrieben« notierte der Protokollant, der den Toten fand.

Johann Wolfgang von Goethe hatte mit seinem »jungen Werther« einen Star geschaffen. Seine Fans griffen nicht nur das papageienfarbige Outfit auf, welches als Werther-Mode Furore machte, sie setzten auch gleich dutzendweise ihrem Leben ein ähnliches Ende. »Folge-morde« – wie der Soziologe Emile Durkheim derartige Selbsttötungen Ende des 19. Jahrhunderts in der ersten systematischen Studie zur Suizidforschung bezeichne-te – gerieten ins Blickfeld der Öffentlichkeit. Eifernd suchte man Verantwortlichkeiten in verderblichen Vor-bildern. Kirchenobrigkeit, Politiker und Gesellschafts-kritiker wetterten gleichermaßen. In unmittelbarer Kon-sequenz wurde Goethes »Werther« behördlich als »hochgefährlich« eingestuft, in Leipzig sogar verboten.

Über zweihundert Jahre liegen zwischen den Leiden des »jungen Werther« und der heutigen Jugend. Viel verändert hat sich nicht. Damals stürzte sich zum Bei-spiel unweit von Goethes Weimar ein junges Mädchen in das Flüßchen Ilm und hatte als Abschiedsbrief ihren »Werther« dabei. Im Jahr 1955 brachten sich rund ein Dutzend James-Dean-Fans um, weil sie den Unfalltod des lasziven Schauspielers, der wie kein anderer als Jugendidol Berühmtheit erlangt hatte, als Freitod in-terpretierten. Sieben Jahre später, als Marilyn Monroe sich mit einer Überdosis Schlaftabletten aus ihrem Le-ben als Dummchen verabschiedete, nahmen sich allein in England und den USA rund 350 Personen mehr als üblich das Leben. Als 1981/82 eine Fernsehserie über den »Tod eines Schülers« ausgestrahlt wurde, der sei-nen Tod auf den Schienen als »natürliches Experiment« zum Rückzug aus der »scheißpragmatischen« Welt der Erwachsenen proklamierte, stiegen die Zahlen der Ei-senbahn-Selbstmorde rapide an. Die Kette der Beispiele ließe sich beliebig fortsetzen. Das letzte mag hier der Freitod des Rocksängers Kurt Cobain von der Gruppe

Nirvana darstellen. Obwohl die Presse nur zurückhaltend berichtete, brachten sich 1994 drei Jugendliche aus dem kanadischen Langley um, weil sein Tod sie in tiefste Depression gestürzt hatte.

Gerade den Medien kommt im Hinblick auf Suizidtendenzen bei Kindern und Jugendlichen große Verantwortung zu. In einer Zeit, in der die Regionen der Hochkulturen satt und erfolgsverwöhnt sind, so daß zum Beispiel Mode im Bereich traditioneller Schönheitsideale ausgereizt scheint, avancieren Häßlichkeit und Endzeitbilder zu neuen Idolen. Über den Laufsteg wanken Models, deren dunkel umrandete Augen und ausgehungerte Gottesanbeterinnen-Figuren auf Rauschgiftabhängigkeit und Magersucht schließen lassen. In Pop-Zeitschriften veröffentlichte Mode-Bilder etwa des Fotografen und Videokünstlers Jean-Baptiste Mondino zeigen blutverschmierte Models, den Colt noch an der Schläfe. Die Musik, seit jeher das Transportmittel der Emotionen, kartet eifrig mit.

So sang der kalifornische Rockstar Beck 1994 – im Todesjahr Kurt Cobains – in seinem die Charts stürmenden Hit »Ich bin ein Versager, also bring mich doch um«. Und in Deutschland heulte die Punkrock-Band *Normah!* in ihrem Song »Wie stirbt man spektakulär«: »Soll man sich verbrennen, oder setzt man sich den goldenen Schuß? Oder macht man mit 'ner Überdosis Schlaftabletten Schluß?«

Es hat den Anschein, als kokettierten die Stars der Popkultur ganz bewußt mit den Verkaufszahlen steigernden Symbolen des Todeskultes. Heavy-Metal-Bands legen sich Namen wie *Megadeath* (Supertod) oder *Suicidal Tendencies* (Selbstmordabsichten), *Dead Boys* (Tote Jungs) und *Dead Kennedys* (Tote Kennedys) zu. Punkrock-Gruppen wie die *Toten Hosen* gaben zahllosen

Jugendbands ihr Logo vor. *The Death Bears, Devil's Bests, Bloody Boys* oder *Killer Ladys* und ähnlich martialisch angepriesene Open-Air und Disko-Rocker bevölkern die Szene der Semi-Professionellen landauf, landab.

Ganz abgesehen davon, daß zynischerweise ein früher, möglichst spektakulärer Tod unsterblichen Nachruhm zu garantieren scheint, wie die Beispiele James Deans, der Monroe oder jüngst Prinzessin Dianas zeigen, ist die Beschäftigung mit dem eigenhändig herbeigeführten Tod so alt wie die Menschheit. »Nicht geboren zu werden, ist das Beste, das Zweitbeste aber ist, schnell dorthin zurückzukehren, woher man kam«, verewigte beispielsweise der griechische Dramatiker Sophokles seine Meinung in dem Klassiker »Ödipus«. Slogans unseres Jahrhunderts wie »Live fast, die young« (Leb schnell, stirb jung), oder die Textzeile »Hope I die before I get old« (Hoffentlich sterbe ich, bevor ich alt werde) von Pete Townshend und *The Who* und last not least der Ausspruch Kurt Cobains »I hate myself and I want to die« (Ich hasse mich und will sterben) kleiden das uralte Thema der Todessehnsucht nur in modernen Flitterglanz.

So wie die Freundin, die gerade ein Baby bekommt, in manchen Frauen den zwingenden Wunsch erzeugt, selbst Mutter zu werden und Leben zu schaffen, scheint das Beispiel eines Freitods vor allem junge Menschen zur Nachahmung zu animieren. Mit ihrer bedingungslosen Bereitschaft zur Hingabe erliegen sie dem Herdentrieb der Lemminge, die sich miteinander über die Klippen ins Meer und den sicheren Tod stürzen.

Ob ein Selbstmord gelingt oder nicht, ist oft reiner Zufall. »Häufiger als man denkt« sind nach Expertenmeinungen bleibende gesundheitliche Schäden nach einem vermeintlichen Unfall in Wirklichkeit Ergebnis »versteckter« Suizide. Bis zu 40 Prozent der Opfer unter jugendlichen Drogenkonsumenten und überwiegend männlichen Autofahrern bei sogenannten Disko-Unfällen werden auf Lebensmüdigkeit zurückgeführt.

Die Ursachen sind selten die auf den ersten Blick erkennbaren. Die Freundin, die einen sitzengelassen hat, der Freund, der eine andere küßt – meist ist dies nur das Tüpfelchen auf dem i. Weit eher könnte man das, was in der entscheidenden Phase in einem suizidalen Jugendlichen vor sich geht, mit dem Gefühl des »Gegen-die-Wand-Laufens« beschreiben.

Der Ausdruck »Gegen-die-Wand-laufen« stammt aus dem Wortschatz des Sports, genauer gesagt aus dem Bereich des Marathonlaufs. Er bezeichnet das Gefühl, welches ein Läufer hat, der seine allerletzten, äußersten Reserven erschöpft und keinen einzigen Schritt mehr weiter kann. Als würde er gegen eine Betonwand anrennen, wird der Lauf augenblicklich gestoppt. Während es medizinisch gesehen bei einem Läufer zu einem extremen Abfallen des Blutzuckerspiegels in den Muskeln kommt, so daß von Schwindelgefühlen bis zum Kreislaufzusammenbruch alles eintreten kann, setzt bei einem Suizidanten der Lebenswille aus.

Sicher ist heute längst, daß Darstellungen wie das Porträt des »jungen Werther« Auslösefaktor von Suizidversuchen sein und »tödliche Wirkung« haben kann, sagt Armin Schmidtke, Selbstmordforscher an der Universitätsklinik Würzburg. Die Berichterstattung der Medien über einen Selbstmord zieht mindestens vier Wochen lang tragische Kreise. Oft genug weltweit. »Je positiver das Modell, desto gefährlicher ist es«, so Schmidtke.

Auch der Wiener Psychiater Gernot Sonneck fand heraus, daß eine spezielle Art der Medienarbeit suizidale Jugendliche gefährdet. Sobald Selbstmord als Ausweg dargestellt werde, der mit Erleichterung beschritten werden könne, und der Suizidant als bewundernswert, heldenhaft und mit eindeutiger Sympathie für seine Tat porträtiert werde, löse dies Nachahmungstaten aus.

In Fällen, in denen die Berichterstattung der Presse dem Selbstmord das Verlockende nehmen konnte, blieb die Imitationswelle hingegen deutlich schwächer. Als Beispiel wäre hier der Tod Kurt Cobains anzuführen. Als er sich mit einer Schrotflinte in den Mund geschossen hatte, schilderte die Presse in Zeitungsberichten, Talk-Shows, Interviews mit der Witwe sowie in Gesprächen mit ratsuchenden Jugendlichen schwerpunktmäßig abschreckende Details. Tatsachen wie die, daß Cobains Gesicht derart entstellt war, daß er nur mehr anhand von Fingerabdrücken identifiziert werden konnte, wirkten sich präventiv aus.

Dennoch kann nicht den Medien allein der Schwarze Peter der Verantwortung für Suizid-Nachahmung oder gar die Entwicklung und Verbreitung von Vorbeugemaßnahmen angelastet werden. Um die Lebenskrise, in der Jugendliche oft stecken, dauerhaft zu beheben, müssen langfristige Bewältigungsstrategien angewandt werden. Die wohl wichtigste davon ist, Streß verkraften zu lernen und das Leben in seiner ganzen Farbenvielfalt neu zu erkennen. Wer nur schwarz-weiß denken und fühlen kann, steuert dem Abgrund zu.

Anders als noch vor wenigen Jahren ist Selbstmord heute kein Tabuthema mehr. Vor allem Jugendliche, die in einer Umwelt aufwachsen, die das Stigma der Verklemmtheit und falschen Scham weitestgehend abgelegt hat, wagen es mehr und mehr, um Rat zu fragen und Hilfsangebote anzunehmen.

Greifende Hilfsangebote können neben der professionellen Gruppen- und Gesprächstherapie auch Kinder- und Jugendnotruftelefone offerieren. Die Garantie auf Anonymität erleichtert das spontane Vertrauen und läßt die Chance zu, selbst solche Fragen zu stellen oder Probleme anzusprechen, die normalerweise mit schwerer Scham besetzt wären. Die entsprechenden Telefonnummern der Telefonseelsorge finden sich in allen öffentlichen Telefonbüchern.[1] Die Nummern sind rund um die Uhr erreichbar. Wirksamer und für die ehrenamtlichen Mitarbeiter leichter realisierbar könnte die Hilfe geboten werden, wäre die Bereitschaft zur Mitarbeit in der Bevölkerung höher. Auf viele Schultern verteilt, tragen sich Lasten nun einmal besser.

Falsches und Richtiges über Selbstmord

»Der Wunsch, sich selbst töten zu wollen«, schreibt Ursula Nuber in der Zeitschrift *Psychologie heute* vom Mai 1988, »ist in den meisten Fällen kein individuelles Problem, er entspringt nur selten einer krankhaften Psyche; er ist vielmehr eine natürliche Reaktion auf erdrückende Zwangslagen, die den Blick auf das Leben verstellen.« Und weiter: »Jeder Mensch, der meint, keinen anderen Ausweg als den Selbstmord zu haben, sollte sich vor Augen führen, daß er das eigene Leben retten kann – wenn er sich nur eine Chance dazu gibt.«

Gerade in der Pubertät sind Jugendliche vielfältigen Eindrücken ausgesetzt, die »den Blick auf das Leben verstellen«. Hormonelle Umstellungen und damit

---

[1] siehe auch Anhang

verbundene Gefühlsschwankungen, der Eindruck, die Sicherheit des Kindseins verloren und die des Erwachsenen noch nicht erreicht zu haben bzw. dort gar nicht erst ankommen zu wollen, weil dort alles »bescheuert« zu sein scheint – die Flut der Veränderungen und Ansprüche nimmt schnell Sturmflutcharakter an.

Der Familie kommt die vielleicht schwierigste Aufgabe zu, heranwachsenden Jugendlichen sowohl ein sicheres Übungsfeld für den Überlebenskampf zu bieten, als auch die Zerreißprobe zu bestehen, wenn der Spannungsbogen zwischen Ablösung und Haltsuche ins Unerträgliche überzogen wird. Je nach Standpunkt werden entweder Eltern oder Kinder in der Pubertät schwierig. Für beide Seiten lösen sich jahrelang bewährte Verhaltensmuster auf. Neue müssen erprobt werden, ehe sie greifen. Unsicherheit erwächst, die wiederum in Enttäuschungen mündet und immer öfter die Frage aufwirft, ob man denn überhaupt geliebt wird, überhaupt »bei denen« noch zu Hause ist, gewollt wird.

Eltern stellen frustriert fest, daß ihre Erziehungsziele scheinbar spurlos an ihrem Kind vorbeigegangen sind. Gestern noch leicht zu führen und glücklich, lösen Jugendliche sich mehr oder minder plötzlich aus der Vormundschaft der Eltern und ziehen sich auf eine Weise zurück, die um so krasser sein kann, je besser das Eltern-Kind-Verhältnis immer war. Der/die Jugendliche will seine eigenen Wege gehen, hat seine eigenen Anschauungen, seine eigenen Ziele, seine eigenen Erwartungshaltungen, seine eigenen Bedürfnisse, auf deren Erfüllung gedrängt wird. Oftmals stehen diese in eklatantem Gegensatz zu den Vorstellungen der Eltern. Abhängig von der Toleranzbereitschaft auf beiden Seiten prallen die Energien aufeinander. Konflikte entstehen. Sie hinterlassen Spuren.

Die Auslöser können absolut lapidar sein. Sei es, daß die Frisur des/der Jugendlichen auf Mißfallen stößt, die Diskussion um Taschengeld als unangemessen bewertet wird, ein Disko-Besuch, eine Party oder das Ausbleiben über Nacht verweigert, ein sehnlichst gewünschtes Kleidungsstück abgelehnt wird, schulische Leistungen angemahnt werden oder Anstoß an einer Liebesbeziehung genommen wird. Vor allem Jugendliche, die schon von Kindesbeinen an überaus sensibel, meist hochintelligent und schwermütig-grüblerisch veranlagt sind, leiden unter der Belastung täglicher Konflikte. Wie hochempfindsame seismographische Empfänger verinnerlichen sie alle auf sie eindringenden Eindrücke wie Umwelteinflüsse, politische Ereignisse, persönliche Erfahrungen und Enttäuschungen. Kommen zu einem anhaltenden Zustand allgemeiner intensiver Lebenskämpfe besondere Erlebnisse hinzu, die schockartig erfahren werden, kann dies zum Selbstmord führen. Vor allem bei Jugendlichen, die »immer schon mal« an Selbstmord gedacht und die Hemmschwelle gedanklich niedergerissen haben.

Friedrich Nietzsche schrieb, der Gedanke an Selbstmord könne »ein starkes Trostmittel« sein. »Mit ihm kommt man gut über manche böse Nacht hinweg.« Kaum jemand, der diese Aussage kopfschüttelnd kommentiert, denn wohl jeder kennt Situationen, in denen der Gedanke an den Tod durch eigene Hand nahe war. Dann vielleicht, wenn man einen geliebten Menschen verloren hat, wenn man unerträgliche Schmerzen leidet, wenn Mißerfolge über einem zusammenschlagen und kein Ende abzusehen ist, wenn alles

Grübeln, alles Kämpfen keine Lösung mehr bringt. Gerade dann, wenn alles außer Kontrolle zu geraten scheint, bleibt eine allerletzte Gewißheit: daß man Herr über das eigene Leben ist. Zu wissen, daß man dann, wenn nichts mehr geht, diesem allem ein Ende setzen kann und fertig damit ist, was unerträglich geworden ist, kann eine erlösende Ruhe mit sich bringen.

Auch Kinder und Jugendliche spielen den Gedanken an den Tod als Rettung durch. Wenn sich die Eltern trennen und die Lebensangst das Herz abschnürt, bauen Kinder sich Phantasien auf, wie Mutter und Vater sich gemeinsam über das Grab beugen, gemeinsam weinen, gemeinsam kommen und gehen, gemeinsam bitter bereuen, was sie dem Kind angetan haben. Sich Trauer und Reue derer vorzustellen, die einem ein Leid angetan haben, kann das Bewußtsein geliebtzuwerden wiederherstellen. Zugleich kann es das Gefühl von Macht vermitteln. Ein Gefühl, welches gerade Kindern und Jugendlichen, die ihre eigene Ohnmacht erfahren, ein angekratztes Selbstbewußtsein zurückzugeben vermag.

In den meisten Fällen bleibt es bei Phantasien. Wenn allerdings die seelischen Nöte anhalten und kein Ventil gefunden wird, diese abzuleiten, kann aus an sich harmlosen oder vielleicht sogar hilfreichen Phantasien grausamer, tödlicher Ernst werden. Über die Art und Weise der Durchführung eines Selbstmordversuchs nachzudenken, sich immer wieder bildlich und in Gesprächen oder auch schriftlich mit der Vorstellung zu befassen, ist alarmierend.

Informationen der Deutschen Gesellschaft für Selbstmordverhütung zeigen falsche Vorurteile und richtige Tatsachen über den Selbstmord auf (s. Übersicht S. 356):

Falsch	Richtig
Wer von Selbstmord redet, wird ihn nicht begehen.	Auf zehn Selbstmörder kommen acht, die unmißverständlich von ihren Absichten gesprochen haben.
Selbstmord geschieht ohne Vorzeichen.	Viele Beobachtungen lehren, daß Menschen, die sich das Leben nehmen, dies meist durch unmißverständliche Zeichen oder Handlungen ankündigen.
Wer Selbstmord begeht, will sich unbedingt das Leben nehmen.	Die meisten Selbstmörder schwanken zwischen dem Wunsch zu leben und dem zu sterben; sie »spielen mit dem Tod«, und sie überlassen es den anderen, sie zu retten. Kaum einer nimmt sich das Leben, ohne seine Gefühle einem anderen zu offenbaren.
Wer einmal zum Selbstmord neigt, wird es immer wieder tun.	Lebensmüde haben nur während einer begrenzten Zeit ihres Lebens den Wunsch, sich zu töten.
Besserung nach einer Selbstmordkrise bedeutet das Aufhören des Risikos.	Die meisten Selbstmorde geschehen in den drei Monaten nach beginnender »Besserung«, wenn der Patient von neuem die Energie hat, selbstzerstörerische Entschlüsse auszuführen.
Selbstmord gibt es öfter bei den Reichen – oder umgekehrt – fast ausschließlich bei den Armen.	Selbstmord ist weder das Problem der Reichen noch die Plage der Armen. Er ist sehr »demokratisch« und kommt in allen Bevölkerungsschichten vor.
Selbstmord ist erblich.	Er ist nicht erblich.

Alle, die Selbstmord begehen oder begehen wollen, sind geisteskrank. Jeder Selbstmord ist die Handlung eines Psychotikers.	Es ergibt sich aus dem Studium von Hunderten von letzten Aufzeichnungen, daß der Selbstmörder zwar äußerst unglücklich, aber nicht notwendigerweise geistesgestört ist.

Absturz im freien Fall

Der von Rufus begangene Selbstmordversuch entspricht in seiner Entwicklungsgeschichte hin zur Tat wie auch der Ausführung einem klassischen Fallschema.

Hochsensibel für die äußeren und inneren Dinge des Lebens, war Rufus mit der Bewältigung der von ihm erkannten Probleme hoffnungslos überfordert. Trotz Aufbietung aller geistigen und emotionalen Kräfte führte er einen Kampf gegen die Windmühlenflügel eines Alltags, an dem er verzweifelte. Innerlich einsam und voller Sehnsucht nach einer heilen, besseren Welt, in der Naturverbundenheit und brüderlicher Zusammenhalt herrschen sollten wie in den Tipis der Indianer, lebte Rufus an den Kameraden seiner Altersgruppe vorbei.

Erst Yoshida, der zwar kein Indianer, aber Japaner, zwar kein Abkömmling der Irokesenhäuptlinge, aber ein Nachfahre todesmutiger Samuraikämpfer war, belebte die illusionäre Traumwelt, in die Rufus sich mehr und mehr zurückgezogen hatte.

Ganz gleich, ob er zu seinem japanischen Gefährten eine Liebesbeziehung hatte oder diese erfand, um sich demonstrativ auf dessen Seite zu stellen und Geschlossenheit gegen Vorurteile zu beweisen, mit denen Yoshida als Homosexuellem begegnet wurde – der Freund hatte für Rufus etwas Faszinierendes. Einer uralten, so ganz anderen geistigen Kultur als der europäischen entstammend, hatte dieser neues Gedankengut in die Beziehung eingebracht. Rufus sog es um so enthusiastischer auf, als er unter der Enge seiner erlernten Umweltängste fast zusammenbrach.

Yoshidas Freitod aus verzweifelter Angst vor seinen Eltern und einem Leben, in dem er vor den ihm wichtigsten Menschen für immer das Gesicht verloren hatte, zog Rufus' Versuch fast unwiderstehlich nach sich. Die Erlösung, die Yoshida sich von seinem Tod versprochen hatte, die Zuversicht, mit der er in eine neue Lebensebene einzutreten glaubte, sowie die spektakuläre Art seines Begräbnisses blieben Rufus fortwährend vor Augen.

Das ihn immer stärker beherrschende Bewußtsein, daß die Gegenwart zerstörerisch war und die Zukunft entsetzlich sein werde, erschöpfte alle Kampfkräfte und Abwehrmechanismen, die er zumal in den letzten Monaten seines bewußten Lebens bedingungslos einsetzte. In seinem Drang, die Welt zu verbessern, empfand er sich als furchtlosen geistigen Kämpfer. Der tätowierte Tatzelwurm auf seinem Kopf war ja kein Zufall. Rufus und Yoshida hatten das Motiv sehr bewußt ausgewählt, ehe sie es unauslöschlich auf die Haut projizierten. Es sollte Bedeutung für immer haben.

Der Verlust des Freundes brachte den Willen, die Welt entscheidend zu verändern, jedoch nachhaltiger denn je ins Wanken. Immer öfter brachen Fragen nach dem Sinn des Lebens und den existentiellen Bedingungen des Todes in Rufus auf. In demselben Maße, wie die Antworten, die er sich zu geben vermochte, unbefriedigend blieben, riß er die innere Schranke vor dem Gedanken an seinen eigenen Tod nieder.

Seine Mutter empfand das allmähliche Sterben ihres Sohnes instinktiv richtig. Sie spürte, wie sehr er an der psychischen »Krankheit zum Tode« litt, die Goethes »junger Werther« jeder ernsthaften physischen Erkrankung gleichgesetzt hatte. Mit den ihr möglichen Mitteln versuchte sie, Rufus seelischen Halt zu bieten und aufzuzeigen, daß das Leben lebenswert ist. Sie scheiterte, weil Rufus seine eigene Familie längst schon in die Reihe der »Bösen« eingegliedert hatte, die es zu bekämpfen galt. Ihre »kapitalistische« Lebensweise war ihm dafür Beweis genug. Sein Vertrauen in die Eltern als die auf seiner Seite stehenden »Guten« war dadurch zutiefst erschüttert. Dennoch hielt es mit den seidenen Fäden der Liebe in ihm fest. Daß es nur wenig bedurfte, um diesen letzten Rest des Urvertrauens zu erschüttern, zeigte sich.

Solange die Eltern Verständnis für Rufus bewiesen und, wenn auch begrenzt, doch sichtbar, versuchten, die idealistischen Ziele, die ihm wichtig waren, zumindest streckenweise mitzutragen, fand er in ihnen den Rückhalt, der ihn zum Überleben befähigte. Er wandte sich nicht ausdrücklich um Hilfe an sie, doch die Sicherheit, notfalls in ihnen Unterstützung zu finden, stützte ihn ab. Zweifel an der Aufrichtigkeit der Lebensmaximen, die die Eltern bisher vertreten hatten, kamen ihm offensichtlich nicht.

Um so schockierender muß ihn die Erkenntnis getroffen haben, daß er sich sogar in den Eltern geirrt hatte. In dem Augenblick, als der Vater die Maske der falschen Toleranz fallenließ und die Mutter nicht eindeutig für Rufus Stellung bezog, sondern durch ihr Stillschweigen und Dulden Solidarität mit dem Vater bezeugte, brach die Welt endgültig über Rufus zusammen. Nichts mehr blieb, das ihn darin halten konnte. Sein

Selbstmordversuch war Kurzschlußhandlung und das Aus einer Langzeitentwicklung zugleich.

Gerettet hätte Rufus allenfalls seine Kämpfernatur. Hätte er ein wenig Zeit gehabt, den Schock zu verwinden, den ihm der Vater durch die plötzliche Konfrontation mit seinen wahren Erwartungen versetzt hatte, würde er vielleicht Energiereserven mobilisiert haben, um damit fertigzuwerden. Leider war nichts da, was Rufus im freien Fall gebremst hätte. Und letztendlich fällt er immer noch. Bis heute.

Ralf

Ralf ist 16 Jahre alt. Er besucht das Gymnasium einer Internatsschule in etwa 50 Kilometer Entfernung von seinem Heimatort, ist jedoch Tagesschüler. Das heißt, er absolviert nur die Unterrichtsstunden an der Schule, ißt dort zu Mittag und nimmt die Hausaufgabenbetreuung am Nachmittag wahr. Abend und Nacht verbringt er bei seinen Eltern. In seiner neuen Schule fühlt Ralf sich sehr wohl.

Bis zu diesem Schulwechsel war er Schüler an der Gesamtschule seines Wohnortes, einem mittelständischen Städtchen im niedersächsischen Flachland. Schon vom Grundschulalter an hatte er dort zusehends schwerwiegendere Probleme gehabt.

Die tieferen Hintergründe dieser Probleme sieht Ralf in dem hohen Bevölkerungsanteil an Asylanten und Deutschrussen in seiner Stadt. Die Mehrheit der Einheimischen stand den ungebetenen Gästen trotz der erwiesenen Hilfsbereitschaft mißtrauisch und ablehnend gegenüber. Diese Haltung verschärfte sich um so mehr, als die Neuankömmlinge kaum Anstalten machten, sich in ihren Lebensgewohnheiten der neuen Umgebung anzupassen, sondern mit als dreist empfundener Selbstverständlichkeit Forderungen stellten, ohne je eine Gegenleistung zu erbringen.

Bald schon veränderte sich das Erscheinungsbild des Ortes. Vor allem in den Straßen mit hohem Ausländeranteil zog ein fremdes Flair ein. Das soziale Gefälle verschärfte sich. Die unterschiedlichen Lebensweisen prallten hart aufeinander. Die Tatsache, daß vor allem muslimische Frauen kaum an die Öffentlichkeit traten, nur in verschleierten Gruppen oder mit männlicher Begleitung zum Einkaufen gingen, kein Deutsch lernten und folglich isoliert blieben, erregte die Gemüter. Zornig und verständnislos registrierte man auch, daß für die ausländischen Männer ein Teeraum organisiert werden mußte, in dem sie sich trafen, spielten, rauchten, stundenlang für europäische Ohren nervtötende Musik laufen ließen und sogar tanzten, während die Frauen in ihren Wohnungen eingeigelt blieben.

Hatte man sich anfangs von den zugezogenen Rußlanddeutschen eine bessere Integrierung versprochen, stellte man bald schon mit Enttäuschung fest, daß die meisten von ihnen weder der deutschen Sprache mächtig waren, noch deutsche Gewohnheiten hatten. Zumal die älteren Leute liefen wie im tiefsten Kasachstan gekleidet herum, und die Jugendlichen lehnten Deutschland teils in offener Abneigung ab. Viele von ihnen wären lieber geblieben, wo sie waren, und hatten die Aussiedlung gezwungenermaßen über sich ergehen lassen müssen. Sie hatten an die Illusionen der Großeltern und Eltern geglaubt und erwartet, daß in Deutschland Milch und Honig fließen und alle mit offenen Armen auf die heimkehrenden Brüder und Schwestern aus Rußland warten. Die Erkenntnis, daß auch in Deutschland kein Manna vom Himmel fällt, vor allem aber, daß sie in Rußland die verachteten Deutschen gewesen waren und nun in Deutschland die verachteten Russen sein sollten, schürte schwärzeste Emotionen.

Die Unzufriedenheit auf allen Seiten erzeugte Spannungen, die unter Erwachsenen nicht offen abreagiert

wurden. Man beherrschte sich. Man ertrug die Demüti-
gung, ungeliebt, aber geduldet zu sein. Und man hielt,
je negativer das Umfeld empfunden wurde, desto strenger an heimatlichen Bräuchen fest, die einem zumindest einen Rest vertrauter Sicherheit und Selbstbewußtsein erhielten. Aber natürlich wurde in den Häusern und
Familien geredet. Verzweiflung, Enttäuschung, Wut,
auch Haß, vor allem jede Menge Vorurteile – die Kinder
und Jugendlichen bekamen alles mit.

Die naturgegebene Solidarität mit den Eltern und
zugleich auch die selbst bekommenen Eindrücke davon, daß die einheimischen Gleichaltrigen im allgemeinen bessere Lebensbedingungen hatten, erwies sich als
idealer Nährboden für Übertragungen. Die Aggressionen, die die Erwachsenen unterdrückten, trugen die
Kinder und Jugendlichen ungehemmt nach außen und
gegeneinander. Konnten oder wollten sie nicht Freunde werden, so wurden sie doch Feinde. Und Feinde gilt
es zu bekämpfen.

Wenn du für alle der Schuhabtreter bist

Das stellte auch Ralf fest:

*An der Schule bei uns im Ort ist total das Chaos. Die ist über-
all voll verrufen. Wenn du da bist, denkst du, du bist der
Ausländer, nicht die anderen. Da gibt's mehr »Patschaken«
und »Kanaken« als Deutsche. Die kommen ja von allen kleinen Käffern aus der Umgebung zu uns, weil es dort keine eigenen Schulen mehr gibt. Vor allem in den unteren Klassen.
Und so benehmen die sich auch. Als ob das total denen ihre
Schule und ihr Land wäre. Unter sich, da reden die bloß rus-
sisch oder türkisch oder jugoslawisch oder so, und wenn da*

mal einer von uns vorbekommt, in der großen Pause oder so, schreien die gleich: »Will'u was uff Fress, Scheiß-Deutsch-Sau?«

Oder in der Klasse, da wollen die sich nicht neben uns setzen, weil sie behaupten, Deutsche klauen oder stinken. Aber wehe, du sagst, daß sie selber klauen oder stinken, dann rennen ihre Eltern gleich zu den Betreuern vom Ausländerverein oder so, und die rennen gleich zum Lehrer und schreien, du bist ausländerfeindlich. Schon hast du den Segen weg und kannst zum Direktor und kriegst Strafarbeit. Oder, wenn du einen verblödeten Lehrer hast, kriegen deine Eltern Nachricht, und du kriegst Schulverweis oder so. Wenn du so alt bist wie ich, fliegst du sogar, weil, dann ist ja keine Schulpflicht mehr.

Außerdem kannst du in der Klasse nicht mal lernen, wenn du willst, weil die nichts verstehen oder so tun, als verstehen sie nichts, oder auch überhaupt nichts verstehen wollen, weil sie eben keinen Bock haben auf doofes Deutsch, und dann wollen, daß auch die anderen nichts kapieren. Die machen die Lehrer doof an, pöbeln ständig rum, labern total laut in ihrer eigenen Sprache zusammen und rauchen im Unterricht, daß kein Mensch aufpassen kann. Oder in Klassenarbeiten, da machen die einfach nicht mit. Da sitzen sie rum und schmeißen Papierflieger oder kleine Steinchen oder stechen dich mit dem Füller in den Rücken oder kleben dir ausgelutschte Kaugummis an und bekritzeln dir die Klamotten von hinten. Da kannst du gar nichts machen. Der Pauker sagt sowieso nichts. Der hat doch längst den Frust und reißt bloß noch seinen Job runter, damit er seine Kohle kriegt. Und das war's dann.

Und später, nach der Schule, auf dem Heimweg, bist du der Leo. Da machen die alles mit dir, was sie wollen. Dagegen hast du keine Chance. Am schlimmsten sind aber fast die paar Deutschen, die bei denen mitmachen. Ich weiß ja nicht, aber die müssen den anderen scheint's beweisen, daß sie minde-

stens genauso gut kickboxen und Karate oder Kung-Fu oder was weiß ich können. Oft sind die auch die Anführer. Das hältst du echt nicht aus.

Ralf weiß, wovon er spricht. Aggressionen auf dem Schulhof oder in den kleinen Pausen hatte es vom Tage der Einschulung an immer wieder gegeben. Von der vierten Klasse an wurde Ralf regelmäßig erpreßt, beraubt und geschlagen. Als zusätzlich seine schulischen Leistungen absackten und die Eltern immer stärker Druck auf ihn ausübten, gab Ralf die erfahrenen Repressalien in Form von Störverhalten im Unterricht und Aggressionen gegen jüngere Schulkinder weiter. Er erledigte kaum noch Hausaufgaben und schwänzte häufig. Außerdem fiel er als Dieb und Urkundenfälscher auf. Sein Verhalten gab immer öfter Anlaß zur Klage. Aus dem früher bei den Lehrkräften ausgesprochen beliebten und als intelligent eingestuften Jungen wurde schnell der Bösewicht, der für alle als Prügelknabe herzuhalten hatte.

»Die Pauker ließen ihren Frust an mir ab, weil sie sich an die Ausländerkinder nicht rantrauten«, meinte Ralf.

Mehrmals wurden seine Eltern in die Schule einbestellt, wo ihnen lange Listen mit Ralfs Vergehen vorgelegt wurden. Ralf lasse es an dem nötigen Respekt fehlen, hieß es. Er sei faul und behindere den Unterricht. Im Pausenhof schlage er oftmals grundlos die Grundschulkinder. Man habe ihn dabei ertappt, wie er während der Pause wieder in die Klassenzimmer geschlichen sei und seinen Klassenkameraden Taschengeld aus dem Ranzen gestohlen habe. Außerdem habe er unter schlechten Klassenarbeiten und Tests die Unterschrift seiner Eltern gefälscht. Da sei man sich ganz sicher.

Ralfs Eltern hatten alle Vorwürfe jeweils heftig bestritten. Sie hatten Beweise gefordert. Als die Schulleitung ihnen die von Ralf unterschriebenen Hefteinträge vorlegte, beteuerten beide Eltern, sie selbst hätten die fraglichen Unterschriften geleistet. Zu den Repressalien, denen Ralf durch seine Mitschüler ausgesetzt war, hatten sie geschwiegen. Sie waren der Meinung gewesen, Ralf müsse sich selbst durchsetzen.

Um ein Exempel zu statuieren und Ralf im Schockverfahren wieder zur Vernunft zu bringen, beschloß das Lehrerkollegium, den Jungen die siebte Klasse wiederholen zu lassen. Grundlage dazu waren Ralfs Klassenarbeiten, deren Niveau rapide abgesunken war. Als die Eltern schriftlich über die gefährdete Versetzung informiert wurden, drohten sie ihrem Sohn größere Strenge an. Vor allem der Vater, der sich vom »kleinen Handwerker« zum Meister, Geschäftsführer und Inhaber eines eigenen Betriebes hochgearbeitet hatte, zeigte sich wütend enttäuscht von seinem Sohn.

An dieser Stelle gab Ralf allen Lebensmut auf. Eines Morgens, kurz vor Unterrichtsbeginn, kletterte er an einer Regenrinne von einem Fenster der obersten Etage auf das Flachdach des sechsgeschossigen Schulhauses und wollte sich in die Tiefe stürzen.

Da sein Klettermanöver von den zur Schule strömenden Schülern nicht unbemerkt geblieben war, stauten sich die aufgeregt durcheinander redenden und nach oben zeigenden Gaffer auf dem Schulhof. Dies weckte die Aufmerksamkeit einiger Lehrkräfte.

Irgend jemand eilte ins Lehrerzimmer, um Hilfe zu holen. Als einige Lehrkräfte mit dem Schulrektor im Schulhof erschienen, warf Ralf ihnen einen Papierflieger hinunter. Das gefaltete Blatt war beschrieben. Als der Direktor es ausbreitete, erkannte er, daß es eine Botschaft darstellte. Ralf hatte geschrieben:

> *Die Patschaken haben es geschafft. Ich bin fertig. Ich habe*
> *keinen Bock mehr. Wenn ihr wissen wollt, was passiert ist,*
> *fragt Andy oder Steffen oder Hubert F. oder Lisa.*
>
> *Ralf K.*

Der Direktor war entsetzt. Dies war eindeutig ein Abschiedsbrief. Der Junge wollte sich offensichtlich das
Leben nehmen. Selbstverständlich konnte und wollte
er aus menschlichen Gründen nichts unversucht lassen, dies zu verhindern. Zugleich mußte er einen Skan-
dal für seine Schule befürchten.

In Panik schrie er die Kolleginnen und Kollegen an,
etwas zu unternehmen, ihm ein Megaphon zu bringen,
nur schnell, schnell. Während jemand eilte, den Befehl
auszuführen und die anderen Lehrkräfte versuchten, die
immer aufgeregter im Schulhof drängelnden Kinder zu
beruhigen, bemühte sich der Direktor, sich Ralf auch
ohne Megaphon verständlich zu machen und den Jungen von seinem Vorhaben abzubringen.

»Das sah von oben total geil aus!« erinnerte sich Ralf. »Wie
die alle die Krise bekamen und durcheinander rannten und
jeder irgendwas zu mir raufbrüllte. Das gab mir ein echt
starkes Gefühl. Ich konnte einfach nicht sofort springen. Ich
glaube, ich wollte das Theater möglichst lange genießen. So irgendwie mitnehmen, zum Abschied, oder so.«

Die Seele frei schreiben

Ralf und ich erhielten Kontakt durch ein Suchinserat,
das ich in mehreren großen Tageszeitungen aufgegeben hatte. Ich hatte mir eine gute Resonanz erhofft, doch
die Ausbeute war vergleichsweise mager. Ein Selbstmordversuch sei eben etwas sehr Privates, erklärten mir

Betroffene später. Es sei auch etwas Peinliches. Und es schmerze noch immer, darüber zu reden. Eigentlich gehe es keinen etwas an.

Reichlich geantwortet hatten wie üblich exhibitionistisch-voyeuristisch orientierte »Spinner«, die sich in Obszönitäten abreagieren wollten. Ebenso obligatorisch waren ein paar Zuschriften von Leuten, die sich zum Beispiel leidenschaftlich darüber aufregten, daß jemand über die Probleme »gelangweilter und den Extremthrill suchender Jugendlicher unserer satten Wohlstandsgesellschaft« schreibt, anstatt sich dafür starkzumachen, daß »Schmarotzer das erhalten, was sie verdienen« und zwar »Arbeitslager wie bei Hitler«.

Eine der wenigen Zuschriften meiner Zielgruppe stammte von Ralf. Er schrieb: »Ich bin einer von denen, die Sie suchen. Vielleicht habe ich Lust, Ihnen etwas darüber zu erzählen. Nennen Sie mir zwei gute Gründe, warum ich das tun sollte.«

Ich antwortete, ob die zwei Gründe, die mir eingefallen wären, ihn überzeugten, wüßte ich zwar nicht, aber ich dächte mir, erstens habe er sich durch mein Suchinserat angesprochen gefühlt und sei deshalb wohl selbst auf der Suche. Zweitens könne man immer nur nach dem Test etwas über den Erfolg eines Experimentes aussagen. Ich stünde für einen Versuch zur Verfügung.

Einige Zeit nach diesem »warm-up«-Briefwechsel erreichte mich eine teils besprochene, teils mit Solo-Gitarre, teils mit Bandmusik bespielte Kassette. Texte und Musik der Solostücke stammten von Ralf. Da er keine Noten lesen kann, hatte er die Harmonien und Akkorde rein gehörmäßig erfaßt und die Griffe so lange ausprobiert, bis der für ihn optimale Sound dabei herauskam.

Gleich das erste Stück stimmte mich beim Zuhören sehr melancholisch. Der Kontrast der teils fetzenden

Melodie zu den hoffnungslos sentimentalen Inhalten
der Textzeilen erzeugt einen eigenartigen Stimmungs-
mix aus Aufbruch und Stillstand. Leider kann ich hier
nur den Text ohne Musik wiedergeben.

Tell me
Tell me
when time is floating on
what you thought of
life and dying.
And I'll tell you
of feelings, thoughts of mine.
Maybe
our minds will float
together now and then
to imitate eternity.
I heard –
when autumn came
and leaves were falling –
I heard
the lilies die with thurst.
I heard –
when winter came
with snow and ice –
I heard
the dying swanies cry.
Tell me
when time is searching end,
how should a tumbling butterfly
in all this darkened frosty sky
where sunrays never 'll glow and shine
to the top of its bent
bring horizon to end.

In freier Übersetzung enthält der Text eine Aufforderung an ein unbekanntes Du zu einem Meinungsaustausch. »Erzähl mir, was du über Leben und Sterben denkst, wenn die Zeit an dir vorüberrauscht. Und ich will dir von meinen Gedanken und Gefühlen erzählen. Mag sein, unsere Eindrücke verfließen hier und da zu einem Trugbild der Ewigkeit. Ich hörte – es war Herbst und die Blätter fielen – verdurstende Lilien sterben. Ich hörte – der Winter brach mit Schnee und Eis herein – ich hörte die sterbenden Schwäne schreien. Sag mir, wie sollte am Ende aller Zeit ein schaukelnder Schmetterling inmitten dieses eisig heraufdämmernden Himmels, den keine Sonnenstrahlen je zum Glühen bringen und freudig erhellen, den Horizont vollenden?«

Der Kontakt zu jungen Menschen, die Todesnäheerfahrungen gemacht haben, hat mir immer wieder gezeigt, wie erstaunlich reif die meisten von ihnen in ihrem Denken sind. So verwunderte mich der anspruchsvolle Gehalt der mir von Ralf geschickten Texte keineswegs. Gerade der Zwiespalt des körperlich »ganz normal« pubertierenden Teenagers, der immer wieder an der eigenen Unreife aneckt oder gar scheitert, es geistig und bildungsmäßig aber längst mit Erwachsenen aufnehmen kann, birgt den Zündstoff in sich, der die Bombe »Selbstmord« sprengt.

Gut ist, was hart macht

»Warum«, fragte ich Ralf auf einem der insgesamt fünf von uns abwechselnd in einer Art Dialog besprochenen Tonträger, »warum hast du dich deinen Eltern nie anvertraut? Warum hast du sie nicht um Hilfe gebeten, als du immer öfter und massiver der Gewalt deiner Klassenkameraden ausgesetzt warst? Und die Lehrer, warum hast du dir von ihnen keine Hilfe geholt?«

Weil sie alle mit sich selbst zu tun hatten. Mein Vater ist Geschäftsmann. Meistens ist er auf irgendeiner Baustelle. Er ist selten zu Hause. Wenn er kommt, ist er kaputt. Am Wochenende braucht er seine Ruhe. Er ist da, klar. Ich mag ihn auch. Aber es ist wenig Zeit, eben. Und meine Mutter, meine Mutter ist Arzthelferin. Sie arbeitet ganztags. Weil sie bei einem der Ärzte ist, die ihre Termine nicht unter den Hut kriegen, muß sie oft Überstunden machen und kommt dann erst gegen neun Uhr oder noch später nach Hause. Sie ist zwar mittags zum Essen da, aber sie kocht nur am Wochenende selbst. Wir haben eine Haushilfe.

Wenn ich früher in der Mittagszeit zu meiner Mutter kam, hielt sie mich immer am langen Arm von sich weg, damit ich ihren weißen Kittel nicht mit meinen Schmutzfingern anlangen konnte. Später wollte ich sie nicht mehr umarmen. Ich habe versucht, mit ihr zu reden. Ich habe auch versucht, mit meinem Vater zu reden. Wahrscheinlich habe ich mich ziemlich blöd angestellt. Sie wollten aber auch nichts hören. Wenn ich in Schwierigkeiten war, sagten sie mir immer, daß das normal ist. Jeder müsse sich durchbeißen und habe mal Probleme. Aber nur selten wolle einer mal helfen. Daran solle ich mich beizeiten gewöhnen. Mein Vater hatte dazu einen Spruch, den ich hasse. Er heißt: »Was Hänschen nicht lernt, lernt Hans nimmermehr.«

Deshalb wollten sie, daß ich lerne, allein zurechtzukommen. Mein Vater sagte, er hätte es auch allein schaffen müssen und aus ihm wäre ja wohl etwas geworden, wie man sieht. Er wollte, daß ich überlebensfähig werde und nicht so ein Labberkerl mit viel Hirn, aber ohne Muskeln. Wenn mir die anderen eins reinhauen, sollte ich dreimal so fest zurückhauen. Ich sollte nicht anfangen, aber mich wehren – und dann richtig. Bis ihnen die Zähne im Arsch Klavier spielen, sagte er.

Andere Eltern rufen schon manchmal bei den Kindern an, die ihren eigenen Kindern eine gehauen haben oder so. Meine Eltern taten so etwas nie. Das hielten sie für feige.

»Du hast gesagt, die Jungen haben dir Geld, deine Jakke, sogar deine Schuhe geklaut«, dachte ich laut nach. »Ist das deinen Eltern nie aufgefallen?«

Sie haben es natürlich gemerkt. Meine Anziehsachen sind fast immer aus Boutiquen bei uns am Ort gewesen, weil mein Vater ja Verpflichtungen gegenüber seinen Kunden hat und bei denen einkaufen muß, die ihm Aufträge erteilt hatten. Da wäscht immer eine Hand die andere. Meine Eltern hätten auch lieber im Kaufhaus eingekauft, wo es billiger ist. Aber dann hätten die kleinen Geschäftsleute am Ort meinem Vater keine Aufträge mehr gegeben. Es fiel schon auf, wenn die teuren Sachen weg waren. Meine Mutter hat es meistens irgendwann gemerkt.

Aber ich habe ihnen jedesmal gesagt, daß ich sie vergessen oder verloren oder irgendwo liegenlassen hatte. Ich wollte nicht, daß sie den wahren Grund kannten. Ich hatte immer Hemmungen, ihnen mit Problemen zu kommen. Ich denke, das war, weil ich nicht als Feigling dastehen wollte. Sie hätten sowieso bloß an mir gemeckert, weil ich das und das nicht richtig gemacht hätte oder die und die Antwort geben sollte und nicht schlagfertig genug war. All so was eben.

Über Probleme redete ich lieber mit unserer Haushälterin. Die hatte auch Kinder und war riesig warmherzig und mütterlich. Wenn ich manchmal total down war, nahm sie mich einfach in den Arm, und da war es ihr auch egal, ob sie jetzt gerade Zeit hatte oder ich schon fast so groß war wie sie oder dreckige Finger hatte. Bei ihr konnte ich einfach sagen, was Sache ist. Und sie hatte dann auch meistens eine Idee, was ich machen könnte.

Mal, das weiß ich noch gut, hat sie gesagt, ich sollte den Typen einen Hundehaufen in die Jackentasche stecken. Einfach einen auf der Straße aufsammeln, in eine Tüte tun und denen dann, in der Pause oder wenn ich während der Stunde mal aufs Klo ging, in die Jackentasche ausleeren. Ich hab' mich das zwar nicht getraut, aber wir haben irre gelacht. Und irgendwie gab mir das auch was, weil ich immer mal wieder dachte, daß ich den Trumpf noch hätte, wenn es wirklich zu dick käme. Ich meine, es war ja schon reichlich zu dick. Es war oft nicht zum Aushalten. Aber ich hatte die Idee mit dem Haufen immer noch in petto.

Ich wiederholte meine Frage nach den Lehrern. Warum hatte Ralf bei ihnen nie um Unterstützung gebeten?

Zuerst, als ich noch jünger war, habe ich es immer wieder mal versucht. Auf dem Pausenhof zum Beispiel, da gibt es so eine Ecke, wenn dich da einer hindrängt, kannst du nicht mehr weg, aber du wirst auch nicht gesehen, weil da lauter Sträucher wachsen. Da hatten sie mich ziemlich oft. In den Bauch treten und so oder einem was wegnehmen, egal, was man hat. War dauernd.

Ich hatte schon so Schiß rauszugehen, daß ich mich immer wieder im Klo versteckt habe, bis die Pause vorbei war. Ich bin aber meistens von der Fluraufsicht erwischt und rausgejagt worden. Da habe ich dann schon versucht zu sagen, warum ich nicht raus will und alles. Aber das hat nichts genützt. Die Lehrerin hat bloß gesagt, daß es ja eine Pausenhofaufsicht gibt und zu der soll ich was sagen, die hilft mir dann schon.

Wenn du das aber versucht hast, wenn du der was sagen

wolltest, ja, dann warst du voll der Arsch. Die standen doch immer mit ihrem Kaffee und ihrer Zigarette zusammen und tratschten, und wenn du dann als Junge gekommen bist, haben sie dich weggewedelt und gesagt, ob du nicht sehen würdest, daß sie ein wichtiges Gespräch hätten und nicht gestört werden dürften. Oder sie haben mit den Mädchen rumgemacht. Die haben sich ihnen an den Hals gehangen und so einen Schwachsinn gelabert wie »Mamileinchen« und daß sie sie so liebhaben. Da sind die Tussies voll drauf abgefahren. Unsereins, also die Jungs, hat dagegen doch keine Chance gehabt.

Wenn du verprügelt worden bist und hast eine blutige Nase gehabt, haben sie dir noch den Kopf gemacht, daß du dich ja geschlagen hättest. »Pfui, schlagen tut man nicht! Pfui, schlagen, typisch Junge! Weißt du nicht, daß schlagen Krieg ist? Wer schlägt, soll geschlagen werden. Nimm dir ein Beispiel an den Mädchen, die schlagen nie!«

Daß du dich nur gewehrt hast, war denen doch egal. Und wenn du gesagt hast, der und der war es, der hat angefangen, dann haben sie gesagt, daß du das beweisen mußt und sind mit dir zu dem hin, und dann haben dem seine Freunde gesagt, daß es nicht stimmt. Und dann hast du wieder die Arschkarte gezogen gehabt.

Vor allem, wenn es dann noch was gegen Ausländer war. Die ganzen »Patschaken« und die alle, denen traut sich doch keiner was zu tun. Weil, vor denen haben die Pauker doch selber Schiß in der Hose und wissen, daß sie die Fresse poliert kriegen, wenn sie denen was tun. Hatten wir doch schon an der Schule gehabt. Da hat einer von denen einem Pauker das Butterfly[2] reingesteckt, daß der ins Krankenhaus hat müssen.

Den Türken, der's war, den haben sie laufenlassen. Der war

---

[2] d. i. ein Messer mit beweglich aufspringenden Klingen.

erst 13. Da macht das dem nichts, weil er ja noch nicht strafmündig ist. Und das wissen die Pauker auch alle. Außerdem haben sie Angst vor der Familie von dem gehabt. Der hat noch drei Brüder und ein paar Cousins. Wenn die sich alle zusammen über einen hermachen, das fetzt. Gegen die trauen sich doch die Pauker nichts. Die mit ihren Muskeln vom Bleistiftspitzen.

Bei mir, da haben sie sich dann schon getraut. Bei mir konnten sie es ja machen. Da konnten sie ja Strafarbeiten austeilen und Nachsitzen und Vor-die-Tür-Stellen und beim Direktor antanzen lassen und die Eltern einbestellen. Da konnten sie ja rumbrüllen und einen vor der ganzen Klasse vorführen. Oder in Klassenarbeiten. Da haben sie mir zweimal oder öfter denselben Fehler angestrichen, bloß damit sie die Note drücken konnten. Oder haben mir einfach ein paar Sechser für irgendwelche Tests oder nicht gemachte Hausaufgaben reingehauen, damit sie die richtigen Arbeiten nicht voll rechnen mußten, weil ich sonst eine zu gute Note bekommen hätte. Die wollten doch, daß ich schlecht bin, daß ich sitzenbleibe. Da hätten sie doch endlich einen gehabt, dem das auch mal was ausmacht, der mal Tränchen fließen läßt und verzweifelt ist. Bei mir, da hatten sie mit dem ganzen Scheiß keine Probleme. Da konnten sie voll ihren Frust ablassen, weil, mit den »Patschaken« und den ganzen »Asos« in der Klasse, da klappte das nicht. Die haben sich doch nichts aus allem gemacht. Wenn einer vor die Tür gestellt worden ist, ist er einfach ab in die Stadt oder hat Scheiß gebaut – im Kaufhaus geklaut oder so – und dann ist es auf den Pauker zurückgefallen, weil, der hat ihn ja rausgelassen. Oder eine Sechs, das hat denen doch nichts gemacht. Die hatten doch sowieso keinen Bock.

Wie ich älter war, haben die Pauker mich behandelt wie den letzten Dreck. Das kann ich nicht anders ausdrücken. Das ging von meiner Lehrerin aus, die ich damals hatte. Die hat mich absolut schikaniert. Und zwar nicht, weil ich so frech oder blöd gewesen wäre. Die hat mich fertiggemacht, weil ich so leicht fertigzumachen war und dann auch Nerven hatte und schnell rumgebrüllt habe. Das hat ihr Spaß gemacht.

Die Frau war vielleicht vierzig und hatte keine Kinder. So eine parfümierte, aufgedonnerte Kaufhauspuppe. Ich glaube, die kann Kinder auch nicht ausstehen. Wenn die zu uns in den Unterricht kam, sagte sie schon an der Tür, daß sie es ätzend finden würde, mit uns zu arbeiten, weil wir alle einfach stinkend dumm und stinkend faul und die reine Zeitverschwendung wären. Bei der mußte alles totenstill sein. Wenn einer mit den Füßen scharrt oder in der Nase popelt – raus! Aber nicht vor die Tür. Raus hieß bei der Frau, daß man vor der Klasse stehen mußte. Einen hat sie mal die ganze Stunden stehen lassen, bis er umgefallen ist. In Ohnmacht und weg. Und wenn du die Hausaufgaben nicht hast, mußt du am Nachmittag ihr Auto putzen oder die Fahrradständer im Hof schrubben. Da sagt keiner was, auch die Eltern nicht. Die finden das sogar noch gut.

Als sie mich bestellt hat, damit ich ihre blöde Karre putze, hat mein Vater gesagt, Lehrjahre wären keine Herrenjahre, und ich hätte zu begreifen, daß die Pauker meine Chefs sind und ich das zu tun habe, was sie ansagen. Das müßte er schließlich auch. Und wenn ich mal mein eigener Herr wäre, würde ich andere haben, denen ich dann befehle. So gleicht sich das wieder aus. Aber bis dahin hätte ich eben zu gehorchen.

Wie es schließlich dazu kam, daß Ralfs Eltern trotz ihrer lange zur Schau getragenen Gelassenheit den Aufstand probten, erfuhr ich Tage später, als der Postbote mir erneut eine Jiffy-Tüten-Sendung von Ralf überreichte.

Die Terrorsache mit den Ausländertypen fing zuerst mit Schlägen an. Körperschläge, weil man die nicht so schnell sieht, wegen blauer Flecken und so. Die haben mir überall aufgelauert, vor allem auf dem Schulweg. Meistens waren sie zu dritt, aber nicht immer dieselben. Einer hat sich von hinten auf mich geschmissen, einer hat mir die Sachen abgezogen, einer hat mich zusammengetreten oder geboxt. So lief das immer. Die hatten mich absolut kirre. Ich hab' alles gemacht. Kleine Mädchen verprügelt zum Beispiel. Die schleppten irgendeine an und dann sagten sie, daß ich sie hauen soll. Zuerst wollte ich nicht oder habe nur ein bißchen gehauen. Dann haben sie mich zusammengetreten, in den Bauch und in den Unterleib. Und dann war ich wieder dran. Bis ich es gemacht habe. Irgendwann hat mir das dann auch Spaß gemacht. Da war ich eben mal der King.

Wie ich dann größer war, wollten sie Geld, damit sie mich nicht verprügeln. Mein Taschengeld haben die sowieso immer eingeschoben. Aber das reichte nicht. Ich sollte klauen. Da habe ich zuerst meiner Mutter was aus dem Geldbeutel genommen. Später haben sie mich in den Laden geschickt und gesagt, was ich bringen soll. Kassetten und Zigaretten meistens oder Süßigkeiten. Einer von denen hat an der Kasse irgendeine Show abgezogen. Ich bin dann so durch.

Manchmal haben sie mich erwischt. Dann haben sie meine Eltern angerufen, und die haben alles geregelt. Getobt haben sie schon. Von wegen Schande und daß ich sie ins Gerede bringe. Sie wußten da wohl auch wirklich nicht, was sie machen sollten. Sie haben eigentlich immer nur alles vertuscht.

Einmal, da hatte ich unter zwei Klassenarbeiten mit Sechsern die Unterschriften gefälscht. Das fiel wirklich jedem auf. Ich hatte es auch nicht gemacht, damit es keiner merken sollte. Ich wollte sogar, daß es einer merkt. Weil – ja, was soll ich sagen – ich wollte da schon, daß es auffällt. Ich dachte, daß ich dann vielleicht von der Schule fliege. Das wäre schon nicht schlecht gewesen. Aber wie der Direktor und die beiden Tussies in Deutsch und Geschichte meinen Eltern die Hefte präsentiert haben, haben die bloß gesagt, daß sie es unterschrieben hätten. Ihr Sohn würde keine Urkundenfälschung machen. Den Paukern war das ganz schön peinlich. Ich glaube, daß sie auch wütend waren. Aber machen konnten sie ja nichts.

Meine Eltern haben mir schon unterwegs nach Hause eine Riesenmoralpredigt gehalten. Daß so etwas strafbar wäre und man dafür ins Gefängnis kommt und sie mich nur gedeckt hätten, weil sie mich lieben und bla bla bla. Ich habe mir das alles angehört und gedacht, daß es alles Scheiße ist. Weil – ja, sie hatten total nichts kapiert. Für mich war das echt das Äußerste gewesen. Und sie schnallten nichts. Was soll das? Ich habe es aber nicht noch mal gemacht. Es war ja sowieso zwecklos. Es brachte ja nichts.

Die »Patschaken« hatten dann irgendwann eine richtige Bande gemacht. Da waren nicht nur die aus meiner Klasse drin. Ich glaube, die hatten sich richtig organisiert. Die hatten es auch nicht nur mit mir. Andere Jugendliche wurden von denen genauso fertiggemacht. Von Klamotten abziehen haben Sie bestimmt schon mal was gehört, oder? Wenn einer irgendwas anhat, ein Markenteil oder so, und denen das gefällt, dann ziehen sie dir das ab. Schuhe, Jacken, alles. Die kommen einfach und sagen: Hey, zieh dein Jack ab, oder will'u Keile?

Und da hast du keinen Mumm, wenn du die siehst. Die haben Baseballschläger und Butterflies oder Standmesser, und die machen sich nichts daraus, dir eins übers Hirn zu geben oder so. Denen ist das absolut egal, wenn sie geschnappt werden. Die schicken immer die vor, die noch zu jung sind für die Bullen. Denen passiert nichts. Und wenn's dann doch mal einer ist, ist es auch nicht schade. Einer weiß ich, der wurde erwischt, wie er einem Mädchen was machen wollte. Der war schon 15. Die Eltern von dem Mädchen haben ihn angezeigt. Wie sie den hatten, ist er zur Strafe auf ein altes Segelschiff gekommen, das extra für solche Zwekke hergerichtet worden war, und hat mit einer Crew von lauter Jugendlichen und zwei oder drei Sozialarbeitern ein halbes Jahr oder noch länger einen Wahnsinnstörn die Elbe hoch bis in die Nordsee gemacht. So 'ne Strafe hätte ich mir auch gefallen lassen.

Mir ist dann irgendwann alles über mir eingebrochen. Ich hatte die ganze Sache so verdammt satt. Jeden Tag aus dem Bett, in die Schule, Geld abliefern, Kaufhausklau, Dresche. Ich hatte absolut keinen »drive« mehr. Ich wollte bloß noch Augen zu und aus und nie mehr aufwachen, nie mehr in diesen ganzen Scheiß rein.

Ich glaube, die einzige, das überhaupt etwas geblickt hat, war unsere Haushälterin. Die hat oft gesagt, daß es so nicht weitergeht, daß sie am liebsten mal mit den Lehrern reden will oder zur Polizei geht und diese Lümmel anzeigt. Aber ich hatte Angst, daß meine Eltern sie rausschmeißen, wenn sie das macht. Es ging sie ja nichts an, was mit mir ist. Sie sollte ja nur den Haushalt schmeißen.

Die Frau hat mir echt Halt gegeben. Bei ihr in der Küche, das war wie eine Insel. Da war ich der Ralf und nicht die Deutsch-Sau. Bei ihr mußte ich auch nichts beweisen, so von wegen Mumm haben oder so. Mit ihr konnte man einfach ganz normal reden und mal Blödsinn labern und wenn sie einem dann mit ihren Keksen kam oder mit einer Extraportion Pudding, das war schon gut. Ich hatte die Frau wirklich lieb. Und die mich wohl auch. Ja, kann man so sagen.

Absturz zum bitteren Ende

Eines Tages war unsere Haushälterin krank. Nichts Ernstes, hieß es. In einer Woche ist sie wieder da. Aber die Woche wurde dann für immer, denn sie hatte Krebs. In derselben Woche, als ich das erfuhr, kam der Brief von der Schule, daß ich die Klasse nicht packe. Da kam wirklich alles zusammen.

Daß unsere Haushälterin jetzt ausfallen würde, hatte meine Eltern schon irre aufgeregt. Aber der Brief! Sie haben Tote aufstehen lassen. Sie hätten bis jetzt alles für mich getan. Immer Verständnis gezeigt. Ich könnte mich ja wohl nicht über sie beschweren. Und jetzt würde ich ihnen auch noch das antun. Ich sollte mich gefälligst zusammenreißen. Sie würden mir jetzt einen Lehrer besorgen, und dann hätte ich zu arbeiten. Der Schlendrian wäre jetzt vorbei.

Ich bin dann ziemlich durchgeknallt. Mir war auf einmal so klar, daß das jetzt das Ende ist. In mir war auch alles eiskalt, keine Angst oder Aufregung oder so. Ich war eher irgendwie erleichtert. Am nächsten Morgen bin ich dann aufs Schuldach.

Mir drängte sich die Frage auf, ob Ralf schon vorher darüber nachgedacht hatte, sich das Leben zu nehmen.

Sicher. Oft. Jedenfalls, wie ich schon so zehn, elf war. Ich hatte mir das monatelang immer wieder vorgestellt. Ich hätte mir leicht Tabletten besorgen können. Ich hatte dann auch die Idee, es mit Strom zu versuchen. Stellte ich mir irgendwie cool vor. Du liegst in der Badewanne und rein mit dem Fön. Hatte ich mal im Fernsehen gesehen. Geil. Oder ich dachte, daß ich mich im Wohnzimmer aufhängen könnte. Wenn meine Alten dann reinkämen, würden sie mich sofort sehen,

wie ich da baumle. Das war auch eine gute Vorstellung. Bloß
das mit dem Halszuschnüren, das war nicht so mein Ding.
Also, daß ich es irgendwann machen würde, das war eigent-
lich schon klar gewesen.

Eigentlich war das so wie früher die Sache mit den Hun-
dehaufen. Ich hatte das in petto. Ich war da der Bestimmer,
nicht der Gehorcher. Wenn ich soweit war, bestimmte ich,
daß es jetzt sein soll. Der Gedanke, der war schon geil. Den
hab' ich oft mit ins Bett genommen und mir alles vorgestellt,
wie das wäre, wenn dann alle heulen und mich gern zurück-
haben würden und ich bin weg, einfach so. Wenn ich das nicht
gehabt hätte, hätte ich das wahrscheinlich schon früher
gemacht, denke ich. Ja, kann man so sagen.

Ralf war gerettet worden, weil die Feuerwehr, die sofort
angefordert wurde, ihre Riesenleiter ausgefahren und
ein Feuerwehrmann ganz langsam immer höher zu ihm
hinaufgeklettert war. Während er auf Ralf einredete und
ihm Mut machte, sich selbst und dem Leben eine Chance zu geben, spannten die Feuerwehrleute im Hof vorsichtshalber ein Sprungtuch auf. Schließlich kletterte
Ralf in den Rettungskorb und ließ sich herunterbrin-
gen.

Selbst wenn ich gesprungen wäre, wäre mir nichts mehr pas-
siert. Ich hätte mich nur total lächerlich gemacht. Es starr-
ten ja sowieso alle zu mir rauf und warteten bloß darauf, daß
ich ihnen die Supershow biete. Es war echt ätzend. Wenn du
weißt, du mußt da jetzt wieder runter und alles ist wie vor-
her, bloß, daß du dich auch noch zum Klassenclown gemacht
hast. Wenn ich wenigstens die Chance gehabt hätte dane-
benzuspringen, daß dann doch alles aus gewesen wäre. Aber
die Chance hast du ja nicht, wenn da so ein Typ vor dir steht
und dich blödschwallt, und unten stehen die mit diesem Rie-

sentuch, und bis du unten ankommst, sind sie schon damit da.

Ich hatte so einen Haß. Ich wäre am liebsten über das Dach rüber und auf der anderen Seite runter. Aber das klappte nicht. Ich kam nicht hoch. Und außerdem bin ich nicht schwindelfrei. In dem Moment solltest du meinen, das ist dir egal. Aber es ist nicht egal. Du willst eigentlich abstürzen und hast dann doch Angst. Da war es mir schon lieber, ich steige über die Leiter ab und das war's dann.

Als Ralf sicher wieder unten war, schirmte ihn der Feuerwehrmann, der ihn heruntergebracht hatte, gegen alle Leute und Fragen ab.

Der nahm mich um die Schulter und rein mit mir in den Rettungswagen zum Notarzt. Ich mußte mich auf die Liege legen. Kurze Untersuchung. Dann ab ins Krankenhaus. Ich wollte nicht. Ich wäre doch nicht krank, was der Quatsch solle. Aber der Arzt blieb hart. Ich hätte versucht, mir das Leben zu nehmen, vermutlich stünde ich unter Schock. Ich müßte jetzt erst mal für ein paar Tage zur Beobachtung in die Psychiatrische Klinik. Dann würde man schon sehen. Meine Eltern wären benachrichtigt. Es wäre alles okay. Nur keine Aufregung und so weiter und so weiter. Ich habe dann alles mit mir machen lassen. War ja sowieso meine Spezialität.

Neustart – aber wohin?

Das Ärzteteam in der Psychiatrischen Klinik hatte sehr schnell erfaßt, daß Ralf ernsthafte Schwierigkeiten hatte und worin diese begründet waren.

Ich hatte von der Einweisung an jede Woche zuerst jeden Tag, dann zweimal in der Woche, später einmal einen Termin bei einem Therapeuten. Der Mann redete auch mit meinen Eltern. Daß ich die Schule wechseln durfte, hat er für mich geschafft. Und daß es jetzt ganz okay für mich ist, hängt auch mit ihm zusammen.

Trotzdem will ich nicht sagen, daß es jetzt alles die einzige große Freudenfeier ist. Ich kapsle mich schon immer noch ziemlich ab. Das ist so ein Mechanismus. Ich raste auch immer noch ziemlich aus, wenn Dinge schieflaufen. Und ich denk auch immer noch, daß ich es in der Hand habe. Ich bin ein freier Mensch. Wenn ich nicht mehr will, mache ich Schluß. Das kann mir keiner verbieten. Da können sie mir noch so oft einreden, daß ich einen an der Waffel haben muß, wenn ich nicht mehr leben will, und deshalb dann sofort eine Zwangseinweisung kriegen muß. Alles Scheiße, das. Ich bin nicht verrückt. Ich bin total normal. Verrückt ist nur oft alles um mich rum. Und zwar so verrückt, daß ich als Normaler das nicht mehr begreife, daß es einfach zu hoch für mich ist oder eben nicht auszuhalten. Und dann gehe ich. Dann verlasse ich diese Scheiß-Party.

Auch mit meinen Eltern ist das jetzt nicht die große Pille-Palle-Show. Sie sind dieselben, ich bin derselbe. Wir haben immer noch ziemlich Sendepause. Bleibt wohl auch so. Aber das allein war's ja auch nicht. Es war alles zusammen, und die Schule zuerst. Das ist jetzt weg, oder fast weg. Das ist der dickste Brocken. Jetzt denke ich schon, ich kann's packen. Vor allem, weil ich jetzt drüber reden kann, weil das nicht mehr so eingemauert in mir weitergehen muß.

Wenn Hilfeschreie als Gewalt daherkommen

Eine Studie im Auftrag der Zeitschrift *Brigitte* (Heft 24/1996) ergab, daß rund 600.000 Minderjährige in Deutschland gefährdet sind, zu Gewalttätern zu werden. »Gefährdet« meint nach Aussage der die Studie begleitenden Wissenschaftler ein extrem auffälliges Verhalten, welches anhaltend bestehen bleibt, anstatt sich entsprechend der Altersentwicklung erlernten sozialen Spielregeln anzugleichen. Das Ausmaß der Gefährdung steigt, je früher die Verhaltensstörung einsetzt und je länger sie anhält. Gleichzeitig steigt die Chance auf Besserung, je eher die Störung erkannt und sinnvolle Hilfe geboten wird. Erschreckend ist, daß sechs von sieben betroffenen Minderjährigen keinerlei Hilfe erhalten, weil die Eltern die Notwendigkeit dazu entweder nicht erkennen oder die Tatsachen bewußt verdrängen. Befragt wurden insgesamt 3.011 Haushalte mit Kindern zwischen vier und 18 Jahren. Der Befragungsmodus gab Eltern und Minderjährigen die Chance auf unabhängige Aussagen.

Nach den Beschreibungen ihrer Eltern verhalten sich rund 6 Prozent aller Jungen und 3 Prozent aller Mädchen regelmäßig auffallend aggressiv. Die Selbsteinschätzung der Minderjährigen verdoppelt den Prozentsatz, denn 7 Prozent der Jungen und 6 Prozent der Mädchen schätzen sich selbst als »Rambos« ein. Würde man alle diese Minderjährigen zusammenfassen, könnten sie eine Großstadt wie Dortmund bevölkern.

Ausgesprochen unsoziales Verhalten – also lügen, betrügen, die Schule schwänzen, ausreißen, Drogen konsumieren, eigenes Unrecht nicht einsehen – beobachten Eltern darüber hinaus bei etwa 1,5 Prozent der Töchter und 3 Prozent der Söhne.

Unter extrem aggressiven Minderjährigen fällt auf, daß sie gravierende Schulprobleme haben. Sie müssen doppelt so häufig eine Klasse wiederholen wie andere, und fast jeder zweite unter ihnen hat schwerwiegende Lernstörungen.

Unabhängig von der Frage nach Aggressivität und sozialem Verhalten zeigt sich, daß über 40 Prozent der Minderjährigen als emotional gestört auffallen. Sie leiden hauptsächlich an körperlichen und seelisch bedingten Beschwerden, sind oft ungewöhnlich ängstlich und niedergeschlagen. Viele können sich nicht gut konzentrieren, sind zapplig und nervös. Andere haben Kontaktschwierigkeiten mit Gleichaltrigen und ziehen es vor, als Einzelgänger für sich zu bleiben oder Kontakt zu älteren bzw. jüngeren Minderjährigen zu suchen. Gerade diese Minderjährigen erfahren ein viermal höheres Risiko, depressiv und ängstlich zu sein als andere Gleichaltrige. Vor allem der Kontakt zu Außenseitergruppen Älterer wird für sie zum »zentralen Trainingsort für kriminelle Aktionen und Drogenmißbrauch«.

Während Minderjährige in Kleinstädten am unauffälligsten leben, kann es in Großstädten an bestimmten Brennpunkten zu deutlich erhöhter Aggression und Dissozialität kommen. Dennoch schließt die Studie in ihrem Ergebnis einen grundsätzlich negativen Einfluß des »Großstadtpflasters« auf das Verhalten der Bevölkerung aus.

Ebenso ausgeschlossen ist eine Abhängigkeit von Lebensräumen in Ost und West sowie eine »typisch deutsche« Meßwertlatte. Im internationalen Vergleich benehmen sich deutsche Minderjährige nicht aggressiver und dissozialer als ihre Altersgruppe in vergleichbaren westlichen Staaten.

Allerdings: Die Töchter Alleinerziehender verhalten

sich deutlich aggressiver und dissozialer und haben weit mehr psychische Probleme als Töchter aus Familien mit beiden Elternteilen.

Etwa 20 Prozent aller befragten Eltern gab an, Partnerschafts-, Gesundheits- und/oder Wohnungsprobleme zu haben, sowie in psychischen und/oder finanziellen Schwierigkeiten zu stecken. In Familien mit mehr als einem Problemschwerpunkt agieren Minderjährige deutlich häufiger aggressiv, dissozial und emotional belastet. Eindeutig am schwerwiegendsten wirken sich psychische Probleme der Eltern aus.

Hauptursache für aggressives Verhalten von Minderjährigen scheint hingegen ein »verunsichernder Erziehungsstil« der Eltern zu sein. Verhält sich beispielsweise ein Kind beharrlich ungehorsam, reagieren Eltern selten mit Wärme und Verständnis, sondern bringen Drohungen aus. Im allgemeinen bewirken diese nichts. Nun resignieren die Eltern entweder oder reagieren selbst aggressiv. Beide Verhaltensmuster bieten ein Vorbild dafür, daß Aggressionen Macht bedeuten. Führt Macht zum Ziel der Wünsche, setzt dies die Spirale der Gewalt in Bewegung.

Als eines der erstaunlichsten Ergebnisse der Brigitte-Studie kam zutage, daß Minderjährige selbst besser spüren als ihre Eltern, daß und wann sie Hilfe brauchen. Die meisten Eltern sehen nicht einmal dann dringenden Handlungsbedarf, wenn sie ihr Kind als auffällig wahrnehmen und beschreiben. Nur 10 Prozent sind bereit, professionelle Hilfe in Anspruch zu nehmen. Sechs von sieben auffällig gewordenen Minderjährigen bleiben sich und ihren Schwierigkeiten selbst überlassen. Im Gegensatz dazu empfinden 25 Prozent der Minderjährigen ihr eigenes Verhalten als belastend und würden es gern ablegen. 20 Prozent von ihnen wünschen sich professionelle Beratung und Beistand.

Würden Eltern ähnlich sensibel und einsichtig reagieren, könnte ihren Kindern und mit diesen der ganzen Familie schweres Leid erspart werden. Verhaltensauffälligkeiten und vor allem Aggressivität verschwinden nicht von selbst. So, wie sie auch nicht von selbst entstehen. Und sie beweisen auch nicht, daß die Eltern oder das Kind Versager sind. Kinder reagieren mit Verhaltensauffälligkeiten nicht deshalb, weil sie böse geboren sind, sondern weil sie mit sich selbst und der Welt nicht zurechtkommen. Sie leben in einem Teufelskreis und brauchen Hilfe. Und ihr Verhalten ist ein Hilfeschrei.

Wenn richtige Jungs richtig hart sein müssen

Allen Emanzipationsbewegungen zum Trotz nehmen die meisten Eltern auch heute noch an, gerade Jungen müßten für den Krieg des Lebens wehrhaft aufgerüstet werden, damit sie die typische Männerrolle als Familienernährer und Beschützer erfolgreich übernehmen können. Es erscheint ihnen selbstverständlich, daß Jungen von Natur aus rauflustig, draufgängerisch, furchtlos und abenteuerlustig sein müssen. Es gilt ja, für den täglichen Überlebenskampf Ellenbogenkraft, Rücksichtslosigkeit, Durchsetzungsvermögen, Leistungswillen, Karrierebewußtsein, Siegermentalität und ähnliche Machtinstrumente einzuüben. Der Begriff »über Leichen gehen« ist zwar anrüchig, doch wer es tut und die Spitze erklimmt, wird bewundert. Kein Wunder also, daß Eltern Aggressionen bei Söhnen vielleicht seufzend, aber doch als naturgegeben hinnehmen und auch bereit sind, Gewalttätigkeiten zu tolerieren.

Vermutlich dieselben Gründe bringen vor allem alleinerziehende Mütter dazu, die Aggressivität ihrer Töchter zu fördern. Wer sich unabhängig durchs Leben schlagen muß oder will, braucht automatisch ein stärkeres Durchsetzungsvermögen als jemand, der sich hinter dem Rücken eines Beschützers in Sicherheit bringen kann.

Auch Ralfs Eltern stuften ihren Jungen in die Kategorie der Kämpfertypen ein. Ohne auf die individuelle seelische Veranlagung ihres Sohnes Rücksicht zu nehmen, setzten sie die Erwartung in ihn, sich in jeder Situation aus eigener Kraft durchkämpfen zu können.

Der Vater setzte sich selbst als Vorbild in Positur. Er hatte sich aus dem Nichts hochgearbeitet, sich durchgesetzt. Niemand hatte ihm geholfen. Er allein hatte alles erreicht. Darauf war er stolz. Sein Sohn mußte, nein, konnte nur aus demselben Holz geschnitzt sein. Etwas anderes kam gar nicht in Betracht.

Die Mutter hatte ähnlich ehrgeizige Lebensmaximen wie der Vater. Sie liebte ihren Beruf als Arzthelferin und war nicht gewillt, zugunsten der Familie Abstriche zu machen. Von Ralf erwartete sie Rücksichtnahme und Verständnis sowie ein hohes Maß an Selbständigkeit. Seine materielle Versorgung und persönliche Betreuung war durch die den Haushalt versehende Haushälterin gesichert. Sein emotionales Bedürfnis glaubte sie dadurch abgedeckt, daß sie an den Wochenenden etwas zusammen zu unternehmen pflegten.

Wie alle Kinder hatte auch Ralf von klein auf ein sicheres Gespür dafür, was von ihm erwartet wurde. Und natürlich wollte er geliebt werden. Folglich versuchte er, die Erwartungen seiner Eltern zu erfüllen. Er erinnerte sich, schon im Kindergarten ein Außenseiter gewesen zu sein, aber nie zu Hause bei den Eltern geklagt zu haben.

»Ich hatte Angst, sie schimpfen. Mein Vater konnte ziemlich eklig werden, wenn ich heulte. Er hatte da so Sprüche drauf. So in der Art, ob durch Heulen etwas anders würde, oder daß er mir gleich eine an die Backe hauen würde, damit ich Grund hätte zu heulen. Und meine Mutter, die schob mich dann auch meistens ab und brachte das so, daß ich ja häßlich aussehen würde mit meiner verschmierten Rotze und viel schöner wäre, wenn ich nicht heule. Ich habe dann eigentlich nie geheult. Im Kindergarten bin ich allen aus den Füßen gegangen und hab' allein für mich gespielt. Dann hat mich wenigstens keiner gehänselt oder mir was kaputt gemacht oder mir eine getachtelt. Ich weiß noch, daß ich meistens allein gebaut oder gemalt hab' und immer der Brave war. Aber allein war ich eigentlich immer.«

Auch in der Grundschule wurde dies für Ralf nicht anders. Schon am ersten Tag fand er keinen, der neben ihm am Tisch sitzen wollte, und mußte sich als einziger einzeln setzen. »Das ging dann so weiter«, meinte er. »In der Pause hat einer mir mal Kakao über den Kopf geschüttet. Dazu hat die Lehrerin nichts gesagt, nur, daß ich mich abwischen soll und der andere das ja nicht absichtlich gemacht habe. Hatte er aber doch. Und dann natürlich die Sache mit dem Bravsein. Da hat sie mich ständig rausgestrichen, wie toll ich das und das gemalt oder geschrieben hätte. Das hat mir zuerst gefallen. Aber dann hab' ich ziemlich bald gemerkt, daß ich deswegen mit den anderen Ärger bekam. Da hab' ich dann aufgehört, brav zu sein, und kriegte Ärger mit der Tante. Na ja, und so lief das dann.«

In einem unmöglich zu bewältigenden Slalom versuchte Ralf, es jedem in seiner Umgebung rechtzumachen. Seinen Eltern spielte er den tapferen Sohn vor, der prima durchs Leben kam. Seinen Mitschülern wich er aus, wo er konnte. Seinen Lehrern versuchte er zu gefallen, indem er Leistungen erbrachte. Der kleine Junge mit großen Problemen, der er in Wirklichkeit war, durfte er nur im Umgang mit der Haushälterin sein. In den wenigen Stunden, in denen sie ihm zuhörte, ihn ernst und auch mal in den Arm nahm, tankte er für die lange Zeit auf, in der er zu funktionieren hatte.

Der Zusammenbruch für Ralf kam in dem Moment fast unaufhaltsam, als diese Frau aus seinem Leben schied. Ohne sie war er sowohl den Ansprüchen seiner Eltern und dem Schulstreß als auch der immer bedrohlicher werdenden Gewalt seiner Mitschüler rückgehaltlos ausgeliefert. Jeder einzelne Faktor war mehr, als Ralf ertragen konnte. Alles zusammen steigerte sich zum Todesurteil.

Lange schon hatte Ralf über seinen Tod nachgedacht. Er hatte ihn als Zuflucht und Erlösung angesehen. Das Bewußtsein, in diesem einen Punkt seines Lebens Herr über sich selbst zu sein, hatte ihm immer wieder Kraft gegeben, das Leben ein Stück weiter auf seinem Rükken fortzuschleppen.

»Ich hatte mich ja schon gefragt, warum ich immer noch nicht Schluß machte«, teilte Ralf mir mit. »Klar hatte ich das. Ich wäre ja blöd gewesen, hätte ich mich das nicht selbst hundertmal gefragt. Meistens hatte ich gedacht, daß ich es der Anna, unserer Haushälterin, nicht antun wollte. Ich fand es nicht fair, wenn sie dann entlassen würde, weil meine Alten sie wahrscheinlich nicht mehr brauchen würden, wenn ich weg war. Sie war ja schon älter und hätte garantiert keinen neuen Job mehr gekriegt. Ich mochte die Frau. Na ja, und außerdem dachte ich auch immer, daß ich es ja noch packe.«

Mit Anna verschwand das letzte Stückchen Zuversicht aus Ralfs Leben. »Es gab nichts mehr, warum ich da bleiben sollte«, sagte er. »Außerdem, wenn ich ein bißchen vor der Anna starb, was machte das schon. Sie hatte immer behauptet, daß es einen Gott und einen Himmel gibt und keinen Teufel und daß alle sich wiedersehen, die sich liebhaben. Wenn es wahr ist, dachte ich, war es ja gleich, ob sie nun auf mich wartet oder ich auf sie. Und wenn es nicht stimmte, war es sowieso Wurst. Ich hatte das alles jedenfalls satt bis oben hin. Ich wollte einfach weg und zwar für ganz und immer. Ich wollte mich einfach nie mehr anstrengen müssen, nie mehr funktionieren müssen, nie mehr der sein, der mal alles erbt, nie mehr der, den alle in den Arsch treten. Ich wollte nichts mehr, aber das ganz.«

Erst in der professionellen Beratung und Therapie, die Ralf nach seinem Selbstmordversuch erfuhr, lernte er, daß richtige Jungen auch dann okay sind, wenn sie schwach sind, wenn sie weinen müssen, Angst haben und mit irgend etwas nicht fertigwerden. Er begriff allmählich, daß es keine Schande ist, Hilfe zu brauchen und er sich nicht schämen mußte, um etwas zu bitten.

Als besonders prägende Erfahrung bekam er mit, daß seine Eltern entthront werden konnten: »Wie der Arzt mit ihnen geredet hat und ihnen gesagt hat, daß sie mir beistehen müssen und die Sache mit der Schule in die Hand nehmen müssen, daß es so nicht mehr geht, und wie meine Eltern dann so richtig in sich zusammengefallen sind und gesagt haben, daß sie das alles ja so gar nicht gewußt und geahnt haben und selbstverständlich mit der neuen Schule alles klarmachen – wow, das war für mich echt der innere Abgang. Ich hab' nie vorher gesehen, daß mein Vater mal Tränen gehabt hätte. Und da waren dem echt die Augen naß. Das hab' ich selbst gesehen, auch wenn er gleich weggeschaut hat. Und meine Mutter hat voll losgeheult, von wegen, daß sie sich solche Vorwürfe macht und alles. Das war echt das Schlüsselerlebnis für mich. Wenn das nicht gewesen wäre, ich wär' garantiert bei der nächsten Gelegenheit wieder wo runtergesprungen. Aber diesmal richtig.«

Was ich euch noch sagen will

Du und du und du und du auch, klar. Ich bin der Ralf. Wer du bist, kann ich jetzt nicht hören. Macht nichts. »Du« langt auch. Also, Botschaften gibt's viele. Kann jeder was für sich raussuchen oder nicht. Ich hab' auch noch eine. Geb' sie gern weiter. Weil, irgendwie sind wir alle 'ne family, denk' ich. Alle Traumtänzer und Crasher[3], wenn keiner dem anderen ein Stück weit auch Platz macht. Ist so'n Stück weit Philosophie von mir. Mach' ich Musik dazu. Manchmal finde ich sie sogar selber gut. Ist ja egal. Deshalb rede ich jetzt nicht. Also nicht wegen mir. Ich red' wegen dir jetzt und wegen dir und – na ja, wer sich nicht angesprochen fühlt, der hört eben weg. Auch okay. Aber für die, die's wissen wollen. Also, das ist es, das ist der Tip, den ich geben kann:

Redet drüber und zwar nicht bloß, daß ihr Schluß machen wollt. Macht den Mund auf und sagt, was euch stinkt. Alles! Holt euch Hilfe. Dafür braucht sich keiner schämen. Alle brauchen mal Hilfe. Und dann noch was: In jedem drinnen ist eine Stimme, die sagt, was richtig und gut ist. Die sagt, was man will. Und keiner hat das Recht, mit einem etwas zu machen, was man nicht will. Wer das macht, verstößt gegen das Gesetz, weil nämlich jeder Mensch ein freier Mensch ist, mit einem freien Willen und kein Sklave. Deshalb sag' ich

---

[3] »Crasher« ist eine Kurzform für »Crashkids«, womit diejenigen gemeint sind, die aus Spaß an der Gefahr und mit mehr oder weniger bewußten suizidalen Absichten Autos klauen und mit diesen Frontalunfälle verursachen.

nochmal, laßt euch nicht zu Sklaven machen. Von keinem. Habt ihr gar nicht nötig. Seid ihr viel zu schade dafür.

Macht den Mund auf, wenn euch was nicht paßt oder zuviel ist. Heult, wenn Tränenzeit ist. Und denkt nicht immer, daß was peinlich ist oder einer euch Scheiße findet. Wehrt euch, holt euch Hilfe, aber rennt nicht in den Tod. Wer tot ist, hat vielleicht vor dem Ruhe, was beschissen war, aber er kriegt dann nicht mal mehr mit, daß Ruhe ist. Und wenn die Besten alle früh sterben, braucht sich keiner zu wundern, daß die Überlebenden immer dieselben Scheißer sind. Kapiert? Denkt mal drüber nach.

Gebt euch wenigstens eine Chance. Ihr seid es wert!

Nachwort

»Irgendwie sind wir alle 'ne family«, meinte Ralf und appellierte an jeden, der sich von seinen Worten angesprochen fühlt. »Wenn keiner dem anderen ein Stück weit auch Platz macht«, sei jeder ein »Traumtänzer und Crasher«. Einer also, der das Leben für einen Hochseilakt hält und spätestens in dem Moment die Balance verlieren wird, in dem er aus seinen die Realität ausblendenden Träumen erwacht. Oder einer, der nur dann noch spürt, daß er lebt, wenn er ein Auto als Schleudersitz zum Jenseits unter dem Hintern hat und der Höhenrausch der Angst vor dem für die nächste Sekunde erwarteten Tod einen Schwall körpereigener Drogen ausstößt. Ralf nennt seine Gedanken »ein Stück weit Philosophie von mir«.

Ich gestehe gern, daß es Gedanken sind, die mich trotz oder vielleicht gerade wegen ihrer unliterarischen, »schnodderigen« Sprache zutiefst angerührt haben. Ich finde eine Lebensweisheit in ihnen, die, wie ich meine, weit über die 16 Jahre hinausgeht, die Ralf bisher gelebt hat. Er legt darin das Kernproblem offen, an dem die Mehrheit der Bevölkerung in allen Hochindustrieländern leidet: die Einsamkeit.

Die Arbeit, ursprünglich für den Menschen da, um ihn zu erhalten, hat sich klammheimlich zum Moloch gewandelt, der seine Kinder frißt. Arbeit ist nunmehr Lebenszweck, der Mensch ihr Sklave. Und sein oberstes Qualitätsprädikat sind neben Leistungsnachweisen vor allem Mobilität und Flexibilität. Anforderungen also, die Gift sind für zwischenmenschliche Bindungen, denn Liebe braucht Beständigkeit und Nähe, nicht Unstete und Entfernung.

Als logische Folge der beruflichen Fixierung des Menschen ist das Eintreten für die Familie etwas für Altmodische geworden. Obwohl jeder Mensch sich nach Liebe und einer dauerhaften familiären Bindung sehnt, in der er neben Geborgenheit auch Wärme und Sicherheit genießt, blieb zunächst die Großfamilie auf der Strecke. Umzüge sind nichts für alte Leute, die wie alte Bäume fest im Boden ihres Lebensumfeldes verwurzelt sind. So ist es in unserer Zeit eine bestaunte Ausnahme, wenn Alt und Jung miteinander unter einem Dach wohnen. Mehr als das: Mittlerweile geht der Trend eindeutig hin zur Eineltern-Familie aus Mutter mit Kind nebst unterhaltspflichtigem Kindesvater bzw. zu Singlehaushalten. Das einzige, das an Ehen konstant geblieben zu sein scheint, ist die Tatsache, daß sie zerbrechen; immerhin scheitert in Großstädten jede zweite und jede dritte auf dem Land.

Aus Arbeitnehmersicht ist das Paar der Zukunft ein »CC«-Paar, also ein Paar aus zwei Spitzenkräften, deren zweifaches rückhaltloses Karrierestreben den Begriff »Couple-Career« prägte und dafür steht, daß der Beruf stets die Nummer Eins in ihren Leben ist. Zärtliche Worte am Telefon, knappe Fax-Rapporte der wechselseitigen Befindlichkeiten oder ein erotisches Surfstündchen per E-mail von Homepage zu Homepage stillen das genügsame Bedürfnis nach Zweisamkeit, bis sich ein passender Termin für ein gemeinsames Wochenende findet. Kinder sind gar nicht oder erst zu einem Zeitpunkt vorgesehen, wenn der Karriereknick einen Richtungswechsel vorgibt.

Überhaupt Kinder. Die Medizin ermöglicht es zwar, daß Schwangerschaften zuverlässig verhütet und im Krisenfall abgebrochen werden können, dennoch kommen nach wie vor ungewollte Kinder zur Welt. Immer noch werden junge Mädchen schwanger, die selbst kaum über das Kinderalter hinaus sind. Immer noch predigt die katholische Kirche die Pflicht der Ehepaare zur Zeugung und verteufelt jede über natürliche Methoden hinausgehende Schwangerschaftsverhütung als Sünde.

Die Wissenschaft brüstet sich, so viel über Kinder erforscht zu haben wie nie zuvor. Trotzdem gibt es bis heute keine definitive Erklärung dafür, was etwa das vom Gesetzgeber so gern und oft zitierte »Kindeswohl« bedeutet. Kaum eine Formel birgt so viel Spielraum für die absonderlichsten Auslegungen. Und nur wenige haben mehr Kindertränen provoziert. Zumal dann, wenn Kinder in Sorgerechtsstreitigkeiten ihrer Eltern mit vor Gericht stehen und Erwachsene in Richterrobe Entscheidungen fällen, die ein Kind von einer Sekunde zur anderen eines Elternteils berauben.

Buchhandlungen bieten regalweise Bücher zu Erziehungsfragen an. Immer mehr verunsicherte Eltern greifen danach, als wären sie der sprichwörtliche Strohhalm, der vor dem Untergang retten kann. Man will ja alles richtig machen, will als Eltern verantwortungsvoll handeln. Nur wie? Handgreiflichkeiten sind verpönt, strenge Worte sollen im freundlichen Ton gesprochen werden, Strafen sind nur dann erzieherisch wertvoll, wenn sie sinnvoll und angemessen gewählt werden. Kluge Worte.

Aber wie wird man mit einem Kind fertig, das trotzt und einfach nicht auf Knopfdruck funktionieren will?

Wen soll man fragen, ohne sich der Lächerlichkeit preiszugeben? Die eigenen Eltern scheinen oft zu altmodisch. Auch will man/frau demonstrieren, daß sie es selbst schaffen. Den eigenen Mann fragen Frauen zuallerletzt, weil sie ihn – wie aktuelle Studien belegen – sowieso für unfähig zur Kindeserziehung halten. Bleibt nur die beste Freundin. Und die weiß meist auch nicht mehr. Was tun? Für jeden Computer gibt es ein Handbuch, für jedes Dinner ein Rezept. Was dort wirksam Schritt für Schritt erklärt wird, muß sich doch auch für Kinder umsetzen lassen. Also her mit der Lektüre! Her mit der Eintrittskarte zu einem Vortrag über »Mein Kind, der kleine Tyrann« und ähnliche Themen! Doch was dann, wenn der »kleine Tyrann« trotz penibler Umsetzung bester Erziehungsmethoden weiterhin nervt? Spätestens jetzt erscheint der Weg in die nächstbeste professionelle Erziehungseinrichtung als klügste und für alle Beteiligten angenehmste Lösung.

Es ist eine Tatsache, daß Kinder heute schneller denn je den Kinderschuhen entwachsen müssen. Möglichst früh werden sie außerfamiliären Betreuungseinrichtungen wie Kinderkrippen, Horte und Kindergärten überantwortet, damit beide Eltern ihrer Erwerbstätigkeit weiter nachgehen und den vor der Schwangerschaft erreichten Lebensstandard trotz des Familienzuwachses erhalten oder steigern können. Der Wunsch, Kinder zu Selbständigkeit erziehen zu wollen, indem sie frühzeitig »losgelassen« und zu neuen Bindungen außerhalb der Elternbeziehung animiert werden, schafft für die Ganztagsbetreuung des Kindes durch externe Bezugspersonen das beste Alibi.

Angesichts leerer Staats- und Landeskassen wird

das staatliche Wunschziel, Kinder bereits ab dem fünften Lebensjahr statt erst ein Jahr später einschulen zu können, immer vehementer vorgetragen. Immerhin würde die frühzeitigere Einschulung vorschulische Betreuungsplätze und der öffentlichen Hand immense Kosten sparen. Gewichtige Argumente! Was zählt dagegen schon, daß Fünfjährige durch den streng reglementierten Schulbetrieb mit seinen starren Lerneinheiten und Leistungsnachweisen mehrheitlich überfordert sein könnten? Oder die Frage, was aus all den Jugendlichen werden soll, die in einigen Jahren noch früher als ihre heutigen Altersgenossen von der Schulbank weg in die Perspektivlosigkeit entlassen werden, weil erstens Ausbildungsplätze und zweitens Arbeitsplätze fehlen?

Selbst äußerlich werden Kinder schon fast ab dem Babyalter zu kleinen Erwachsenen gestylt. Designerklamotten aus Kinderboutiquen oder Imitate von der Kaufhausstange kopieren das Outfit der Eltern en miniature. Jungs in viel zu langen, viel zu breiten Hosen, T-Shirts bis zum Knie, die Füßchen in plastikgeschäumten Turnschuhen und auf dem Kopf die unvermeidliche Mark-Kevin-Göllner-Kappe stehen Mädchen gegenüber, deren Lolita-Aufmachung mit hautengen Leggings und Make-up aus Barbies rosa Köfferchen in Perversen eine sexuelle Gier nach »Frischfleisch« erzeugen. Es stimmt zwar, daß Kinder schon zu biblischen Zeiten von Erwachsenen sexuell ausgebeutet wurden, das Ausmaß von heute aber ist unübertroffen. Sexueller Mißbrauch von Hunderttausenden Kindern in jedem Land dieser Erde, Kinderpornographie auf Fotos, Videos und selbst im Internet, weltweite Netzwerke einer pädophilen Täter-Mafia, die mit ihren Verbrechen am Kind Unsummen verdienen und immer öfter mit tödlicher Sicherheit dafür sorgen, daß die kleinen Opfer nie mehr reden – die Medien berichten täglich darüber. Immer häufiger gehen Kind-Opfer vor Gericht, und doch leidet letztlich nur das Opfer lebenslang, während die Täter entweder aus Mangel an Beweisen freigesprochen, mit Bewährungsstrafen unter zwei Jahren »bestraft« oder wegen guter Führung vorzeitig aus dem Gefängnis entlassen werden. Nur zu oft schreiten sie gleich wieder zu neuen Greueltaten. Die Chance, tatsächlich ertappt und empfindlich bestraft zu werden, ist relativ gering. Das Schweigen der Opfer ist der beste Schutz.

Die ständig wachsende Anzahl Erwachsener, die sich freiwillig therapieren lassen, zeigt, daß der schöne Schein des unabhängigen, individuellen Lebensstils letztlich nur Maske ist. Menschen sind Rudeltiere. In den tiefsten Prägungen der Seele wissen wir alle, daß Individualität zwar notwendig ist, wir aber trotzdem Gesellschaft, Nähe, Gemeinschaft und feste Bindungen brauchen, um gesund überleben zu können. Die aus Versagensängsten, Konkurrenzdenken, Verlustbefürchtungen, Mißtrauen und Neid gespeisten Mechanismen, die eine zunehmende Vereinsamung zur Folge haben, zerstören uns letztendlich.

Mag der Erwachsene mit diesen Störungen zurechtkommen – Kinder und Jugendliche zerbrechen daran. Urinstinktmäßig weiß der Säugling bereits, daß er um jeden Preis geliebt werden muß, um gefüttert zu werden und zu überleben. Die Natur hat dafür gesorgt, daß Babys »süß« aussehen und unmittelbar das Herz der Erwachsenen anrühren. Ihr Lächeln, ihr vertrauensvolles Umgreifen des entgegengestreckten Fingers erwecken Liebe und Fürsorgebereitschaft. Gleichzeitig ist der Wunsch nach Sicherheit und Erhalt des Lebens die Basis für die unerschütterliche Liebe des Kindes zu seinen Eltern.

Mit sicherem Gespür erfassen Kinder von Anfang an, ob sie geliebt werden oder nicht. Studien zufolge erkennen bereits ungeborene Kinder, ob sie willkommen sind, und leiden, wenn sie es nicht sind. Eine der zerstörerischsten seelischen Prägungen des Kindes besteht darin, die Schuld an unerträglichen Zuständen zuerst bei sich selbst zu suchen. Mit anderen Worten, wird ein Kind nicht geliebt, glaubt es, nicht liebenswert zu sein.

Der Gedanke »Wenn nicht einmal meine Eltern mich lieben, wer kann mich dann jemals lieben?« ist mir etwa ebensooft begegnet wie die Angst, ein schlechter Mensch zu sein, weil »nicht einmal meine eigenen Eltern mich geliebt haben«.

Jedes Kind, das sich ungeliebt fühlt, kämpft um die Liebe, die es braucht. Es bemüht sich zum Beispiel, besonders brav und gehorsam zu sein, keinen Widerstand zu leisten, nicht unangenehm aufzufallen. Kinder, die sexuell mißbraucht werden, leiden im allgemeinen grausam unter einem alltäglichen Liebesentzug. Ihre Eltern verweigern sich bewußt und gezielt, indem sie stundenlang oder tagelang kein Wort mit dem Kind sprechen, auch dann nicht, wenn dieses flehend darum bittet. Erst und ausschließlich wenn eine sexuelle Handlung vorgenommen wird, lösen sie die innere Distanz zu dem Kind scheinbar auf und lassen Zärtlichkeiten zu. Daß diese allerdings faule Früchte sind, spüren alle Kinder instinktiv. Diese Zärtlichkeiten trotz dieses inneren Wissens nicht nur anzunehmen, sondern auch schmerzlich zu ersehnen, setzt den Grundstein für ein meist lebenslang anhaltendes Schuldgefühl der Opfer.

Doch auch ohne sexuelle Mißbrauchshandlung setzt seelische Grausamkeit Kindern entsetzlich zu. Ich wurde einmal Zeugin eines Vorfalls, den ich seither nie mehr vergessen habe. Eine junge Mutter mit zwei Kindern stand im Mittelpunkt der Szene. Sie schob eines der Kinder im Kinderwagen vor sich her. Sämtliche Netze und Körbe des Wagens waren voll beladen. Offenbar hatte sie gerade eingekauft. Ebenso offensichtlich war, daß sie sich in wütender Erregung befand. Sie hatte die Augen zu Schlitzen verengt, die Lippen fest zusammengekniffen und stürmte mit raumgreifenden Schritten über den Bürgersteig. Schon um einiges abgeschlagen, hetzte ein total verschwitztes, vielleicht vierjähriges Kind hinter ihr her. Es weinte herzzerreißend und schrie immer wieder mit überschnappender Stimme: »Mama, bin wieder lieb!« Als die Mutter ungerührt blieb und nur noch schneller fortzulaufen schien, warf sich das Kind in höchster Verzweiflung mitten auf den Bürgersteig. Dabei rutschte es so unglücklich aus, daß es auf die Straße rollte und von einem Auto erfaßt wurde. Erst jetzt, als Bremsen kreischten und das Schreien der Leute der Mutter signalisierte, daß etwas geschehen sein mußte, blieb sie stehen und rannte nach kurzem Zögern auch endlich zurück zur Unglücksstelle. Ihr Aufschrei blieb mir ebenso im Gedächtnis haften wie der Anblick des seltsam verdrehten Kinderkörpers.

Ohne diesen schrecklichen Unfall hätte niemand die Grausamkeit der Mutter gegenüber ihrem Kind mit mehr als einem Achselzucken wahrgenommen. Erstens mischt man sich nicht in Erziehungsfragen fremder Leute ein, zweitens stecken Kinder »so etwas« schnell weg und können gleich wieder lachen, auch wenn sie eine halbe Minute zuvor noch geweint haben. Selbst jetzt, angesichts des verletzten Kindes und des Unfallwagens, hörte ich einige Leute Bemerkungen machen wie: »Das Kind ist selbst schuld. Es hätte sich ja nicht hinzuschmeißen brauchen. Man kann ja als Mutter die Augen nicht überall haben.« Nur wenige Stimmen gaben zu bedenken, daß die Mutter ja wohl etwas falsch gemacht habe und ein so kleines Kind nicht alleinlassen durfte.

Natürlich weiß ich nicht genau, was sich zuvor ereignet und den Zorn der Mutter erregt hatte. Da ich selbst Mutter von drei Kindern bin, kann ich mir vorstellen, daß das Kind vielleicht gebettelt hatte, um dieses Spielzeug oder jene Süßigkeit zu bekommen. Möglicherweise hatte es auch gemeint, nicht mehr laufen und wie das jüngere Geschwisterchen im Kinderwagen gefahren werden zu wollen. Vorkommnisse dieser Art sind durchaus geeignet, eine ohnedies in Eile nach Hause oder zu einem weiteren Geschäft hastende Mutter zu überfordern und böse zu stimmen. Daß die Vergeltungsmaßnahme der Mutter in diesem Fall überzogen und hartherzig war, liegt auf der Hand.

Selbstverständlich merkte das Kind sofort, daß die Mutter wütend war. Es erkannte auch die Ursache dafür und wußte, daß es selbst »nicht lieb« gewesen sei. Zugleich war ihm bewußt, daß die Mutter nicht nur seelisch unzugänglich, weil zornig, war, sondern auch räumlich. Es beeilte sich daher, die ganzheitliche Distanz zur Mutter zu überbrücken. Während es sich bemühte, die Mutter mit Hilfe von Versprechungen und Entschuldigungen zu versöhnen, mobilisierte es gleichzeitig alle Körperkräfte, um sie berühren zu können und wieder bei ihr zu sein.

Erst als keine Aussicht auf Erfolg mehr erkennbar

war, weil die Mutter sich unversöhnlich zeigte und endgültig unerreichbar geworden zu sein schien, gab das Kind den Kampf auf. Es geriet dadurch in eine so hoffnungslose Einsamkeit, daß es den Schmerz dieses Gefühls nicht mehr ertrug und sich zu Boden warf. Der unmittelbar folgende Unfall war vermutlich nicht als Risiko vorhergesehen oder gar geplant, ist aber mit der seelischen Verletzung des Kindes durchaus stimmig. Die Reue der Mutter und ihre durch den Schock ausgelöste Versöhnungsbereitschaft kamen vielleicht nicht für immer, doch für den Augenblick zu spät.

Wäre es ihr gelungen, die eigenen Belange hinter die des Kindes zurückzustellen und sich durch sein altersentsprechend unreifes Verhalten weniger persönlich angegriffen und gekränkt zu fühlen, hätte sie ihre Aufsichtspflicht nicht verletzt und den Unfall des Kindes vermeiden können. Statt dessen hatte die Mutter nur versucht, die erfahrene Kränkung zu rächen und dem Kind einen ähnlichen Schmerz zuzufügen wie den, den sie selbst erfahren hatte. Ganz sicher sollte dies nicht zu einem Unfall führen, aber der Schmerz sollte jedoch heftig und nachhaltig sein und für künftige Fälle durch Verlustangst Gehorsam bewirken. Vorhersehbar ist, daß der Unfall des Kindes tatsächlich Angstgefühle hervorrufen wird. Es werden Angst vor Wiederholung, Angst vor Verlust und Angst vor Schmerzen sein. Möglicherweise wird diese Angst kurzzeitig zu größerem Gehorsam des Kindes führen, längerfristig aber wird sie Aggressionen wecken und den Wunsch, sich seelische Entlastung zu verschaffen, indem nun selbst Angst bei anderen erzeugt wird. Für die denkbaren Folgen derartiger Aggressionen wird das Kind einstehen müssen.

Fraglich bleibt, ob die Mutter sich selbst als Auslöser der bösen Tat überhaupt wahrnimmt. Vermutlich wird sie sich eher als Leidtragende empfinden und als weitere Strafe neue Ängste hervorrufen. Die Spirale aus Actio und Reactio müßte sich in diesem Fall immer schneller drehen, bis es irgendwann kein Halten mehr gäbe.

Eltern sind *die* Instanz für Kinder. Ganz gleich, wie bereitwillig oder widerstrebend man selbst Vorbild sein will, man ist es. Kinder lernen vor allem durch Nachahmung. Bis in die Grundschulzeit hinein glauben sie an die Fehlerlosigkeit ihrer Eltern und ziehen bei auftauchenden Problemen spontan den Schluß, selbst Fehler gemacht zu haben, böse zu sein, schlecht zu sein, nicht liebenswert zu sein und so weiter. In demselben Maße, wie sie sich von ihren Eltern angenommen und geliebt fühlen, können sie nicht nur sich selbst, sondern später auch andere lieben und akzeptieren lernen.

Ein Kind, das sich ungeliebt weiß, reagiert mit Selbstverachtung und oftmals auch mit Selbstbestrafung. Da es nicht gegen die Eltern agieren kann, richtet es allen Zorn auf die eigene Person. Viele Kinder knabbern beispielsweise ihre Fingernägel ab, bis sie bluten. Sie ritzen sich mit scharfen Gegenständen die Haut auf oder fügen sich ernstliche Schnittwunden zu. Von Glasscherben über Federmesser bis hin zu glühenden Stricknadeln sind mir alle Varianten bekannt. Andere Kinder entwickeln Eßstörungen. Wieder andere verweigern jede Leistung – häufig, weil sie erkannt haben, daß sie die Eltern mit schlechten Schulnoten an einer besonders empfindlichen Stelle treffen können. Nicht wenige stürzen sich frühzeitig in sexuelle Beziehungen. Weitere Kinder reißen irgendwann zu Hause aus und versuchen, ihr Leben auf der Straße zu fristen; ein großer Prozentsatz kehrt bereits nach einigen Tagen oder wenigen Wochen zurück. Dennoch leben mindestens 3.000 obdachlose Kinder und Jugendliche allein in Berlin – Tendenz steigend.

Zahlreiche Kinder versuchen, sich mit einem Verhalten zu retten, welches von Erwachsenen als positiv empfunden wird. Sie entwickeln beispielsweise extremen Ehrgeiz. Dieser mag sich auf Schulnoten richten, auf Ferienjobs und Geld oder auf den Freizeitbereich. Im Sport etwa kann man sich wunderbar schinden, ohne daß es negativ auffällt. Gleichzeitig tut Anerkennung besonders gut, weil sie fast immer von einer ganzen Gruppe kommt und Quantität hier durchaus für Qualität stehen kann. Bedauerlicherweise fehlt diesen ehrgeizigen, auf Anerkennung bedachten jungen Menschen das Maß für die eigene Achtung. Da sie nie gelernt haben, allein darum wertvoll zu sein, weil sie sie sind, wer und wie sie sind, genügen sie sich in den erreichten Leistungen niemals. Im Gegenteil: Jedes Ziel ist in dem Moment nichts mehr wert, in dem es erreicht wurde; erstrebenswert ist dann nur noch das nächste.

Unter dem Strich kommt bei einem solchen Erfolgszwang ein unglücklicher Mensch heraus, der unablässig von innerer Unrast getrieben wird und über dem Streben nach dem Morgen das Heute vergißt. Gerade bei Kindern genügt unter dem Druck einer solchen permanenten inneren Anspannung eine Kleinigkeit, um höchste Verzweiflung zu erzeugen. Eine harmlos anmutende Meinungsverschiedenheit, eine vergessene Verabredung, eine zusätzliche Aufgabe, deren Zuteilung als ungerecht registriert wird – schon kann es zur Katastrophe kommen. Da Kinder dieser

Art nur selten Anstoß bei Erwachsenen erregen, meist sogar bewundert werden, haben sie weit seltener eine Chance, daß ihre Depressionen so rechtzeitig genug erkannt werden, daß ein Selbstmordversuch verhindert wird, als ihre Altersgenossen mit aggressivem Verhalten.

»Gebt euch wenigstens eine Chance. Ihr seid es wert!« schrieb Ralf in seiner »Botschaft« an alle. Ich möchte einen weiteren Wunsch anschließen. Einen Wunsch, der mir von den hier zu Wort gekommenen Jugendlichen immer wieder klargemacht wurde: Gestatten Sie Kindern, sich selbst zu mögen und dies auch auszusprechen und zu zeigen. Es darf nicht peinlich sein und ist keineswegs ein Zeichen von dummer Eitelkeit, wenn ein Kind von sich selbst zum Beispiel sagt, es habe etwas gut gemacht, finde sich schön, könne etwas ganz besonders vortrefflich. Im Gegenteil: Ein Kind muß sich mögen.

Wenn einem Kind immer wieder gesagt wird »Eigenlob stinkt«, wird es bald nicht mehr wagen, eine eigene Leistung oder Eigenschaft zu loben. Es wird dagegen darauf bedacht sein, sich selbst für zu gering zu achten, um für seine Bescheidenheit Anerkennung und Bewunderung zu ernten. Vielleicht wünscht es sich dabei, von anderen aufgewertet zu werden. In jedem Fall erzeugt eine solche Ermahnung, daß ein Kind seiner eigenen Wahrnehmung nicht mehr vertrauen kann und sich lieber auf die Meinung Außenstehender verläßt, als den eigenen Wert selbst zu definieren. In Zeiten, in denen die positive Rückmeldung von außen ausbleibt, kann eine so starke innere Verunsicherung einsetzen, daß nur mehr eine Lösung gesehen wird: der Tod. Genau das aber ist es, was Kinder, die versuchen zu sterben, gar nicht wollen! Sie wollen nicht aufhören zu leben, sie

wollen nur anders weiterleben als bisher. Ein Selbstmordversuch ist ein stummer Schrei, ein letzter Kampf
darum, wahrgenommen, ernst genommen, geliebt zu
werden. Wenn dieses Buch dazu beiträgt, daß auch nur
ein solcher Schrei rechtzeitig gehört wird, hat sich für
alle, die daran beteiligt waren, die Mühe gelohnt.

Anhang

Ausgewählte Literatur zum Thema

Améry, Jean: *Hand an sich legen. Diskurs über den Freitod.* Stuttgart 1993⁹. Verlag Klett-Cotta.

Bronisch, Thomas: *Der Suizid. Ursachen – Warnsignale – Prävention.* München 1996² Verlag C. H. Beck. (C. H. Beck Wissen 2006)

Bründel, Heidrun: *Informationen zur Schulberatung. Heft 20: Suizidpräventionsprogramme in der Schule – Eine Unterrichtseinheit zur Krisenintervention und Prävention für Schülerinnen und Schüler der Sekundarstufe 1 und 2. Heft 39: Informationen für Schulpsycholog/innen, Landesinstitut für Schule und Weiterbildung,* Soest/Westfalen (erhältlich gegen Einsendung von DM 3,- in Briefmarken je Heft)

Crepet, Paolo: *Das tödliche Gefühl der Leere. Suizid bei Jugendlichen.* Reinbek 1996. Rowohlt Verlag. (rororo 9936)

Diekstra, René/McEnery, Gary: *Der letzte Ausweg? Denkanstöße für Selbstmordgefährdete.* Bergisch Gladbach 1995. Gustav Lübbe Verlag. (Bastei-Lübbe Tb. 66319)

Elkind, David: *Das gehetzte Kind.* Bergisch Gladbach 1992. Gustav Lübbe Verlag. (Bastei-Lübbe TB. 66239)

Giernalczyk, Thomas: *Lebensmüde. Hilfe bei Selbstmordgefährdung.* München 1995. Kösel Verlag.

Guggenbühl, Alain: *Die unheimliche Faszination der Gewalt*. München 1997. Deutscher Taschenbuch Verlag. (dtv 36025)

Heuer, Gerhild: *Selbstmord bei Kindern und Jugendlichen. Ein Beitrag zur Suizidprophylaxe aus pädagogischer Sicht*. Stuttgart 1979. Verlag Klett-Cotta.

Ide, Helga: *Wenn Kinder sich das Leben nehmen. Klage, Trauer und die Zeit danach*. Stuttgart 1992. Kreuz Verlag. (vergriffen)

Käsler, Helga/Nikodem, Brigitte: *Bitte hört, was ich nicht sage. Signale von Kindern und Jugendlichen verstehen, die nicht mehr leben wollen*. München 1996. Kösel Verlag.

Merkle, Rolf: *Wenn das Leben zur Last wird. Ein praktischer Ratgeber zur Überwindung seelischer Tiefs und depressiver Verstimmungen*. Mannheim 1996[6]. PAL-Verlag.

Orbach, Israel: *Kinder, die nicht leben wollen*. Göttingen 1990. Vandenhoeck & Ruprecht.

Schütz, Jutta: *Ihr habt mein Weinen nicht gehört. Wie man suizidgefährdeten Jugendlichen helfen kann*. Frankfurt/M. 1994. Fischer Taschenbuch Verlag. (Fischer Tb. 11964)

Welz/Wedler/Wolfersdorf (Hg.): *Therapie bei Suizidgefährdung – Ein Handbuch*, Regensburg 1997. S. Roderer Verlag

Specht, F./Schmidtke, A.: *Selbstmordhandlungen bei Kindern und Jugendlichen*, Regensburg 1986. S. Roderer Verlag. (vergriffen)

Wo Kinder und Jugendliche Hilfe finden

NEUhland – Beratungsstelle, Krisenunterkunft, Therapeutische Wohngemeinschaft
Nikolsburger Platz 6
10717 Berlin-Wilmersdorf
Tel. 0 30/8 73 01 11
oder
Richard-Sorge-Str. 73
10249 Berlin-Friedrichshain
Tel. 0 30/4 26 42 42

Die ARCHE – Hilfe in Lebenskrisen und Suizidprävention e.V.
Viktoriastr. 9/1
80803 München
Tel. 0 89/33 40 41

Deutsche Gesellschaft für Suizidprävention – Hilfe in Lebenskrisen e.V.
Geschäftsstelle für Anfragen:
Prof. Dr. med. Manfred Wolfersdorf
Nordring 2
95445 Bayreuth
Tel. 09 21/28 33 01
Hier kann man auch Beratungsstellen in der Nähe des eigenen Wohnortes erfragen.

AKL – Arbeitskreise Leben
Diese sind meistens den Psychiatrie-Abteilungen der Krankenhäuser angeschlossen, die Suizidnachsorge betreiben. Adressen sind auch bei der Deutschen Gesellschaft für Suizidprävention zu erfahren.

Telefon für Kinder und Jugendliche
In vielen größeren Städten gibt es örtliche Kinder- und Jugendtelefone, die unter *zeittaktfreien* Nummern zu erreichen sind. Die Nummer lautet meist 1 11 03.
Die bundesweit *kostenlose* Telefonnummer ist 0 13 08/ 1 11 03 (Montag bis Freitag 15–19 Uhr)

Wo Eltern oder Angehörige Hilfe finden, die einen Menschen durch Suizid verloren haben

Agus e.V.
Angehörigengruppe
Wichernstr. 1
95447 Bayreuth
Tel. 09 21/6 61 10

Verwaiste Eltern e.V.
Esplanade 15
20354 Hamburg
Tel. 0 40/35 50 56-44

Beide Vereine gibt es bundesweit. In den jeweiligen Zentralen erfährt man Selbsthilfegruppen in der Nähe des eigenen Wohnortes.
Hilfe in Krisensituationen oder bei Suizidgefahr erhält man prinzipiell bei folgenden Anlaufstellen:

Krisenintervention in Krankenhäusern (Psychosoziale Dienste)

Hier werden Betreuung und Hilfe bei Problemlösungen angeboten

- Sozialpsychiatrische Dienste
- Hausarzt, Neurologe, Psychiater, Psychologe
- Kirchliche Einrichtungen

Die Telefonnummern können jeweils den örtlichen Telefonbüchern entnommen werden.

Auf Vollständigkeit der Angaben wird kein Anspruch erhoben.

Band 61335

Karin Jäckel (Hrsg.)
Monika B.
Ich bin nicht mehr
eure Tochter

Monika ist ein echtes Wunschkind. Sie soll die gutbürgerliche Familie komplettieren, die scheinbar sicher im sozialen Gefüge steht. Doch hinter der heilen Fassade spielt sich Unfaßbares ab. Von Anfang an wird Monikas Leben von der Angst vor sexuellen Übergriffen bestimmt. Was der Großvater an dem Kleinkind begeht, setzt sich in jahrelangen Vergewaltigungen durch den Vater und die älteren Brüder fort.
Die Mutter, in ihrer Kindheit selbst Opfer von Mißbrauch, trägt zur systematischen Zerstörung ihrer Tochter bei: Sie ist nicht nur Mitwisserin, sondern verkauft ihre Tochter an fremde Männer mit perversen Neigungen. Erst der Freitod ihres jüngeren Bruders Georg, der nicht weiter mitansehen kann, was mit seiner geliebten Schwester geschieht, ist für Monika Anstoß, sich aus dieser Hölle zu befreien.

**BASTEI
LÜBBE**

Karin Jäckel
Autorin von »Monika B.«

Alles Ehe
oder was...

Was sich in
heutigen Partnerschaften
wirklich abspielt

Frauen und Männer
erzählen
die Geschichte ihrer
Beziehung –
unabhängig voneinander
und rückhaltlos

BASTEI
LÜBBE

Band 60435

Karin Jäckel
Alles Ehe oder was...

Immerwährendes Glück in der Partnerschaft fällt kaum
jemanden in den Schoß. Oft sind Enttäuschungen, Aus-
einandersetzungen und ein Zurückschrauben der eigenen Erwartungen unumgänglich, bis das Paar eine Basis
für das gemeinsame Glück gefunden hat.
Karin Jäckel gelingt in diesem Buch die aufschlußreiche
Bestandsaufnahme dessen, was sich in heutigen Lang-
zeitpartnerschaften abspielt. Da gibt es die Traum-Ehe,
die Kampf-Ehe, die Frust-Ehe, die Gewohnheits-Ehe und
die Gruppen-Ehe. Die Autorin hat die Partner unabhängig
voneinander in der ihr eigenen, einfühlsamen Art befragt
und die jeweiligen Aussagen einander gegenübergestellt.
Auf diese Weise entstehen faszinierende Porträts typi-
scher Beziehungsmuster, in denen jede Leserin und jeder
Leser sich wiederfinden kann.

BASTEI
LÜBBE

Band 66318

Michele Elliott
So schütze ich mein Kind

vor sexuellem Mißbrauch, Gewalt und Drogen

Eltern stehen bei der Erziehung ihrer Kinder heute vielfach vor schwierigen Entscheidungen: Sie müssen den richtigen Mittelweg zwischen Fürsorge, Schutz und Raum für freie Entwicklungsmöglichkeiten finden. Wie geht man als Mutter oder Vater damit um, daß die Gefahren für die körperliche und seelische Gesundheit von Kindern immer unkontrollierbarer werden? Wieviel Aufklärung über Gefahren im Alltag braucht ein Kind, und wieviel kann es verkraften?
Michele Elliott gibt in ihrem sensiblen Ratgeber viele wichtige Erklärungen und nützliche Tips, wie Eltern den Kontakt zu ihren Kindern halten und wie sie Signale erkennen können, die Kinder in Notsituationen oft verschlüsselt geben. Hier wird Schutz vor sexuellem Mißbrauch, Drogen, Pornographie, Spielhöllen usw. konkret und praktisch.

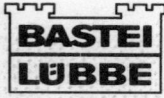

BASTEI LÜBBE